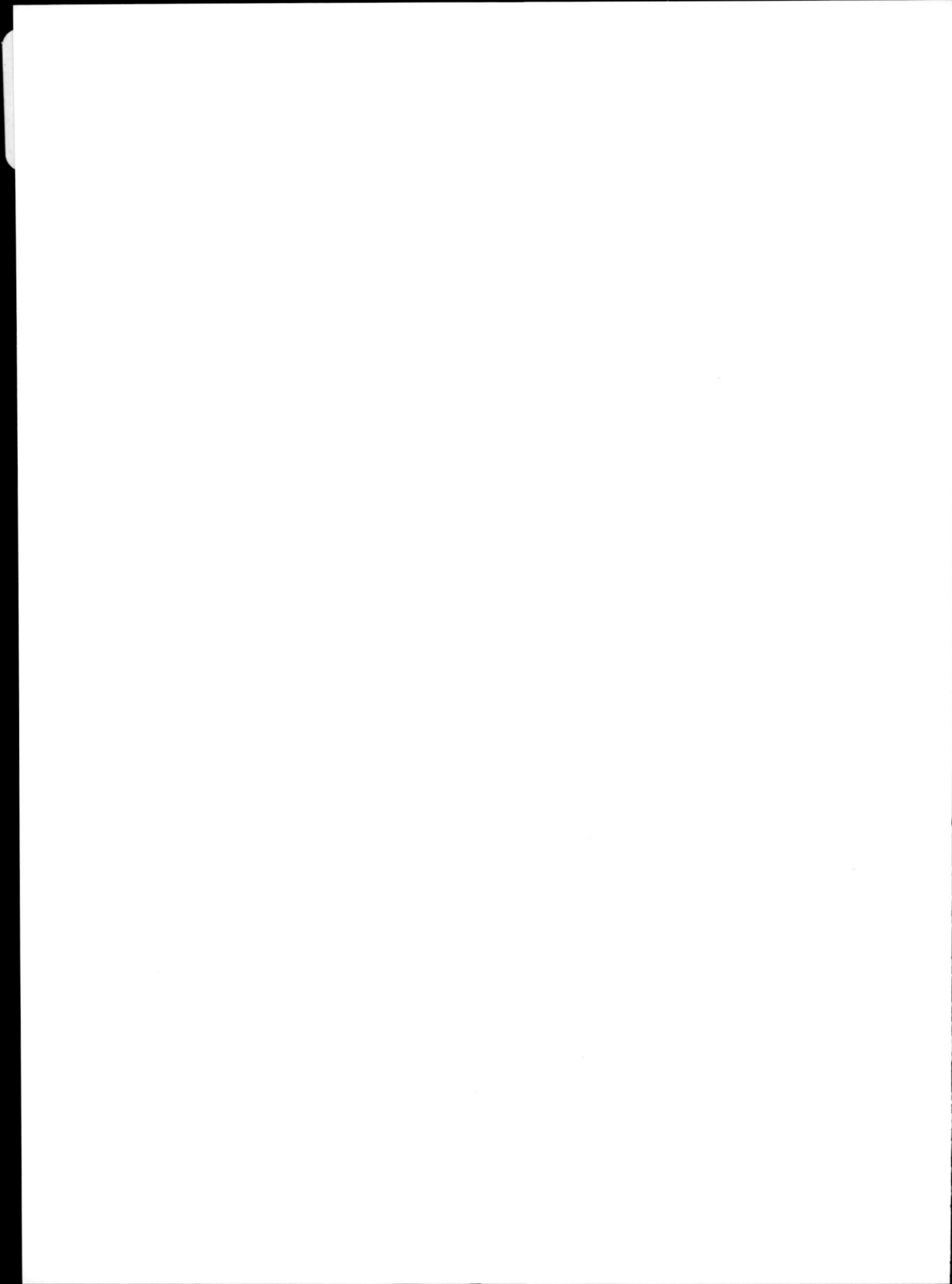

张崇根／著

台湾

史前史与早期史

九州出版社 JIUZHOUPRESS | 全国百佳图书出版单位

图书在版编目（CIP）数据

台湾史前史与早期史／张崇根著. --北京：九州

出版社，2017.12（2018.11重印）

ISBN 978－7－5108－6369－1

Ⅰ. ①台… Ⅱ. ①张… Ⅲ. ①台湾－地方史 Ⅳ.

①K295.8

中国版本图书馆 CIP 数据核字（2017）第 277435 号

台湾史前史与早期史

作　　者	张崇根 著
出版发行	九州出版社
地　　址	北京市西城区阜外大街甲 35 号（100037）
发行电话	（010）68992190/3/5/6
网　　址	www.jiuzhoupress.com
电子信箱	jiuzhou@jiuzhoupress.com
印　　刷	北京九州迅驰传媒文化有限公司
开　　本	787×1092 毫米　　16 开
印　　张	29.5
字　　数	332 千字
版　　次	2017 年 12 月第 1 版
印　　次	2018 年 11 月第 2 次印刷
书　　号	ISBN 978－7－5108－6369－1
定　　价	68.00 元

前　言

　　本书论述的范围，起自距今三万年前的旧石器时代晚期的长滨文化，止于 1624 年荷兰殖民者侵占台南。从旧石器时代晚期到铁器时代为台湾史前史，即本书的第一章至第七章；自公元 3 世纪至 1624 年为台湾早期史即本书第八章至第十二章。理论原则是实事求是，力求尽可能运用台湾考古学的第一手资料（发掘报告、调查报告），并在最新研究成果的基础上，叙述史事的原貌，探讨其源流。笔者提出的假说，采用多重证据法求证，包括考古学、文献学、民族学、地质学、古人类学和古文字学等学科的资料与成果。择善而从，并有所评论。

　　20 世纪 40 年代，日本学者鹿野忠雄博士提出："台湾先史文化的基层是中国大陆的文化，此种文化曾分数次波及台湾。"① 笔者的这一课题研究成果，进一步验证了他的假说是正确的。例如，台湾旧石器文化的"砾石石片器"和"小石器传统"；新石器文化的有段石锛、有肩石斧、长方形石刀、半月形带孔石刀、靴形石刀；以黑彩为主的彩陶、黑皮陶，罐、钵、鼎、豆等器形，特别是以罐和陶支脚（金字塔形、窝头形）二者组合

---

　　① ［日本］鹿野忠雄著、宋文薰译：《台湾考古学民族学概观》，台湾省文献委员会，台北，1955 年，第 115 页。

成为炊煮器，罐、钵组合；骨角器中的鹿角锄、两端尖器；遗迹中的石板棺；社会生活中的拔牙习俗；种植粟、稻的生业形态，特别是粟的种植，等等，与华北的史前文化特质具有明显的一致性。

公元纪元以后，特别是公元 3 世纪后，中原王朝的政治势力也数度达到台湾本岛，如三国孙吴和隋炀帝的经略台湾，南宋驻军澎湖，将澎湖划归福建行省泉州晋江县管辖，元设澎湖巡检司，以及 1624 年前东南沿海汉族人已移居台湾进行开发，种种事实说明，台湾史是中国史的一部分。

本书引用古今中外著作 246 种，220 位学者发表在论文集、学术研讨会和 66 种期刊中的论文 252 篇，以及 16 种报纸的多篇报道。书末列有"参考书目"。论文、报道已在相关页做脚注，参考书目中谨列作者姓名、期刊名称，以示敬意。注释以章为单位，第一次全注，以后为简注。如：著作，［日本］鹿野忠雄著、宋文薰译：《台湾考古学民族学概观》，台湾省文献委员会，台北，1955 年，第 115 页。简作：［日］鹿野著、宋译，1955：115。冒号后的 115 表示引文所在页码。论文，连照美：《台南县菜寮溪的人类化石》，台湾大学《考古人类学刊》第 42 期，1981 年。简作：连照美，1981。或仅注书名、页码或篇名。

2005 年，本书出版时题为《台湾四百年前史》。这个书名不太符合中国通史的历史分期法。这次修订再版，改为《台湾史前史与早期史》，内容包括台湾铁器时代以前的史前历史，以及三国孙吴以来有文献记载的早期历史。同时，增加参考著作、报刊共 61 种。

海峡两岸考古界使用的学术用语不同，如大陆称"贝丘"，台湾称"贝冢"；大陆称"砍砸器"，台湾称"砍器"等。行文中，前者直接写作"贝丘"，后者有的写作"砍（砸）器"，特此说明。

著　者

2015 年 5 月 5 日

目　　录

第一章 绪 论

为什么要写台湾岛史前史与早期史？它包括哪些内容？以什么样的理论为指导？这是首先要说明的。属于地质史的"台湾岛与大陆的地缘关系"，是自旧石器时代晚期以来，大陆古人类得以到达本岛的前提，故列在此章。

第一节 台湾岛史的范畴与分期

本书所记述的台湾岛史，不包括它的自然史、地质史，只是社会发展史。台湾自古以来是中国领土，是中华民族最先发现和开发出来的。台湾岛的历史，也就是中国历史的一部分。

一、为什么要写台湾岛史前史与早期史？ 一切地区的历史、文化，都是人创造的。人的活动不断推动社会历史的发展，历史时期是这样，史前时期也是这样。早在距今 3 万年前的旧石器时代晚期，台湾岛上就留下了人类创造的"长滨文化"，在台南县发现了台湾岛最古居民"左镇人"的头骨和牙齿化石。台湾大学考古人类学系教授宋文薰指出：长滨文化"显然属于大陆系统旧石器时代的砾石器文化"，左镇人"很可能就是长滨文化期的人类遗留"。① 其后的新石器时代诸文化，如大坌坑文化、圆山文化、牛稠子文化，以及东海岸的巨石文化等，正如日本考古学者鹿野忠雄所说："台湾先史文化的基层是中国大陆的文化，此种文化曾分数次波及于台湾。"② 宋文薰也指出："这些新石器时代及其以后诸文化，是从许多方向，在不同时代传入的；而且很可能为台湾土著各族群迈向台湾的民族迁移的证据。"③

这说明，早在 3 万年前的旧石器时代晚期，就揭开了台湾岛史的帷幕。那么，是什么样的人群首先登上了台湾岛的历史舞台？台湾的社会历史是如何一步步向前发展的？又有哪些新的人群或民族也走上了台湾历史的舞台？他们与现实生活中的台湾世居少数民族及占台湾绝大多数人口的汉族是什么关系？这些都是本书探讨的重点所在。

二、台湾史的分期。 厦门大学台湾研究院陈孔立教授的论著《台湾历史与两岸关系》,④ 对台湾历史研究的理论架构有十分精辟的阐述。他说："台湾历史作为中国历史的一个组成部分，它与全国的历史有着共性；但台湾作为中国的一个比较特殊的地区，它的历史也必然有其特殊性。"（第 5 页）坚持实事求是，正确处理台湾史与全国史的共性与特殊性是本书写作时所坚持的指导原则。

（一）台湾历史时期的开始。台湾岛史首先分成史前史与历

---

① 宋文薰：《史前时期的台湾》，黄富山、曹永和主编《台湾史论丛》第一辑，台北，众文图书公司，1980 年，第 13 页。

② ［日］鹿野著、宋译，1955：115。

③ 宋文薰：《史前时期的台湾》，第 13 页。

④ 陈孔立：《台湾历史与两岸关系》，北京，台海出版社，1999 年 6 月。以下凡引此书，仅注页码于引文后。

史时代两大部分。关于史前史本身的分期，我们将在第二节专门讨论。这里只说明"史前时期"与"历史时期"的分界点年代。在学术界，历史学者与考古学者，以及这两类学者内部的看法是不相同的。宋文薰、连照美将这一分界点放在公元1600年（见第二节表一、二）。他们只是把公元前后作为因铁器的导进而脱离石器时代的年代。李光周教授认为：距今大约400年前后，也就是明末清初之际，汉民族的移入，平埔族的汉化，在文化的发展上即迈入了所谓的"历史时期"。但是，原住土著族，"迟至晚近"，在文化上的发展仍然属于"史前时期"。① 他的观点代表了部分学者的见解。关于澎湖的"历史时期"黄士强教授是这样论述的：所谓历史时期遗址，是指澎湖见于史籍，并有汉人拓殖时期的遗址。具体时代在南宋时（约为公元12世纪）。② 臧振华教授说：台湾史起自有文献记载的时候，以台湾本岛而言，只能从明朝末年以后，才开始正式进入有文字记载的历史时代。当被问及应从哪种文献开始算起？他答道：像荷兰文献《巴达维亚城日记》，已经有史可证了。③

历史学者的看法与此不同。有些学者举《诗经·商颂》"相土烈烈，海外有截"，《尚书》岛夷，《列子·汤问》岱舆、员峤，《越绝书》外越等为证，说商周、战国时期，台湾已有文字记载。但理由并不充分，故存疑而不进行讨论。至于要迟到明

---

① 李光周著，尹建中编：《垦丁史前住民与文化》，台北，稻乡出版社，1996年，第55页。

② 黄士强：《新发现的澎湖新石器时代遗址》，台北，《艺术家》第9卷第4期，1979年9月。

③ 奚松：《从抢救十三行遗址到重寻历史的归属感》，台北，《汉声》杂志第34期，1991年10月。

末，以荷兰人的《巴达维亚城日记》为有史可证之始，值得商榷。陈孔立说："至于有文字记载的历史，也有一千多年，从公元230年后的'夷洲'，到607年的'流求'、1291年'瑠求'、明朝后期的'东番'，所有这些，都比荷兰人入侵台湾要早得多。"（第43页）1952年，民族学家凌纯声教授指出："记载台湾的最古文献是《临海水土志》。"① 1958年，华南师范学院地理系吴壮达教授，也以公元3世纪我国史籍所记载的夷洲为台湾见于历史记载之始。他说："到目前为止，我们所知道的有关台湾具体情况的第一篇详确的记述，应该属于沈莹《临海水土志》上的一段有关文字。"② 综上所引，笔者早已主张，"成书于1700多年前的《临海水土志》，为我们留下了关于台湾历史的最早记录。"③

（二）台湾历史分期。讨论和确定台湾历史的起始年代，分期问题，笔者基本赞同陈孔立的分期法，他说："台湾史应当怎样分期呢？我们和台湾学者一样，通常把台湾史分为六个时期：即古代（或称早期）、荷据时代、郑氏时代、清代、日据时代、战后。"（第17页）

这里需要补充说明：其一，关于古代或早期，曹永和教授论著《台湾早期历史研究》认为，孙吴、隋、元政府都曾经略台湾，是可以考证的。有明一代，台湾南部为福建沿海渔民的渔业根据地，亦兼营"番产交易"。至天启四年（1624年），明廷迫

① 凌纯声：《台湾先住民与土著》，台湾史迹研究会编《台湾丛谈》，台北，幼狮文化事业公司，1977年，第134页。
② 吴壮达：《台湾的开发》，北京，科学出版社，1958年，第3页。
③ 张崇根：《三国孙吴经营台湾考》，合肥，《安徽大学学报》（社科版），1981年第1期。

使荷兰自澎湖撤退，荷兰人转据台湾等论述，[①] 与陈孔立所分之古代或早期，下接荷据时代是一致的。这古代或早期的下限年代即公元1624年。其二，这一分期是以中国政府的经略与人民移殖澎湖为标志。至于台湾本岛及附属岛屿小琉球、兰屿等世居少数民族则仍处于铁器时代或金石并用时代。二者在社会进程上是不一致的。

三、本书研究范围。自台湾著名史学家连横《台湾通史》问世以来，有许多关于台湾历史的专著出版。但由于作者的写作目的动机不同，立场迥异，其起止年份、材料取舍、史实陈述自然有别。如《台湾通史》起始于隋代，没有史前部分；有的厚厚一大本，史前部分也只有百分之一而已。这或限于考古资料缺乏，或详略自有尺度，无可厚非。至于怀揣"台独"鬼胎，曲解台湾史实，说台湾岛为西方洋人最先发现，"台湾人不是中国人"，并制造所谓"台湾民族"，硬说台湾史只有四百年，向世人撒下弥天谎言。前者之略，使读者无从了解台湾历史全貌；后者，更会把读者引向歧途。为补前者不足，纠后者之谬，以及解决因考古学著作过于专门化使一般读者不易读到，难以了解台湾史的状况和来龙去脉，此三端就是笔者写作本书的初衷。

本书叙述的范围，上自3万年前的旧石器时代，下迄明天启四年（1624年）荷兰殖民者侵占台南。其范围虽然长达3万多年，但只包括"史前时期"和"历史时期"的古代或早期。荷据时期以来的历史，相关史学著作很多，笔者无须班门弄斧。读

---

① 见该书《中华民族的扩展与台湾的开发》、《早期台湾的开发与经营》两篇，台北，联经出版事业公司，1979年7月。

者如有兴趣或需要，可读下列大作：陈碧笙著《台湾地方史》、陈孔立主编《台湾历史纲要》、杨彦杰著《荷据时代台湾史》、陈碧笙著《郑成功历史研究》、邓孔昭著《郑成功与明郑台湾史研究》、曹永和著《台湾早期历史研究》及"续集"、陈孔立著《清代台湾移民社会研究》，等等。

有人说，台湾只有四百年的历史，是葡萄牙人最先发现的。在此之前，中国历代统治者和人民大众都不把台湾当做中国的一部分。他们把台湾历史意识形态化，妄图割断台湾史与中国历史的联系，以"亡史"的手法来实现他们的"台独"理念。

本书坚持用史实说话，把台湾四百年前的历史写出来，台湾的居民、台湾3万年以来的文化，主要源头在哪里？海峡两岸人民、文化是如何交流、互动的？请看历史！

第二节　石器时代文化分期

一、各种史前文化层序表。海峡两岸及日本的考古学者，都对台湾考古学文化发展、类型，进行过深入的研究，提出了自己的主张，[①] 其间的不同见解是显而易见的。即使同一学者，随着考古发现的增多，也不断修改自己的分期，或称作层序表。总的看来，以 1979 年宋文薰、连照美制定的《台湾史前文化层序

---

① 20 世纪 40 年代，日本考古学者鹿野忠雄最先提出台湾地区史前七文化层的假设：（一）绳纹陶器文化层（二）网纹陶器文化层（三）黑陶文化层（四）有段石斧文化层（五）原东山文化层（六）巨石文化层（七）菲律宾文化层。见鹿野著、宋译，1955：110～115。因他首先提出，以存一说。第七文化层并不存在。

表》（表一）为标志，奠定了台湾地区考古学文化分期的基础。此后，刘益昌（1988、1992）、李光周（1986）、陈仲玉（1994）、何传坤（1996）、臧振华（1999），以及表一两作者之一的连照美（1998）都在此表的基础上发表自己修订或制定的台湾地区考古文化层序表（表二至表七）。

表一　台湾史前文化层序表

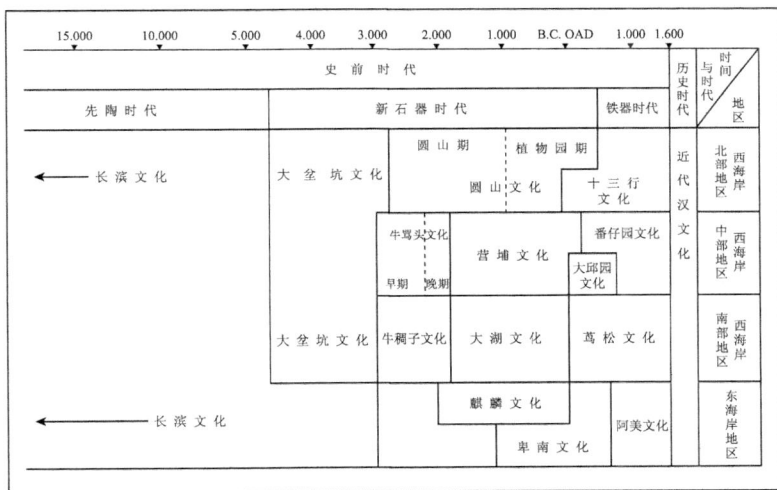

										时间与时代 地区
15.000	10.000	5.000	4.000	3.000	2.000	1.000	B.C. OA.D	1.000	1.600	
			史　前　时　代						历史时代	
先 陶 时 代		新 石 器 时 代						铁 器 时 代		
←　长 滨 文 化		大 坌 坑 文 化		圆 山 期 圆山文化	植物园期		十 三 行 文 化		近代汉文化	北部地区 西海岸
				牛骂头文化 早期 晚期	营 埔 文 化	番仔园文化 大邱园文化				中部地区 西海岸
		大 坌 坑 文 化	牛稠子文化		大 湖 文 化	蔦 松 文 化				南部地区 西海岸
←　长 滨 文 化				麒 麟 文 化 卑 南 文 化		阿美文化				东海岸地区

（采自宋文薰，1980）

早在1954年，张光直就与宋文薰合作，提出了台湾地区考古文化分期的意见。当年，他在《大陆杂志》发表《圆山发掘对台湾史前史的贡献》（第9卷第2期），对台湾西海岸史前文化的关系、层次与年代，列了一张表。1959年，他又提出了影响很深的"龙山形成期文化"理论，根据 C_{14} 年代，其在台湾

台湾史前史与早期史

中、南部的开始年代定在公元前 2500 年左右，包括早期的红陶文化、灰黑陶文化和较晚的灰陶和棕褐式陶文化。他还指出，华北的大汶口文化与长江流域和东海岸文化连锁关系的考古证据就

表二　考古学上台湾地区文化层序表

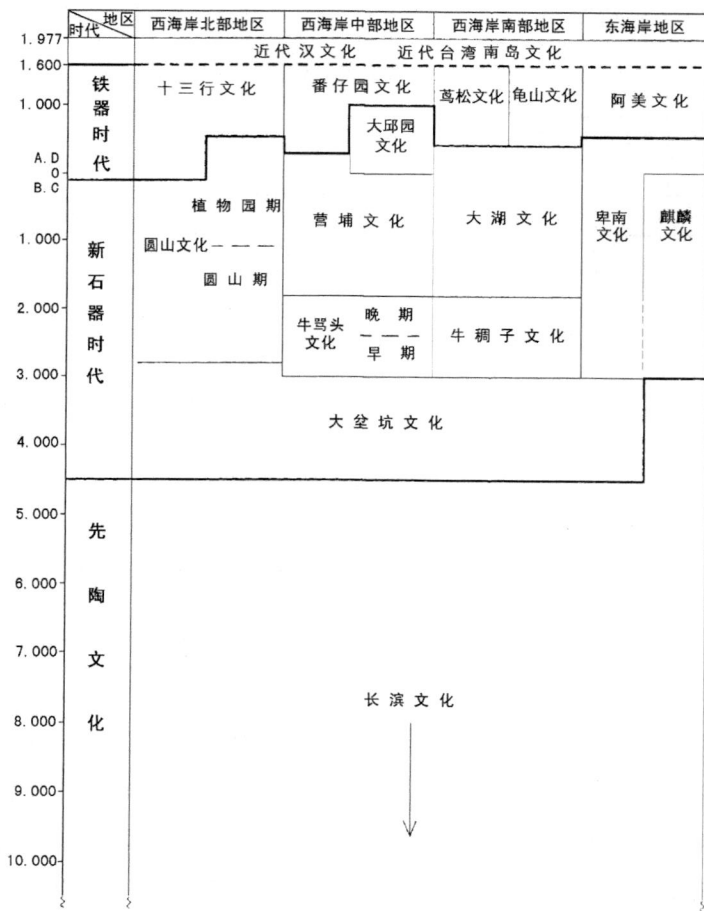

时代＼地区	西海岸北部地区	西海岸中部地区	西海岸南部地区	东海岸地区
（1.977／1.600）	近代汉文化		近代台湾南岛文化	
铁器时代（1.000 / A.D 0 / B.C）	十三行文化	番仔园文化 ／ 大邱园文化	茑松文化 ／ 龟山文化	阿美文化
新石器时代（1.000）	植物园期 ／ 圆山文化——— ／ 圆山期	营埔文化	大湖文化	卑南文化 ／ 麒麟文化
新石器时代（2.000 / 3.000）		牛骂头文化 晚期——— 早期	牛稠子文化	
新石器时代（4.000）		大坌坑文化		
先陶文化（5.000～10.000）		长滨文化 ↓		

（据连照美，1998）

是所谓"龙山形成期"文化的形成；龙山形成期在第四千纪（指公元前 4000~3000 年——引者注）的中叶在华北和长江流域出现，然后沿着东海岸直到台湾和珠江三角洲，时间上一直延续到第三千纪（公元前 3000~2000 年——引者注）的中叶。①

　　以上的分期法，对于我们了解台湾史前史很有帮助甚至是不可缺少的。但是，另一类更为宏观的分期法，更便于读者了解台湾的历史发展进程和与祖国大陆的文化民族传承关系。

表三　台湾史前文化的层次

			历史时代	时代	时间
				地区 AREA	

史　前　时　代			历史时期	时代	时间
先陶时代	新石器时代	铁器时代		地区 AREA	
←长滨文化　大坌坑文化	圆山期　植物园期 圆山文化	十三行文化	近代汉文化	北部地区	西海岸
大坌坑文化	牛骂头文化　营埔文化 早期　晚期　　大邱园文化	番仔园文化		中部地区	西海岸
	牛稠子文化　大湖文化	茑松文化		南部地区	西海岸
←长滨文化	麒麟文化 卑南文化	阿美文化		东海岸地区	

（据李光周，1996）

　　二、宏观的台湾史前史分期法。1972 年 4 月，张光直在一篇文章中指出，台湾考古学者数十年努力研究的成绩，可将台湾

① 张光直：《中国相互作用圈与文明形成》，《中国考古学论文集》，台北，联经出版事业公司，1995 年，第 129 页。

9

史前分为四个主要阶段：

（一）以台东县北端八仙洞遗址所代表的打制石器文化阶段，其开始可以在冰河时代之晚期，数万年之前，为台湾岛上有人迹之始。

（二）以台北县淡水河口南面大坌坑遗址下层文化所代表的绳纹陶文化阶段，大约在公元前数千年间内，为原始农耕文化，并有台湾最早的陶器。

表四　台湾地区史前文化的时空架构示意图

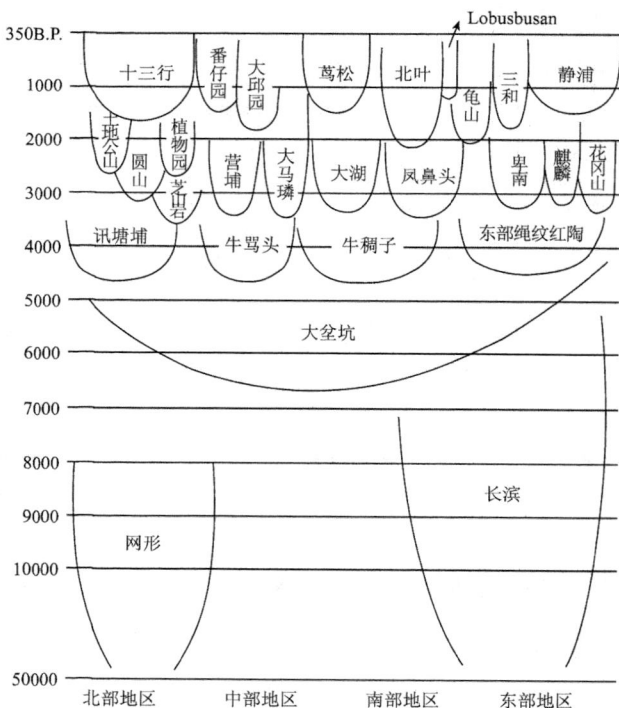

（采自刘益昌，2002）

表五　台湾史前文化层序表

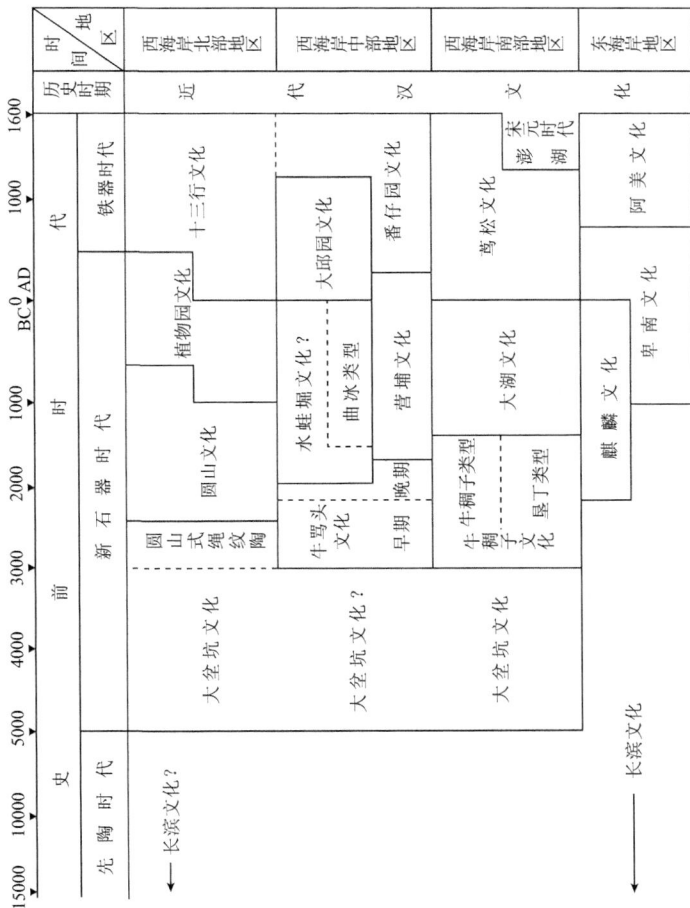

时间 历史时期	（地区）	西海岸北部地区	西海岸中部地区	西海岸南部地区	东海岸地区
1600 历史时期		近　　代　　汉　　文　　化		荷元时代／澎湖文化	阿美文化
1000 铁器时代		十三行文化	番仔园文化		
BC 0 AD		植物园文化	大邱园文化	蔦松文化	卑南文化
1000 新石器时代		圆山文化	水蛙堀文化？／曲冰类型／营埔文化	大湖文化	麒麟文化
2000		圆山式绳纹陶	早期（晚期）／牛骂头文化	牛稠子文化／垦丁类型（牛稠子类型）	
3000		大坌坑文化	大坌坑文化？	大坌坑文化	
4000 史前时代					
5000		长滨文化？			长滨文化
10000 先陶时代					
15000					

（采自陈仲玉，1994）

表六　台湾史前文化序列及埋葬模式分布

时代	时间 (B.C.0A.D.)	西部海岸北部地区	西部海岸中部地区	西部海岸南部地区	东海岸地区
历史时期		近代汉文化			
史前时代 · 铁器时代	1,600 / 1,000	十三行文化	番仔园文化 / 大邱园文化	茑松文化	阿美文化
史前时代 · 新石器时代（植物园期 / 圆山期）	1,000 / 2,000	植物园期 · 圆山文化 · 圆山期	营埔文化	大湖文化	卑南文化 · 麒麟文化
史前时代 · 新石器时代	3,000	牛骂头文化（早期 晚期）		牛稠子文化	
史前时代 · 新石器时代	4,000 / 5,000	大坌坑文化	大坌坑文化		
先陶时代	10,000 / 15,000	←长滨文化		←长滨文化	

（据何传坤，1996）

表七 台湾考古文化年表

距今年代	时代	区域 北部	中部	南部	东部	澎湖	生活方式	主要事件	气温	海水面
	历史时代	*	*	*	*	汉文化				
500	铁器时代		十三行文化	茑松文化	龟山文化	静埔文化	种稻（种小米）（？）狩猎	制造使用铁器减少石器与汉人交易		高于今日海面约1公尺
1000			番仔园文化							
1500										较今日海面高约2-3公尺
2000	新石器时代	植物园文化	营埔文化	大湖文化	卑南文化	麒麟文化	种稻种小米（？）狩猎捕鱼采集	社会地位分化工业技术进步	与今相似	
2500		圆山文化								较今日海面高约2公尺
3000		芝山岩文化	牛骂头文化	牛稠子文化	绳文陶文化	素面陶文化		稻作农业出现	较今略高	
3500						细绳纹陶文化				较今日海面高约4公尺
4000										
4500						粗绳纹陶文化		渔猎采集初级农业		
5000		大坌坑文化	大坌坑文化	大坌坑文化	长滨文化		陶器出现磨制石器出现初级农业出现		较今高约2.5℃	较今日海面高约4公尺
5500										
6000										
6500										
7000	石器时代	长滨文化（？）	长滨文化（？）	长滨文化（？）			狩猎采集鱼具	打制石器与陶器		较今日海面低约5公尺
7500										
8000										较今日海面低约15公尺
8500										
9000										较今日海面低约15公尺
9500										
10000				左镇人					较今略低	
30000										

（采自臧振华，1999）

（三）以台北市圆山贝冢所代表的圆山文化及高雄县林园乡的凤鼻头遗址所代表的龙山形成期文化的阶段，大约始于公元前2500年，为高级农耕文化（稻米、粟）的发展时期。

（四）原史时期，即历史上所知"土著族"之直接祖先，在考古学上有遗物遗迹可以代表的阶段，大约始于公元第十世纪前后。①

1999年，臧振华对台湾地区的史前文化提出的分期法更为具体明确：

旧石器时代，大约在距今30000年到5000年前之间，属狩猎采集文化的阶段，以长滨文化为代表。

新石器时代早期，大约在距今6000～5000多年前之间，推测为原始根栽农业文化的阶段，以大坌坑文化为代表。

新石器时代中、晚期，年代在距今5000～2000年前之间，为谷类农业文化的阶段。其中，新石器时代中期的年代大约是在距今5000～3500年前之间，北部以圆山文化和芝山岩文化为代表，南部以细绳纹陶文化为代表。新石器时代晚期的年代大约在3500～2000年前之间，在北部地区以植物园文化为代表，在中部地区以营埔文化为代表，在西南部地区以大湖文化为代表，在东部地区以卑南文化和巨石文化为代表。

铁器时代，指由使用石器逐渐转变为使用铁器的文化阶段，年代在距今2000～400年前之间，在台湾各地都有地域性的代表文化，北部为十三行文化，中部为番仔园文化，西南部为茑松文

---

① 张光直：《"浊大计划"与民国六一至六三的浊大流域考古调查》，张光直主编《台湾省浊水溪与大肚溪流域考古调查报告》，台北，《中央研究院历史语言研究专刊》之七十，1977年，第4页。

化，东部为静埔文化。①

刘益昌对台湾史前文化层序的分期，随着新的考古发现在不断地进行修正。他的最新分期是：

距今50000～10000年为旧石器时代晚期；

距今10000～6500年为旧石器时代晚期持续发展期；

距今6500～4600年为新石器时代早期；

距今4600～3500年为新石器时代中期；

距今3500～1800年为新石器时代晚期；

距今1800～350年为金属器与金石并用时代。②

笔者认为，刘益昌的分期法可能更接近台湾史前史的发展状况。但从本书的叙述内容出发，张光直、臧振华的宏观分期法值得参考。黄崇岳说，刀耕农业是原始农业的早期阶段，用石斧、石刀砍树，放火烧荒，再用尖木棒点种，不翻土、不施肥、不除草，靠天吃饭，又称刀耕火种。农活由妇女担任，男子捕鱼、打猎和砍树。待石锄、石铲等翻土工具出现后，才是男子从事的锄耕阶段。③ 今从三人之说，将台湾史前史划分为"采集渔猎时期"、"刀耕农业时期"、"锄耕农业时期"和"铁器时代"，并根据考古学发现和前人综合研究成果，叙述当时居

---

① 臧振华：《台湾考古的发现和研究》，吴春明、邓聪主编《东南考古研究》（二），厦门大学出版社，1999年。

② 刘益昌：《台湾原住民史·史前篇》，南投，台湾文献馆，2002年，第51页。

引者按，台湾新石器时代分期，一般认为，早期为距今6500～4500年；中期为距今4500～3500年；晚期为3500～2000年；铁器时代为2000～400年。距今400年以来为历史时期。

③ 黄崇岳：《试论"磁山·裴李岗文化"的时代与社会——兼论我国新石器时代早期文化》，河南省考古学会等编《论仰韶文化》，《中原文化》1986年特刊。

民的生产、生活面貌及其源流；三国以后，根据文献记载、考古发现和前人研究成果，记述至 1624 年，以展现台湾地区四百年前历史的原貌。

第三节　台湾和大陆的地缘关系①

台湾岛位于东亚大陆架东南边缘、环太平洋西部岛弧的中间。这一岛弧与东亚大陆之间的水域，民族学家凌纯声教授称之为"亚洲地中海"。他说："亚洲地中海为南北向，可以台湾分开为南北两地中海，有时我们称北洋和南洋。"② 在第四纪冰川时期，因地球气候的冷暖变换，冰期和间冰期的交替出现，海平面随之消涨，以致亚洲地中海大部分水域时而干涸，使台湾岛与亚洲大陆相连；时而海水充盈，又使二者隔离或仅有陆桥相连。

台湾岛与琉球群岛、吕宋群岛不同，紧接于亚洲大陆，是中国大陆架的延伸部分。喜马拉雅造山运动使欧亚大陆板块与太平洋板块挤压、折皱，使台湾岛浮出海面。后来，当大陆处于剧烈的"燕山运动"时，台湾岛也发生了剧烈的地壳变动，即"南澳运动"。经过此次地壳变动，台湾完全陆化。陆地的侵蚀作用形成了陆成的 M 砾岩层。当 M 砾岩形成的时候，大陆与台湾成为一片陆地，没有任何海相地层堆积。同时，在台湾岛周围，也

---

① 这一标题是台湾大学地质系林朝棨教授首先使用的，现引用，特此注明。见台湾史迹研究会编《台湾丛谈》，台北，幼狮文化事业公司，1977 年，第 1 页。

② 凌纯声：《太平洋的中国远古文化》，《中国边疆民族与环太平洋文化》，台北，联经出版事业公司，1979 年，第 409～410 页。

形成了今天台湾海峡中的一群火山岛——多由玄武岩、水成岩，以及玢岩、石英斑岩构成的澎湖群岛，以及台湾本岛东北方向的钓鱼岛列岛。

此后，台湾岛的沉降与升起时断时续。这主要是受第四纪冰川的冰期、间冰期的交替出现所制约。亚洲东部的太平洋沿岸曾经发生过三次海进、海退期，地质学家分别以星轮虫、假轮虫和卷转虫命名。星轮虫海进发生于距今 10 万年以前，海退在距今 7 万年以前；假轮虫海进发生于距今 4 万余年以前，海退在距今 2.5 万年以前；卷转虫海进发生于距今 1.2 万年以前，海退在距今 0.5 万年以前。距今 2.5 万年以前假轮虫海退，中国东部太平洋沿岸海水退缩达 600 公里，东海中最后一道贝壳堤位于东海大陆架前缘 – 155 米处，C_{14} 测年为 14780 ± 700 年 B.P.。可以想见，大约在 1.5 万年以前，东海海面比现在低 150 多米。不仅舟山群岛和大陆相连，舟山群岛以东，直到大陆架前缘，还存在大片陆地。[1] 台湾海峡现有水深一般不超过 100 米，其中3/4的海域水深不足 60 米；福建省东山岛至澎湖群岛的中南部浅滩水深一般不超过 40 米，有些海域仅深 10 多米。[2] 由此可见，在距今 2.5～1.2 万年之间，福建与台湾岛也应连成一片（图一）。据 C_{14} 测定，距今 14400 年前，海面回升到 – 115 米，14000 年前回升到 – 100 米，12000 年前上升到 – 50 米至 – 60 米，8000 年前

① 陈桥驿：《河姆渡遗址在越文化研究中的意义》，王慕民主编《河姆渡文化新论》，北京，海洋出版社，2002 年。

② 关于台湾海峡海水的深度，有多种说法。连照美说，一般水深 36～75 米，最深不超过 100 米。见《台南县莱寮溪人类化石》，台湾大学《考古人类学刊》，第 42 期，1981 年。

海面约为 – 5 米左右，7000 ~ 6000 年间，海面达到现在的高度。① 结果是：

一、台湾岛与大陆分离。台湾海峡数度干涸成陆，成为高而宽的巨形台地，显出广大的大陆时代，数次与中国大陆连在一起，成为大陆东缘的一部分，台湾岛与大陆的最后一次分离，地质学家测定在 5400 年前。②

二、一万年前海岸线在 470 公里外。上海同济大学海洋地质专家汪品先院士指出，如今的沿海一带，距离当时的海岸线足有 470 公里远。长江古河道便是经过东海海域，从现在的琉球群岛一带入海。现在的东南沿海与台湾岛曾经山川相连，陆路相通。③

当时，不仅台湾岛与大陆相连，日本群岛通过库页岛和朝鲜与大陆相连，台湾岛、海南岛、苏门答腊、婆罗洲和爪哇等岛屿都成为大陆的一部分。菲律宾和西里伯斯岛也可能通过狭窄的陆桥与大陆相接（图一、三）。④

因此，亚洲大陆的史前哺乳动物及追逐猎物的旧石器时代人类，就能在大陆与上述岛屿之间自由往来。当代考古发现证实，

① 曹家欣：《第四纪地质》，北京，商务印书馆，1983 年，第 204 ~ 205 页。

② 林朝棨：《台湾和大陆的地缘关系》，《台湾丛谈》第 2 页；《台湾之第四纪（下）》，《台湾文献》第 14 卷第 2 期，1963 年。黄大受《台湾史纲》引另一位地质学家马连英论文称，澎湖与台湾的陆地联络，一直维持到距今 6200 年前，而澎湖南端与福建之间，直到 5400 年前，当有一条经过台湾礁的陆地联系着。可见台湾与大陆在地缘关系上，是不可分的。台北，三民书局股份有限公司，1982 年，第 4 页。

③ 转引自柴骥程、张奇志：《史前动物：从周口店到台湾》，《北京日报》2002 年 9 月 5 日第 9 版。

④ 刘东生等：《中国第四纪沉积物区域分布特征的探讨》，转引自李家添《从古地理及古文化看台湾与祖国大陆的关系》，《厦门大学学报》1981 年增刊。

图一 距今 7 万～1.5 万年时八仙洞遗址的位置

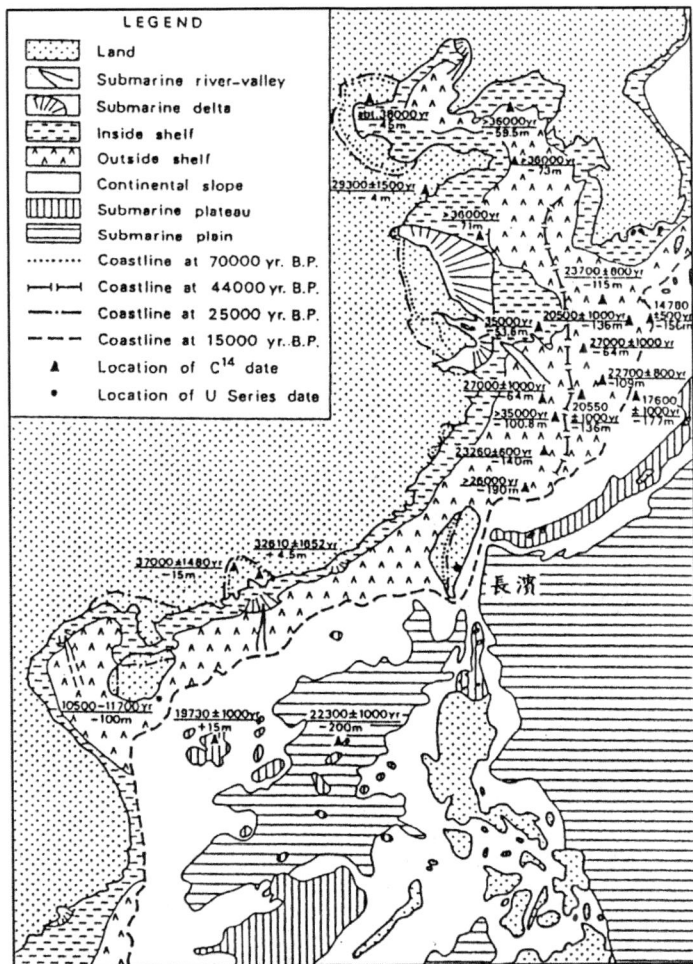

LEGEND

	Land
	Submarine river-valley
	Submarine delta
	Inside shelf
	Outside shelf
	Continental slope
	Submarine plateau
	Submarine plain
....	Coastline at 70000 yr. B.P.
	Coastline at 44000 yr. B.P.
	Coastline at 25000 yr. B.P.
	Coastline at 15000 yr. B.P.
▲	Location of C¹⁴ date
•	Location of U Series date

長濱

（张光直，1986；转引自何传坤，1996）

图例（按自上而下顺序）

（1）陆地

（2）海底河谷

（3）海底三角洲（或冲积扇）

（4）靠内陆架（或内海陆架）

（5）外海浅滩

（6）大陆架

（7）海底高原

（8）海底平原

（9）（10）（11）（12）距今 7 万、4.4 万、2.5 万、1.5 万年前的海岸线。

（13）C_{14} 测定的年代

（14）铀系法测定的年代

（笔者译）

在浙江舟山海域、福建东山海域和台湾澎湖海域及台湾本岛都有古核齿象、剑齿象、德氏水牛、中国犀牛、水鹿、斑鹿、熊、山羊等哺乳动物化石，以及"东山人"、"海峡人"和"左镇人"等旧器时代人类化石。[①] 据海峡两岸的考古学家祁国琴、尤玉柱、何传坤、张钧翔、胡连荣、陈立群等研究，迁徙的路线有两条：

一是从北京周口店出发，途经如今的东南沿海——当时的滨海平原，假道舟山（现在，舟山海域一带水深只有 20 米到 30 米，当时是陆地），抵达台湾，这就是远古时期古动物从北向南跋涉的路线。笔者建议将舟山至台湾间的陆地称为"舟山陆桥"。

———————

① 刘东生等；另见台湾《中央日报》2001 年 7 月 5 日第 8 版《冰河期剑齿象化石／东势出土》，台湾《联合报》2001 年 4 月 3 日第 9 版《复原古生物／台湾虎重现》。

图二　米仑亚冰期古地理图

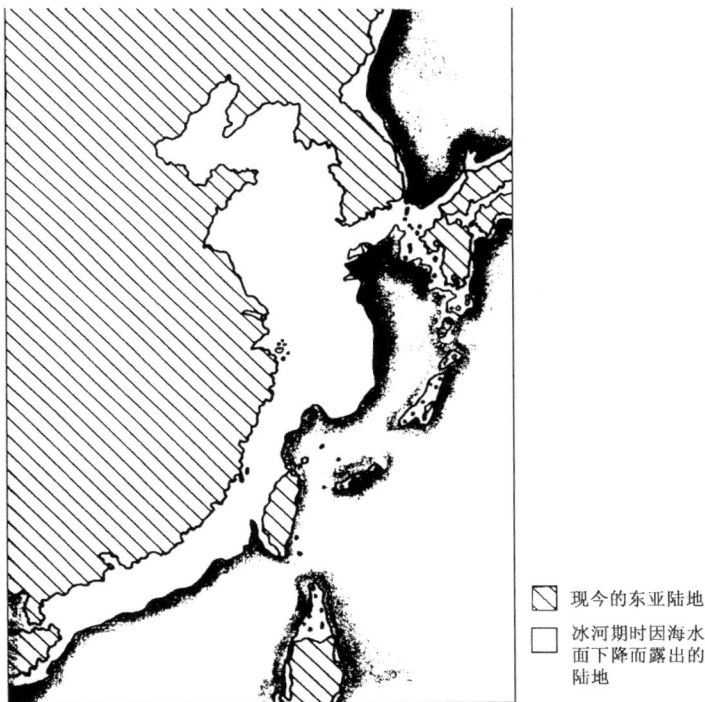

现今的东亚陆地

冰河期时因海水
面下降而露出的
陆地

（采自刘益昌，1993）

二是发端于福建东山岛、向东延伸至海峡中部的台湾浅滩，再向东北经澎湖列岛尔后至台湾西部的时断时连的陆桥。这就是学者们所称的"东山陆桥"。① 由于有这两座"陆桥"，即使在海

---

① 尤玉柱：《东山海域人类遗骨和哺乳动物化石的发现及其学术价值》，《福建文博》，1990 年增刊；陈立群：《东山陆桥动物化石人工痕迹的观察与研究》，《福建文博》，2002 年第 1 期。

图三　店子湖期古地理图

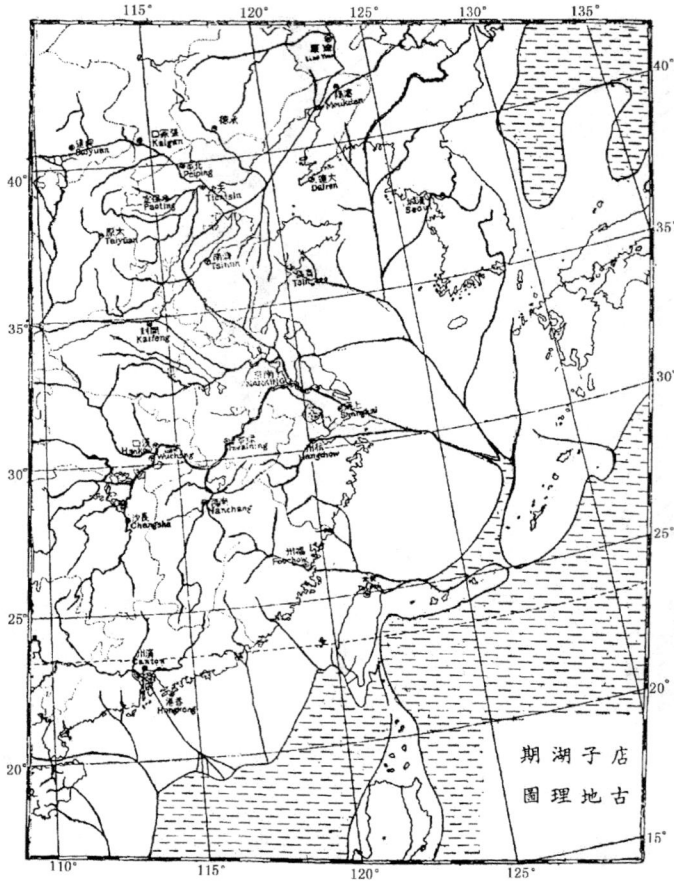

短横虚线表示当时太平洋海水所处位置

（采自林朝棨《台湾之第四纪（下）》）

平面不断上升，致使滨海平原消失的时期，古动物和古人类还是可以通过"陆桥"，行走在海峡中间。① （参见图二②）

总之，正如台湾地质学家林朝棨教授《从地质学说台湾与大陆的关系》"绪言"指出的："就地质学的观点言，台湾是大陆的一部分，而位于大陆的边缘部。这个事实可以由地壳的性质、地史、古生物群、现生生物群、地层的性质、火成岩的性质、台湾海峡的地形与地质等各方面的研究结果来得到答案。"③

① 《北京日报》，2002 年 9 月 5 日第 9 版。
② 图二引自刘益昌、刘得京、林俊全：《史前文化》，台东，"交通部观光局东部海岸国家风景区管理处"编印，1993 年，第 4 页。
③ 林朝棨：《从地质学说台湾与大陆的关系》，台北市文献委员会编印《中原文化与台湾》，1971 年，第 199 页。

第二章　采集渔猎时期

台湾本岛与澎湖、兰屿等离岛的考古文化丰富多彩，有旧石器时代、新石器时代、铁器时代等史前遗址一千五六百处。总体说，从距今 3 万年前开始，台湾本岛就有人类生活繁衍于此。当时，因为处于地质学大理冰期，台湾岛与大陆连成一片，旧石器时代的人，因为追逐、捕猎野兽，由大陆来到台湾岛上，因而有了分布于台湾东海岸八仙洞遗址与西海岸鹅銮鼻等遗址的长滨文化，以及生活在今台南一带的"左镇人"。在台湾本岛西海岸中北部的丘陵地区，还发现了尚未正式命名的旧石器时代晚期的"网形文化"，与华南的旧石器时代晚期的文化有密切关系。甚至可以说是同一类型的文化。

台湾岛的旧石器时代文化虽与祖国大陆关系密切，却未能同步发展，也没有在岛内直接发展为后来的新石器时代早期文化，而是从距今 3 万年前起，到距今 5000 年左右消失了。这其中的原因之一，可能是冰期过后，海平面上升，海峡阻隔成为孤岛，因而发展滞后。这可以说是其特殊性了。

人是历史的主体，人创造了历史。我们不以考古学文化及以后历史时期的王朝称号作为各章的篇名，而根据其经济形态（如"采集渔猎"等），人们共同体名称（如"山夷"等）为各章篇名的关键词。

第一节　台湾的最早居民

早在旧石器时代晚期，即距今 3 万年前，在台湾本岛及当时成为陆地的台湾海峡，就有古人类在那里生息繁衍。生活在今台南县左镇乡菜寮溪一带的，被考古学家、古人类学家称之为"左镇人"；在台湾海峡发现的古人类化石被称为"海峡人"。

一、"左镇人"。"左镇人"是台湾岛旧石器时代晚期的古人类化石，因被发现于台南县左镇乡菜寮溪而命名。"左镇人"化石标本共九件（表一），计头骨残片七件、牙齿两颗。第一件古人类头骨化石发现于 1970 年夏天，在曾文溪支流菜寮溪臭屈河段，系一件成年男性的右顶骨残片化石。经下田信男教授用氟、锰测定，其年代在 3 万年前，系旧石器时代人类化石。[①] 此后，又陆续在同一河段发现了一块人的左顶骨化石和另一块右顶骨化石（图一），与两颗人类牙齿化石。均属于二三万前年的更新世晚期人类。此外，在菜寮溪的冈子林河段，发现两块右顶骨残片及额骨、枕骨残片各一件。其生存的年代可能晚于臭屈河段的古人类。

据台湾考古人类学家宋文薰、连照美，地质学家林朝棨，日本考古学、古人类学家鹿间时夫、尾崎博、马场悠男和下田信男等人的研究，臭屈河段发现的三块古人类头骨化石，分别属于三个不同的个体（自然人）。编号为 200－1 的右顶骨残片，属于

---

① 转引自韩起《台湾省原始社会考古概述》，《考古》，1979 年第 3 期。

台湾史前史与早期史

年轻的男性可能性较大，而编号为 200 - 2 的左顶骨残片，属于一性别不明的完全成年的个体。编号为 200 - 3 的右顶骨残片，可能属于一已成年的个体，但其年龄与性别不容易判定。连照美认为，这三件头骨片之间的关系很显然不是属于同一个体，但他们确实属于同一种群及同一时代的人类，其绝对年代为距今 2 万年到 3 万年之间。①

表一　左镇地区化石人标本细目表

标本编号	出现地点	发现人	标本项目
200 - 1	臭　屈	郭 东 辉	右　顶　骨　残　片
200 - 2	臭　屈	潘 常 武	左　顶　骨　残　片
200 - 3	臭　屈	潘 常 武	右　顶　骨　残　片
244 - 1	冈 子 林	陈 春 木	右　顶　骨　残　片
244 - 2	冈 子 林	陈 春 木	额　骨　残　片
244 - 3	冈 子 林	陈 春 木	枕　骨　残　片
244 - 4	冈 子 林	陈 春 木	右　顶　骨　残　片
A5710	臭　屈	潘 常 武	右上第一或第二大白齿
a	臭　屈	陈 济 堂	右下第一大白齿

＊前七件为台湾省博物馆标本编号，A 字头一件为台大考古人类学系考古学标本编号，a 临时编号，因该标本系私人所存（据连照美，1981）。

关于冈子林河段的四片头骨化石，由于其保有状态及其性质等彼此极为相似，也不见有重复的部位，尾崎博等学者推想属于同一个体，而这一个体大概是一成年男性。连照美观察这些化石

① 连照美：《台南县菜寮溪的人类化石》，台湾大学《考古人类学刊》，第 42 期，1981 年。

图一　臭屈发现的人类化石

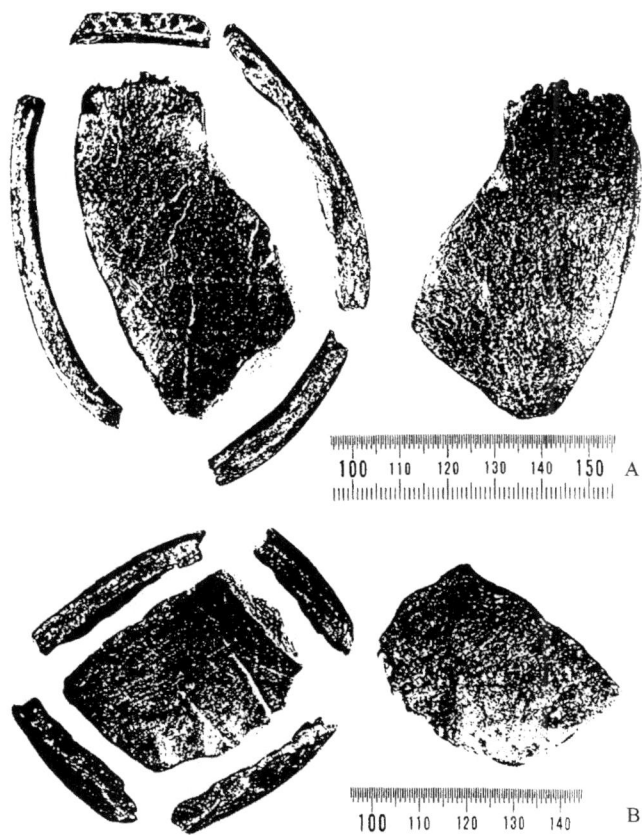

A. 编号 200-1，左侧顶骨；B. 编号 200-2，左侧顶骨。左：内面；
右：外面（采自连照美，1981）

标本，初步以为，这些标本除了形态上完全属于现代人（Homo sapiens sapiens）外，其标本颜色浅，石化浅等性质显示比前述臭屈标本年轻得多，故认为暂时不宜冠以"左镇人"名称。

二、"海峡人"。"海峡人"化石是福建石狮市祥芝镇祥芝村渔民从他们在台湾海峡的传统作业区——北纬 23°30′~25°00′，东经 119°20′~120°30′的海域（即澎湖群岛北至台中）以西新竹海域捞出的数千件化石中的一件。1998 年 11 月，泉州考古爱好者刘志成等发现了这一件人类骨骼的化石标本。经厦门大学历史系考古专业蔡保全副教授、中国科学院古脊椎与古人类研究所张振标研究员和著名考古学专家、中国科学院资深院士贾兰坡先生鉴定，肯定这是晚期智人男性个体的右肱骨，仅缺失肱骨滑车和肱骨小头，长 311 毫米。石化程度相当高，表面呈棕褐色，并留有海生无脊椎动物附着的痕迹，绝对年代距今 11000 至 26000 年左右。贾兰坡建议将其命名为"海峡人"。与"海峡人"一起，在同一海域被发现的，还有一件骨器和一件留有多处人工刻痕的哺乳动物下颌骨，以及古菱齿象、四不像、野马等暖温带动物化石。①

与"左镇人"一样，"海峡人"同样处在旧石器时代晚期。当时，人类以"游群"为单位，以狩猎、采集为生业。他们都是在距今 1 万至 3 万年前的晚更新世晚期最后一次盛冰期，渤海、黄海、东海，包括台湾海峡的绝大部分海域成为陆地，使大陆与台湾本岛及澎湖等附属岛屿连成一片时，追逐哺乳动物由中

---

① 朱家麟、余瑛瑞、郅振璞：《"海峡人"浮出历史水面》，《人民日报》（海外版），1999 年 9 月 6 日第 5 版。又见《人民日报》1999 年 9 月 5 日第 4 版《台湾海峡考古获重大突破／"海峡人"化石完成初步鉴定》（朱家麟、郅振璞）。

国大陆来到台湾海峡与台湾本岛。

三、关于台湾最早居民的来源。讨论其来源主要根据下列因素：（一）古人类化石有关因素的比较研究。（二）如宋文薰所说："以狩猎与采集为生的旧石器时代人类，跟随动物群移居台湾"。[①] 因此，动物群来源的方向，也是指示台湾古人类来源的指标。本来他们使用的工具，也是研究其来源的重要指标。可惜没有与"左镇人"伴随的石器、骨角器等出土。此项只好缺如。

臭屈发现的两颗牙齿的比较研究。据连照美推测，编号为 A5710 的人类牙齿标本，可能是右上第一或第二大臼齿，推测属于 2 万~3 万年前的"左镇人"，甚至是更早的人类。编号为 a 的牙齿标本纤小，可能是一女性，或可归为年代上要晚得多的较年轻的"左镇人"。[②] 她将这两颗牙齿测得的数据，与已知的"长阳人"化石的左上颚第一大臼齿的测量数据、安阳殷墟人骨第一大臼齿[③]及香港玛丽皇后医院（Queen Mary Hospital）所测量现代中国人上颚第一大臼齿数据进行了比较（见表二、三、四），长阳人的左上颚第一大臼齿齿冠宽 10.8mm，冠厚 12.8mm，宽厚指数为 11.8。她的看法是：这些数据都比标本 A5710 略大，说明其是"左镇人"的可能性。

---

① 宋文薰：《由考古学看台湾史前史》，台北，《汉声》第 34 期，1991 年 10 月。
② 连照美：1981。
③ 殷人数据是美国密西根大学体质人类学系 C. L. Brace 测量 323 颗上颚第一大臼齿与 209 颗下颚第一大臼齿数值的平均数；香港现代中国人数据是测量 31 颗上颚第一大臼齿的平均数；现代日本人数据为藤田测量所得平均数；"长阳人"数据均见连照美 1981 论文。

表二   M¹ 冠宽、冠厚的比较   （单位：mm）

	左镇标本 A5710	般人 （N = 323）	现代中国人 （N = 31）	现代日本人 （平均大小）
冠　宽	10.5	10.11	10.22	10.6
冠　厚	12	11.38	11.24	10.8
宽厚指数	11.25	10.745	10.73	11.2

表三   M² 冠宽、冠厚的比较   （单位：mm）

	左镇标本 A5710	般人 （N = 308）	现代中国人 （N = 30）	现代日本人 （平均大小）
冠　宽	10.5	9.56	9.49	9.6
冠　厚	12	11.34	11.22	11.6
宽厚指数	11.25	10.45	10.355	10.6

表四   M₁ 冠宽、冠厚的比较   （单位：mm）

	左镇标本	般人 （N = 209）	现代中国人 （N = 29）	现代日本人 （标本大小）
冠　宽	11	10.05	10.64	10.4
冠　厚	10.2	10.89	10.66	11.8
宽厚指数	10.6	10.97	10.65	11.1

（表二、三、四据连照美，1981）

按照连氏所列上述三张表，左镇 A5710 号牙齿标本，因其是上颚第一或是第二大臼齿暂时无法确定，也就无从比对。而左镇 a 号牙齿标本的数据，与殷人和现成中国人接近，而比现代日本人的下颚第一大臼齿略小。

尤玉柱、张振标认为，"左镇人"的牙齿 A5710，大致与"柳江人"的接近，因而推测："左镇人"可能归于同期"柳江人"相似类型的居民特征。①

与"左镇人"相近的古人类化石，还有在福建省东山海域发现的一件右侧肱骨化石，保存部分是肱骨体下半段与肱骨髁相邻部位，残长 57.9 毫米。经尤玉柱将有关测量数据（见表五）进行比较研究，认为"东山人"肱骨和"建平人"肱骨体下半段上部相同，其部位尺寸十分接近，只是下部略有差异。或者说，"东山人"的肱骨不如"建平人"的那样扁平。

表五　"东山人"、"建平人"肱骨体测量与对比　（毫米）

测量项目数字材料	上部				下部			
	横径	矢径	扁平指数	周长	横径	矢径	扁平指数	周长
"东山人"	22.7	18.2	80.2	64	25.3	16.7	66	69
"建平人"	22.3	18.3	82.1	62	27.3	16.6	60.6	68

（采自尤玉柱，1988）

① 尤玉柱、张振标：《论史前闽台关系及文化遗址的埋藏规律》，《福建文博》，1990 增刊。

"左镇人"属于更新世晚期的人类（连1981，56）。更新世的人类及旧石器文化常与更新世哺乳动物化石的产地密切关联。因此，与之相关联的同时代动物群的来源，也应是探寻"左镇人"来源的途径之一。

菜寮溪河床上的动物化石实际上包括不同的时期。以明石剑齿象、台湾猛犸象、早板犀牛、中国剑齿象、台湾四不像、步氏羌、羌、新竹鹿、鹿、水鹿，以及古鳄、猪、猕猴、豹和水牛等为代表的动物群，被称之为"左镇动物群"或"左镇动物相"或华南"大熊猫—剑齿象动物群"。其生存的年代为更新世早期（连照美，1981）。台湾因此被称为"掩齿象地区"。此时生活在华北的哺乳动物，因黄河、长江所阻，未能抵达本"掩齿象地区"。①

从年代学看，"左镇动物群"或称之为华南"大熊猫—剑齿象动物群"，比"左镇人"要早90多万年。因此，"更新世时期另有一动物相"（连照美，1981），才是在距今二三万年前，被"左镇人"追逐、跟随而至台湾的动物群。目前，在左镇动物群化石中，可能有更新世晚期的动物未被鉴别出来，也可能尚未被发现。学术界普遍认为，台湾岛的古人类、古动物是经由"东山陆桥"或在台湾海峡陆化，使台湾岛与大陆连成一片时由华南到达台湾本岛的。同样，台湾海峡一带发现的更新世晚期动物化石，也可以推测这些动物及与之俱来的古人类来源的方向。

20世纪60年代以来，在澎湖群岛与台湾本岛之间的一条海槽中发现的哺乳动物化石标本，具有中国北方动物群的特征，被

---

① 林朝棨：《台湾之第四纪（下）》，《台湾文献》，第14卷第2期，1963年。

台湾考古专家高健为称为"澎湖动物群"，而与年代更早的"左镇动物群"相区别。1997年，祁国琴教授和台湾的何传坤教授、地质学教授张钧翔一起，进行了三年左右的合作研究，发表了《台湾澎湖海沟更新世晚期食肉类化石的初步研究》，通过对澎湖海沟与大陆山顶洞、河姆渡、安阳、丁村和姜寨等遗址出土的中华貉（狸，N. sinensis）、棕熊（U. arctos）、最后鬣狗（C. ultima）和虎（P. tigris）等动物化石标本的"测量比较"，并请北京大学考古系年代测定实验室对杨氏水牛（Bubalus youngi）、"四不像鹿（麋鹿——引者注）"（Elaphurus davidianus）角，以铀系法230Th初步测出的年代分别为1.1万年及2.6万年，因此认为，当时台湾海峡曾有过"路桥"（大陆学术界称"东山陆桥"——引者注），更新世晚期动物群由此来到澎湖海沟。①

2002年1月，祁国琴、何传坤再度合作，对东山海域捕捞上来的近百件哺乳动物化石进行研究后发现，生活在距今3万年前的这一包括菱齿象、犀、麋鹿、鹿、牛等动物群的面貌，与淮河流域的动物群非常相似，与台湾澎湖海沟发现的完全一样，同属于一个动物群。同时，从九件鹿角化石上发现有被人工用石器砍、刻，刮平、磨过的痕迹，显示古人类使用鹿角作为打猎工具。祁国琴指出：东山陆桥使海峡两岸连接，使远古人类及哺乳动物群得以由此向南迁移，途经福建进入台湾。②

这一研究成果，得到了学术界的认可和媒体的重视。台湾《联合报》大陆新闻中心综合报道说，两岸考古专家共同研究福

① 载《台湾省立博物馆年刊》第40卷，台北，1997年。
② 柴骥程等：《史前动物：从周口店到台湾》，2002年9月5日《北京日报》第9版。

建东山岛的动物化石后发现，台湾海峡地区有人类活动的年代，可溯至 3 万年前，并确定此区域动物群来自淮河流域。①

福建省东山博物馆馆长陈立群发表了《东山陆桥动物群化石人工痕迹的观察与研究》，介绍了"东山陆桥动物群"的动物化石主要种类，有诺氏古菱齿象（Palaeoloxodon naumanni）、达氏四不像鹿（Elaphurus davidianus）、普氏野马（Equus przwqal-skyi sinensis）、熊、猪、水牛、犀等等，但以诺氏古菱齿象和四不像鹿（麋鹿——引者注）为最多。这个动物群很接近晚更新世华北与淮河流域常见的类型。经海峡两岸及日本、旅美科学家前往东山考察，一致认为：东山与澎湖两地的哺乳动物化石，完全一样，应同属于一个动物群。②

2002 年 8 月，在浙江省舟山海域也发现了一批曾生活在北京周口店和淮河流域一带的古动物化石，是更新世晚期台湾岛古动物来自中国北方的新证据。舟山博物馆从当地渔民手中收集到舟山海域捕捞上来的动物化石。经中国科学院古脊椎动物与古人类研究所祁国琴教授等专家鉴定确认，分别是 2.5 万年前的大型动物古棱齿象牙齿、德氏水牛下颌骨、犀牛下颌骨，水鹿部分头骨和角等四种骨骼。这些动物发源于北京周口店。③ 据此，"左镇人"很可能是从现在的华北追逐这群动物来到台湾岛的。有学者形容，"左镇人"与"山顶洞人"有若堂兄弟之亲。

---

① 《联合报》，2002 年 1 月 15 日第 13 版。
② 载《福建文博》，2002 年第 1 期。
③ 2002 年 9 月 5 日《北京日报》，第 9 版。

第二节　长滨文化

长滨文化是属于旧石器时代晚期的文化，因最早发现于台东县长滨乡境内的八仙洞，著名考古学家李济教授将它命名为"长滨文化"。目前所知，属于长滨文化的遗址可能分布于台湾本岛的东西南北海岸，除八仙洞遗址外，还有台湾北部的芝山岩遗址、台东成功镇的小马遗址和屏东县的鹅銮鼻遗址Ⅱ。发现于中部苗栗县伯公垅遗址的网形文化，与长滨文化同属于旧石器时代晚期文化。

一、八仙洞遗址。1968 年 12 月 28 日，宋文薰、林朝棨两教授率台湾大学考古队在台东县长滨乡八仙洞进行考古发掘。[1] 八仙洞是 12 个海蚀洞穴的统称，位于长滨乡樟原村附近的水母丁溪南岸、面临太平洋的一座巨大的集块岩山的峭壁上。峭壁上的洞穴分布范围为南北相距 520 米，昆仑洞距海岸线 820 米。从垂直方向看：最高的昆仑洞海拔 130 米，其次乾元洞海拔约 110 米，海雷洞海拔约 77 米，潮音洞海拔约 30 米，最低的洞穴海拔只有 15 米。[2] 八仙洞处于台东县城和花莲市区中点位置，各约 80 公里。其地现为阿美族人居住区，他们称这里为"洛亨"（Loham）。

八仙洞遗址经台湾大学考古人类学系与地质系联合组成的东

---

[1]　宋文薰：《长滨文化——台湾首次发现的先陶文化》，台湾《民族学通讯》第 9 期，1969 年。以下叙述长滨文化，未注明出处者，均引自本文。

[2]　何传坤：《台湾史前文化三论》，台北，稻乡出版社，1996 年，第 6 ~ 7 页。

海岸考古队五次发掘，共出土石器近万件，骨角器110多件；没有发现陶器与农耕的痕迹。潮音洞文化层木炭标本经 C_{14} 测定，长滨文化存续年代约距今5000年至1.5万年前。

长滨文化的旧石器，属于典型的砾石工业石片器传统，加工制作技术简单，均为打制而成，很少进行第二步加工。当时居住在这些洞穴中的长滨文化的主人，到附近海滨拣回经海水冲刷滚磨出来的矽质砂岩、橄榄岩、安山岩与辉长岩等灰色粗糙的砾石，事先不准备打击台而直接敲打砾石使其片解为偏刃工具或端刃工具，故其一面仍保留有砾石的外皮，而另一面不作第二步加工。第二步加工仅限于将太长的偏刃砾石片的两端较窄部分打掉，或将手握部位的尖锐处打掉。这类石片石器一般称为刮削器与砍砸器，那些较小型的石器则称之为尖状器（图一）。

在八仙洞遗址中，还出土了110多件骨角器，其中包括长条尖器、带关节尖器、长条凿形器、两头尖骨器，以及骨针。在乾元洞的最底层，还有呈红色的火烧痕迹，并有少量木炭。此外，遗址中还有不少兽骨、鱼骨与打剥下来的石屑。其中一端带关节的尖器，共有16件，出土时有的数件在一起，有半数的尖端似由人工劈成二叉或四叉。从这些遗存的现象可以推知：早在旧石器时代，就有一群人或一个小家族聚居在洞穴里。他们到附近的山上打猎，在海滨捕捞鱼虾海贝（尖状器似为鱼叉，两头尖器可能是作鱼钩用）。他们用尖状或偏刃石器切割兽肉，用刮削器去掉鱼鳞，并在火上烧烤以充饥；剥下的兽皮则用来御寒。有经验的老人，也许就是长滨文化主人中的砾石石器工具的制造能手。长滨文化的主人们在这些洞穴中世代生息繁衍，前后达万年

之久。后来，由于洞顶岩石的剥落，威胁他们的生存而迁出去
了。大约又过了2000多年，洞顶岩石剥落停止了，一群新石
器时代的人们又住了进来。这些新石器人类留下了红色陶片、
磨制与打制的各种石器。而这些已属于新石器时代的文化类
型了。

图一　长滨文化的石器

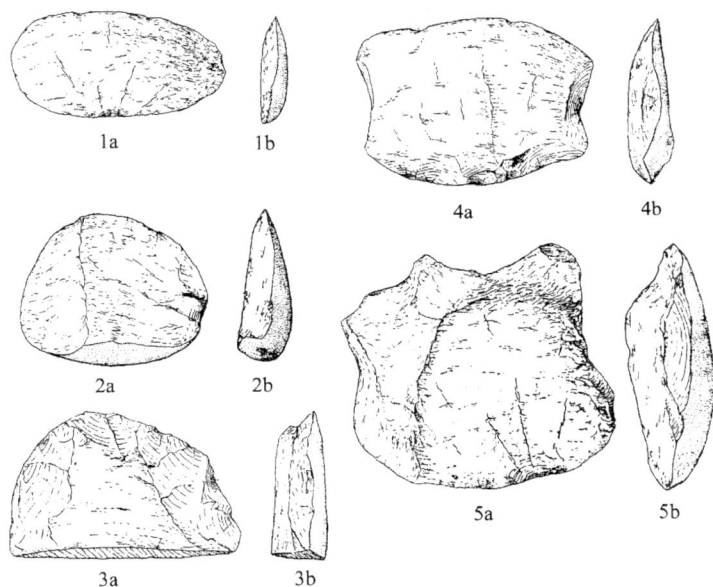

1-1　石片器

1 海雷洞出土　2、4、5 潮音洞出土　3 乾元洞出土

3、4 经过修理　5 未经修理

a 片解面　b 侧面

（长滨文化石器图，除注明者外，均采自宋文薰，1969）

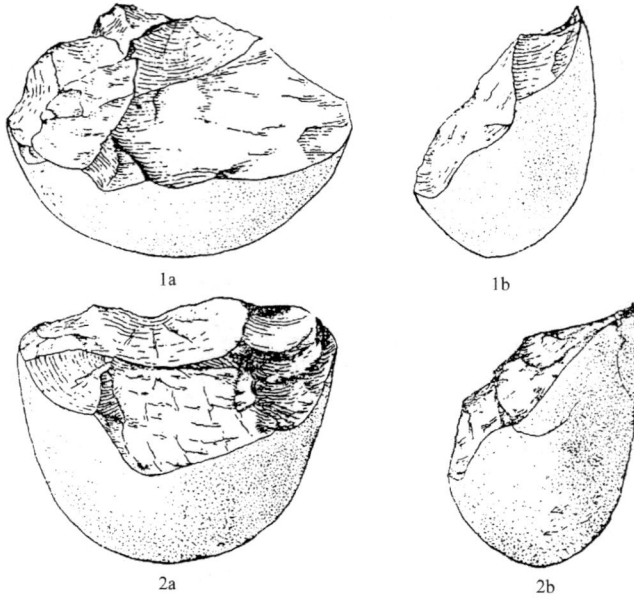

1－2　砍砸器

潮音洞出土

a 加工面　b 侧面

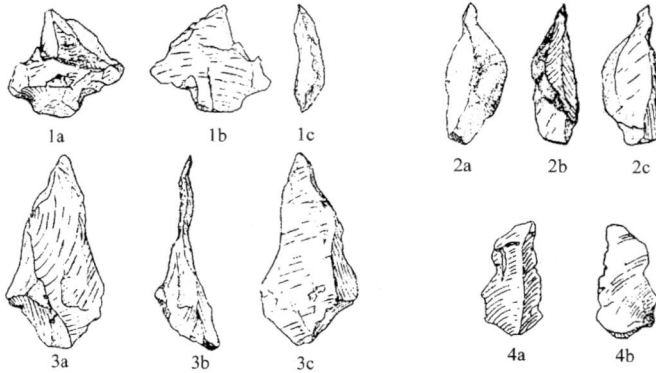

1－3　潮音洞出土的小石片器

a 正面　b 片解面　c 侧面或纵剖面

図二　山東郯城望海楼遺址出土的小石片器

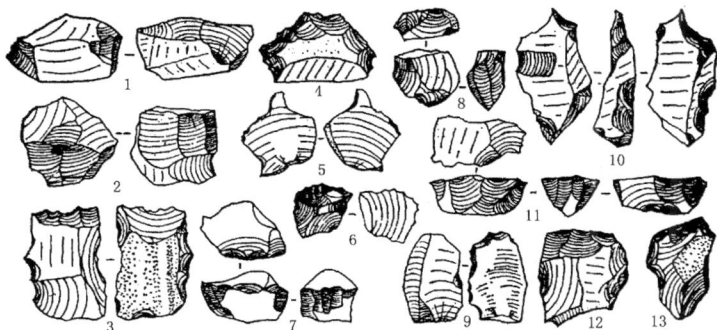

1 不规则石核　2 单台面石核　3、4、6、9、10、12、13 刮削器

5 尖状器　7 船头形石核　8 楔形石核　11 船底形石核

（2 为 1/4，余为 1/2）（采自《考古》1989 年第 11 期）

二、其他旧石器时代晚期遗址。

（一）台东小马海蚀洞Ⅲ遗址。1987 年，台湾大学考古人类学系黄士强教授与当地人士吴敦善先生，在台东县成功镇马武窟溪北岸发现的。经黄士强 1988、1990 年两次率学生发掘，发现这里有四层文化，从上至下是：静浦文化层、卑南文化层、绳纹陶文化层和旧石器时代晚期文化层。旧石器晚期文化层的遗物有：石片器、砍砸器和石英小石片器。年代距今 5700 年。[①] 石片器、砍砸器都是利用砾石打剥而成，与长滨文化遗址中潮音洞内出土的石器相似。

（二）鹅銮鼻第二史前遗址。该遗址位于台湾本岛南端屏东恒春镇垦丁公园鹅銮鼻灯塔西侧珊瑚礁石灰岩礁林区。出土的器

---

① 刘益昌等：《史前文化》，第 111 页。

物标本包括三大类：1. 打制的砾石砍（砸）器、石片砍（砸）器、石片器、废石片和凹石等。砾石砍（砸）器利用扁平砂岩砾石，由一面打剥、修整而成，其刃为斜向一面的偏锋，故属"偏锋砍（砸）器"。未经打剥、修整处仍保留原石皮。石片砍（砸）器，利用一砂岩砾石片解下来的石片，在其两侧及刃端经二次加工成端刃（刃部成中锋）砍砸工具。2. 骨尖器。利用鹿科动物的长骨刮削制成。可能是用作狩猎用的投掷尖器。3. 贝刮器。都是利用夜光螺的椭圆形口盖，从螺盖的凸面向平的一面打剥出连续的偏锋，用作刮削或切割之用。另有动物遗骸贝壳、龟甲、兽骨和鱼骨。这是当时人击壳取其肉而食遗留的垃圾。

该遗址的两个 C_{14} 年代为 4820 ± 100B. P. 和 4790 ± 120B. P. 。若经树轮校正，其绝对年代可早到距今 5000 年左右。李光周说，生活在这里的旧石器时代人，也是从外地迁入的。他们以渔捞为主要生计，狩猎次之。这从各种动物遗骸肉量（估算）的比例能说明这一点：贝类约占 69.47%、龟类约占 21.97%、鱼类约占 0.15%，兽类约占 8.41%。[1]

（三）龙坑遗址。位于鹅銮鼻第二史前遗址东方，两者相距约 2 公里，是台湾本岛东海岸最近南端的一段。这一段海岸被裙状珊瑚礁环绕，隔着狭窄的陡坡及悬崖，上方是隆起的珊瑚礁台地。龙坑史前遗址位于台地上一处崩崖的缺口处。这是鹅銮鼻半岛第二处旧石器时代晚期遗址。1984 年考古调查采集的标本有：石片砍砸器、石片器、废石片、骨凿、贝刮器，以及贝壳、龟

---

① 李光周：《垦丁国家公园所见的先陶文化及其相关问题》，台湾大学《考古人类学刊》，第 44 期，1984 年 10 月。

甲、兽骨等。"由初步观察，在龙坑史前遗址发现的先陶文化，与鹅銮鼻第二史前遗址所见的先陶文化相较，两者不见显著相异之处。"①

李光周认为，鹅銮鼻第二史前遗址是旧石器时代文化。其石器制作仍属于亚洲大陆古老的打制砾石石片器传统。在质地较软的骨器制作上已见刮削与磨制技术。C_{14}测得的绝对年代（距今5000年左右）已进入全新世，故拟称之为"旧石器时代晚期持续型文化"。这里的主人是外地移入的一小群体组织。他们选择低地、近海、隐蔽、背风、淡水水源、食物资源等为建立聚落的条件。他们使用的器物组合表明，采集是其最主要的生业活动，狩猎次之，渔捞殿后。取食贝肉、骨髓，已有固定的方式，表明这一小群体是适应海岸低地环境的。

C_{14}年代为距今6385 ± 170年（校正后）。②

附：网形文化

1985年，考古学家刘益昌教授发现的与长滨文化稍有不同而都属旧石器时代晚期文化类型。该文化遗址在西海岸中北部丘陵台地的苗栗县大湖乡网形伯公垄，以及台北县林口台地上的粉寮水尾遗址，尚未正式命名，没有C_{14}测定的年代。出土的遗物为打制石器，有尖状器、刮削器和砍砸器。刘益昌认为，这些打

---

① 李光周：《垦丁国家公园所见的先陶文化及其相关问题》。
② 陈仲玉：《龙坑》，宋文薰等：《台湾地区重要考古遗址初步评估第一阶段研究报告》，台北，"中国民族学会"，1992年，第190~191页。

制石器（图三）和广西新州地区的石器群相似，几乎是同类型的石器（图四）。①

图三　网形遗址出土的石器

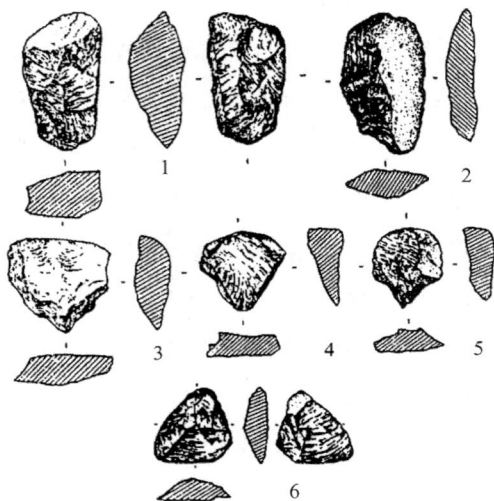

1 砍砸器；2~5 尖状器；6 刮削器

（采自刘益昌，1988）

芝山岩遗址可能是网形文化的遗址之一。早在 1979 年底，黄士强等在居民卢锡波利用扩建雨农小学施工采集到的史前遗物中，发现一件砾石砍砸器。宋文薰认为，这一件石器毫无疑问是属于长滨文化砾石砍砸器传统，是用单面打剥技术制成，在刃端打出一个尖端，由形制而言，介于"手凿"（hand-adze）与原型

---

① 刘益昌：《台湾的考古遗址》，台北县文化中心，1992 年，第 25 页；《史前时代台湾与华南关系初探》，张炎宪主编：《中国海洋史发展论文集》（三），"中央研究院中山人文社科所"，台北，1988 年。

手斧（proto-hand-axe）之间。他推测是使用后被遗弃而浸泡在海水中（当时芝山岩是海中——又称台北咸水湖中的孤岛），而附有真牡蛎等海生物（图五）。[1] 黄士强在一次学术讲演时，专

图四　广西百色盆地的打制石器

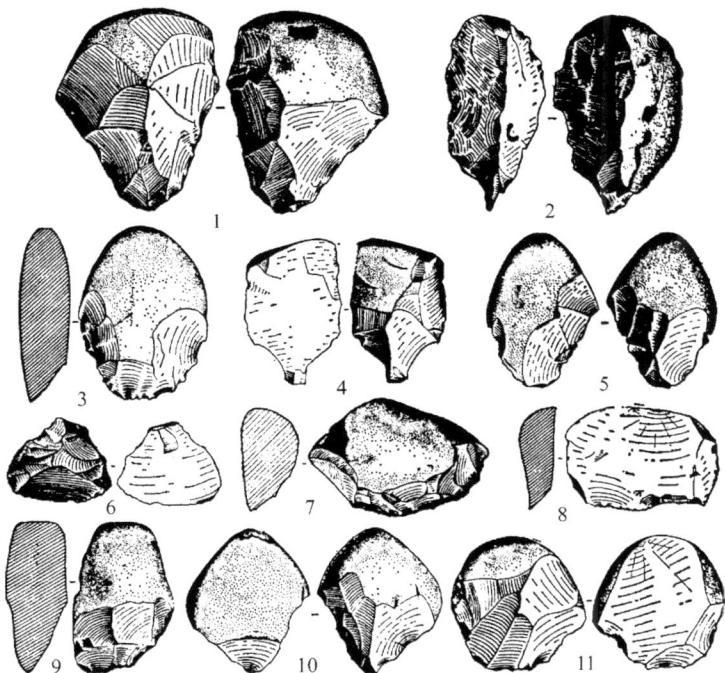

新州遗址出土

1、3、5、7~11 砍砸器，2、4 尖状器，6 刮削器

（2、4、6 约 1/2，余为 1/4）（采自《考古》1983 年第 10 期）

---

① 宋文薰：《由考古学看台湾史前史》，《汉声》第 34 期，台北，1991 年，第 105 页。

门谈到这块旧石器时代的砍砸器。他说，因为没有地层关系，推测可能是芝山岩文化的东西，并非旧石器时代文化的产物。他在芝山岩文化层内发现好几块砍砸器没有长贝壳，形状和原来采集的那一块不一样（图五）。①

图五　芝山岩文化的石器

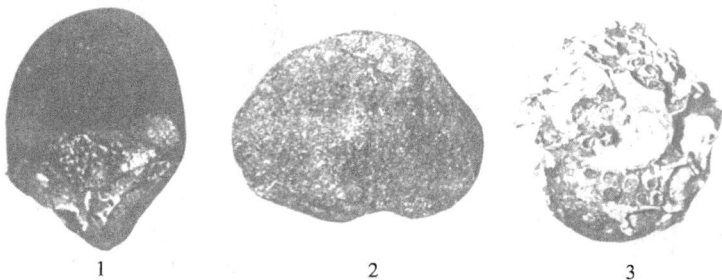

1　2　3

1 砍砸器（附贝壳）　2 石片器　3 石槌（附贝壳）

（采自黄士强，1984）②

1995 年下半年开始，刘益昌再次对芝山岩遗址进行试掘，他发了芝山岩遗址的多文化层，由下而上是：旧石器时代晚期文化/大坌坑文化/芝山岩文化/圆山文化/植物园文化。关于旧石器时代晚期文化，刘益昌指出，这是目前北部地区年代最早的一层文化，主要发现于芝山岩遗址，以及黄士强 1992 年发现的圆山遗址绳纹陶层之下的文化层，可能属于先陶时期的小型打制石

---

① 黄士强：《芝山岩遗址的发掘》，张炎宪主编：《历史文化与台湾》，台湾风物出版社，1988 年，第 256 页。

② 黄士强：《台北芝山岩遗址发掘报告》图版三十三，台北市文献委员会，1984 年。

器，包括石片器、刮削器和尖状器。后来，刘益昌又在淡水河出海口的林口台地上发现粉寮水尾遗址，它与芝山遗址较为接近，前者属于网形文化。[①]

第三节　长滨文化的年代与来源

长滨文化存续年代的上限，有距今 5 万年前与 3 万年前等说法；对它的来源，也未取得一致意见，是需要继续讨论的问题。

一、长滨文化的特点。因海峡两岸使用的考古学术语有所差异，在叙述其特点之前，说明如下：砍器即砍砸器（前者为台湾考古学用语，后者为大陆考古学用语，英文 Chopper，下同），刮器即刮削器（Scraper），尖器即尖状器（Point）等。[②]

长滨文化的器物组合是打制石器与骨器（八仙洞遗址）或打制石器、骨器、贝器（鹅銮鼻遗址、龙坑遗址）共存。宋文薰认为，长滨的石器工业主要是属于石片器传统，故称为"砾石石片器"。偶尔有偏刃砾石砍砸器。主要有边刃刮削器、尖状器、刀形器，及数件缺刻（凹缺）刮削器。还有利用石英、石英岩、玉髓等打制的小石器。[③] 鹅銮鼻出土的凹石，不见于长滨八仙洞遗址。何传坤指出，长滨文化中绝大部分为石片器，此为

---

① 刘益昌等主持：《芝山岩文化史迹公园史前文化、人文历史、视觉景观等资源调查及居民资源之培育》，台北，1996 年 5 月，第 2～22 页。

② 大陆考古学用语，据王幼平：《更新世环境与中国南方旧石器文化发展》，《南方旧石器的分类》，北京大学出版社，1997 年，第 5～6 页。

③ 宋文薰：《长滨文化——台湾首次发现的先陶文化》。

其一大特色。① 长滨文化的攻石技术，事先不准备打击台，直接
敲打砾石面，对片解下来的石片，已经有了第二步加工的各种技
术，如将太长的石片器两窄端打掉，使其缩短；打掉握手部位尖
锐锋口，便于握持；有的大石片向纵轴的垂直方向打击，使之折
断；连续打剥太厚的刃口，使之锋利等。② 按李光周的报告，鹅
銮鼻、龙坑两遗址的打制石器，也是由砂岩砾石经一面打剥、修
理而成的偏锋砍砸器，有的是经第二步修理成的石片中锋砍砸
器。他说："石器制作仍属亚洲大陆古老的打制砾石、石片器传
统。"因其能利用新的材料，如兽骨、贝壳制作工具并见刮削与
磨制技术，C_{14}测得的绝对年代又进入全新世（距今 1 万年以
来——引者注），故称之为"旧石器时代持续性文化"。③

　　完全循守一面打剥的传统，是长滨文化的第二个特点。何传
坤认为，长滨八仙洞遗址的砾石砍砸器"缺乏两面打的技术，
一面打的技术蔚然成风。"其具体攻石技术有三种：一是用片状
石块在石砧上撞击，称石砧法（碰砧法？——引者注，下同）；
二是将石块放在石砧上或握在手中，用另一只手持石槌，由石核
平面的"边缘"上打击（锤击法）；三是将脉状石英放在石砧
上，手持石槌垂直砸击。这种用垂直砸法及直接斜砸法的技术颇
为长滨文化人所惯用，即大陆考古学者张森水指出的，长滨文化
中的石片器大多采用锐棱砸击法制成。④

---

① 　何传坤：《台湾史前文化三论》，第 13 页。
② 　宋文薰：《长滨文化——台湾首次发现的先陶文化》。
③ 　李光周著、尹建中编：《垦丁史前住民与文化》，台北，稻香出版社，1996
年，第 132 页。
④ 　何传坤：《台湾史前文化三论》，第 15～16 页。

据宋文薰分析：石器的绝对多数是石片器。因此可以说，长滨文化的石器工业主要是属于石片器传统；或说属于砾石工业的石片器传统。① 长滨文化石器工业的本质是石片器传统的。不过，也出现有若干典型的砾石石器，如石槌、砾石偏锋砍伐器。② 1980 年，宋文薰又提出与前说略有不同的见解。认为，长滨文化的特质，就石器工业而言，属于典型的砾石器文化，石器组合显然属于大陆系统旧石器时代的砾石砍器文化；又说，属于最为典型的砾石器工业，完全属于在亚洲东部及南部自旧石器时代早期以来所盛行的砍砸器的传统。③

　　鹅銮鼻第二史前遗址和龙坑遗址出土的贝刮器，是长滨文化的又一个特点。④

图六　贝刮器

（采自李光周著、尹建中编：《垦丁史前住民与文化》）

---

① 宋文薰：《长滨文化——台湾首次发现的先陶文化》。
② 台湾史迹研究会编：《台湾丛谈》，台北，幼狮文化事业公司，1977 年，第 24、26 页。
③ 宋文薰：《由考古学看台湾史前史》。
④ 李光周：《垦丁国家公园所见的先陶文化及其相关问题》。

47 ⊙

二、长滨文化的存续年代。宋文薰、臧振华、刘益昌都主张长滨文化出现的年代至少在距今 15000 年前，甚至可能早到距今 5 万年左右，一直延续到距今 5000 年前才结束。宋文薰指出，长滨文化有五个 C_{14} 年代，其中潮音洞的四个都集中在 5000 年前后（5240±260B. P. ，5340±260B. P. ，4970±250B. P. ，4870±300B. P. ），代表长滨文化终了的年代。乾元洞文化层木炭，C_{14} 测定的绝对年代为早于 15000 年 B. P. 。他根据地质学家林朝棨的意见，曾大胆推测乾元洞文化层可能早到距今 5 万年左右。宋说，上述 C_{14} 年代超过 15000 年，可是超过多少呢？参与 C_{14} 测验的专家说，若有足够的木炭，年代很可能超过 3 万年，以及在海拔高度比乾元洞更高的昆仑洞也发现长滨文化遗留等三方面的理由，推测长滨文化可能在距今 5 万年前即已开始。[①]

李光周将长滨文化分为前、后两期。八仙洞史前遗址，早期以昆仑洞、乾元洞、海音洞出土的打制砾石器、石片器为代表，年代距今超过 1.5 万年，属于更新世的晚期。后期以八仙洞遗址的潮音洞出土的骨角器与细质小型石片器的组合为代表，与前期的砾石、石片器不同。六个 C_{14} 年代都集中在距今 5000 年前后，已属于冰后期全新世的年代，两者之间的年代差距达到 1 万年以上，显示二者文化发展上的前后不相衔接。学术界一般都将旧石器文化放在冰期结束之前的更新世。因此，他将后期文化称之为"旧石器时代晚期持续型文化"。[②]

按：更新世晚期距今 10 万～1 万年，全新世距今 1 万年

①　宋文薰：《由考古学看台湾史前史》。
②　李光周著、尹建中编：《垦丁史前住民与文化》，第 51 页。

以来。

何传坤指出，根据地质学上的理论，洞穴海拔愈高，其形成年代愈早。他列举的八仙洞遗址各洞穴的海拔高度为：昆仑洞约130米，乾元洞约110米，海雷洞约77米，潮音洞约30米，形成较晚。晚期出现了石英等细石料制作的小石器，骨角器非常盛行。①

此外，关于长滨文化的年代，因台东小马海蚀洞穴遗址的旧石器文化层的年代为距今5700年；宋文薰引用日本东京大学研究碳十四年代的渡边直径博士关于距今5700年前的标本，碳十四年代要比实际少1000年的理论，提出潮音洞的碳十四年代，或应再加上约1000年，为距今6000年前上下。② 鹅銮鼻第二史前遗址 A 区、B 区的两个年代为 4800 ± 120B. P. 和 4790 ± 120B. P. 。若经树轮校正，可以早到距今 5000 前。③ 龙坑遗址 C_{14} 经树轮校正，其绝对年代为距今 6383 ± 170 年。

这两个年代说明，长滨文化人在鹅銮鼻半岛生息繁衍了千年左右。

总之，关于长滨文化的年代，根据出土遗物组合及特点，拟从李光周、何传坤之说，分为早、晚两期：早期以昆仑洞、乾元洞的砾石石片器为代表，可能早到距今 3 万年或 5 万年（地质时代为更新世晚期）的旧石器时代晚期；晚期以海雷洞、潮音洞和鹅銮鼻第二史前遗址的细小石片器、骨角器、贝刮器为代表，距今约五六千年前（地质时代属全新世中期）。大陆考古学者认

① 何传坤：《台湾史前文化三论》，第 7、15 页。
② 宋文薰等：《台湾地区重要考古遗址初步评估第一阶段研究报告》。
③ 李光周著、尹建中编：《垦丁史前住民与文化》，第 103 页。

为，这种细小石片器工具属于"中石器时代"文化①或属于
"与华北细石器文化内涵很相似"②的"非典型细石器"③文化。

三、长滨文化的来源。主持长滨文化八仙洞遗址发掘工作的
宋文薰教授在撰写的发掘报告中，将长滨文化与中国大陆、日
本、东南亚的旧石器时代同期文化进行比较后认为，日本九州东
北部早水台遗址的所谓"前期旧石器"或印尼爪哇的巴其坦
（Patjitanian）文化，"由型式学观点说，其与周口店第一地点群
体的关系，没有长滨与周口店之近"。又说，菲律宾巴拉望西部
的石片工业，似乎比东南亚其他任何地区的旧石器工业，更接近
长滨工业。其延续时间为距今 2.2 万年前至距今 7000 年前。两
者的关系或曾有过接触，或必来自同源。"由各种条件及已知考
古资料来说，两地者最可能的祖籍是中国大陆。"但长滨文化不
是直接承袭华北的旧石器文化。"长滨与巴拉望的文化，一定是
经由华南传进，并且相信将来总有一天在华南可发现与长滨更相
像的文化出来。"④

参与八仙洞遗址后三次发掘的何传坤，对长滨文化在东南亚
的地位进行了详细讨论，指出：长滨文化与西区的梭安文化
（Soanian）绝缘；南区爪哇的巴其坦文化（Patjitanian）与长滨
文化的关系更远；中区缅甸北部的安雅塔文化（Anyathian）的

---

① 童恩正、卡尔·L·赫特勒（美国密执安大学）：《论南中国与东南亚的中石
器时代》，《南方民族考古》第二辑，1989 年。

② 吴春明：《中国东南土著民族历史与文化的考古学考察》，厦门大学出版社，
1999 年，第 59 页。

③ 谢崇安：《岭南和中印半岛中石器文化的比较研究》，《广西民族学院学报》
（哲学社会科学版），1990 年第 3 期。

④ 宋文薰：《长滨文化——台湾首次发现的先陶文化》。

形相与长滨文化相差较远，马来半岛的谭扁文化（Tampanian）石器群的各类型比率与海雷洞近似；北区以周口店文化为代表，而长滨文化与周口店文化的关系不甚密切；东区日本的"前期旧石器"与长滨文化无关；将长滨文化列为货平文化（指越南北部和平文化——引者注）早期的特色，在理论架构上似嫌证据的不足。何传坤还引焦天龙关于岭南地区距今 3～1.8 万年前的广西旧石器时代晚期文化，虽然有打制砾石石器，但没有骨角器相伴出，因而与长滨文化属于不同的砍砸器传统。他虽然赞同张森水关于长滨文化中的石片大多采取锐棱砸击法制成的观点，但对张氏认为长滨文化和贵州猫猫洞文化有密切关系及宋文薰关于长滨文化与菲律宾巴拉望文化"一定是经由华南传进"的观点，均持保留态度。①

张光直认为，长滨文化，从形式学上看，也是属于华南与东南亚的远古石片文化系统。②

刘益昌指出，从遗物的形态而言，网形伯公垄遗址出土的尖（状）器、刮（削）器、砍砸器等和广西新州地区的石器群相似，几乎是同类型的石器，而长滨文化是以石片器为主的砾石工业传统，无疑也和广西百色上宋村遗址及贵州南部兴义县的猫猫洞文化有密切关系。③

臧振华提出，近来，福建漳州也发现了可能是旧石器时代晚期的人类化石和文化遗物，其与长滨文化之间的关系如何？显然

---

① 何传坤：《台湾史前文化三论》，第 17～19 页。
② 张光直：《中国南部的史前文化》，《中央研究院历史语言研究所集刊》42 本一分，台北，1960 年 10 月。
③ 刘益昌：《台湾的考古遗址》，台北县文化中心，1992 年，第 25 页。

台湾史前史与早期史

是一个极为重要的问题。此外，20世纪70年代以来，从菲律宾吕宋岛卡嘎延（Cagayan）河谷陆续发现旧石器，包括砾石砍（砸）器，砾石石片器和小型石片刮削器等，与长滨文化之间有一定的相似性。两者存续时间的下限都在距今5000多年前。因此，不能排除两者的关联。① 他没有说明两者是同源关系，还是互相交流联系甚至一地是另一地之源的关系。

李光周首先肯定，台湾地区目前所见的先陶文化，是由外地移入而非本地发展的。但是否为单一来源、单一方向、单一波次移入的？或是另有其他的移入方式？② 他没有给出答案。

大陆考古工作者对长滨文化与华南旧石器时代文化，有许多研究成果，见解不完全一致，各有长短，不再一一罗列，但将在以下论述中摘要介绍。笔者不揣浅陋，提出一个假说，即长滨文化的来源是从华北、华南两个方向传入的。华北传入的是以楔形石核为代表的小石器工业技术，华南传入的是锐棱砸击石片技术。二者的交相融合，诞生了长滨文化的"楔型石器"和锐棱砸击工艺。

华北旧石器时代文化有两个系统，一是"匼河—丁村系"，或称为"大石片砍砸器—三棱大尖状器传统"；另一个是"周口店第1地点（北京人遗址）—峙峪系"（简称第1地点—峙峪系），或称为"船头状刮削器—雕刻器传统"，它的基本特征是利用不规则小石片器制造细小石器。

以往，这种细小石器被称为"几乎细石器工业"（almost mi-

---

① 臧振华：《台湾考古的发现和研究》，邓聪、吴春明主编《东南考古研究》第二辑，厦门大学出版社，1999年。
② 李光周著、尹建中编：《垦丁史前住民与文化》，第135页。

crolithic industry)、"细小工业"（micro-industry）、"细石器的中石器"（Mesolithique microlithique）。贾兰坡等提出，称之为"广义的细石器"，以区别于新石器时代发达的细石器，即"细石器文化"。①

这种细小石器或广义的细石器文化，不仅分布于北方草原，也广泛分布于以黄流域河为中心的华北地区，② 包括周口店第 1 地点、第 15 地点，萨拉乌苏、峙峪、虎头梁、沂源 1 号洞、大贤庄等。前面提到，也有学者称长滨文化是"典型细石器"，绝非巧合。为叙述方便，以下称"广义的细石器"工业技术为"华北小石器传统"。③

长滨文化的石器工业与华北小石器传统之间的关系可从以下方面来考察：

（一）华北小石器传统早于长滨文化。许家窑—峙峪—虎头梁，是华北小石器文化传统连续发展序列的几个重要环节。据铀系法或 C_{14} 测定，许家窑遗址的年代为距今 10 万年左右（8.8 ± 0.5 ~ 11.4 ± 1.7 万年），峙峪遗址距今 28940 ± 1370 年，④ 虎头梁遗址距今 11000 ~ 9000 年或公元前 8740 ± 210 年。⑤ 长滨文化的潮音洞 C_{14} 年代，以宋文薰说，也只距今 6000 年。

---

　　① 贾兰坡、盖培、尤玉柱：《山西峙峪旧石器时代遗址发掘报告》，北京，《考古学报》1972 年第 1 期，39 ~ 58 页。以下引峙峪材料都出自本报告，不再注明。

　　② 黄骅细石器调查小组（安志敏执笔）：《河北黄骅发现的细石器》，北京，《考古》，1989 年第 6 期。

　　③ "华北小石器传统"提法，见李壮伟、石金鸣：《华北旧石器时代晚期文化的相互关系》，西安，《史前研究》，1985 年第 1 期。

　　④ 中国社会科学院考古研究所：《新中国的考古发现和研究》第一章，北京，文物出版社，1984 年。

　　⑤ 李壮伟等：《华北旧石器时代晚期文化的相互关系》。

（二）制作石器的原料基本相同。如山西峙峪遗址的原料有脉石英、硅质灰岩、各种颜色的石髓和黑色火成岩等砾石。① 长滨文化潮音洞的细质石料有石英、石英岩、玉髓以及极少数的燧石与铁石英等质地较致密白色系统或其他红色的砾石。②

（三）石器类型相同。小石器传统文化遗物有石核、石片和石器，也有骨角器。距今 5 万～3.7 万年左右的内蒙古萨拉乌苏文化，石器一般多偏细小，主要类型有尖状器、刮削器、雕刻器等，以圆头刮削器、小雕刻器和楔形石核等较为典型。③ 峙峪遗址的文化遗物有两极石片和石核。石器有小型砍砸器、尖状器、刮削器、雕刻器、扇形石核石器、斧形小石刀（或称"铆形小石刀"——引者注）、石镞和骨制尖状器。④攻石技术（以小南海洞穴遗址为例），打片方法有锤击法、砸击法两种，绝大多数使用锤击法。修整石器，以单面加工为主，尖状器中有错向加工的。有的石器保存着岩面。峙峪遗址的一些石片上，也保留有砾石面，并使用间接打击法剥制小长石片。单面加工主要是由劈裂面向背面加工。总之，华北小石器文化的主要特点是：打片主要用锤击法，偶用砸击法。所产生的石片长度多在 40 毫米左右；工具组合包括刮削器、尖状器、砍砸器、石锥、雕刻器和石球。以刮削器为主要类型，尖状器为重要类型，砍砸器作用不大；与

---

①④　贾兰坡等：《山西峙峪旧石器时代遗址发掘报告》。刘景芝：《华北旧石器时代向新石器时代过渡时期文化初控》指出：原料以燧石为主，兼用石英、石英岩和石髓，甚至是玛瑙。《北方文物》，1994 年第 4 期。

②　何传坤：《台湾旧石器时代晚期的长滨文化》，载《台湾史前文化三论》。以下引长滨文化资料都据此文。

③　中国社会科学院考古研究所：《新中国的考古发现和研究》第一章，文物出版社，1984 年。

此相应，存在大量的小石器（包括石片、石核和以加工生活资料为主的工具），长度多在40毫米左右。[①]

何传坤指出，长滨文化中细质石料制小石片器，一般都很小。其制法没有预备打击台，大多是直接敲击原来的石皮，连续打下来的石片。石片器中包含边刃刮削器、尖状器、刀形器及有缺刻的刮削器。他说，日本考古学者加藤晋平观察了部分小型石器后，认为大多属厚薄不一的楔型石器。攻石技术，有一种北京人打碎石英连续剥片的砸击法。这种石器就是长滨文化晚期逐渐出现石英等较细石料制成的两极小石片。这种用砸击法生产两极小石片的攻石技术，也见于峙峪遗址。同时，何传坤指出，长滨文化的石片，如张森水指出的，大多是用锐棱砸击法制成的。关于这一点，将在讨论长滨文化另一来源时讨论。

（四）关于华北小石器传统的传播。在讨论传播路线之前，要特别提出考古界认为其标志性的楔状石核和船底形石核。楔状石核又称扇形石核（图二）。它的主要特征是对台面狭窄的一端至剥落长石片面的底端，由两面加工成一个弧形凸刃，使其成为楔状。这种石核的分布区在东亚、东北亚和北美。因此，考古学家称为"洲际石核"。但老家在华北。[②] 至少在距今5万～3.7万年前的萨拉乌苏文化已有楔状石核，虎头梁遗址楔状石核占绝对优势，距今约2.8万年左右峙峪遗址有扇形石核石器。峙峪遗

① 张森水：《我国北方旧石器时代中期文化初探》，《史前研究》，1985年第1期。

② 徐淑彬等：《山东郯城望海楼发现旧石器地点》，《考古》，1989年11期；陈哲英等：《山西大同高山镇之细石器》，《史前研究》，1985年第2期；魏正一：《古印第安人洲际迁徙渊源》，《黑龙江文物丛刊》（1984年改名《北方文物》），1982年第2期。

址发掘报告指出，这种石器分布的范围只限亚洲和美洲，特别是
重要的发现地点之间已经可以连成分布路线，确实可以作为亚美
两大洲文化联系的可能证据。现在已经确知这种石器不仅向东北
方向分布，而且也向河南许昌和西藏方向分布，只不过向西南方
向的分布路线上还有一段空白而已。①

　　中日两国考古学者同样根据朝鲜半岛、日本和我国华北地
区发现的楔型石核和剥片尖状器，来阐述旧石器文化的传播路
线。张祖方即把江苏北部和山东南部的马陵山区发现的楔状石
核，作为中日朝三国旧石器时代文化交往的新证据。② 加藤晋平
通过对剥片尖状器和楔型石核分布于朝鲜半岛、中国北京郊外周
口店第 1 地点和日本九州等地的分布状况，认为这大概是 2 万年
前左右的遗物越过日本海，从中国北部地区经朝鲜半岛到达
九州。③

　　同时，还应指出，在华北旧石器的"匼河—丁村系"与
"第 1 地点—峙峪系"之间，由于地域相邻，环境相近，两系文
化之间也有相互交流与影响。如在后者的某些遗址中，也可以或
多或少地发现大的砾石石器或大石片石器。随着时间的推移，细
石器所占比例愈来愈大，大石片器所占的比例愈来愈小。④ 如距
今 2.6 万年左右的山西襄汾县柴市丁家沟文化层的石制品，就包

---

　　① 徐淑彬等：《山东郯城望海楼发现旧石器地点》；陈哲英等：《山西大同高山
镇之细石器》；魏正一：《古印第安人洲际迁徙渊源》。

　　② 《人民日报》（海外版）1988 年 1 月 19 日第 8 版《中日朝三国旧石器时代
文化交往的新证据》。

　　③ 加藤晋平著、袁靖译：《剥片尖状器的文化扩散》，苏秉琦主编《考古学文
化论集》（四），北京，文物出版社，1997 年。

　　④ 贾兰坡等：《山西峙峪旧石器时代遗址发掘报告》。

括粗大石器和细石器两大类。①

（五）拟测华北小石器传统进入台湾的路线。有三种可能：

一是据张光直绘制的《长滨八仙洞遗址在距今 7 万～1.5 万年时的位置》图，距今 7 万至 2.5 万年前，海岸线在今中央山脉以西。距今 4.4 万年与 1.5 万年前，海岸线在今台湾岛东北海域交汇。② 这与海洋地质学家汪品先院士指出的长江古河道经过东海岸，从现在琉球群岛一带入海③是一致的。张祖方在研究了中日朝三国旧石器时代文化交往的情形后，也指出，第四纪更新世晚期，因大理冰期导致了全球性海退，当时海平面比现在低 100 多米，黄海成了陆地，人类和动物由此从中国大陆迁向日本和朝鲜南部。④ 海峡两岸的考古学家祁国琴、尤玉柱、何传坤等在研究了舟山海域发现的史前哺乳动物化石后认为，这些远古动物是从北京周口店出发，途经今东南海域的滨海平原，假道舟山抵达台湾。⑤ 华北旧石器时代晚期的古人类，完全可能因为追逐野兽而沿陆路到达台湾，而把华北小石器传统文化也带到这里。

二是，在今华东沿海，也有一条华北小石器传播路线。如河北的黄骅，⑥ 山东中部山地及与江苏交界的马陵山地区，郯城县

---

① 刘景芝：《华北旧石器时代向新石器时代过渡时期文化初探》，哈尔滨，《北方文物》，1994 年第 4 期。

② 何传坤：《台湾旧石器时代晚期的长滨文化》图十二，本书第 19 页。

③ 柴骥程、张奇志：《史前动物：从周口店到台湾》。

④ 《中日朝三国旧石器时代文化交往的新证据》。

⑤ 柴骥程、张奇志：《史前动物：从周口店到台湾》。

⑥ 黄骅细石器调查小组：《河北黄骅发现的细石器》。

望海楼、黑龙潭、小麦城，东海县的大贤庄（属江苏），① 再越长江而南，有江苏丹徒的磨盘墩，② 以及苏州三山等遗址，都发现了旧石器时代晚期的小石器传统的攻石技术和石器组合，使用的原料也大同小异，可能江苏南部产玉，石钻较多，成为制作玉器的理想工具。其他如似石叶、船底形石核、用石片制成的刮削器（有直刃、凹刃、凸刃、双刃和复刃等形式）。磨盘墩遗址发掘报告称，用砸击法产生的石核，早在周口店"北京人"遗址中出现，考古学家称"两极石核"。石器大多数由石片制作，加工方法以锤击法为主，极少数用砸击法。器形都比较小，具有细石器的风貌。上述特征与我国华北小石器传统有一定的渊源关系。

"三山文化"因发现于江苏吴县太湖三山乡的天山、行山和小姑山而得名。这是一个采集狩猎文化时代的遗存，至今约 2 万~1.2 万年。三山文化的制石工艺，属小石器文化系统。同时，这里发现的一批哺乳动物化石，北方型动物占有一定数量，古生物学家认为三山动物群有混合特征。③ 吴春明指出，三山岛的小石片工业，则与华北旧石器晚期文化影响有关，是这一文化出现的新动向，成为东南旧石器文化向晚期过渡的又

---

① 山东诸小石器或细石器报告有：《山东临沂县凤凰岭发现细石器》，《考古》，1983 年第 5 期；《山东沂水县晚期旧石器、细石器调查》，《考古》，1986 年第 11 期；徐淑彬等《山东郯城望海楼发现旧石器地点》；葛治功等《大贤庄的中石器时代细石器》，《东南文化》，1986 年第 1 辑。

② 南京博物院等：《江苏丹徒磨盘墩遗址发掘报告》，西安，《史前研究》，1985 年第 2 期。

③ 石兴邦：《再论河姆渡文化的溯源和追流问题》，王慕民主编《河姆渡文化新论》，北京，海洋出版社，2002 年。

一标志。① 三山文化是否还有再晚些的遗存，目前没有考古材料证实。是由此处再传至宁绍平原，经舟山传入台湾；还是逐步南传到福建漳州，再传至台湾，但中间还有缺环。

三是，由河北、河南诸小石器遗址（如安阳小南海、舞阳大岗、许昌灵井、新蔡诸神庙等），再传到广东的西樵山，进而转向东传入福建闽南、再传入台湾岛；或直接从西樵山传入台湾岛，中间也有许多缺环，尚待进一步研究。

总之，长滨文化中的楔形石器、凹刃刮削器自华北传入的路线，似以一、二项为主。

（六）由华南传入的锐棱砸击技术。锐棱砸击法就是以扁平砂岩砾石作打片之石核，以手牢握砾石，将一端斜置石砧，一手执石锤，利用其边之税棱猛砸石核即成。② 或说，以砾石凸出部为台面，打击时，力倾向一侧，剥下的石片具有锐角的自然斜台面。打下的多数石片背面完全保留自然面，少数保留一或两块小的片疤，未发现背面无自然面的石片。③ 这种打片法首先发现于贵州水城县的硝灰洞，④ 铀系法测定的年代为 5.7 万年左右。⑤ 使用锐棱砸击法剥取石片的技术还见于广西隆林德峨老磨槽洞穴

---

① 吴春明：《中国东南土著民族历史与文化的考古学观察》，厦门大学出版社，1999 年，第 51 页。

② 曹泽田：《水城人及其石器文化》，《贵州社会科学》，1981 年第 6 期，《中国历史大辞典》贵州考古词目选登。

③ 张森水：《穿洞史前遗址（1981 年发掘）初步研究》，贵州省历史文献研究会编：《贵州古人类与史前文化》，贵州民族出版社，1998 年 10 月，第 349 页。

④ 曹泽田：《贵州省新发现的穿洞旧石器时代文化遗址》，《贵州社会科学》1982 年第 4 期。

⑤ 王幼平：《更新世环境与中国南方旧石器文化发展》，北京大学出版社，1997 年，第 104 页。

台湾史前史与早期史

遗址①和台湾长滨的八仙洞遗址。学者们或将长滨文化列入华南旧石器晚期文化一并论述，一些学者则明确提出长滨文化来源于贵州，有些学者则认为与广西百色盆地旧石器文化有联系。

　　1983 年，张森水在《贵阳师范学院学报》第 3 期发表《贵州的新发现及其对我国旧石器考古学的意义》一文，将长滨文化八仙洞遗址的打片技术、石器工具类型、骨器，与贵州猫猫洞和穿洞上部文化层的遗物进行比较研究，认为：八仙洞的石片和石核，与猫猫洞和穿洞一样，都是用锐棱砸击法生产的；骨椎和叉骨椎等均可在猫猫洞文化类型中找到对比的标本；从时代看，猫猫洞文化的年代（依铀系法）为 14600 ± 1200 年 B. P. 。比八仙洞之一的潮音洞最大的 C_{14} 年代 5340 ± 160 年 B. P. 早。他说，由年代序列关系，虽然我们还不能说猫猫洞文化类型是长滨文化的直系祖先，至少可以说，猫猫洞文化类型为寻找台湾省远古文化之源提供了有意义的资料。② 前面提到，台湾学者何传坤也认为，长滨文化八仙洞遗址的打片技术也是用的锐棱砸击法。③ 这与张森水的看法不谋而合。

　　自 2000 年在福建省三明市万寿岩的灵峰洞、船帆洞发现了大量锐棱砸击石片、石核的旧石器遗物后，台湾史前文化源自贵州的观点似得到肯定，并绘出了《大陆史前文化东入台湾岛的路线》图。万寿岩旧石器遗址的年代有三个，分别是距今 18 万

　　① 蒋廷瑜、彭书林：《广西打制石器的传统风格》，《考古与文化》，1990 年第 3 期。

　　② 以上见《贵州古人类与史前文化》，第 108～109 页；蒋国维：《贵州旧石器时代文化与台湾长滨文化》，《贵州社会科学》，1995 年第 4 期。

　　③ 何传坤：《台湾旧石器时代晚期的长滨文化》。

年、2万~3万年和1万年（后两个年代为"估计"；前者未标明，或作20万年）。① 不过，在这条传播路线上，年代的先后有点问题。锐棱砸击法仅发现于贵州旧石器时代中期或晚期遗址里，特别是晚期的旧石器文化中，应用非常地普遍。② 贵州旧石器时代遗址如黔西观音洞、桐梓岩灰洞用锤击法打片②以及"穿洞文化综合体"早期，打片用锤击法和砸击法；晚期打片以锐棱砸击法为主，兼用锤击法，偶用砸击法。③

　　从目前的资料看，锐棱砸击法在贵州旧石器文化中开始出现，没有比距今5.7万年左右的硝灰洞遗址更早的了。福建三明市万寿岩帆船洞旧石器晚期遗址，发现了距今约2~3万年前的锐棱砸击石片。考古专家林公务接受香港《大公报》记者采访时指出，万寿岩旧石器遗址出土了大量锐棱砸击石片和石核，与台湾长滨文化的石器相似，属于同一种文化类型。但比长滨文化早了几千年。从而为研究长滨文化来源提供了考古学证据。同时说明台湾史前文化源自贵州，经福建传入台湾岛。④ 其次，贵州省旧石器时代晚期使用锐棱砸击法诸遗址，以贵阳市为中点，划

① 以上资料见《报刊文摘》2000年12月21日第2版《台湾史前文化之源的重要证据/福建发现20万年前古人类遗址》（据《三明日报》12月15日报道）；《人民日报》（海外版）2001年8月24日第6版《三明万寿岩旧石器遗址》；香港《文汇报》2001年2月22日《闽发现二十万年前古人类遗址》，9月26日《台湾史前文化源自贵州》；香港《大公报》2001年9月8日《大陆史前文化东入台岛/最新考古研究确定路线》。

② 曹泽田：《贵州省新发现的穿洞旧石器时代文化遗址》，《贵州社会科学》，1982年第4期；《桐梓人》，《贵州社会科学》，1981年第6期第85页。

③ 张森水：《贵州的新发现及其对我国旧石器考古学的意义》。

④ 2000年12月15日《三明日报》报道，转引自2000年12月21日《报刊文摘》第2版；香港《大公报》2001年9月8日A7版《大陆史前文化东入台岛　最新考古研究确定路线》。

一条南北走向的直线，基本分布在西部，与广西隆林各族自治县隔南盘江相毗邻，该县德峨老磨槽洞穴遗址的锐棱砸击法传自贵州似无疑问。在湖南怀化市的潕水沿岸，也发现锐棱砸法技术产生的宽大石片，① 距今 1 万~5 万年之间。② 潕水上游为贵州境内的潕阳河，两省东西相连。怀化境内的锐棱砸击技术也可以看作此种技术由贵州东传的第一站。

我们从以上叙述中，可以看到贵州的锐棱砸击技术东传福建漳州，再传入台湾岛的大致路线。同时，正如刘益昌指出的，长滨文化以石片器为主的砾石工业传统，无疑也和广西百色上宋村遗址及贵州兴义县猫猫洞文化有密切的关系。网形伯公垄遗址出土的尖状器、刮削器、砍砸器等和广西新州地区的石器群相近，几乎是同一类型的石器。③ 这些，更进一步说明台湾旧石器文化与华南旧石器文化的渊源关系。

---

① 王幼平：《更新世环境与中国南方旧石器文化发展》，第 81 页。
② 怀化地区文物工作队等：《湖南新晃石器时代文化遗存调查》，《考古》，1992 年第 3 期。
③ 刘益昌：《史前时代台湾与华南关系初探》。

第三章　刀耕农业时期

依靠采集、狩猎、捕鱼为生计的长滨文化居民，在台湾繁衍生活了数万年，在西部也留下他们的足迹，"左镇人"可能是长滨文化时代人类的遗骸。但是，到了距今5000年前忽然消失。他们与台湾成为海岛后经由海上传进来的新石器时代的文化，找不出可以连接的关系。即在长滨文化层中，尚未发现过当地新石器时代文化的任何要素；另一方面在该地区新石器文化中也未见有任何长滨文化要素的残留。[①] 这说明以后的新石器时代文化不是从长滨文化逐步发展出来的。"两者可能是不同民族的遗留。"[②] 换句话说，又有新的人群经海上来到台湾岛生息、繁衍，创造了新石器时代诸文化。首先来到台湾的，是创造大坌坑文化的人们。

第一节　大坌坑文化

大坌坑文化是台湾新石器时代的早期文化。1962年，台湾

---

① 宋文薰：《长滨文化——台湾首次发现的先陶文化》，台北《民族学通讯》，第9期，1969年。

② 宋文薰：《台湾的考古学》，张炎宪主编《历史文化与台湾》（3），台湾风物出版社，1991年，第127页。

大学师生考古队发掘了台北县八里乡大坌坑遗址，1965 年又发掘了高雄县林园乡凤鼻头遗址，遂将这种以粗绳纹陶为代表的新石器时代文化命名为"大坌坑文化"，亦称"粗绳纹陶文化"。大坌坑文化主要分布在北部淡水河沿岸、西北海岸、中部海岸和西南海岸，东海岸也有零星分布。

一、大坌坑文化遗物简述。主要遗址有大坌坑下层、圆山下层、芝山岩下层和下罟大埔等遗址。出土的陶器，为赤褐色乃至棕褐色，质粗含砂，器厚而粗重，手制，少数素面的，大多数有绳印纹，极少数有条纹。① 台南县归仁乡八甲村遗址，因 1971 年该村林正贵寄给黄士强一批河边采集的陶片，被鉴定为大坌式绳纹陶。1972 年 7 月，黄士强与张光直、何传坤前往调查；1974 年 8 月，黄氏再次与罗世长前往调查。八甲村遗址在盐水溪支流许县溪中游、嘉南平原大湾低地东缘，西距海岸 14 公里，东距台南市 10 公里，海拔 21 米。在河床上发现了成层的贝冢，其中两处有绳纹陶，相距约 100 余米。在这里发现了手制、含砂、质地松软的绳纹陶片。器形有罐、碗和桶状罐、陶纺锤，打制石斧、磨制石斧和石锛、石镞等。② 高雄县林园乡凤鼻头遗址，张光直于 1965 年 1～2 月间率考古队进行发掘。他认为该遗址的最下层是大坌坑式粗绳纹陶文化层。③

在台湾本岛西部沿海中部，牛骂头遗址下层有大坌坑式的粗

---

① 刘斌雄：《八里坌遗址》，台湾史迹研究会编《台湾丛谈》，幼狮文化事业公司，台北，1977 年，第 12 页。

② 黄士强：《台南县归仁乡八甲村遗址调查》，台湾大学《考古人类学刊》，第 35～36 期刊，1974 年 9 月。

③ Kwang‑Chih Chang, *FengPitou, Tapenkeng, and The Prehistory of Taiwan*, "Yale University Publications in Anthropology", Number 73, 1969.

绳纹陶片。① 南投县乌溪河谷的平林第四地点的红色夹砂绳纹陶，是大坌坑式绳纹陶；② 浊水溪大肚溪地区，尚有约公元前3000年前的粗绳纹陶，③ 代表遗址为南投县集集镇的洞角。

在东部宜兰县苏澳镇的新城遗址，④ 台东县卑南遗址下层和月眉Ⅱ遗址等，是距今5000～4500年的大坌坑文化晚期遗存；⑤ 小马海蚀洞一具行侧身屈肢葬、有拔牙习俗者，可能代表距今4300～4500年绳纹陶时代的葬式。在泰安村老番社，还发现属于大坌坑或绳纹陶时代的石板棺。⑥

属于大坌坑文化遗址的还有澎湖的果叶期的果叶A、岭脚、北寮和莳板头山A下层遗址。除了最后一个遗址在白沙岛外，其他三个遗址都在澎湖本岛的东端。距今5100～4600年前。⑦

1996年10月～2003年7月，臧振华研究员率考古队对"台南科学工业园区"（以下简称"南科"）进行了考古发掘。考古队在南科发现了大坌坑文化晚期的南关里和南关里东遗址，年代距今4800～4200年前。墓葬使用木质葬具，成年男女有拔牙和猎头的习俗；同时发现了大量稻和粟的碳化物、完整的陶罐、贝刀，

① 何传坤：《台中县大肚山台地及彰化南投县境八卦山台地史前文化调查报告》。
② 臧振华：《南投县乌溪河谷考古调查》。
③ 黄士强：《浊水溪中游北岸考古调查》。
注①②③三篇，载张光直主编《台湾省浊水溪与大肚溪流域考古调查报告》，台北，1977年5月，引文分别见第59、232、347页。
④ 刘益昌：《台湾的考古遗址》，台北县文化中心，1992年，第46页。
⑤ 刘益昌等：《史前文化》，"交通部观光局东部海岸国家风景区管理处"编印，台东，1993年，第21页。
⑥ 何传坤：《台湾史前文化三论》，台北，稻乡出版社，1996年，第135、115页。
⑦ 臧振华：《澎湖岛拓殖史的考古学研究》，台北，《中央研究院第二届国际汉学会议论文集》抽印本，1989年6月，第102页。

以及完整的六具狗骨架。① 这些发现丰富了大坌坑文化的内涵。

图一　南关里遗址出土的完整狗骨架

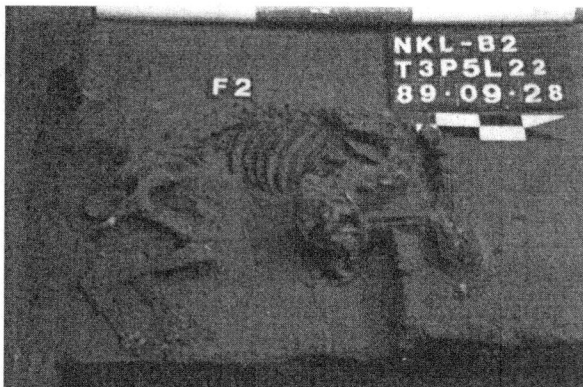

（采自臧振华等《先民履迹》）

图二　南关里遗址出土的陶罐、陶钵

1 南关里遗址出土的　　　　　2 南关里东遗址出土的
　　暗红色夹砂圜底罐　　　　　　　灰褐色泥质夹砂圜底罐

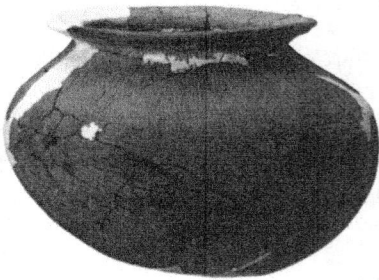

---

① 臧振华、李匡悌、朱正宜：《先民履迹——南科考古发现专辑》（以下简称
"臧振华等《先民履迹》第×页"），台南新营，台南县政府，2006 年 8 月，第 70 ~
71、98、120、135 页。

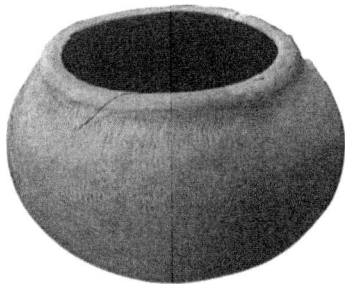

3 南关里东遗址出土的红褐色夹砂圜底钵
（采自臧振华等《先民履迹》）

　　二、大坌坑文化的特征。综合大坌坑遗址、芝山岩遗址、八甲村遗址、凤鼻头遗址与南科南关里、南关里东遗址的考古发现，大坌坑文化的主要特征有：

　　（一）大坌坑文化中最有特征性的遗物是它的陶片（图三）。陶片多破碎，很少完整的部分。器厚，含粗砂，色驳杂，有棕、深红、黄、灰等色。可复原的器类有罐和钵，底部常有圈足。圈足靠底部有时有小圆孔，口部直折、口缘上常有一环凸脊。大坌坑和凤鼻头遗址出土的陶片上的花纹以粗绳纹为主，是用裹绳木棒自口缘向下横卷压印的，或是用裹绳的拍子印上去的。口缘内外和肩部常有篦划纹；划纹的篦都是两个齿。八甲村的陶片中印绳纹的比较少，多刻划纹；同时有两种贝纹，一种用贝壳的外面作印模在器表上印出贝纹，另一种是用贝壳边缘当作篦齿刻印出来的篦齿纹。[①] 此外，器体外偶有施彩绘的。

――――――――

　　① 张光直：《中国东南海岸考古与南岛民族起源问题》，《中国考古学论文集》，第181页。台北，联经出版事业公司，1995年。以下所引未注明者，均出自该文。

图三　大垒坑文化的刻划绳纹陶片

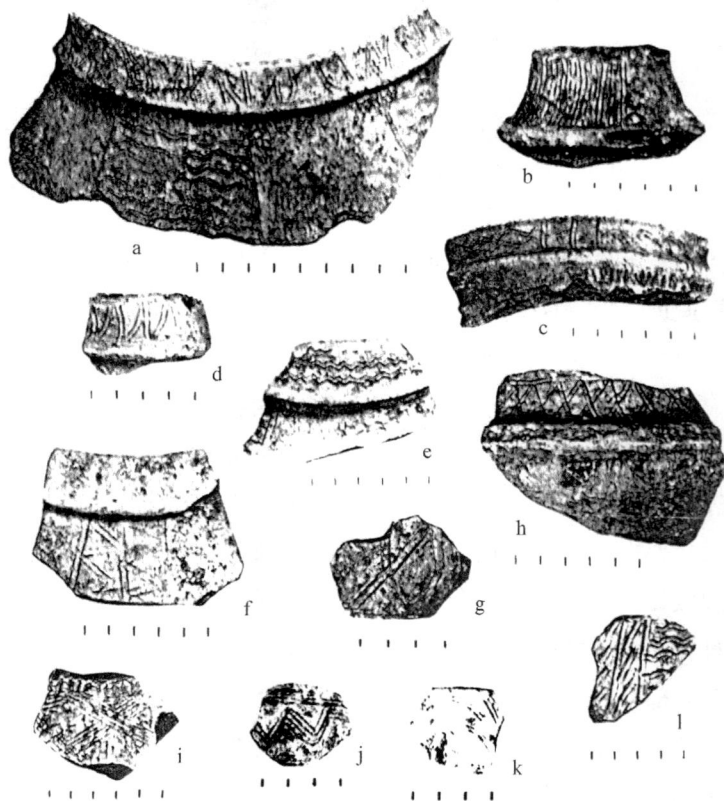

（a～h，*l* 大垒坑下层；i～k 凤鼻头下层

（采自《考古》1979 年第 3 期图版十）

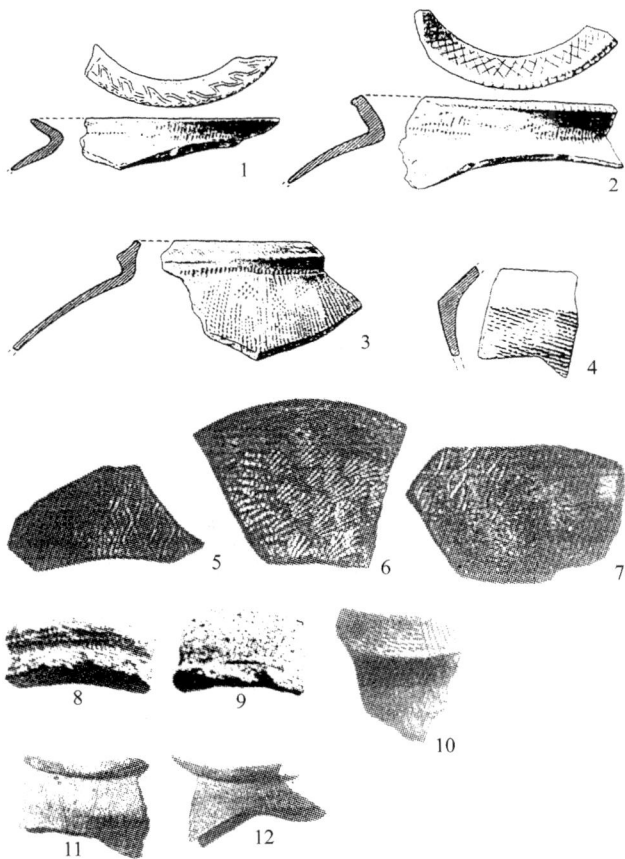

1～7　八甲村出土（采自黄士强，1970）

8～10　芝山岩出土（采自黄士强，1984）

11～12　东部地区月眉Ⅱ出土（采自刘益昌，1993）

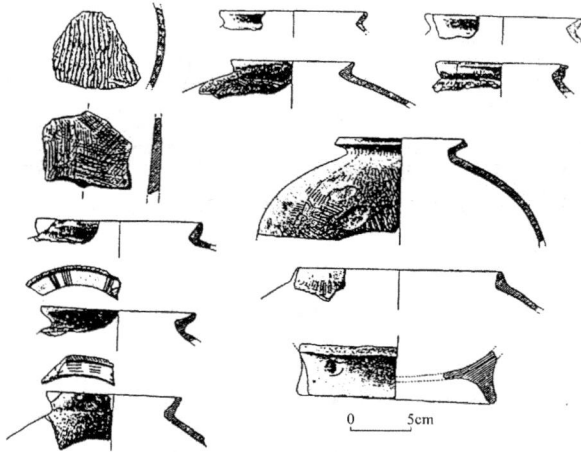

澎湖果叶 A 出土的绳纹陶（采自臧振华，1989）

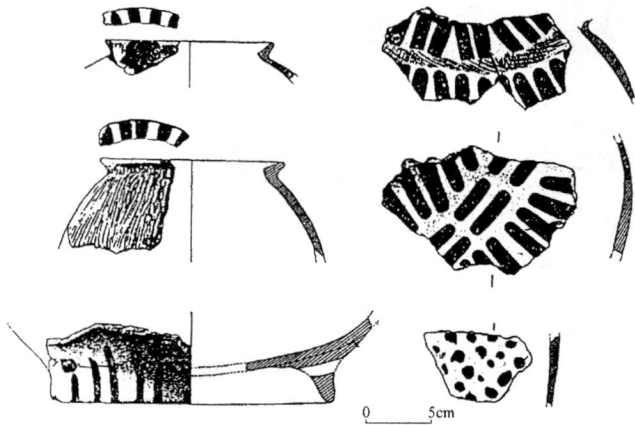

澎湖果叶 A 出土的彩陶片（采自臧振华，1989）

黄士强在八甲村调查报告中说，陶器都是手制，砂粒可能是陶土中天然含有的。圈足是另外做好再加在陶器底部。罐形器的口部有两种；低口、厚颈、薄唇、外侈的，在口部内缘施划纹；口部有内敛趋势的，唇、颈之间的外缘有一圈突脊、突脊以上的口部外缘，施以划纹。纹饰还有用单条线划成的菱形方格纹、交叉纹等。有一件陶器腹片上发现了堆砌纹。此外，还采集到一件陶纺锤和一件穿孔圆状陶片（装饰品）。①

　　南关里东文化遗址发现了20多个保存完整的绳纹陶罐。这可能是大坌坑文化中的首次发现。

　　（二）石器的种类较少（图四）。已知的主要类型有部分磨制的中小型石锄、磨制的小型石斧、石锛和三角形中心有孔的版岩石镞。有的遗址中发现了不少周缘有打琢痕迹的圆形砾石，可能是作网坠用的。在圆山遗址的大坌坑文化层中曾出土过一块磨光的带槽石器碎片，张光直认为是一个打制树皮布的石棒。这是横亘太平洋区常见的、与南岛语族有密切历史关系的考古遗物中最早的一例。但邓聪等学者认为，此石器不是"树皮布打棒"或 tapa beater。②

　　黄士强的调查报告与张光直概括的有些差别。石斧有两种：一件用玄武岩打制而成，是砾石打下的石片再打制成长条形石斧，片解面经过修整，另一面保留原来的砾石石皮。刃部较窄，宽5厘米，上宽6.2厘米，长9.7厘米，厚2.9厘米。另一种为磨制石斧四件，三件精磨，一件粗磨；刃部形制不一，有一件刃

---

① 本章已注明出处的引文，只在引文开始注明作者或在文末用括号注明作者。

② 邓聪《台湾地区树皮布石拍初探》认为，大坌坑文化堆积中包含有树皮布石拍（即打棒）的说法，是不能成立的。南京，《东南文化》，1999年第5期。

图四　大坌坑文化的石器

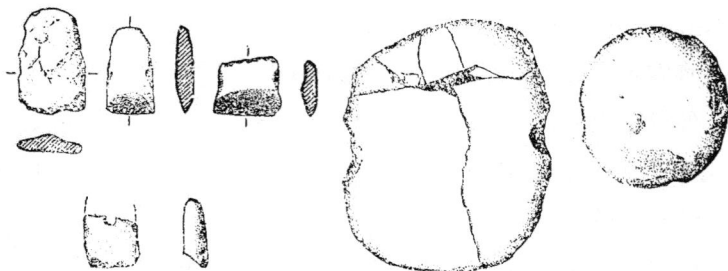

（采自张光直，1970）

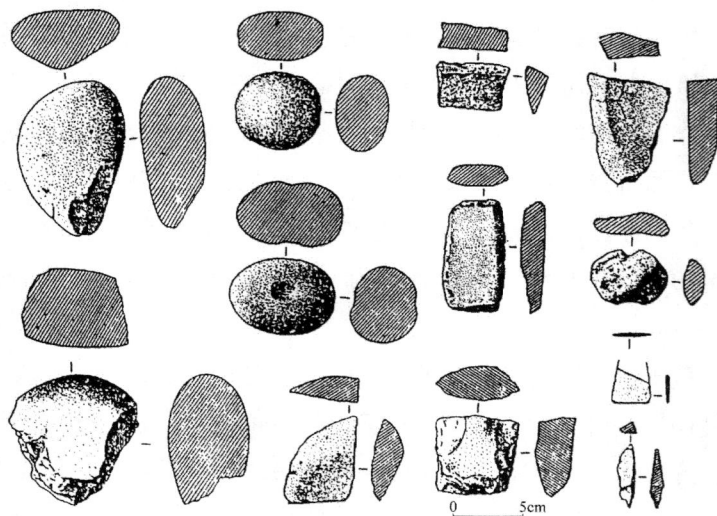

澎湖果叶 A 出土（采自臧振华，1989）

东海岸月眉Ⅱ遗址出土

（采自刘益昌，1993）

端较直，两件刃端微弧，一件为舌形弧刃，用玄武岩或砂岩制造。石锛也是用玄武岩或砂岩制造，都是长方形。其刃有两磨面，一磨面倾斜度较大，成偏锋。石镞用砂岩制造。两件形制相同，身部横断面都是椭圆形。

（三）骨器两件。一件可能经过磨制成为骨尖器（首尾残断），另一件可能是天然尖状骨骼，表面光润，可能经过使用（黄士强）。

（四）多数遗址的面积较小，位于海岸或河口的低台地上。八甲村遗址有许多犬骨和贝壳，但其他的遗址中所谓"自然遗物"数量较少；这可能是保存上的偶然现象（张光直）。

（五）南关里遗址出土了稻米和苦楝种子碳化物，南关里东遗址出土了大量的稻、粟等谷物种子碳化物，说明早在距今4700～4200年前，台湾南部的大坌坑文化人已从事稻、粟混作农业。

（六）墓葬。台南科学工业园区的大坌坑文化晚期遗址，有几项是大坌坑文化第一次发现的。从墓葬形式看，有的没有圹穴，直接放在地面或贝壳堆中；有的是浅竖穴无葬具；有的是深

73

图五　南关里东遗址出土的谷物碳化物

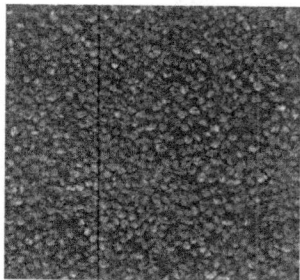

稻米（粳稻）　　　　　　　　　粟（小米）

竖穴有木质葬具。从遗骸的摆放等情形看，有男女合葬墓、多人合葬墓；有仰身直肢葬、侧身屈肢葬和俯身葬，以及口鼻处用贝壳覆盖等葬俗。一对年约 20 岁左右男女合葬墓，有墓穴无葬具，使我们想到《隋书·流求国传》说流求人（隋代台湾人）"亲土而殡"① 的裸葬习俗。此外，还可以看到，成年男女生前有拔除侧门齿和犬齿的习俗。使用木质葬具的墓穴中还有瓮、罐、颈饰、臂饰等陪葬品。在这个遗址中发现缺头颅及第一节颈椎的骨骸，说明当时已有猎头习俗。另一男性骨骸留有两支石镞，属中箭而亡。无头骨骸与中箭骨骸属同时代，可能是在与另一群体的人进行战斗造成的。

南关里和南关里东两个遗址，发现全台湾最早的六具完整的狗骨架，有的是被刻意埋在灰坑里的。②

三、大坌坑文化的存续年代。有两种：一种是 C_{14} 测定的年

① 《隋书》卷八十一。"亲土"，就是无棺葬具的裸葬。中华书局点校本。
② 臧振华等：《先民履迹》，第 84～135 页。

代；另一种是根据遗物特点并与周围相似文化类型进行对比，推测的年代。C_{14}测定的年代有，八甲村遗址贝壳标本年代为5480±55B.P.，树轮校正为6300~6400B.P.。① 澎湖果叶期有七个C_{14}年代，经树轮校正之后，果叶A为距今4640±193年、4760±193年、4630±104年、4065±80年及2325±141年；北寮为距今5075±222年及3565±137年。据此，臧振华将果叶期的年代放在大约4600年至5100年前。这个年代与八甲村的基本一致。台南科学园区南关里东文化遗址的绳纹陶片，经"鉴定证实"是距今5000年到4500年前的大坌坑文化。台湾东部卑南遗址下层、月眉Ⅱ等遗址，年代距今5000年到4500年前，代表大坌坑文化晚期（刘益昌，1993）。

推测大坌坑文化的存续年代有：张光直推测了两组年代，一组是根据日月潭的孢粉史，提出如这里1万多年前便有人居住，那便很可能是大坌坑式的陶器所代表的居民。但这里没有陶器，如有，是不是大坌坑式陶器，无考古实物可证，故都是问题。另根据浊大流域考古调查提出的粗绳纹陶出现在公元前3000年以前。② 另一组年代是以福建金门富国墩文化和台湾大坌坑文化为同一文化的两个类型，都在公元前5000~2500年前后。③ 臧振华认为，大坌坑文化大约从距今6000多年前一直延续到5000年前后。④ 刘

---

① 黄士强：《台北市圆山遗址第二地点试掘报告》，台湾大学《考古人类学刊》，第45期，1989年11月出版。并推测大坌坑文化可能早到7000年前。

② 张光直：《浊水溪大肚溪考古——"浊大计划"第一期考古工作总结》，《台湾省浊水溪与大肚溪流域考古调查报告》，台北，1977年，第431~432页。

③ 张光直：《新石器时代的台湾海峡》，北京，《考古》，1989年第6期。

④ 臧振华：《台湾考古的发现和研究》，邓聪、吴春明主编《东南考古研究》（二），厦门大学出版社，1999年。

益昌依据南部地区大坌坑文化的绝对年代，推测距今 7000 年至
4700 年之间。① 早在 1954 年，石璋如主持圆山遗址发掘时，已
提出"有贝层与无贝层"的层位关系。无贝层以绳纹陶陶器为
多，即属于大坌坑文化。后来，何传坤根据果叶、富国墩及华南
沿海贝丘遗址的年代为公元前 4000 到 5000 年，推测大坌坑无贝
丘的古绳纹陶文化的年代最低的估计可早到公元前 6000 年。②
张之恒认为，"大坌坑文化在年代上的幅度，可能在距今 1 万年
至 5000 年。但目前在台湾发现的大坌坑文化遗存，均属其中、
晚期，其早期遗存尚未发现。"③ 欧潭生将福建平潭壳丘头文化
与台湾大坌坑文化进行比较，认为均属海岸文化范畴，以"讨
海经济"为生，石器、陶器，尤其是陶器的贝齿纹最富特征，
大坌坑文化 C_{14} 测定年代距今 6000 多年，与壳丘头文化年代相
近。④ 吴春明认为，大坌坑文化层的两个 C_{14} 数据，即距今 19670
±450 年及 3080 ±350 年，显然不准确。前一年代可能是标本污
染所致。根据芝山岩文化和垦丁遗址前陶文化的 C_{14} 年代，确定
大坌坑文化层的上限不早于距今 4500 年的可能性很大，其下限
在距今 4000 年以上。⑤

　　综合以上叙述，有的估计偏早，有的偏晚，有的是把"距
今"多少年（自 1950 年算起）当成"公元前"多少年了。如八

---

① 刘益昌：《台湾的考古遗址》，第 46 页。
② 何传坤：《台湾史前文化三论》，第 52～53 页。
③ 张之恒：《台湾新石器时代文化综述》，《史前研究》，1985 年第 4 期。
④ 欧潭生：《闽台考古文化源远流长》，《闽豫考古集》，海潮摄影艺术出版
社，2002 年福州，第 293 页。
⑤ 吴春明：《中国东南土著民族历史与文化的考古学观察》，厦门大学出版社，
1999 年，第 130 页。

甲村遗址的年代，最早的是 5480 ± 55B. P.，约为公元前 3585 或 3475 年，与 3695 ± 60B. C. 接近。林朝棨在报告中，提供金门富国墩遗址的 C_{14} 年代是：6305 ± 378 年 B. P.，5799 ± 348 年 B. P. 和 5458 ± 327 年 B. P.，最后确定文化层年代为约 6300 年前至 5500 年前。[①] 上述两组数字除 3695 ± 60 年是公元前的年代外，其他都是"距今"年代。富国墩的年代相当于公元前 4350 ~ 公元前 3550 年。那么，如何来确定大坌坑文化存续的年代呢？

大坌坑文化的下限比较好确定，一是上述 C_{14} 年代中最晚的有距今 4500 年（刘益昌、郭先盛）和距今 4600 年（臧振华）两个年代；二是石璋如教授、[②] 黄士强先后两次发掘，都发现黄土贝层叠压在黄土无贝层之上。即圆山文化层叠压在大坌坑文化层之上。二者又无承继关系。黄士强在发掘报告中说，圆山文化约 4500 年前来到台北盆地。因此，可以确定大坌坑文化的下限为距今 4500 年前。南关里东遗址的下限可晚到距今 4200 年前。

大坌坑文化的起始年代，可参酌三方面的意见而定，一是已有 C_{14} 测定的年代的上限，如八甲村的树轮校正年代为距今 6300 ~ 6400 年。黄士强在调查报告中认为，八甲村遗址的遗物比大坌坑的"进步"，可能是时间不同造成的。据此，大坌坑遗址的年代要早于 6400 年。二是上述各家推测起始年代有距今 7000 年（刘益昌），距今 6000 多年前（臧振华）。至于推测距今 1 万年，那是指尚未发现的早期遗存（张之恒）。这个年代可暂不考虑，

① 林朝棨：《金门富国墩贝冢遗址》，台湾大学《考古人类学刊》，第 33 ~ 34 期合刊，1969 年 11 月出版。

② 石璋如：《圆山贝冢之发掘与发现》，《大陆杂志》第九卷第二期，台北，1954 年 7 月 31 日。

待发现大坌坑文化的早期遗存再补。三是张光直在他的有关论著中多次将大坌坑文化与海峡西岸的河姆渡文化，仰韶文化和大汶口文化相比较，认为这几支文化的面貌、时代相近。后来，张光直又提出，在中国有两群早期农业文化平行发展，一为黄河中游的仰韶文化；另为东南沿海的"大坌坑文化"。他推测，后一文化在年代上的幅度，可能在公元前 1 万年至第三千年之间。① 我们不一定同意他的推测。这公元前 1 万年也是根据日月潭孢粉史来的，他自己也表示怀疑。这在前面已提出了。何传坤对"日月潭古代农业起源说"也提出了质疑，所谓日月潭的木炭及禾本科花粉量变化是森林树冠火之杰作，而非大坌坑式绳纹陶居民烧山开垦所致。② 可见，把大坌坑文化的上限推到距今 1 万年前并没有考古学的根据。这样，认为大坌坑文化起始于 7000 年前比较接近实际。

　　总之，大坌坑文化遗存的延续年代，放在距今约 7000 ~ 4200 年前是恰当的。

第二节　大坌坑文化居民

　　自 1954 石璋如在圆山遗址的无贝黄土层发现绳纹陶，再经 1962 年到 1965 年，刘斌雄对台北县大坌坑和张光直对高雄县凤鼻头两遗址的发掘，证实了鹿野忠雄的假设：台湾最早的新石器

---

① 转引自宋文薰：《史前时期的台湾》，黄富三、曹永和主编《台湾史论丛》第一辑，台北，众文图书公司，1980 年，第 13 ~ 14 页。

② 何传坤：《台湾史前文化三论》，第 55 页。

时代文化——绳纹陶文化层被确定下来，并命名为"大坌坑文化"。这个文化的遗物逐步为人们知晓。但大坌坑文化的居民是个什么样子，直到世纪之交，南关里东文化遗址发现了墓葬，真正的大坌坑文化居民才终于与世人见面了。现略述其一二。

一、**生活环境**。从已发现的大坌坑文化遗址看，他们有的居住在河边、海边阶地，有的在湖中岛上，甚至还在澎湖沙地兴建聚落，但都是小型的。西南部晚期聚落可能大些，如南关里东文化遗址群中，有的地点面积达 1500 平方米，另一处在 1000 平方米范围内，有 140 个灰坑，还有一处在不到 100 平方米的范围内发现 15 具人体骨骸。① 推测晚期的聚落大些，人口也多起来了。

大坌坑遗址西北望台湾海峡，东北至淡水河，距离都在 1.5 公里左右，位于观音山后山北麓，其西侧的山峪就是大坌坑。遗址之东有一眼山泉，泉水回流山间，汇合东方山峪噶玛兰坑溪，终年不涸（刘斌雄）。圆山遗址是台北盆地突出的一座小山，高约 40 米，东西长约 300 米，南北宽约 200 米。左面是淡水河，右面是基隆河。大坌坑文化居民生活在此时，台北盆地还是一水湖，圆山则是湖中的小岛（石璋如）。据刘益昌分析，生活在台北盆地的大坌坑文化居民，是沿着淡水河向上游迁徙进入的。他们不仅居住在圆山遗址的无贝层，而且在今台北淡水镇大屯山麓到海岸之间的台地面或缓坡地上，也留下了他们的足迹。一部分人继续向东到达东海岸，留下了居住在今宜兰苏澳镇的新城遗址。结合这样的生活环境和他们使用的打制石斧、磨制石斧、石

---

① 经笔者致函台湾《联合晚报》资深记者萧衡倩女士，请代为查询南科考古情况。2003 年 6 月 21 日，《联合报》记者郭先盛先生提供的答复传真：《南科南关里东遗址相关资讯》。

锛、网坠、石簇和绳纹陶罐、陶钵等工具、用具，说明大坌坑文
化居民除采集野生植物、打猎和到河海中捕捞贝螺鱼虾外，他们
还砍伐森林，从事刀种火耕农业。其初种植的可能是芋和薯蓣
（张光直）。陶器上的绳纹，表示他们已懂得利用植物纤维，纺
线（有纺轮出土），织布缝衣；编织渔网，用于捕鱼。石锛是伐
木、造船工具。张光直说过，绳索也可以用来塞船缝。推测大坌
坑文化居民应该会造船，或独木舟，或木筏。否则，他们很难从
大陆到台湾岛上来。

何传坤认为，陶器表面施绳纹的目的有三：一是可以减少提
携时掉落的危险；二是通过拍印绳纹，使陶器外表的细砂孔隙小
而紧密不浸透，防止散热，易于煮食和储存食物；三是陶体粗砂
的小口大腹瓮，具有多孔性和浸透性，可以使瓮内的水保持长久
的冷却状态，以适应"低地亚热带气候"（前引书）。这也说明
了大坌坑文化居民对于环境的认识与适应方面发挥了主观能动
性，而不像旧石器时代的人们只是被动地适应了。

生活在澎湖群岛海岸沙丘上的果叶 A 贝丘遗址的大坌坑文
化的居民，主要以采集沿海潮间带上的贝类、鱼类，可能还有海
藻一类的物品，清楚地反映了以开采沿海生物资源为主要取向的
生业形态。①

以上叙述说明，大坌坑文化居民有三个群体，早期可能是以
采集植物、打猎和种植芋、薯蓣（山药）的大坌坑、圆山等无
贝层遗址类型的群体，晚期是南关里东文化遗址种植谷物的群

---

① 臧振华：《试论台湾史前史上的三个重要问题》，台湾大学《考古人类学
刊》，第 45 期，1989 年 11 月出版。

体，以及有贝丘的以赶小海为生业的果叶 A 群体。

二、社会生活。大坌坑文化居民的社会，由于没有聚落住房、集体墓地的发现或已发现而没有正式报告发表，出土的遗物也不丰富，只能根据目前资料叙述和推测。

首先，制作生产工具是他们日常生活的重要部分。按照史前时代的社会分工，首先是男女两性分工，制作石器应该是男人的事。他们要上山开采板岩等石材，到河滩去挑选鹅卵石。有的石斧打成后就使用，有的要加磨砺。制作石镞不仅要磨出尖和边锋，还要钻孔，可能是为了更牢地固定在箭杆上。他们在鹅卵石的两端打出凹槽，有的还在中间加一道凹，制成两缢型和三缢型石网坠。张光直指出：大坌坑文化的人们一定自栽培的或野生的植物上取得了纤维，而且对当地的植物资源十分熟悉。富纤维性的树皮可能是制造绳索用的植物纤维的一个来源，而剥取树皮是在森林中的一种生产活动。他们用这些纤维拧成粗细不一的单索，再用数条单索绞成直径 0.5 ~ 1 厘米不等的绳子。这些绳子有两种用途：一是缠绕在棍棒上，在陶罐的体部拍印纹饰；二是编织渔网，系上网坠，就能到河、海、湖中捕捞鱼虾了。[①]

其次，制作陶器是女人的杰作。她们用夹着细砂的泥土，用灵巧的双手，制作出罐、钵、盘、碗、瓶（小瓮）、器盖和纺轮。圆山遗址下层出土的一件中间带孔的短圆柱，可能是用来将较粗的单索绞成粗细不一的绳索的工具。尤其难得的是，她们用缠绕绳索的棍棒，或刻有绳纹的陶拍，在陶器的体部拍印直、

---

① 张光直：《中国东南海岸的"富裕的食物采集文化"》，《中国考古学论文集》，台北，联经出版事业公司，1995 年，第 165 页。

斜、交错的绳纹。她们运用二三个细棍作成篦齿，在器物的口部唇面或肩部刻划出两条或两条以上平行的划线，成为间断的或连续的波折纹或直条纹，也有单线划成的菱形方格纹、交叉纹。在一件碗形器的外表还施有贝纹。有的陶罐表面，施一圈或多圈凹弦纹。有时她们将原先拍过的绳纹抹平，再在腹部施以绳纹。有的陶器腹部有堆砌纹，有的拍印"之"字纹。还有施条弦纹或红色彩绘的，其中一件施于器口内壁。对此，当代考古学家这样评论道，"由陶器纹饰的变化所显示流畅与美感，表示当时人已经有相当高的艺术水准。"（刘益昌，1992）她们艺术水准的另一表现就是遵循一定传统，如在唇、颈之间的外缘做成一圈突脊，划纹常施在突脊的上方，从不施在下方，突脊下面施有绳纹；粗细不一的绳纹，一定施在陶器的腹部，绳纹从不施于口部。多数器物的口部唇缘上施有划纹。总之，口部唇面上不施绳纹、突脊以下不施划纹是她们遵守的最重要的制作陶器的规则。

陶器外形上的另一些特点有：有的口缘宽大而厚重，有的厚颈、薄唇，有的口部外侈，有的内敛，有的折肩，有的溜肩；有的罐鼓腹，有的罐形呈直桶状，被称为桶状罐形器；陶器的底部有圜底、平底，有的带圈足。较小的圈足上无孔，较大的圈足上有孔。这类圈足都是单独做好，再贴到器体上。此外，八甲村还有一圆陶片，上有一孔。或许是妇女们为自己制作的陶质装饰品。①

① 以上见张光直：《中国东南海岸的"富裕的食物采集文化"》；黄士强：《台南县归仁乡八甲村遗址调查》，《台北市圆山遗址第二地点试掘报告》（台湾大学《考古人类学刊》第45期，1989年11月出版）；臧振华：《台湾的考古发现研究》；刘益昌：《台湾的考古遗址》第31页；韩起：《台湾省原始社会考古概述》（《考古》1979年第3期）。

陈仲玉认为，大坌坑文化陶艺中，有两个主要特质，其一是粗绳纹装饰器身，其二是束口罐类，其口缘上尖而逐渐下宽至颈部向内折边的形状。而指甲纹、贝印纹、刻划纹等，仅是特质中很小的部分。[①]

　　第三，男子在社会中，不仅扮演猎人、海生物捕捞者和石器的制作者，他们还是氏族或聚落的战士。南关里东文化遗址墓葬中身中箭镞的骨骸，说明他们或是为与其他氏族或聚落争夺土地、猎场、捕捞区，或为保卫氏族、聚落的安全，英勇作战而牺牲。也可能如另一座墓葬中的没有头颅的骨骸所显示的，他在外出猎头过程中遭到抵抗，中箭而亡。这在台湾民族学资料中是有例可循的。

　　第四，南关里东文化遗址的一对20岁左右男女合葬墓，在台湾考古发现中，虽然是第一例，但大陆已发现多处男女合葬墓。由照片观察，南关里合葬墓似为一次葬，男右女左。女的头偏向男的一侧，枕在男的左肩上，右臂弯曲放在男性左肩上，示亲密状（图一）。[②] 大汶口文化山东泗水尹家城遗址M145一男一女合葬墓，两具骨架均为头东脚西，男左女右排列。男性头骨面向下。并与颈部有15厘米的间隔。女性头骨与男性骨架的腰部平齐，仰身，下肢伸直，右上肢弯曲较甚，左上肢肘骨折向东南，被压在男性右腿骨之下，面向男性一侧（图二）。[③] 齐家文化甘肃永靖秦魏家遗址M105，与南关里男女合葬墓有相似之处。

---

① 陈仲玉：《福建金门金龟山与浦边史前遗址》，邓聪、吴春明主编《东南考古研究》第二辑，厦门大学出版社，1999年。

② 台湾《联合报》2002年12月3日第14版。

③ 山东大学历史系考古专业：《山东泗水尹家城遗址第四次发掘简报》，《考古》，1987年第4期。

该墓一男一女两副骨骸并列，男右女左，男性仰身直肢，头偏向女性。女性侧身向男性，下肢微屈，左上肢弯屈放于男性左肩，头也枕在男性左肩上（图三），① 所示亲密状胜过南关里男女合

图一　南关里东文化遗址男女合葬墓

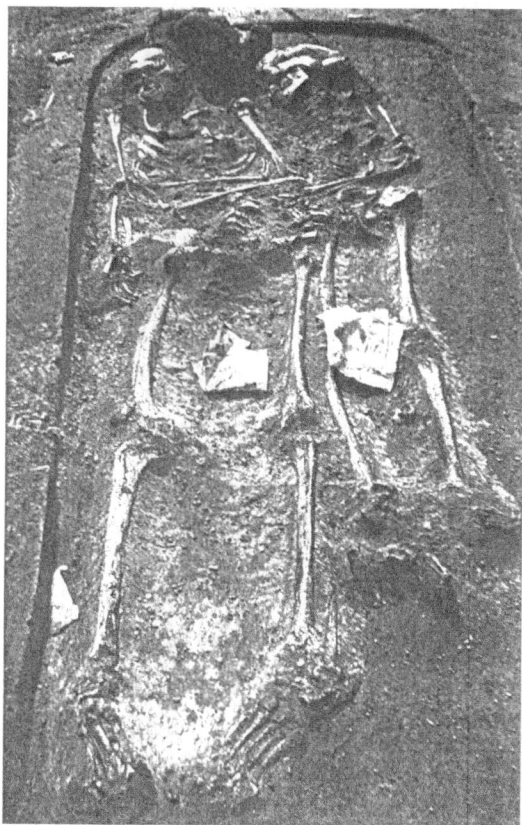

台湾《联合报》记者郭先盛摄

---

① 《新中国的考古发现和研究》，第124页。

葬墓。有学者指出，大汶口文化后期及龙山文化、齐家文化的合葬墓所葬多为两个成年男女的完整尸骨，说明在父系氏族社会中已经有了比较固定的婚姻关系，证明男子死后有以妻妾殉葬的情形。[1]

图二　山东尹家城遗址 M145 平面图

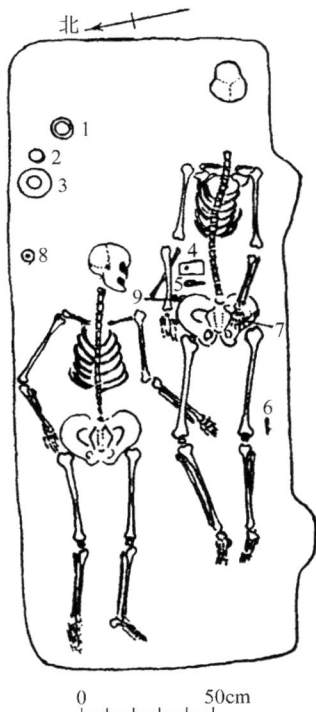

（采自《考古》1987 年第 4 期）

图三　齐家文化 秦魏家遗址 M105

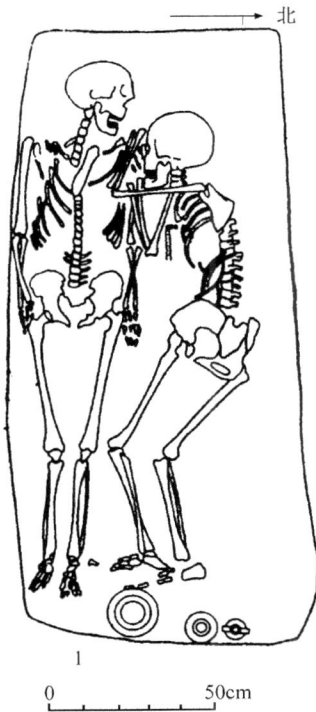

（采自《新中国的考古发现和研究》）

---

[1]　王仲殊：《中国古代墓葬概说》，《考古》，1981 年第 5 期。

笔者认为，南关里东文化遗址的成年男女合葬墓，似表明当时大坌坑文化居民，已处于父系氏族社会早期，男女间有了比较固定的婚姻关系。但是，在殉夫性质上，从其葬姿看，似并非强迫。这是因为在人类社会发展史上，从群婚制到个体婚制（对偶婚）的过渡，主要是由妇女完成。随着经济生活的发展，两性关系已失去朴素的原始性质，而使她们感到屈辱和难堪，迫切地要求取得保持贞操、暂时地或长久地只同一个男子结婚的权利。① 她们争取到了便会珍惜，这或许是自愿殉夫的原因。从南关里的墓葬形式看，这对青年夫妻实行没有葬具的裸葬，同一地点还有木棺作葬具的。而在宜兰苏澳新城遗址，使用的葬具是长方形石板棺。这似乎表明，大坌坑文化居民已出现了贫富差别。

第三节　大坌坑文化源流

大坌坑文化从哪里来？与台湾以后的新石器时代文化有没有承继关系？宋文薰在《台湾的考古学》演讲中明确指出，八仙洞的长滨文化和以后的新石器时代文化不相连，故两者可能是不同民族的遗留。② 日本学者鹿野忠雄曾假设台湾新石器文化的最底层为绳纹陶文化层。这最基底的文化层来自中国大陆。光复以来的半个多世纪里，关于大坌坑文化又有一些新说法，甚至有学者提出"不知其原生地"。这说明关于大坌坑文化的来源问题还

---

① 恩格斯：《家庭、私有制和国家的起源》，人民出版社，1972年，第49页。
② 宋文薰：《台湾的考古学》，张炎宪主编：《历史文化与台湾》，台北，1991年，第127页。

没有达成一致的意见。笔者讨论之前，先介绍过去发表的关于大坌坑文化来源的各家观点。

一、各家来源说。关于大坌坑文化来源，已有各种说法，尚无定论。大多数学者持中国东南沿海说。张光直在《中国相互作用圈与文明的形成》一文中，对公元前 7000～4000 年的中国新石器时代文化进行了宏观考察，阐述了当时各文化间的相互作用（接触、讯息、货物的交换以及冲突）。他把福建、广东，甚至广西东部的粗绳纹陶都列为大坌坑文化（参见本书第五章图七）。[①] 张光直虽然多次谈到越南和平文化与大坌坑文化的关系，"但根据目前的材料来说，大坌坑文化有它显著的特性，不能仅仅说是和平文化的一部分。"[②] 黄士强"更认为台湾的大坌坑文化可能为中国东南沿海地区之早期居民向台湾迁移所带来的。"[③] 臧振华说，考古学家们大都认为，大坌坑文化不是长滨文化发展起来的，而是一个自外地移来的新文化。[④] 他认为，台湾的大坌坑文化，很可能即是自 7000 年前以来，在大陆东南沿海所形成的，以适应海岸和海洋环境为主要特征的文化之一。现在可以较为肯定地在广东和广西的沿海地带找到亲缘关系，即大坌坑文化极可能源于华南、广东和广西一带沿海。[⑤] 刘益昌在他的专门阐

---

① 载《中国考古学论文集》。

② 张光直：《中国东南海岸考古与南岛语族起源》，成都，四川大学《南方民族与考古》第一辑，1987 年。

③ 黄士强：《台北市圆山遗址第二地点试掘报告》，台北，台湾大学《考古人类学刊》，第 45 期，1989 年 11 月。

④ 臧振华：《台湾考古的发现和研究》，邓聪、吴春明主编《东南考古研究》第二辑，厦门大学出版社，1999 年。

⑤ 臧振华：《试论台湾史前史上的三个重要问题》。

述《史前时代台湾与华南关系初探》论文中，也得出相同的结论，大坌坑文化应是直接从华南沿海移民而来，这也和华南新石器时代早期向中期发展是由内陆向海洋的方向是一致的。①

　　陈仲玉在两篇论文中讨论了大坌坑文化的来源及其与周边同期文化的关系，与张光直的看法不同，很有新意。其一，1994年，他发现了福建省金门县金门岛上的金龟山与浦边两处史前遗址，试掘报告说，金龟山遗址贝壳标本经 C_{14} 测定并经树轮校正的年代数据，知道古人在金龟山遗址的占据期间分为两阶段，大约距今 7700～5700 年之间是第一阶段，大约距今 5700～3400 年之间是第二阶段。浦边遗址的年代大约距今 4500～3400 年。金龟山遗址的陶器，属红陶系，其中的六成偏橙色，二成六偏棕色，灰色系仅一件。纹饰有细绳纹和贝（血蚶类）壳边的压印纹，在素面红陶层有一片指甲印纹。石器中有打制石斧等。浦边遗址的陶片大多数是红色系列的夹砂陶器，以细砂为大多数，质软易碎，火候不高。用泥片制胚法，器形以圈底钵和罐为主，尤以前者为此一文化特点。陶器以素面为多，其次有印纹、细绳纹、乱平行纹、网纹、波浪纹和少数指甲纹和贝壳边印纹。据以上发掘所得资料，陈仲玉将金龟山与富国墩两遗址进行比较，指出，这里没有园艺农业，他们也没有认识植物纤维的迹象，他们不会织网捕鱼。他认为，从金龟山遗址 IP1 出土陶片在层位上出现的顺序，是自指甲纹、贝印纹之后直接发展到细绳纹红陶。这层序之间并未出现大坌坑式的粗绳纹陶。因此，富国墩、金龟山两遗址的富国墩文化，应有别于台湾的大坌坑文化。其二，他认

---

　　①　载张炎宪主编：《中国海洋发展史论文案》（三），台北，1988 年，第 22 页。

为大坌坑文化普遍使用的绳纹陶，遍布华南、东南亚，甚至日本诸岛，就是不知道它的原生地在哪里。①

三年后，陈仲玉在《试论中国东南沿海史前的海洋族群》②文中，经对河姆渡文化中与航海有关的器具筏、独木舟、木桨和石碇的研究，和孙光圻关于新石器时代船舶利用风帆在中国的出现的观点，明确提出，如以台湾大坌坑文化的年代来说，大约7000年前河姆渡文化人已横渡台湾海峡，到达台湾南北的若干地区，其时有这类的航海交通工具，是无疑义的。

何传坤根据 Taira 关于海退期台湾陆地上升的年代（北部为距今6000到7000年，中部为5000年，恒春半岛约为3000年）推断：北部及中部的大坌坑式绳纹陶文化（非贝丘遗址）可能属同源；而南部的凤鼻头绳纹陶文化极可能与八甲村绳纹陶文化另属一源，或者后者较前者为晚，也可能是古代聚落的位置受到台南海进或是地形的因素而形成贝丘有无之别。他没有直接点明大坌坑文化的来源，却把结论放在所引的三位学者的观点之中：一是麦康穆（William Meacham）的反对"核心说"，认为大坌坑式文化，"华南货平文化"和东南亚货平文化在当地自行演变"原属同源的文化也就一分为三"；③ 二是张光直《古代中国考古学》（1977年修订版）指出的，"毫无疑问，大坌坑文化的来源是奠基于当地的旧石器时代文化"；三是宋文薰将"长滨期"

---

① 陈仲玉：《福建金门龟山与浦边史前遗址》，邓聪、吴春明主编《东南考古研究》第二辑，厦门大学出版社，1999年。

② 收入王慕民、管敏义主编：《河姆渡文化新论——海峡两岸河姆渡文化学术研讨会论文集》，北京，海洋出版社，2002年1月。

③ 何传坤：《台湾史前文化三论》，第53页。

列在《台湾西海岸中部地区的文化层序表》中"大坌坑期"之前。① 这意味着大坌坑文化是由长滨文化发展而来。可是，这与他自己在多篇文章中，如长滨文化发掘简报、《史前时期的台湾》、《由考古学看台湾史前史》主张的长滨文化与以后普遍发现于台湾全省的各史前文化层之间，找不出可以联系的关系；他与连照美合写的《台湾西海岸中部地区的文化层序》（1975 年）明确表示，他们之所以在中部文化层序表中毫不迟疑地放上了"长滨期"，是"以示先陶文化期在此地区存在的可能性"。② 这说明他并不认为大坌坑文化是由长滨文化发展而来。至于张光直的主张，在前引《中国东南海岸的"富裕的食物采集文化"》《中国东南海岸与南岛语族起源问题》《新石器时代的台湾海峡》和《中国相互作用圈与文明的形成》，前两篇发表于 1987 年，后两篇发表于 1989 年，都谈到大坌坑文化及其与周边同时期考古文化的关系，都没再提到这一观点，是他修正了以前的观点，还是他犹豫了，不得而知。至于麦康穆的"反对核心说"，童恩正批评道：他总结的所谓"无中心论"与"文化传播论"同样是片面的，两者都是形而上学的。童氏认为，在某一特定的历史时期中，文化先进、生产发达的地区，客观上就会形成"中心"。有条件、有限度地承认"中心"，似乎比"无中心论"更加接近事实。③ 据此，何传坤提出的"原属同源的文化"，源在

---

① 何传坤：《台湾史前文化三论》，第 53 页。

② 宋文薰、连照美文，载台湾大学《考古人类学利》，第 37～38 期合刊，1975 年 11 月。

③ 童恩正：《近二十年来东南亚地区的考古新发现及国外学者对我国南方古文明起源的研究》，成都，《西南民族学院学报》，1983 年第 3 期。按，童译其名为 W.梅詹；"反对核心说"译为"无中心论"。

哪里？似乎仍然没有解决。

　　大陆、香港学者也有许多文章讨论大坌坑文化的来源，提出了不少很有见地的观点。但论述闽、粤、桂、港与台湾大坌坑文化关系的多，阐明其来源的少而不够明确。正如韩起说的，台湾的大坌坑文化便是这种在中国东南沿海分布辽阔的一种文化的一个地方环节，① 也没说明"其原生地"在何处。安志敏指出，大坌坑文化的产生与大陆早期新石器的绳纹陶有着某些联系，但明确指出，广东潮安陈桥、海丰西沙坑，福建平潭壳丘头等较早遗存，明显地不同于大坌坑文化。②

　　20世纪40年代，日本学者鹿野忠雄根据他在台湾的考古发现和研究，率先提出台湾史前文化的最古的文化层应是绳纹陶文化层，并指出，"台湾先史文化的基底是中国大陆的文化，此种文化曾有数度波及于台湾"。③ 大坌坑文化的发现证实了鹿野忠雄假设的绳纹陶文化层的存在。张光直评价说，鹿野忠雄的分期法，代表了日据时代末期探讨台湾史前文化来源一派学者"研究的高峰"。④

　　二、多元说探讨。 台北盆地、西北海岸、西海岸中部至西南部沿海、宜兰苏澳、台东卑南、泰安、小马等东海岸以及澎湖群岛果叶等地，都留下了大坌坑文化居民的遗迹。这些满天星斗式散布在台湾本岛东西两岸、南北两端低台地和离岛海岸沙丘和河

---

　　① 韩起：《台湾省原始社会考古概述》，北京，《考古》，1979年第3期。
　　② 安志敏：《闽台史前遗存试探》，福州，《福建文博》，1990年增刊。
　　③ ［日］鹿野忠雄著、宋文薰译：《台湾考古学民族学概观》，台北，台湾省文献会，1955年，第110、115页。
　　④ 张光直：《"浊大计划"与民国六一～六三年度浊大流域考古调查》，《台湾省浊水溪与大肚溪流域考古调查报告》，台北，1977年，第2页。

第三章　刀耕农业时期

口两岸不相连的小聚落，有的在无贝层，有的与贝丘相伴。他们的遗物以打制石器和使用夹砂粗绳纹陶的罐、钵为共同文化特质。但社会生活方面，如有的无葬具，有的以木棺或石板棺为葬具，还有行侧身屈肢葬并拔牙者；陶器刻划纹也不全然相同。造成这种既有同一性又有差异的原因是什么？是人口的繁衍，由最早的大坌坑遗址向各较晚地点扩散，为适应新的环境而作出的改变；还是他们本来就是祖居地以使用粗绳纹夹砂陶罐、钵为日常用具的新石器时代早期居民，在不同时间、从不同方向迁来台湾？或许两种情况都有。这或许说明，大坌坑文化的来源是多元的。

在讨论大坌坑文化来源时，先确定以下原则：（1）依据何传坤关于大坌坑文化北部、中部非贝丘遗址可能同源，南部凤鼻头、八甲村另属一源的假说。同时，将圆山遗址第二地点下层的绳纹陶，列入前一类。主持发掘者黄士强说，因本遗址陶器与大坌坑遗址绳纹陶器的不同点在于，这里陶器的口缘多宽大厚重以及口缘上施凹弦纹，没有一件带划纹者（体部也没有），因此"暂不称其为大坌坑文化"。他又说，"当然，若视其为大坌坑文化亦无不妥"。① 其他如以赤褐色陶为主，器形有罐、钵、盘，底有圜底、平底和圈足，颈以下施粗绳纹，另有两片红色彩绘陶。石器有打制的砍砸器和石锛。除未见打制、磨制石斧外，都发现于无贝黄土层，故其总体面貌是一致的。同时，将澎湖果叶期绳纹陶归入后一类。对于张光直把金门富国墩遗址绳纹陶归属

---

① 黄士强：《台北市圆山遗址第二地点试掘报告》，台湾大学《考古人类学刊》，第45期，1989年11月。

大坌坑文化的问题，根据陈仲玉的最新发掘和研究成果，不列入大坌坑文化系统来加以讨论。（2）综合年代学、共存器物、器物类型、纹饰种类与组合、施纹特点等进行比较，不能不区别时代早晚，或仅将大坌坑文化的特点归结为打制、磨制石器与粗绳纹陶共存。在遗址的年代上，至少要早于大坌坑文化某类遗址，否则虽有亲缘关系，还不能说是大坌坑文化的来源。（3）与以往不同的是，现在属于大坌坑文化的内涵更丰富，如南关里东文化遗址、小马海蚀洞发现了墓葬，有仰身直肢、侧身屈肢与蹲踞①等葬姿，葬具有石板棺、木棺，有的无葬具；还有打牙习俗。这是研究大坌坑文化来源的新资料。（4）"文化丛"理论。②不是一两样陶器或一两种纹饰相似，而是时代相当的文化，是否有一群代表性的器物大致相同；在埋葬制度、经济生活和社会形态等方面是否也相同。③

（一）来自华南沿海的粗绳纹陶使用者。尽管有的学者对此持不同意见，我们仍然赞成大坌坑文化居民有来自华南沿海使用粗绳纹陶的人。不过，他们不是大坌坑居民的全部，而只是其中的一部分。其一，以往讨论大坌坑文化的来源时，常提到江西万年仙人洞、广西桂林甑皮岩、柳州大龙潭鲤鱼嘴、西津、亚菩山、广东潮安陈桥、英德青塘等距今约 6000～9000 年的新石器时代遗址。这些遗址虽然都有绳纹（有粗、有细）纹饰，但与

---

① 刘益昌：《台湾的考古遗址》列为旧石器时代晚期葬式（第 26 页）。何传坤：《台湾史前文化三论》，第 153 页。

② "文化丛"理论是民族学家 F. 格雷布纳和 W. 施密特提出来的。见《简明不列颠百科全书》，中国大百科全书出版社，北京·上海，1985 年。

③ 张之恒：《关于我国东部沿海地区新石器时代文化系统的区分》，《文物集刊》（1），北京，文物出版社，1980 年。

大坌坑文化相比较，不见口缘或唇面上的刻划纹、凹弦纹、之字纹，不见唇、颈间的突脊和堆纹；多圜底器、少见平底器，无圈足器；除甑皮岩遗址有钵外，其他遗址的陶器，不是以罐、钵为主，而是以釜、罐为主的组合；绳纹不仅施于腹部，也施于口沿上，这与大坌坑文化居民不在唇面施绳纹的规则不相同。如广西邕宁顶蛳山贝丘遗址，C_{14} 测定年代并经树轮校正距今 10015～6000 年，陶器以圜底罐为主，不见平底和圈足器，绳纹有粗、中、细三种，绳纹为滚压和拍印而成。不仅施于器表，也施于口沿，有的口沿施以浅篮纹。经济生活以食用水、陆生物和采集食物为主。晚期出现泥质陶和轮制技术，但文化堆积中无螺壳，可能已出现农业。[1] 可见，他们与大坌坑文化之间，有相同点，也有差异。其次，华南新石器时代早期对于死者埋葬，虽然出现了蹲踞葬、侧身屈肢葬等与大坌坑文化相同的葬姿；但没有男女合葬墓，没有使用木质葬具，更没有石板棺。因此，从墓葬形式看，大坌坑文化居民不仅仅是单一的使用粗绳纹陶器的华南居民。

（二）大坌坑文化与东南亚和平文化的关系。我们在前面已引述过张光直的观点。他在《关于中国文明起源的继续探索》

---

[1]　中国社会科学院考古研究所广西工作队等：《广西邕宁县顶蛳山遗址的发掘》，北京，《考古》，1998 年第 11 期。其他资料，蒋廷瑜：《广西考古四十年概述》（《考古》1998 年第 11 期），《广西原始社会考古综述》，南宁，《广西民族研究参考资料》第四辑；丘立诚：《略论华南洞穴新石器时代早期文化》，西安，《史前研究》，1985 年第 1 期；彭适凡：《关于万年仙人洞文化几个问题的探讨》，《考古》，1982 年第 1 期；刘诗中：《江西新石器时代文化的探讨》，《考古》，1993 年第 12 期；中国社会科学院考古研究所编：《新中国的考古发现和研究》（广东新石器时代文化），北京，文物出版社，1984 年，第 160～162 页。

上篇《中国的早期农人》中，探讨了东南地区、北方地区和东部沿海地区出现的早期农业。在这里，他不仅描述了大坌坑文化的主要特征，是用粗陶做的绳纹陶器还有带状的划纹或篦纹。他还特别强调，"典型的罐是圜底的，有的在器底加一个圈足"。这是不是意味着他要强调大坌坑居民的一种制陶技术或区别于其他文化的物质？他在谈到大坌坑文化与和平文化的关系时，秉持一贯观点，指出："它和印度支那（今称中南半岛——引者注）的和平文化有明显的联系，但并不完全一样。"[①] 新西兰学者R·格林就不同了，他认为制作"和平陶器"（即和平文化粗绳纹陶——引者注）的人们比公元前第三千年出现在台湾岛的龙山人要早几千年便把种植果实作物、块茎作物和块根作物的农业带到了该岛。[②]

和平文化发现于越南北部和平省的洞穴遗址。台湾学者译作"货平文化"。在泰国、柬埔寨也有这一类型文化遗址。学术界在谈到和平文化时，一般都指泰国西北部夜丰颂府的仙人洞遗址。大概是因为这个遗址的文化层清楚、C_{14}年代数据可信和遗物更有代表性。美国学者切斯特·戈尔曼（Chester F. Gorman）指出，目前所能取得和平文化最详细的年代，是仙人洞的年代表。和平文化Ⅰ期不在本文讨论范围，和平文化Ⅱ期属于新石器文化早期，大约距今 7622±300 年。他说："矩形石锛，两面磨

---

① 张著原为英文，载《考古学》（Archaeology），第 30 卷第 2 期，1977 年；汉文系张长寿译、王俊铭校，载中国社会科学院考古研究所编《考古学参考资料》(1)，北京，文物出版社，1978 年，第 6 页。

② 转引自（前苏联）R. B. 切斯诺夫著、莫润先译：《东南亚——古代的文化中心》，同上书。

第三章 刀耕农业时期

95

制的小石刀以及绳纹陶器和磨光陶器都首先出现在第二层的表层。这些显然完全是外来的器物,是从另一文化引进到继续发展的和平文化中来的。"但是,由于缺乏可以比较的材料,他还不能指出"另一文化"的有关地区。① 这样看来,和平文化的绳纹陶另有来源,如此,说不定它与大坌坑文化的来源是相同的。看来,张光直说大坌坑文化与和平文化"有明显的联系,但并不完全一样"是正确的。

(三)大坌坑文化与东南沿海新石器时代早期文化的关系。长江以南沿海的江苏、浙江、福建三省,距今 7000 年左右的新石器时代文化,有河姆渡文化、马家浜文化(罗家角遗址)。福建的壳丘头文化和漳州的覆船出遗址的上限距今 6000 年左右。这几处新石器时代文化,如按时代相当、有一群代表性的器物大致相同,埋葬制度、经济生活和社会形态也大致相同的标准来衡量,它们可能还算不上大坌坑文化的祖型,但相互间可能有文化交流与某种联系。这是因为河姆渡文化、马家浜文化早期(罗家角遗址)都是以釜为主要炊器,而不是像大坌坑文化那样以罐和钵为主要组合、以罐为炊器;经济生活以种植、食用稻米为主,② 大坌坑文化以采集海生物为食物主要来源,充其量以种植芋、薯蓣为补充。台湾西南海岸大坌坑文化晚期(距今 5000 ~ 4600 年)稻、粟兼种(详后),与河姆渡、罗家角只种稻,不种

---

① 〔美〕切斯特·戈曼著、周本雄译:《和平文化及其以后——更新世晚期与全新世初期东南亚人类的生存形式》,中国社会科学院考古研究所编《考古学参考资料》(2),第 127 页;年表见第 112 页,北京,文物出版社,1979 年。

② 曾骐:《河姆渡人所创造的饮食文化》,王慕民主编《河姆渡文化新论》,北京,海洋出版社,2002 年。

粟的形态也不相同；至于埋葬制度，这两处同样没有石板棺，骨骸上也没有拔牙的痕迹。福建平潭壳丘头文化、漳州史前文化覆船山遗址，与前述情形类似，如壳贝头遗址夹砂陶器有罐类、釜类及壶，[①] 无钵，大坌坑文化没有釜。覆船山的陶器，可辨别器形的只有一件似罐的口沿残片，一圈曲线贝齿纹压印在口沿外缘及颈部，另有篮纹，[②] 而不见大坌坑文化的主要纹饰粗绳纹。总之，福建的壳丘头、覆船山较早的新石器时代文化，与金门的富国墩、浦边、金龟山遗址的新石器时代文化之间的关系，比与台湾本岛的大坌坑文化的亲缘关系更接近些，或许"这一文化类型的发源地，很可能在九龙江下游及沿海地区，而它的祖先则是'漳州文化'。"[③] 它们与大坌坑文化之间可能只是文化的交流，其最大的差别除墓葬外，这里与整个东南地区，自新石器时代前期文化至商周秦汉时代、水乡地带种植水稻，山地种植薯蓣、芋等块根作物。[④] 福建也不例外，很晚才有种植粟的痕迹。[⑤]

（四）来自海岱地区的拔牙居民。大坌坑文化早期居民以采集、捕捞、捕猎陆生或海边的动植物为食物，也可能如学者推测的那样，种植芋、薯蓣等块根作物。到了距今 5000～4200 年的

---

① 王振镛：《辛勤耕耘结硕果——福建省博物馆文物考古工作四十年》，福建省博物馆编《福建历史文化与博物馆学研究》，福州，福建教育出版社，1993 年，第 8 页。

② 尤玉柱主编：《漳州史前文化》，福州，福建人民出版社，1991 年，第 69、90 页。

③ 尤玉柱主编：《漳州史前文化》，福建人民出版社，1991 年，第 69、90 页。

④ 厦门大学历史系考古教研室：《中国东南：早期历史与考古文化（代序）》，吴绵吉、吴春明主编《东南考古研究》第一辑卷首，厦门大学出版社，1996 年。

⑤ 林惠祥、庄为玑、陈国强执笔：《一九五六年厦门大学考古实习队报告》，《厦门大学学报》，1956 年第 4 期。

晚期阶段，如最新发现的位于台南县善化镇境内的南关里、南关里东等11处大坌坑文化遗址，文化面貌有了新进步，如南关里东遗址出土了"大量谷物种子为稻米、粟（小米）、豆类（尚未研判何种豆）、薏仁、苦荬等"；这11处遗址"出土的各阶段骨骸多数有拔牙现象"，青年"男女骨骸均有拔牙现象"。① 距今4500～4300年的小马海蚀洞遗址的那具行侧身屈肢葬的大坌坑文化居民也有拔牙痕迹（何传坤，1996），说明他们生前有拔牙习俗。我们在前面讲过，这一时期的大坌坑文化居民的葬俗，有蹲踞、仰身直肢、侧身屈肢等葬式，有单人葬、有男女成人合葬，有的无葬具，有的使用木棺、有的使用石板棺为葬具。具有如此特质的史前居民从哪里来？他们祖先只能是环渤海沿岸海岱地区的东夷族人。

大约在距今7500～4000年间的新石器时代，现在的河北省南部、山东省全部、河南省东部以及江苏、安徽两省的北部地区，是东夷人的主要居住区。东夷族族人或为了寻求更为广阔的生存空间，或因战败等原因，或主动或被迫从原居地向外多向迁徙。向北的一支，或经陆路，或经海路而抵达东北。他们创造了北辛文化、大汶口文化和山东龙山文化，安徽薛家岗文化、辽东半岛小珠山下层文化、新乐文化、红山文化、新开流文化等。② 东夷中的一些人，或许在经由海上向北迁移途中、或因下海捕鱼受风涛的影响到达台湾，成为大坌坑文化的居民。请看他们之间共同的文化因素。

---

① 郭先盛：《南科南关里东遗址相关资讯》。
② 李德山：《东北古民族与东夷渊源关系考论》，长春，东北师范大学出版社，1996年，第5、67～69页。

1. 他们都有拔牙的习俗。北辛文化中期（距今 6800～6500 年）的东贾柏村遗址已流行拔除侧门齿的习俗。该遗址的 15 座墓共有人骨 17 具，拔除侧门齿者就有 10 具，年龄均在 20 岁以上。① 大汶口文化居民的拔齿习俗十分普遍，到龙山文化期拔牙风俗已经处于消退之中。② 这一习俗东传至日本。③ 大坌坑文化居民这一习俗也应从这里带去的。

　　2. 他们都有用石板棺作葬具的习俗。据现有的考古学资料，江苏灌云县大伊山遗址发现 24 座石棺墓。其平面均为长方形，构筑时先挖长方形浅土坑，底部略加修整，再用数块厚 8～15 厘米的薄石板嵌入土坑，成为石棺四壁。一般两侧各嵌 2～3 块，两端各嵌 1 块，墓底不铺石板。该遗址属大汶口文化晚期，绝对年代距今 6500 年。④ 山东日照东海峪遗址的墓葬，葬具也是用天然扁平石板围砌的长方形石板棺。东海峪是三叠层，上文化层是典型龙山文化层，下文化层属大汶口文化晚期文化层及墓葬，中文化层及墓葬是大汶口文化向龙山文化的过渡层。⑤ 该遗址下

---

　　①　中国社会科学院考古研究所山东工作队：《山东汶上县东贾柏村新石器时代遗址发掘简报》，北京，《考古》，1993 年第 6 期。

　　②　韩康信、潘其凤：《我国拔牙习俗的源流及其意义》，北京，《考古》1981 年第 1 期。新的考古发现已证明，二氏原来提出的“不晚于早商时期由大陆沿海传到台湾”的假说，可以改为“新石器时代晚期的初期已传入台湾”；又张学海：《西河类型、后李文化的发现和意义》所列史前文化谱系为，北辛文化（距今 7300～6100 年）—大汶口文化（距今 6100～4600 年）—龙山文化（距今 4600～4000 年），1993 年 1 月 31 日《中国文物报》第 3 版。

　　③　蔡凤书：《古代中国与史前时代的日本——中日文化交流溯源》，北京，《考古》，1987 年第 11 期。

　　④　南京博物院、连云港市博物馆、灌云县博物馆：《江苏灌云大伊山遗址 1986 年的发掘》，北京，《文物》，1991 年第 7 期。大汶口文化原文为“青莲岗文化”。

　　⑤　山东省博物馆等：《一九七五年东海峪遗址的发掘》，北京，《考古》，1976 年第 6 期。

层标本 ZK – 470 的 C_{14} 年代数据为公元前 2865 ± 195 年。据发掘报告，M310、M311 是位于大汶口文化晚期文化层之下。据此推测，东海峪遗址下文化层墓葬，可能早到距今 5000 年左右。又如，胶东半岛的南黄庄文化遗址的墓葬群，其墓室也用石板筑成。[①] 这些石板棺的主人应是东夷集团的居民。学者认为，属于青铜时代的辽东半岛的石棚，以致"东北地区的石棚，都应是东夷族的遗存"。[②]

目前，没有见到大坌坑文化石板棺的 C_{14} 测定的年代。有三个年代可供参考：一是何传坤将石棺的年限暂定为公元前 1100 年，[③] 即距今约 3000 年；二是经刘益昌考证，以出土石板棺而著称的卑南文化，学术界都接受距今 3500～2000（或 1500）年，其盛期为距今 3000 年的见解；三是垦丁类型石板棺年代最早，经再校正，C_{14} 测定的年代为 4450 ± 90B. P. 或 3975 ± 145B. P.。[④] 据此，推测大坌坑文化晚期的石板棺存续年代约距今 4600 年左右。

3. 稻、粟兼种的东夷人。粟作农业起源于黄河流域，这是学术界的共识。海岱地区的东夷族人，至少从距今 7300～6300 年的北辛文化时就有种粟的遗迹。[⑤] 其后大汶口文化居民、龙山

---

① 王锡平：《胶东半岛夏商周时期的夷人文化》，哈尔滨，《北方文物》，1987 年第 2 期。

② 孙福海、靳维勤：《石棚考略》，北京，《考古》，1995 年第 7 期。按，石棚、支石墓、积石墓，都是石板棺的一种形式。

③ 何传坤：《台湾史前文化三论》，台北，稻乡出版社，1996 年，第 96 页。

④ 刘益昌：《试论凤鼻头文化的性质与卑南文化的年代》，宋文薫等主编《考古与历史文化——庆祝高去寻先生八十大寿论文集》（上），台北，正中书局，1991 年，第 327～342 页。

⑤ 中国社会科学院考古研究所山东队等：《山东滕县北辛遗址发掘报告》，北京，《考古学报》，1984 年第 4 期。

文化居民和岳石文化居民，都是种粟的农民。陈奇禄指出，华北地区在远古时代，便有诸种黍稷的栽培。中国大陆民族的南迁，可能同时将这种作物带入东南亚。[①] 海岱地区的远古居民是否也种植水稻呢？我们的回答是肯定的。

早在距今 7000 年前后，东夷人就从事稻、粟混作农业。2003 年，山东济南市月庄遗址后李文化层出土了碳化稻、碳化粟和碳化黍。经加拿大多伦多大学 ISOTRACE 实验室对碳化稻样品测年，为距今 7050 ± 80 年或公元前 6060 ~ 公元前 5750 年。[②] 延续到大汶口文化（距今 6100 ~ 4600 年前）和龙山文化时期（距今 4600 ~ 4000 年前），海岱地区的东夷族居民一如其先民那样，既种粟，也种稻。这种稻、粟并存的生业特点，与南关里东文化遗址所见有稻有粟的情形如此相同，绝非偶然。

（五）关于蹲踞葬的来源。台东县东河小马洞穴遗址的蹲踞葬，属于绳纹陶文化，距今 4500 ~ 4300 年。

蹲踞葬是指"为埋葬死者本人而将其四肢或仅下肢加以人为的及有意的折屈的葬法"。[③] 因此，为他人殉葬而被绑成此形的不在论述之列。这一葬式的遗址在华南沿海和长江流域、黄河流域都有发现，在台湾还有民族学调查资料。

---

① 陈奇禄：《台湾土著文化研究》，台北，联经出版事业公司，1992 年，第307 页。按陈奇禄在本文结语中引林朝棨说，水稻是距今四五千年龙山形成期或圆山文化人带入台湾的。

② ［加拿大］*Gray W. Crawford*、（中国）陈雪香、王建华：《山东济南长清区月庄遗址后李文化时期的碳化稻》，山东大学东方考古中心编《东方考古》第 3 集，北京，科学出版社，2006 年。

③ 乔健：《台湾土著诸族屈肢葬调查初步报告》，台湾大学《考古人类学刊》，第 15 ~ 16 期合刊，1960 年。

　　华南沿海蹲踞葬遗址主要在广西，如桂林市临桂县大岩遗址，距今 1.5 万年至 5000 年。该遗址的七座墓葬中，有两座蹲踞葬墓。① 桂林甑皮岩遗址，早期年代距今 9000 年以上，晚期距今 7500 年左右。这一洞穴遗址无明显的墓圹和葬具，葬式多屈肢蹲葬，也有侧身屈肢葬。② 南宁市邕宁县顶蛳山遗址第二、第三期文化层的葬式，都有蹲踞葬，年代距今 8000～7000 年左右。③ 此外，该县的长塘遗址、横县的西津遗址和秋江遗址、扶绥县的敢造遗址，都有蹲踞葬式。

　　位于长江中游的大溪文化，埋葬以蹲式屈肢葬为特点。屈家岭遗址，也发现一座晚期的蹲式屈肢葬。从葬俗上反映了屈家岭文化同大溪文化的亲缘关系。④ 大溪文化的年代为公元前 4485～3380 年，屈家岭文化的年代为公元前 3070～2635 年。⑤ 两文化存续年代为距今 6435～4585 年。

　　黄河流域的蹲踞葬，见于春秋（公元前 770 年～公元前 476 年）战国（公元前 475 年～公元前 221 年）中期，如秦人半坡墓地。⑥ 此外，在西藏、云南迪庆藏区，也发现了新石器时代的

　　① 北京《晨报》2001 年 2 月 27 日第 4 版《桂林史前人类洞穴遗址初露"真容"》（新华社记者刘广铭）。

　　② 蒋廷瑜：《广西原始社会综述》，广西壮族自治区民族研究所编《广西民族研究参考资料》，第四辑，1984 年。

　　③ 中国社会科学院考古研究所广西工作队等：《广西邕宁县顶蛳山遗址的发掘》，北京，《考古》1998 年第 11 期。

　　④ 俞伟超：《先楚与三苗文化的考古学推测》，北京，《文物》，1980 年第 10 期。

　　⑤ 赵芝荃、吴加安：《中原地区原始文化的几个问题》，田昌五、石兴邦主编《中国原始文化论集》，北京，文物出版社，1989 年。

　　⑥ 叶小燕：《秦墓初探》。

蹲踞葬。①

　　关于蹲踞葬式的含义及族属，有多种说法，有避免死者灵魂作祟危害活人，以及模仿生前的蹲坐姿势等说。这类解释都是参照现代民族学调查资料的解释。现代仍保留这一习俗的台湾世居少数民族有泰雅族、布农族、邹族、排湾族、鲁凯族、雅美族。② 生活在云南泸沽湖畔的永宁纳西族，也有相同习俗。③

　　史前与现代实行蹲踞葬或蹲坐状的情形大体如此。这类史前葬俗与哪些古代民族有关呢？俞伟超推测大溪文化和屈家岭文化为三苗遗存。西南地区的石棺葬与氐羌民族有关。春秋战国时期的秦墓，当然是秦人。④ 张一民、何英德认为，广西地区最早实行屈肢蹲葬的人们应是骆越和壮族先民。⑤ 一些学者认为，秦人、越人都与东夷族有关。《史记·秦本纪》秦之先世大业，是女修吞玄鸟卵生的。其子大费又生子二人，一曰大廉，实鸟俗氏；二曰若木，实费氏。大廉玄孙孟戏、中衍，鸟身人言。石兴邦指出，秦之先世起源于东方，是东方鸟氏族部落的一支，后西迁。他认为，我国东方沿海，包括东北地区、山东、黄淮下游、东南沿海，甚至环太平洋地区的西北部，在远古时代属于一个文化共同体。⑥

----

　　① ［德］奥夫施内特著，杨元芳、陈宗祥译：《西藏居民区史前遗址发掘报告》，北京，《中国藏学》，1992 年第 1 期。

　　② 乔健：《台湾土著诸族屈肢葬调查初步报告》。

　　③ 叶小燕：《秦墓初探》。

　　④ 见上引俞伟超、叶小燕文。

　　⑤ 张一民等：《从出土文物探骆越源流及其分布》，武汉，《中南民族学院学报》，1986 年增刊。

　　⑥ 石兴邦：《我国东方沿海和东南地区古代文化中鸟类图像与鸟祖崇拜的有关问题》，田昌五等主编《中国原始文化论集》，北京，文物出版社，1989 年。

这个文化共同体，徐旭生称之为"东夷集团"。① 李江浙《越为大费支族考》认为，越与秦同源于"鸟夷"，古越族发祥地在鲁南、苏北、皖北及其附近地区。② 考古文化就是北辛文化—大汶口文化—山东龙山文化。浙江的良渚文化、河姆渡文化也都是东夷族的遗留。夷、越本是一族。吕思勉说：在江以北者，古皆称夷；《禹贡》冀州、扬州之鸟夷、莱夷，徐州之淮夷是也。在江以南则称越，今绍兴之于越、永嘉之瓯越，两广之南越是也。③

古东夷的主要居住区域——现在的河北省南部、山东省全部、河南省东部以及江苏、安徽两省北部地区。④ 大汶口文化的刘林遗址和大墩子遗址（中层），葬式以仰身直肢为主，并有少量仰身屈肢葬、盘臂盘腿葬、折头葬，迁葬等。⑤ 这"盘腿盘臂"是否坐式，原文未指明，但以狗殉葬则与秦人墓葬相同。前者为少数男性墓，后者为个别墓所有。⑥ 不过，蹲踞是东夷民族的日常生活最习见的动作，故取其蹲居之形以为其族称。甲骨文、金文称夷为"人方"、"尸方"，写作 ⅌、ⅼ，也就是善于蹲踞的民族。⑦ 古人有人死后与活着是同样生活的观念，蹲踞葬与东夷人应有关联，只是有待今后考古学证据的出现才能得以证实。总之，台东小马洞穴的蹲踞葬习俗，也应传自大陆。因为丧

---

① 徐旭生：《中国古史的传说时代》，北京，科学出版社，1960 年，第 50 页。
② 李江浙：《越为大费支族考》，北京，《民族研究》，1986 年第 3 期。
③ 吕思勉：《先秦史》，上海古籍出版社，1982 年，第 245 页。
④ 李德山：《东北古民族与古东夷渊源关系考论》，长春，东北师范大学出版社，1996 年，第 5、26 页。
⑤ 南京博物院等：《青莲岗文化的类型、特征、分期和年代》，《文物集刊》(1)，北京，文物出版社，1980 年。
⑥ 叶小燕：《秦墓初探》。
⑦ 李德山：《东北古民族与古东夷渊源关系考论》，第 5、26 页。

葬习俗最能反映民族的习俗、观念，如无外来强制干涉和社会的重大变迁的影响和冲击，是很难改变的。

综合以上叙述，海岱地区大汶口文化居民有拔牙、用石板棺作葬具和既种粟、又种稻等同时具有的文化特质，与大坌坑文化晚期居民是相同的。此外，大汶口文化居民有成年男女合葬习俗。他们的陶器以夹砂红陶为主，也有连贝纹,① 附加堆纹、刻划纹和篦划纹、凸棱,② 弦纹、镂孔和彩绘。③ 存续时间，略早于大坌坑文化晚期类型。

海岱地区东夷居民的海上活动能力也是很强的。研究古代航海史的专家孙光圻教授认为，辽东半岛、山东半岛的史前居民，在距今 6000 年之前已开始短距离海上捕捞与迁徙航行，表明原始航海活动溯源极早。④ 王锡平通过对胶东半岛与辽东半岛史前文化交流的情况分析认为，早在距今 7000 年左右，当时人们已经有了比较成熟的航行技术，可以越过海洋天堑。⑤ 1962 年，石璋如曾根据台湾本岛有肩石斧和有段石锛在北、黑陶在西海岸中部和彩陶在南和彭湖本岛的分布状况，推测山东长山列岛和日照石臼所一带的使用彩陶、黑陶的渔人，被冬季季风吹到台湾相关

① 南京博物院：《青莲岗文化的类型、特征、分期和年代》，《文物集刊》(1)，北京，文物出版社，1980 年，第 33 页。按：连贝纹见于花厅遗址。该遗址后列入大汶口文化中期遗址。

② 中国社会科学院考古研究所山东队等：《山东滕县古遗址调查简报》，北京，《考古》，1980 年第 1 期。

③ 南京博物院：《长江下游新石器时代文化若干问题的探析》，北京，《文物集刊》(1)，第 9～10 页。

④ 孙光圻主编：《中国航海史纲》，大连海运学院出版社，1991 年版，第 7 页。

⑤ 王锡平：《试论环渤海地区史前文化的关系与文明》，苏秉琦主编《考古文化学论集》(四)，北京，文物出版社，1997 年，第 101 页。

地点。① 这一推测，也适用于早于他们的使用夹砂红陶的人们。凌纯声、卫惠林、曹永和与简荣聪等学者都有关于中国大陆沿海史前居民，或自东南沿海，或自大陆北方沿海的东夷族人渡海来台的看法。

关于大坌坑文化的去向，已被后续的不同类型的新石器时代文化所继承。下面的几章将会分别讨论。

———————————

① 石璋如：《从彩陶、黑陶、肩斧、段锛等探讨——先史时代台湾与大陆的交通》，《中原文化与台湾》，台北市文献委员会，1971 年。

第四章　锄耕农业时期（上）

　　本章主要叙述台湾北部地区继大坌坑文化之后的台湾新石器时代中、晚期诸文化。就考古学而言，这个地区主要指台北盆地、淡水河系为主的中游河谷地区、新竹平原以北的海岸地带，① 以及宜兰县邻近台北县的边缘海岸地区，② 约相当于清代台湾省台北府辖地，以台北市为中心，沿海岸向东、西两翼延伸，分别至宜兰、新竹两县地域内。这一地域的不同地区发展也不平衡。考古学界对文化类型的划分和年代先后的排列也不一致。如芝山岩遗址，有的学者认为它是圆山文化的一部分，有的学者认为它是比圆山文化略晚又与之并行的芝山岩文化，有的学者把它视为与植物园文化平行的北部新石器时代晚期文化之一。再如圆山文化，有些学者分为圆山期与植物园期，有的学者则将圆山文化本身分为早、晚两期。从历史学的立场说，考古学本学科的大同小异，并不妨碍我们对当时社会、文化基本面貌的认识，故从大同而略小异。对于芝山岩遗址，我们尊重主持该遗址发掘工作的黄士强的观点，作为独立的芝山岩文化来介绍。台湾

---

　　① 臧振华：《台湾北部史前文化研究的几个问题》，台北，《大陆杂志》，第 66 卷第 4 期，1983 年 4 月 15 日。

　　② 根据盛清沂《宜兰平原边缘史前遗址调查报告》，台北，《台湾文献》，第 14 卷第 1 期，1963 年 3 月 27 日。

北部地区（也称"台北地区"）的大坌坑文化之后的考古学文化序列，刘益昌《台湾的考古遗址》列有《台北地区四个重要史前遗址文化层堆积及演变》表（表一），可供参考。

1. 旧石器时代晚期——长滨文化

2. 新石器时代早期——大坌坑文化

3. 新石器时代中期——圆山文化、老崩山系统文化

4. 新石器时代晚期——圆山文化晚期、植物园文化、土地公山系统文化

5. 金属器时代——十三行文化（十三行类型、旧社类型、番社后类型）

表一 台北地区文化层及演变

	芝山岩	圆山	大坌坑	十三行	老崩山
1000 B. P.		十三文化晚期	十三行文化晚期	十三行文化早期	
2000 B. P.	圆山文化晚期		植物园文化	圆山文化晚期	
2500 B. P.		圆山文化晚期			
3000 B. P.	芝山岩文化		圆山文化晚期		老崩山系统文化 ▲
3500 B. P.		圆山文化早期	绳纹红陶文化 *		
4500 B. P.	大坌坑文化晚期	大坌坑文化晚期	大坌坑文化晚期		
5000 B. P.			大坌坑文化		
7000 B. P.	长滨文化	长滨文化			

* 绳纹红陶文化层，并非出自大坌坑遗址，而是大坌坑遗址下方八里平原上的旧城遗址。（原注）

▲1996年，刘益昌改为"讯塘埔文化"，详本书第109页。

（据刘益昌《台北地区四个重要史前遗址文化层堆积及演变》改绘）

第一节　北部地区诸文化

北部地区新石器时代中、晚文化主要指讯塘埔文化、圆山文化、芝山岩文化、植物园文化和土地公山系统文化。十三行文化已进入铁器时代，将在第七章叙述。

一、讯塘埔文化。以前称"老崩山系统文化"或"绳纹红陶讯塘埔类型"。2002 年，刘益昌在《淡水河口的史前文化与族群》一书中，正式命名为"讯塘埔文化"。这个文化分布在台北海岸及关渡以下淡水河河岸，东至宜兰县北侧的大竹围遗址，南到桃园县境的台地地区。以台北县八里乡的讯塘埔遗址为代表遗址。其它遗址有关渡、北投遗址，基隆河流域的中南街遗址，台北盆地南侧的圆山仔遗址、土地公山遗址，台北盆地中央的植物园遗址，台北县淡水镇港子平遗址，北海岸万里乡的万里遗址，三芝乡的老崩山遗址等。这些遗址通常出现在海岸第一或第二海阶的前缘，面积较小。这个文化的绝对年代在距今 4500～3500 年之间。[①]

"老崩山系统"是盛清沂 1962 年发表的《台湾省北海岸史前遗址调查报告》中首先提出的。1988 年、1992 年，刘益昌在《台湾地区史前文化的时空架构》表中列有"老崩山系统文化"，并在《台湾的考古遗址》一书中有专门记述。其他学者所列层

---

① 刘益昌：《淡水河口的史前文化与族群》，台北，十三行博物馆编印，2002年，第 69～71 页。

序表中未见。臧振华说，台湾北部地区的史前文化，可能远比这四个类型（指上文介绍的绳纹陶文化、圆山文化、植物园文化和十三行文化）更为复杂。单是在过去已经发现的遗址当中，就有许多无法归类于这些类型的。将遗址类型划分列进了他的《台湾北部史前文化研究的几个问题》之中。[①] 现据盛、刘二氏的论述扼要介绍如下。

这个文化的遗物：[②] 有打制石锄、磨制石锄，扁平石凿，打制石斧、磨制石斧，石镟，凹石，石槌、石球，尤以凹石最为常见；石质为安山岩、砂岩和板岩。在山猪窟遗址，发现一件石网坠（原文称作"石坠"），安山岩扁圆砾石，环绕两面及两侧有较宽周槽一道，即单缒型石网坠。

陶系主要为粗砂褐陶、细砂褐陶，也有泥质陶。沙粒有黑白两种，黑色的是角闪石粒或其他沙粒。器类以圜底鼓腹罐为多，部分带有低矮带孔的圈足，口缘以外侈低矮的短口为多，和大坌坑文化类似（刘益昌，1992）；有的口沿外表中段拱起呈突脊状，而横剖面近似三角形，被称作"芝山岩型口颈"（图一）；另一种口部外侈，唇的内缘有一周压点纹，每个点的间距约4.5毫米。是圆山文化系统常见的器类（图二）（均见盛清沂，1962）。纹饰以绳纹为主，也有条纹。

盛清沂认为，凹石多，是北海岸史前遗址的显著特征之一。

---

① 臧文载《大陆杂志》第 66 卷第 4 期，台北，1983 年 4 月 15 日。

② 除注明出处者外，均见盛清沂：《台湾省北海岸史前遗址调查报告》，《台湾文献》第 13 卷第 3 期，台北，1962 年。刘益昌：《台湾的考古遗址》，台北县立文化中心编印，1992 年；刘益昌等：《芝山岩文化史迹公园史前文化、人文历史、视觉景观等资源调查及居民资源之培育》，台北，1996 年 5 月，第 225 页。

过去，认为凹石是史前人用来砸碎螺、贝之壳，以取食其肉的工具。但据盛氏观察，有的贝丘有凹石出土（如大垒坑遗址等），有的贝丘无凹石出土（如番社后遗址），不是贝丘的反而出土凹石（如老崩山遗址等）。在旧社遗址，他见到一凹石与二铁钉相伴出土，凹石面中有崩破痕迹与麻点疤痕，推测是否曾用此凹石锤击铁钉。

图一　芝山岩型口颈残片

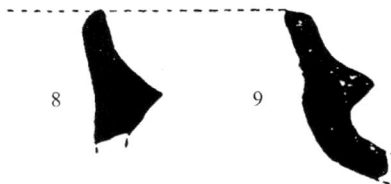

（采自盛 1962 图版二之 8、9）

图二　圆山文化型口部残片

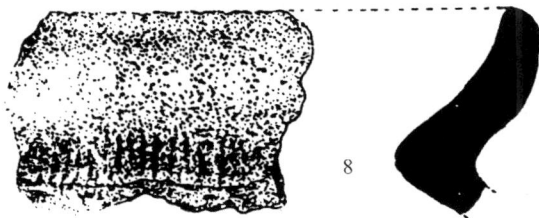

（采自盛 1962，图版一之 8）

二、**圆山文化**。① 圆山文化以台北盆地为中心，分布于淡水河及其上游的基隆河、新店溪、大科崁溪（现称大汉溪）的中下游沿岸台地上。主要遗址有圆山上层、芝山岩上层、关渡（原称江头）下层、大坌坑上层、慈法宫和尖头等约 20 处遗址，大都位于河岸的台地（阶地）及台北盆地边缘的高地。代表遗址是圆山贝丘，当时，它是台北湖中的一个小岛。其下文化层属于大坌坑文化，已见前章。上文化层为圆山文化层，在直径数百米范围内遗物分布密集，最厚的贝层达 4 米，可见居住时间很长。圆山贝冢的贝壳经 C_{14} 测得的三个年代分别为：3860 ± 80 B.P. 或 1910 ± 80 B.C.（y－1547）、3540 ± 80 B.P.（y－1548）和 3190 ± 80 B.P.（y－1549）；大坌坑圆山文化层的木炭标本，经 C_{14} 测定的年代为：2850 ± 200 B.P.（y－1550）、2030 ± 80 B.P. 或 80 ± 80 B.C.（y－1498）。可见，圆山文化起自公元前 2000 年，而终于公元前后，一共经历了 2000 年。② 相当于从中原的夏代开始，到两汉之交终止。圆山遗址第二地点出土的贝

---

① 宋文薰，张光直：《圆山贝冢碳十四年代更正》，台湾大学《考古人类学刊》，第 16~17 期合刊，1966 年 11 月出版；宋文薰《台湾西部史前文化的年代》，《台湾文献》，第 16 卷第 4 期，台北，1965 年 12 月。黄士强（1989）、刘益昌（1992）都认为圆山文化的上限为距今 4500 年。

② 相关考古发掘报告有：刘斌雄：《八里坌遗址》，台湾史迹研究会编《台湾丛谈》，台北，幼狮文化事业公司，1977 年，第 7~19 页；石璋如：《圆山贝冢之发掘与发现》，《大陆杂志》第九卷第二期，1954 年 7 月 31 日；黄士强：《台北市圆山遗址第二地点试掘报告》，台湾大学《考古人类学刊》，第 45 期，1989 年；黄士强：《芝山岩遗址发掘》，张炎宪主编《历史文化与台湾》（1），台湾风物出版社，1992 年再版；盛清沂的调查三篇：《台北县关渡遗址调查报告》、《桃园县沿海及台地地区史前遗址调查报告》和《宜兰平原边缘史前跨越调查报告》，分别载《台湾文献》第十三卷第一期（台北，1962 年 3 月）、第十四卷第一期（台北，1963 年 3 月）。关于圆山文化的资料，凡属以上六篇文章的，不再一一注明；如属学者见解，则在引文后加注其姓名、年份，如（刘斌雄，1977）。

壳 C_{14} 测定的年代，没有减去 400 年，可能偏早。石器类型很多，有打制和磨制的石锄（或称大铲、犁形石锄、大型石犁）、石镞、有肩石斧、冠头石斧（图三）、类靴形石斧、石凿、石槌、凹石、网坠（图五）、石镰（图四）、石矛（图六）和砥石等。以磨制石器占绝大多数，镞形器、凿形器占石器总数的比例相当高。有肩石斧和有段石锛是圆山文化代表性石器。磨制石斧以舌形弧刃居多。有段石锛的类型有三种：有阶，有棱线或有凹槽，

图三　圆山出土冠头石斧

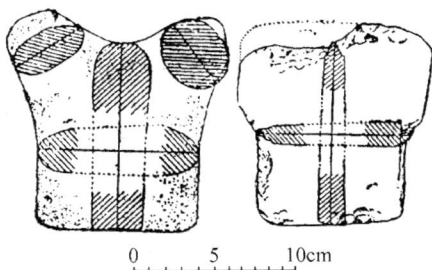

0　　　　5　　　　10cm

（采自鹿野忠雄，1955）

图四　圆山出土石镰

（采自鹿野忠雄，1955）

图五　圆山出土石网坠

　都是为安柄准备的。石镞基本为三角形，有凹底、有平底，有的有穿孔，有的无穿孔。网坠用鹅卵石两端打制出槽的两缢形网坠（图七）。石制的覆盆状盖形器，用安山岩制造，顶之中央有柱状把手。

　　圆山文化的陶器属红褐色夹砂陶系，也有灰褐色或粗砂淡黄陶，红色素面的比较多。器类，圜底罐最多，圈足圜底罐次多，

图六　圆山出土石矛（残）

（图五、六采自陈国强等）

图七　圆山文化陶器、石器

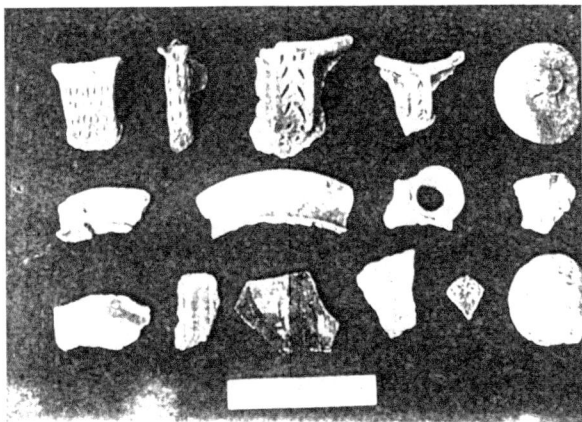

（采自刘益昌，1992）

钵形器较少，多口瓶最少。① 一种敞口、圈足、带一对竖把的罐为典型器（黄士强，1989）。多口瓶后改称小口罐，有两口或三

---

① 宋文薰：《由考古看台湾史前史》，台北，《汉声》第 34 期，1991 年 10 月。

口，两口均有流，但方向相反（图八）。① 这种口和圈足，都是

图八　圆山文化的多口带流罐②

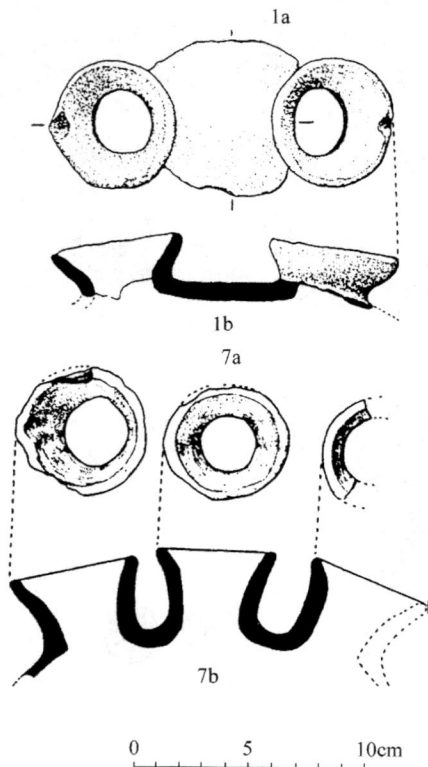

（采自宋文薰，1991）

---

① 宋文薰：《圆山文化的多口陶罐》，宋等主编《考古与历史文化——庆祝高去寻先生八十大寿论文集（上）》，台北，正中书局，1991 年，第 1～24 页。下引，仅注（宋，1991）。

② 黄士强：《台湾芝山岩遗址发掘报告》，台北市文献委员会，1984 年。以下简作"黄士强，1984"。

做好再粘接到器体上的。钵的口径一般比罐大，敞口、厚唇、薄壁，偶有带横把手的。有的器体外表施红彩，偶有红、白、黄色彩绘的点纹、条纹，有的线条很粗而随便；有的在口缘内外两侧施细带状纹；[1] 另有捺点纹（多施于把手和器盖内面）、圈点纹、网纹（施于口缘或圈足上）、刻划纹（曲折及圆圈状与菱形纹）、几何印纹（拍印的曲折纹或方格纹）和少量绳纹。有的罐口缘外侧有一圈突脊，有的圈足上方常有圆形镂孔，或用扁骨锥刺成的扁圆形的小洞。

金字塔或窝头形的陶土块，推测是陶支脚。还有纺轮。

骨角器，有骨镞、鱼镖、脱头箭、骨枪、骨椎和骨凿，均磨制光滑，相当锋利。带倒刺的骨角制鱼叉是圆山文化的特点之一。

玉器有三角形带孔镞、玉凿、玉环（残段）和人兽形玉玦。

圆山贝丘遗址有五座墓葬，无葬具、无圹穴、埋于贝壳之中（可能是埋葬后又在其上堆积废弃的贝壳）。头向有向东的，有向南的，都是仰身直肢。从骨骸看，他们生前有拔牙习俗。

圆山遗址上层还发现有鹿、猪、狗、羌等兽骨。

刘斌雄在发掘大坌坑遗址时，圆山文化层出土了一枚青铜镞，两翼长脊实梃型，属于殷墟小屯系统。

三、植物园文化。原称"赤褐色方格印纹厚陶文化"（刘斌雄，1977）。主要遗址有植物园、龙口里、水源地、潭底、营盘口、半山子，狗蹄山和大园尖山等。植物园遗址位于台北市南海路与和平西路交会处，包括（自上至下）十三行文化、植物园

---

① ［日］国分直一、金关丈夫著，谭继山译，陈昱审订：《台湾考古志》，台北，武陵出版有限公司，1990年，第280页。

文化（距今约 2000 年前）、圆山文化和绳纹红陶文化等文化层，最下层为距今 4000 年前的讯塘埔文化层。① 植物园文化的代表遗址是狗蹄山遗址，位于台北县树林镇树西里，存续时间为距今约 3000～2000 年前；大园尖山遗址位于桃园县大园乡横峰村（尖山），距今约 3000～2000 年。大坌坑遗址植物园文化层距今约 2500～2000 年前。② 这三组数据说明植物园文化的年代距今约 3000～2000 年前，可能延续更晚。由年代学可以推测，植物园文化似在台北盆地以南兴起，逐渐向北推移，进入盆地与圆山文化相遇。二者隔河平行发展的时间近千年（臧，1983）。

　　植物园文化的遗物有石器和陶器，因这一文化系统的遗址发掘得很少，有无其他遗迹、遗物不得而知。

　　石器：打制、磨制的都有，如打制大型石斧、磨制大型石斧、石锛、有段石锛、石凿、打制石锄；匙形石斧，又称巴图式石器，刘益昌定名为"大型石犁"（图九）；③ 石片器、石镞、枪头（石矛）和网坠。据盛清沂 1963 年调查，大园尖山的打制石锄，砂岩制造，正面为原石皮，另一正面为打剥面；网坠是利用棒状天然砾石，在两端各加制绳槽一周。台湾考古学界称之为"两缢型"网坠。未见骨角器。④

　　陶器：陶系为红褐色泥质略含砂或红褐色类粗砂陶，也有淡

---

　　① 陈希林：《学者疾呼保存植物园文化遗址》，台北，《中国时报》2002 年 3 月 14 日第 14 版。
　　② 刘益昌：《大坌坑》、《狗蹄山》、《大园尖山》、《营埔》，宋文薰等《台湾地区重要考古遗址初步评估第一阶段研究报告》，台北，1992 年 6 月，第 27、29、36 页（以下简作《第一阶段研究报告》）。
　　③ 刘益昌：《营埔》，《第一阶段研究报告》，第 57 页。
　　④ 刘益昌：《台湾的考古遗址》，台北县文化中心，1992 年，第 54 页。

图九　匙形石斧

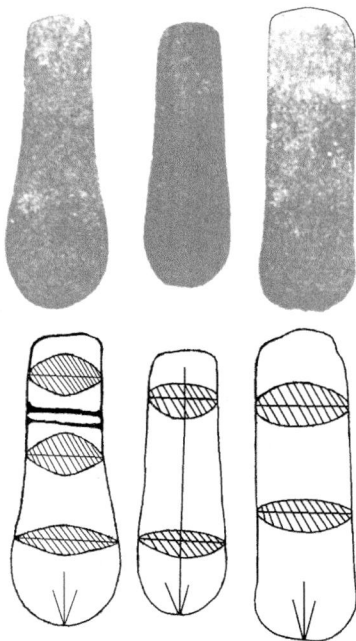

台北龙口里出土

（采自鹿野忠著、宋文薰译，1955）

褐色，浅红色。手制。器型主要有不带把手的罐和钵，还有器盖、纺轮和支脚。罐口缘粗大，唇缘外侈，也有敛口。器表除少数素面外，常施拍印的方格纹、折线纹和鱼骨纹。器底有圈足和凹底。圈足事先做好，再粘贴到器体上。①

———————————

① 盛清沂：《桃园县沿海及台北地区史前遗址调查报告》，台北，《台湾文献》，第 14 卷第 1 期，1963 年 3 月；刘益昌《台湾的考古遗址》，第 54 页；陈志豪：《埋藏年轻遗址／石器与圆山文化相似》，台北，《联合报》2002 年 1 月 30 日第 18 版。

第二节　圆山文化居民

　　从上节叙述可知，台湾北部地区在距今 4500 年前后，继大坌坑文化居民之后，又有讯塘埔文化居民、圆山文化居民、芝山岩文化居民等在这里生息繁衍，创造并推动着台湾历史向前发展。这里，将以圆山文化居民的生产、生活情况为主，以他们与左邻右舍或前后各文化居民的关系为辅，推测当时的社会面貌。

　　一、圆山文化居民。依据当时的地理环境和圆山文化遗址中的房址、石器、陶器、骨角器和贝壳、鱼骨、兽骨等遗物可以推知，圆山时代的人们选择在台北盆地中较高而干燥的孤山居住。当时为湖中岛或淡水河岸阶地，以及海岸平原，用碎石铺地基盖房子，过着定居生活。在生活区的附近，有以高大的砥石为标志的工具制造场，有用草拌泥搭盖的半圆形低屏壁挡风的烧制陶器的露天窑址，以及墓葬。在生产工具中，有磨制大石铲、平凸面大石锄、石斧、有颈大石铲，以及有肩石斧和有段石锛。这些可以用来伐木、垦荒和锄地，由此可以说明圆山文化人已从事农业生产。这里没有发现磨制石刀和谷类或其他农作物的碳化物。但从陶器中的陶罐、陶支脚、钵、碗等器形看，都与煮、盛谷类食物有关。有的陶器上的小圈形印纹，可能是用黍类秸秆戳印上去的，也可以作为圆山人可能种植谷类作物的旁证。① 石凿、石锛、石斧，还有木作工具，既可作建造住房之用，也可以用来制

① 刘益昌推测种植稻米（1992：50）；臧振华推测种植粟、稗（1983）。

作独木舟或桴筏。出土的石镞、骨镞、骨鱼叉和石网坠、石矛、骨矛，以及堆积很厚的水晶螺、小旋螺、牡蛎、乌蚬、中华圆田螺、台湾小田螺和鱼骨、猪骨、狗骨、水鹿、花鹿和麋鹿骨，说明圆山文化人既养猪、狗又在陆地打猎，并在海边和河中捕捞鱼、贝。在意识形态方面，圆山出土的那些冠头石斧，也许是仪式用的器物。还有用蛇纹岩一类美石制造的极小石锛不可能用于农业生产或渔猎作业。林惠祥认为其实际效用少，而艺术意义多，或可兼作交易媒介物。① 圆山文化人还有佩带玉制手镯，以及拔牙习俗。圆山文化人还有直接埋葬死者在贝冢中的习俗。这些方面，似应说明圆山时代的人们已有了原始宗教信仰，比之万物有灵崇拜又向前推进了一步。引人注目的是，台湾大学考古人类学系藏有圆山文化出土的一枚人类上颚左侧外门齿，编号为2045。这枚人牙与其他三枚人齿不同之处有两点：一是齿冠的舌面上有明显的箕形；二是在齿根中央偏上有人工对钻成的粗糙小孔。张光直认为，2045 号人牙可能是圆山民族猎取异族人头习俗的遗物。他根据现代台湾世居少数民族泰雅人、邹人有用猎得人头的牙齿穿孔后，与猪牙、银色玻璃珠和黄铜小铃等连结成颈饰，以夸耀佩戴者之勇武的民族学资料，和三国时吴人沈莹《临海水土志》关于夷州民猎头习俗的记载，认为：圆山文化居民可能有猎头的习俗，并有将猎得的人头的门齿取下，穿孔串成颈饰以炫耀勇武的行为。如圆山文化猎头习俗成立，就把这一分布辽阔的文化年代至少推前了 1000 年。根据这项习俗，我们可

---

① 林惠祥：《台湾石器时代遗物的研究》，林惠祥著、蒋炳钊编《天风海涛室遗稿》，厦门，鹭江出版社，2001 年，第 195 页。

以对圆山住民的社会行为与宗教信仰作不少合理的推论。①

　　二、圆山文化居民的左邻右舍。在台北盆地、淡水河流域右岸圆山文化延续了近 2000 年，他们同这里的其他氏族、部落有何联系？

　　首先，他们是不是较早的大坌坑文化的继承者，也就是圆山文化从哪来？这个问题留待第三节讨论。这里先讨论他们与芝山岩文化②居民和植物园文化居民之间的关系。

　　第一，芝山岩文化居民及其与圆山文化居民的关系。从发现的遗物看，芝山岩文化居民已开始种植水稻和其他的农作物。他们的农业工具，有打制石斧、磨制石斧、石锄、石铲、石锛，以及鹿角锄、木掘棒，用来进行垦荒，播种和除草；石刀背部平直、刃部锋利，并有穿孔痕迹，可作收割禾穗之用。石杵则是加工粮食的器具。从生业形态看，他们也是农业民族。他们利用植物纤维（如稻草等）编绳、结网。网坠则是利用扁圆形的小砾石，打制成砝码形或两缢型。他们用网或骨制鱼叉在河中或近海捕捞鱼、蟹。他们还猎取鹿等，以补充食物的不足，并用鹿角制成鹿角锄。猪骨、狗骨的出土，又说明他们已开始驯养家畜。芝山岩遗址中出土的骨制两端尖状器，多用动物的肢骨经过切、锯、磨制而成，大都磨工精细，表面光滑。有的学者推测，大都为渔猎工具，长的可作镖、矛，短的可作镞（游学华，1986）。在装饰品方面，还有骨管珠、贝环、穿孔贝壳等。这可能是串起来作颈饰或臂饰、腕饰用的。

---

　　① 张光直：《圆山出土的一颗人齿》，台湾大学《考古人类学刊》，第 9~10 期合刊，1957 年。

　　② 黄士强，1984 年。本节叙述主要根据本报告。

芝山岩文化的主人，制陶工艺水平堪称熟练。在所发现 1 万多片陶片中，90% 以上为不含砂或含砂量少的泥质陶。陶器虽然都是手制，但制作精美，有些钵的口部甚圆。器表经打磨，光滑细致。彩陶约占陶片总数的 4%，都是烧前彩，主要为灰黑彩或黑中带紫，少数橙红彩。大多施于细泥红陶上，少数施于细泥灰陶的器体；有的施于陶罐的口缘、腹部或圈足上，少数绘在陶钵的内壁或外壁；彩绘纹饰以数条平行线条的交会或交叉纹为主，还有圆点纹、叶状钩纹和三角纹等。有些是烧前用栉梳成的，线条均匀而细致。石器中，芝山岩遗址没有圆山文化的两种典型石器——有肩石斧和有段石锛。此外，芝山岩文化也没有像圆山文化遗物中的骨制鱼叉和箭镞。黄士强认为，芝山岩文化，可以说是一个新发现的，其内容和圆山文化大为不同（黄士强，1984 年）。

虽然二者文化面貌不同，但他们毕竟是上下叠压的文化层。这是否说明，到了芝山岩文化晚期，其居民离开这里，迁徙他乡，还是圆山文化居民来到这里，把芝山岩文化居民赶走了，还是同化、融合了？从芝山岩文化层有相当丰富的遗物，动物骨骼很多，有稻米、鱼类、贝壳等，显示出的当时很富裕的经济生活看，芝山岩文化居民如非遭遇强大的不可抗拒的外力（天灾或人祸），他们主动离开芝山岩的可能性很小。圆山文化居民的猎头习俗，其强悍可知，因此，在距今 2500 年前左右，[①] 他们占有了芝山岩文化居民的生息繁衍之地，甚至赶走或灭绝了芝山岩

① 台北，《联合报》2001 年 1 月 20 日第 17 版《复制芝山岩遗骨》（记者蔡惠萍）报道，芝山岩遗址发现两具 2500 年前的圆山文化居民骨骸。

文化居民。如果不是这样的话，他们善于从血液和文化上汲取新的成分，圆山文化的彩绘技术就不会比芝山岩文化的拙劣，也不会出现圆山文化延续了2000年以上，仍保持其传统没有明显的变化（臧振华，1983）。

第二，植物园文化居民及其与圆山文化居民的关系。据盛清沂调查和臧振华的研究，大约在距今3000年前，植物园文化居民在分布上，与圆山文化居民有清楚的界限，前者在大汉溪流域桃园县境内，向北沿溪再沿淡水河的左岸居住，与右岸的圆山文化居民隔河相望，自成系统，各有特征，颇不相混（盛清沂，1960年）。① 他们之间有没有争夺或猎头，不得而知。在文化上两者的主要差别是：植物园文化没有有肩石斧，有段石锛加厚，新出现了匙形大锄和匙形石斧；② 陶器虽然都以罐、钵为主要组合，但不带把手。罐和支座，可能组成炊器。器表常施以拍印的方格纹，没有彩绘或彩陶。③ 过去都认为植物园文化是由圆山文化发展而来，属于圆山文化的晚期类型。臧振华提出植物园文化居民征服圆山文化居民的新见解。④ 这就是说，两种文化居民原先隔河而居。后来，植物园文化居民越河到达右岸，进入台北盆地中部，沿淡水河由东向西推进，如大坌坑遗址的顶园A区，

① 《台北县志·史前志》，转自臧振华：《台湾北部史前文化研究的几个问题》，《大陆杂志》第66卷第4期，台北，1983年4月15日。

② 以往称作圆山文化的遗物巴图石器。此从鹿野忠雄著、宋文薰译《台湾考古学民族学概观》图版三。

③ 《大汶口——新石器时代墓葬发掘报告》（以下简作《大汶口》）作者说，彩绘陶器有两种。按照通常习惯，把入窑之前绘在坯上的称为彩陶，烧后加绘的称彩绘陶。质此，芝山岩遗址出土的是彩陶。

④ 臧振华：《台湾北部史前文化研究的几个问题》。

就出现了植物园文化（中层）叠压在圆山文化（下层）之上的现象。再从年代学上看，植物园文化（距今约 3000～2000 年前）与圆山文化（距今约 4000～2000 年前）并存发展了近千年，臧振华提出的"征服"或"融合"论是值得重视的，或许指明了二者之间相互关系的实质。

第三节　圆山文化来源讨论

台湾北部地区的讯塘埔文化、圆山文化、芝山岩文化、讯塘埔文化和植物园文化，除讯塘埔文化可能是从大坌坑文化的晚期发展而来（刘益昌，1992：51）、植物园文化与圆山文化晚期融合，为十三行文化取代外，台湾考古界大多数学者认为，圆山文化、芝山岩文化是从岛外移入的。至于从哪里移入，意见并不统一。笔者不揣浅陋，就其来源进行讨论。

一、有关圆山文化来源的各种假说。1954 年 7 月，石璋如在关于《圆山贝冢之发掘与发现》的学术讲演中，根据他主持圆山遗址发掘所见，提出了"圆山人的祖宗是在大陆，而现在的高山族乃是他的后裔"[1] 的假说。后来，宋文薰断定，与圆山石器群最为相近的地区是在广东沿海的香港和海丰区域。这或许表示圆山文化，或至少其一部分要素来源方向。[2] 刘益昌认为，圆山文化可能比较接近以广东韩江流域为中心的三角尾—拨仔园

---

[1]　石文载《大陆杂志》第九卷第二期，台北，1954 年 7 月。

[2]　宋文薰：《由考古学看台湾史前史》，《汉声》第 34 期，台北，1991 年 10 月。

文化的早一阶段。① 张光直在数篇文章中都表示，圆山文化的来源目前还不能确定，同时指出，广东海岸与中南半岛尚未发现类似圆山文化的石器与陶器的组合。② 金关丈夫、国分直一说，圆山文化的源流可确定在大陆——从江南到华南沿海。③ 黄士强明确指出，圆山遗址第二地点的绳纹陶文化层与圆山文化层之间，从器形、质地、纹饰等来看，两种文化的陶器都有显著的不同，似乎找不出演变的迹象。换言之，圆山文化可能不是由绳纹陶文化演变而来。其来自何处是一个值得探讨的问题。④

以上各家在提出圆山文化来源假说时，或根据石器，如有肩石斧、有段石锛的分布；或以陶器类型为依据，各有不同，但它与大坌坑文化之间没有明显的承继关系，是由岛外移入的群体的意见是一致的。那么，圆山文化究竟来自何方？

二、圆山文化来源讨论。圆山文化的来源不是单一的，而是多元的。就是说，圆山文化居民是带着他们的固有文化离开故地的，在途中或到达台湾北部地区后，又不断地汲取当地的文化因素，经过数代人的磨合，融会贯通，最终形成今天我们在圆山等遗址所能见到的圆山文化的面貌。理由是：

（一）石璋如指出，在圆山有绳纹陶器、网纹陶器、黑陶，以及有肩石斧等混为一层的事实。这就是说这四种文化，可能不

---

① 刘益昌：《史前时代台湾与华南关系初探》，张炎宪主编《中国海洋发展史论文集》（三），台北，1988 年。

② 张光直：《新石器时代的台湾海峡》，北京，《考古》，1989 年第 6 期。

③ ［日］金关丈夫、国分直一著，谭继山译，陈昱审订：《台湾考古志》，台北，武陵出版有限公司，1990 年 9 月，第 281 页。

④ 黄士强：《台北市圆山遗址第二地点试掘报告》，台湾大学《考古人类学刊》，第 45 期，1989 年 11 月。

是一个产地，可能不是一个时期，但圆山人却熔为一炉，同时使用。① 宋文薰也指出：在发掘圆山贝冢所得的近 1.8 万件陶片中，属于大坌坑文化的粗绳纹陶者占 5.5%。② 这说明圆山文化居民接纳了大坌坑文化的部分要素。

（二）来自岛外的要素。金关丈夫、国分直一指出，将台湾新石器时代来自中国大陆的文化要素归纳为：来自华北的石刀（原文称"石菜刀"），三角形有孔磨制石镞、磨制有柄石镞、磨制有孔石斧和黑陶、彩陶，以及鼎和鬲；来自浙江沿岸的有肩石斧、靴形石器和有段石锛（有段石锛的基地是浙江到福建的地区）。金关、国分二氏在专门讨论台湾新石器时代靴形石器来源时，提出了一个假说，台湾伴有这种靴形石器的先史时代文化，是远东的北方系文化（二氏指明"北方"即"华北"）与南方系文化的混合型，可是在岛内还看不到这种混合的痕迹，可能是既成的混合型从岛外移入。③ 这一"混合移入"理论有助于阐述笔者提出的圆山文化来源的多元论。事实上，对于圆山文化的众多文化特质不可能在某个单一的考古文化类型中同时出现，而更有可能是"混合"改造在前，移入本岛后再吸收当地的土著文化因素而形成的。

可以补充的是，根据新的考古学资料的发现，林华东对有段石锛、有肩石斧和靴形石器都有缜密的考证。他说，有段石锛是河姆渡文化人创造发明的，河姆渡遗址应是有段石锛起源的中心，距今已有 7000 年。然后向四方传播，其南传路线，主要是

① 石璋如，1954。
② 宋文薰，1980。
③ 《台湾考古志》，第 263 页、254 页。

由浙入闽，后越海传入台湾；又说，珠江三角洲是有肩石斧的起源中心，它的出现相当早。因此，林华东指出，圆山文化遗址既出土各种类型的有段石锛及小石锛，又发现有肩石斧，是向人们昭示台湾不但同浙江、福建，同时也同广东的古文化有着密切的亲缘关系。① 关于靴形石器，林华东说，良渚文化的石耪刀（其实还应包括靴形石刀），应是台湾靴形石刀的祖型，它是经由浙南、福建的间接传播并加以混合改造，尔后传入台湾的。② 他的这一见解，与金关丈夫、国分直一的混合论不谋而合，但更显积极，是"改造"后才传入的。

（三）讨论。自大坌坑文化以来，台湾北部地区的圆山文化、芝山岩文化、讯塘埔文化（或称"老崩山系统文化"）和植物园文化，陶器组合简单，以罐、钵为主。由此可知，他们都使用罐加支脚（可以是陶制的，也可以是石块）的复合炊器。③ 芝山岩文化是否有鼎没有确定，暂不论。就现有的考古学发现可知，相当于圆山文化或早于圆山文化存续时代，即距今 7000 ~ 4500 年前，④ 长江以南华东沿海各新石器时代文化，均先后以釜和各式鼎为炊器，没有一处像台湾北部地区诸新石器时代文化那样使用罐和支脚式复合炊器的。

以罐、钵为组合、罐为炊器的新石器时代考古文化，华北地

---

① 林华东：《河姆渡文化初探》，杭州，浙江人民出版社，1992 年，第 348、356 页。

② 林华东：《良渚文化研究》，杭州，浙江教育出版社，1998 年，第 563 页。

③ 严文明：《中国古代的陶支脚》（北京，《考古》1982 年第 6 期），列举河姆渡文化和云南基诺族、台湾《彰化县志·风俗志》的资料说明以石块作支脚的例子。

④ 这两个年代分别为大坌坑文化和讯塘埔文化的上限。

区有仰韶文化的半坡类型、二里头文化都用罐做炊器。① 在东夷人生活的海岱地区也是这样。如位于胶东半岛的邱家庄一期（距今 5700～5400 年）流行圜底器。严文明指出，这里出土的夹砂罐，应为炊器。② 后来的岳石文化罐类器也多，可供盛容，亦可供炊煮。尹家城遗址出土的陶器"以作为炊器或容器的各种形式的罐类最多"。③ 与此同时，还出土了数量大、品种多的石支脚、陶支脚。胶东半岛的贝丘遗址发现的圜底器和陶支脚数量较多，说明贝丘人除了用鼎作炊器外，还用各式各样的支脚，架起罐、釜等圜底器，用来蒸煮食物。④ 不仅如此，在东夷人的考古文化中，还出土了很多罐形鼎。鼎，就是把活动的支脚固定在圜底罐上。苏秉琦说，鼎，看样子刚出现时，大量的使用活动腿（上文，就是支脚）。活腿，各色各样的，猪头式的，窝头式的、羊角式的，还有的把三个用泥条连起来，加一个圈，把它三个的位置固定起来。⑤

此外，辽东半岛的小珠山文化（张光直称"土珠文

　① 张松林：《浅谈仰韶文化的类型与类型划分》，河南省考古学会等编《论仰韶文化》第 107～111 页，郑州，《中原文物》1986 年特刊。仰韶文化距今 7000～4800 年；严文明：《夏代的东方》，《史前考古论集》，北京，科学出版社，1998 年，第 316 页。

　② 严文明：《胶东原始文化初论》，《史前考古论集》，北京，科学出版社，1998 年，第 233 页。

　③ 蔡凤书：《初论岳石文化》，烟台市文管会等编《胶东考古研究文集》，济南，齐鲁书社，2004 年，第 240 页。

　④ 徐明江：《大海摇篮育贝丘》，烟台市博物馆：《烟台考古》，济南，齐鲁书社，2006 年，第 36 页。

　⑤ 《苏秉琦先生在 1978 年 8 月 22 日至 23 日有关烟台考古工作的谈话》（根据录音整理），烟台市文物管理委员会等：《胶东考古研究文集》，济南，齐鲁书社，2004 年，第 427～428 页。

化"——引者注）小珠山下层期以筒形罐为中心，到了小珠山
中层期、吴家村期受大汶口文化影响，又新出现了浅腹钵。① 小
珠山上层陶器组合是罐、壶、钵、碗，距今 6000～4000 年。②
辽宁本溪太子河流域 B 类型遗址，距今约 5000 年左右，陶器有
罐、钵、盆。③ 这种罐为炊器的文化，广泛向东北方向推展，直
到黑龙江兴凯湖旁的新开流文化新开流遗址，陶器种类单一，仅
有罐、钵。M5 人骨 C_{14} 年代测定为距今 6080±130 年（经树轮校
正）。④ 位于内蒙古自治区赤峰市的红山文化，距今约 6500～
5000 年左右，和年代与之相近的富河文化，分别以夹砂小平底
罐和大口筒形罐为炊器，另有钵、碗等。⑤

　　据李德山《东北古民族与东夷渊源关系考论》，大约在北辛
文化到大汶口文化早期，距今 7500～6000 年左右，居住在海岱
地区的东夷族系，或经陆路、或经海路向北迁徙而抵达东北地
区，与此前来到这里的前东夷族系汇合，共同创造了东北地区的
小珠山下层文化、新乐文化、红山文化、新开流文化等。⑥ 韩起
记录的圆山文化陶器中的金字塔形或窝头形支脚，见于胶东半岛
的邱家庄类型，有方塔，圆塔实心、空心三式。后两式因腰部有

----

① ［日］宫本一夫著、于建华译：《中国东北地区史前陶器的编年与分区》，
哈尔滨，《北方文物》1993 年第 2 期。
② 中国社会科学院考古研究所：《新中国的考古发现和研究》，北京，文物出
版社，1984 年，第 186、173、179 页。
③ 齐俊：《本溪地区太子河流域新石器至青铜时期遗址》，哈尔滨，《北方文
物》1987 年第 3 期。
④ 谭英杰：《密县新开流遗址》，哈尔滨，《黑龙江文物丛刊》，1983 年第 2
期。
⑤ 中国社会科学院考古研究所：《新中国的考古发现和研究》，北京，文物出
版社，1984 年，第 186、173～179 页。
⑥ 李著，长春，东北师范大学出版社，1996 年，第 68～69 页。

两三个孔，易折断，断后顶部被磨成窝头形，继续使用，与圜底釜配合使用。① 圆山遗址无釜，只能与圜底罐配合作炊煮器（图一）。海岱地区出土的罐形鼎，说明东夷人曾有过以罐为炊煮器的阶段。这与台湾北部地区包括大坌坑文化，圆山文化在内的诸文化长期使用罐为炊煮器，不应是偶然的巧合。圆山文化的平行条纹，圆点纹和红色涂彩，见于大汶口墓葬遗址。彩陶占随葬陶器总数的 3%。除施红色（原报告称"朱色"）陶衣外，还有在罐的口沿涂红色宽带纹、肩部绘带纹两周、中间加绘红黄二色复道云纹、在腹部绘红圆点纹（图二）。② 圆山文化居民的拔牙、猎头和有狗骨，也与北辛文化、大汶口文化居民的习俗一致；在经济生产方面，除捕捞鱼、贝和打猎外，由石制生产工具判断，圆山文化居民已有相当规模的农业，③ 他们种植稻米，④ 或粟、稗。⑤ 或如张光直所论，圆山文化与凤鼻头遗址所代表的龙山形成期文化为高级农耕文化（稻、粟）的发展时期。⑥ 从目前的考古发现可知，既种稻又种粟的考古学文化，只有河南裴里岗文化和山东大汶口文化。这在上一节讲大坌坑文化来源时已列举了。因此，圆山文化上述风俗习惯与农作物品种，如果不是从东夷人的原住地带来，就是由大坌坑文化晚期发展而来。

---

① 严文明：《中国古代的陶支脚》，北京，《考古》，1982 年第 6 期。

② 山东省文物管理处等：《大汶口——新石器时代墓葬发掘报告》，图六十二，北京，文物出版社，1974 年，第 50、77 页。原文中，"红色"作"朱色"。

③ 宋文薰，1980。

④ 刘益昌，1992。

⑤ 臧振华，1983。

⑥ 张光直：《"浊大计划"与民国六一～六三年度》，《台湾省浊水溪与大肚溪流域考古调查报告》，台北，1977 年 5 月，第 4 页。

图一　山东、台湾两地出土的陶支脚

（一）山东出土

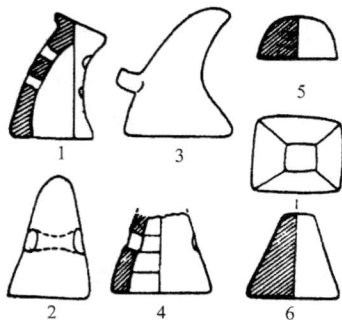

1 泰安大汶口　2、3 牟平姜格庄

4~6 福山邱家庄

（采自严文明，1980）

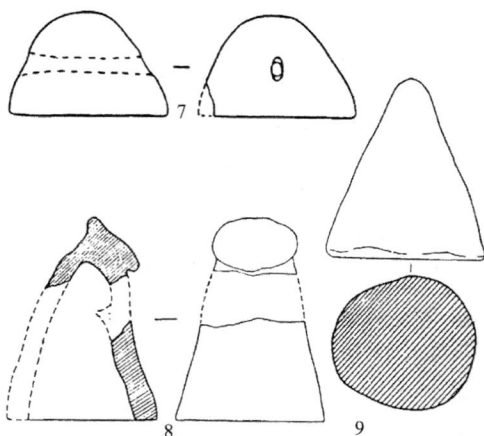

7 邹平西南庄（馒头形，带穿孔）

（采自《考古与文物》，1992 年第 2 期）

8、9 滕县北辛遗址（8 是猪嘴形支脚的祖型）

（采自《考古学版》，1984 年第 2 期）

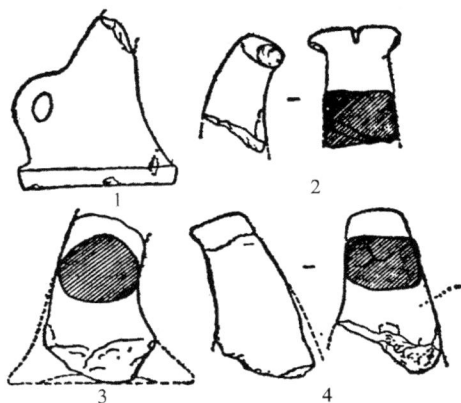

1、2 台北圆山　3、4 台南乌山头

（采自严文明，1980）

图二　大汶口墓葬出土的红彩陶罐

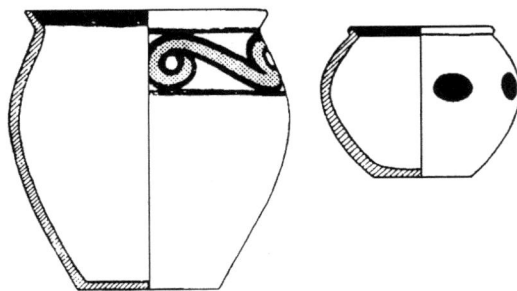

（采自《大汶口》，1974）

圆山文化的两三个小口带流罐以及冠头石斧、植物园遗址出土的匙形大锄、匙形石斧，是当地居民的独创。

第四章　锄耕农业时期（上）

133 ⊙

第四节　芝山岩文化及其来源

　　芝山岩文化只有一个芝山岩遗址，自 1896 年日人栗野传之丞发现，到 1981 年 2 月台湾大学考古人类学系黄士强教授率考古队正式发掘，已有 85 年，其间有些学者做过考古调查，同系宋文薰、连照美两教授试掘了一个探坑，发现了圆山文化层。黄士强的发掘则发现了叠压在圆山文化晚期文化层之下的芝山岩文化层。① 后来，"中央研究院"历史语言研究所刘益昌教授率工作小组打了六个探坑进行试掘，弄清了芝山岩遗址是一个多文化层的遗址，从下至上为：旧石器晚期文化层（距今 7000 年以上）、大坌坑文化层（距今 7000 ~ 4700 年）、芝山岩文化层（距今 3800 ~ 3000 年）、圆山文化晚期文化层（距今 3000 ~ 2500 年）、植物园文化层（距今 2400 ~ 1800 年）。②

　　一、芝山岩遗址。位于台北市士林区芝山岩公园一带，东经 121°31′24″，北纬 25°09′19″。西北距淡水河入海口 14 公里。芝山岩是台北盆地东北的一座孤立的砂岩小丘，附近有两条小溪，一为双溪，一为双溪的支流石角溪（又名兰雅溪）。在史前时代，这座小山可能是当时台北湖中的小岛或湖边（海湾）的半

---

　　① 黄士强，1984 年；黄士强：《芝山岩遗址发掘》，张炎宪主编《历史文献与台湾》（一），台北，台湾风物出版社，1988 年，第 251 ~ 260 页；黄士强《芝山岩》，《第一阶段研究报告》，第 17 页。
　　② 刘益昌等：《芝山岩文化史迹公园史前文化、人文历史、视觉景观等资源调查及居民资源之培育》，1996 年 5 月；《台湾的考古遗址》，台北县文化中心，1992 年，第 52 ~ 53 页。

岛。山顶平坦面约 8000 平方米，海拔 40 米；山下周围平地海拔 7 米（黄士强，1984）。1981 年，黄士强发掘时，发现芝山岩遗址有两个文化层，上层是圆山文化层，下层是芝山岩文化层，有的探抗此文化层堆积厚达 1 米左右，遗物有陶器、贝饰、石器、骨角器、木器、草编、藤编、炭化带穗稻谷和植物种子。大量贝壳，鹿、猪、狗、鱼骨，另有五块人的头盖骨，可能属于同一个体。现据黄士强、刘益昌的发掘报告和有关论述介绍于后。

二、芝山岩文化遗物。

（一）陶器。在一万多件陶片中，90% 以上属"泥质陶"，夹砂陶不足 10%，是陶土中原来所含的砂，不是有意掺进去的。但彩陶、黑皮陶及少量细泥陶的陶土则经过淘洗。陶器外表多经磨光，有的施红色陶衣。

表一　芝山岩文化陶器简表

陶系	器形	占陶片总数的比例	备　注
灰黑陶	罐、钵、碗、豆、盘	50% 以上	有些陶片留有烟熏痕迹
红褐陶	罐、钵、盘	27% 左右	
红衣陶	罐、钵	9% 左右	一件破钵陶衣近似釉质
黑皮陶	罐、钵、豆	1.5%	小型器
红褐砂陶		较少	与圆山文化红色砂陶无直接关系
灰色砂陶		较少	
彩陶		4%	

（表中内容据黄士强，1984）

　　由上表可见，陶器主要有罐、钵、碗、盘、豆、纺轮和内底带纽器；此外，有两件长条状标本，可能是鼎足（图一）。数量最多的是罐和钵。罐约占陶容器总数的70%，钵约占25%。口部大都比较圆，有轮修痕迹。

图一　鼎足

（图一至十五除注明者外，均采自黄士强，1984）

　　罐，绝大多数为敞口、鼓腹、薄壁，圜底、平底或凹底，少数带圈足，偶尔发现带双把或带耳的，把为柱状，连在颈的上部与肩部。有的颈部带孔（两孔或四孔），以备系绳（图二）；有的口中带纽、纽中带穿。有的罐带圈足，有的圈足上有长方形小镂孔。还有大坌坑式罐口（图三），敞口罐的唇上施一周齿状纹，颈以下施绳纹；口内敛的罐，颈上有一圈突脊，突脊上施齿状纹。突脊以上施划纹，以下施绳纹。

　　钵，数量仅次于罐，是芝山岩文化中居第二位的陶器。有敞口，也有敛口；有大型钵，也有小型钵。底部为小平底或圜底。有的钵带纽，纽中有穿；有的钵带孔。这类纽或孔，一般为两个或四个（图四）。小型钵有带纽或不带纽两种。

　　内底带纽器（图五），像钵，内底有一纽；有的在口缘内侧加上对称的两纽或两穿，三点一线，便于穿绳。其用途可能作为器盖，也可能作其它用途（黄士强，1984）。

图二　芝山岩文化陶罐口部

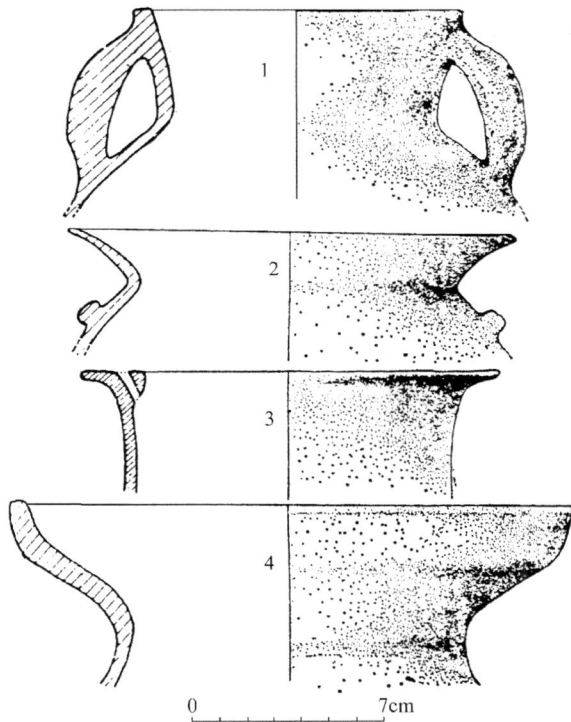

1 双把罐　2 带纽罐　3 内缘带纽罐　4 口外敞再微敛式罐

彩陶，芝山岩文化彩绘陶占陶片总数的4%以上，都是烧前彩，故是彩陶，彩绘是烧后画上去的。其特点主要是施在以红褐或橙黄为底的磨光泥质陶罐，少数施在泥质陶钵上，以黑彩为主，用灰黑彩或黑中带紫彩，也有橙彩，以数条平行线组合成三角形、方格纹，也有在相邻的三角形之间再施圆点纹。有的形似

图三　大坌坑式陶罐口部

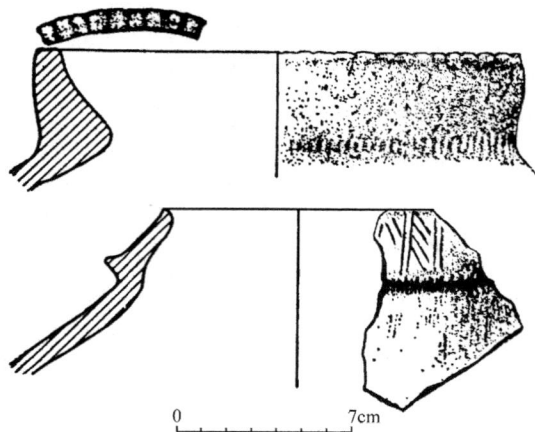

0　　　　　　　7cm

图四　芝山岩文化陶器

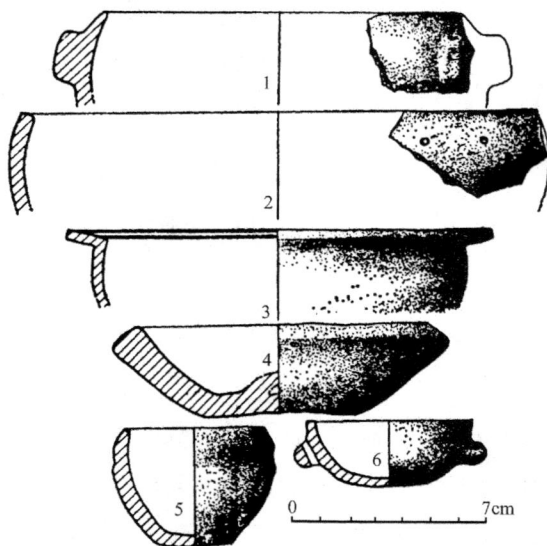

0　　　　　　　7cm

1 带纽钵　2 带孔钵　3 宽容钵

4 内底带纽器　5、6 小型钵

图五　内底带纽器（器盖）

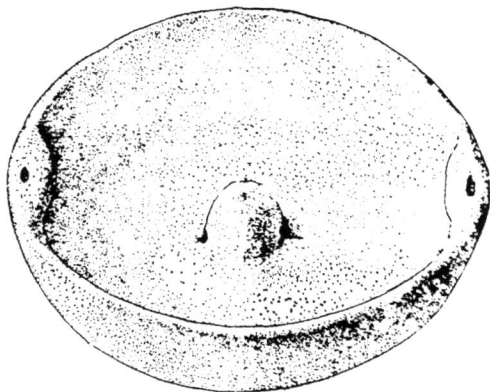

图六　芝山岩文化彩绘陶器

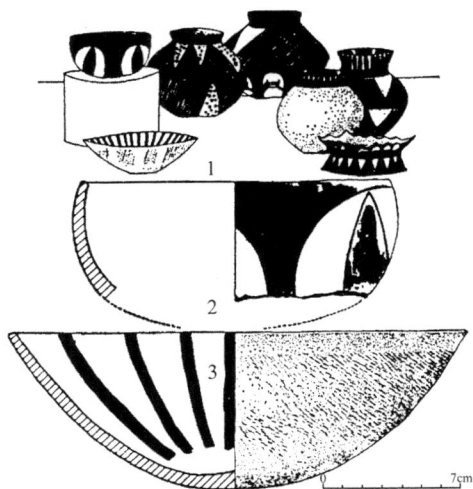

7cm

1 陶器复原图　2、3 彩陶钵

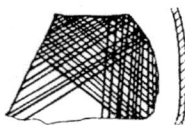

4

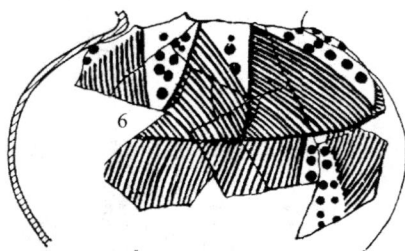

5

6

0　　　　　7cm

7

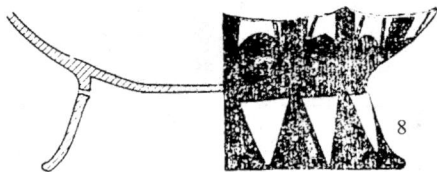

8

0　　　5　　　10cm

4 腹片彩绘线条很直　　5、6 采陶罐残片

7 罐口内平行线纹、口外窗形纹　　8 大型彩陶罐之圈足

花瓣或窗户。有的在罐的腹部划一圈弦纹，分隔花纹为上下两部分。在罐和钵的口沿内部施以多组平行线纹或直行粗线条。有的圈足上绘连续三角纹，腹底绘连续植物形图案；有的罐口带穿孔，口内施多组平行线纹，外绘窗形纹；线条有粗有细。有的细而笔直（图六）。其施彩方法可能有两种：一是用蘸有颜料的细线弹上去的（黄士强，1984），二是用竹或木栉梳上去的（黄士强，1988）。黄士强评论道，以当时的标准来看，绘画得很美，线条均匀而细致、很直（1988）。

纹饰，除彩陶外，还有圆形捺点纹（图七，8）、八字纹（图七，9、10），使用细尖状物压印，前者施于口部、腹部或带状堆纹上；圆圈纹（图七，5、6），使用细管状物压印成数

图七　芝山岩文化施纹陶片

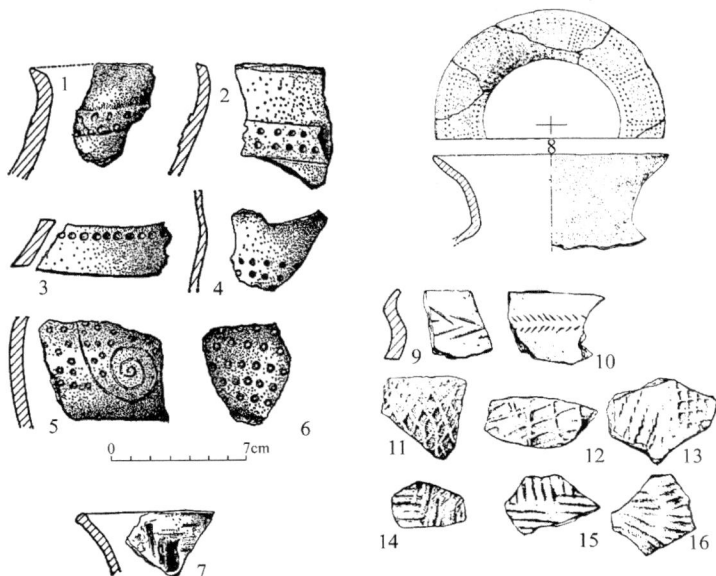

排或规则的小圆圈；也有用木拍拍印而成的方格纹（图七，11～13）、绳纹（粗细不等），在彩陶钵腹部施细绳纹并不多见（图六，3）、条纹（图七，14～16）；齿状槽纹，施于口缘或突脊上（图三，上）；划纹，施于口部的有并行双线纹、多线纹、交会纹（图四，下），施于腹部的涡旋纹（图七，5）；带状附加堆纹，一般施于颈部一周，再在其上施两排圆点纹（图七，1、2）；以及刷纹（图七，7）。

此外，还有陶纺轮、陶环（残）、陶装饰品和陶耳（图八）。

图八　陶纹轮（1、2）、陶环（3、4）、
陶质装饰品（5）和陶耳（6）

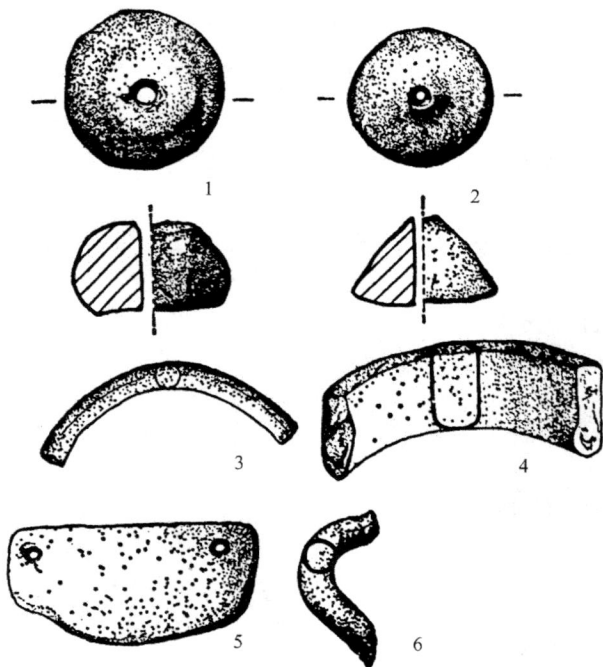

陶纺轮原报告称"纺锤"。陶环，有黑、灰、红、褐等颜色。环体打磨光亮。直径最大的 8 厘米，最小的 4 厘米，一般 5～7 厘米。肉的粗细及断面形状不一，有圆形，也有长方形，甚至有三角形、四边形或方形的。从边缘看，陶质装饰品是特意烧制的。

（二）石器。完整的不多，绝大多数是破片。质料以砂岩、安山岩为主，也有页岩、板岩和蛇纹岩。种类有打制石斧（石锄、石铲）、磨制石斧（石锄，石铲）、石锛、石凿、石刀、箭头（石镞）、网坠、凹石、石槌、石杵和砍砸器等，共 174 件。长型、宽型、小型打制石斧，可兼作石铲、石锄使用。仅发现一件石刀残片，背部平直、刃部锋利，近背部处有一残空。黄士强推测原器可能有两孔。网坠有砝码型和两缢型两种，前者利用扁而圆的小砾石，两长边各打出一凹槽以便系绳；后者将板岩或砂岩磨成圆柱状，一般中间略粗两端稍细，再在两端各刻一圈凹槽而成（图九）。

图九　芝山岩文化石网坠

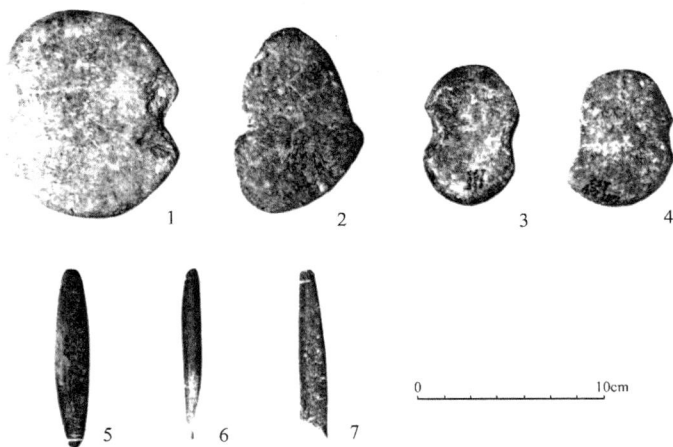

1～4　砝码型网坠　5～7 两缢型网坠

图十　芝山岩文化两端尖器和骨尖器

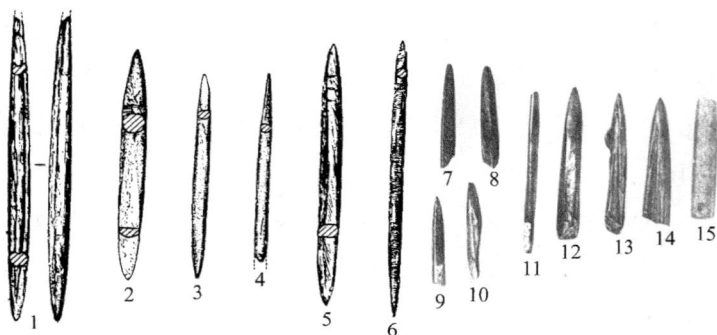

图十一　芝山岩文化角尖器

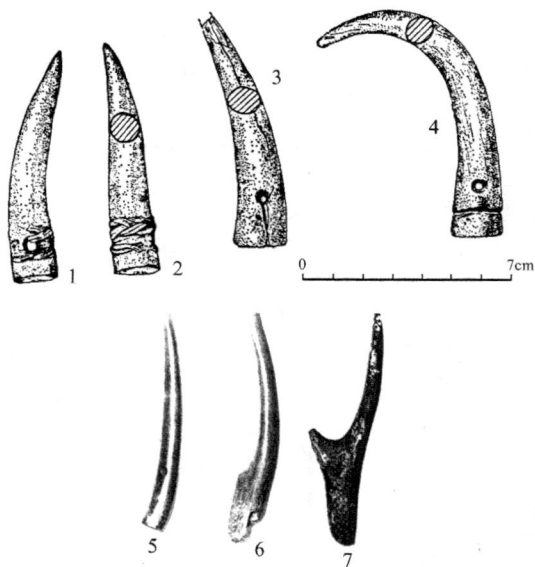

1、2 带藤编　1、3、4、5 有穿孔

6 孔残　2、7 无穿孔

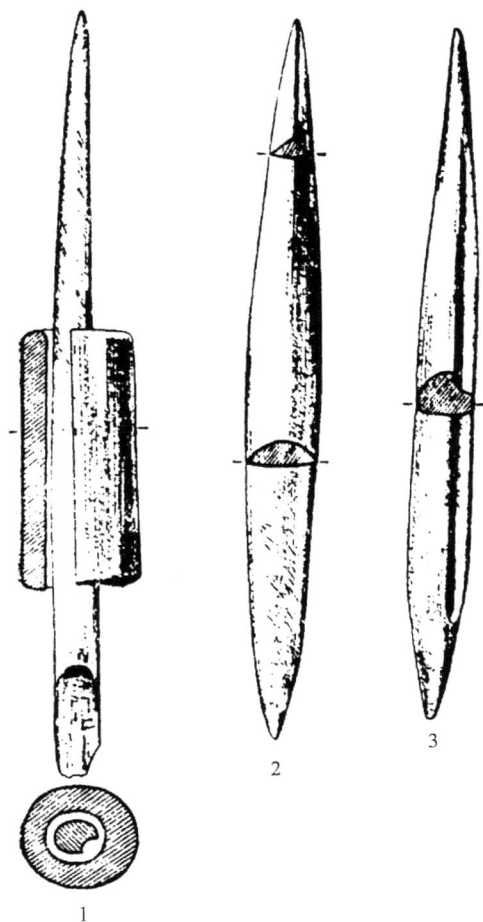

图十二　大汶口文化的骨镖（部分）

2

3

1

（采自《大汶口》）

台湾史前史与早期史

（三）骨角器。骨尖器多用动物肢骨，经过切、锯、磨而成，磨工精细，表面光滑，有两端尖器和一端尖器两类（图十）。黄士强认为，两端尖器可能作"鱼钩"之用，唯未发现中间有槽的。或如仰韶文化半坡遗址所见，被称作"骨笄"。芝山岩遗址的少数标本，也可能作骨笄用。《大汶口——新石器时代墓葬发掘报告》的执笔者，将两端尖器称作"骨镖"，也是用动物肢骨制成，是用作渔猎的工具，当然也是武器（图十二）。①

角尖器（图十一）是用鹿角磨制而成，有长有短，有的带穿孔，有的不带穿孔。制作时先用切锯法截断鹿角枝，通身和底部磨平。有的近底部有穿孔或凹槽，有的在穿孔处加上一圈藤编或在穿孔下再刻一圈凹槽。这些都是为了系绳便于悬挂。另有鹿角锄（图十四），发掘者称"角钩状器（锄）"。有的柄部带穿。

图十三　鹿角锄

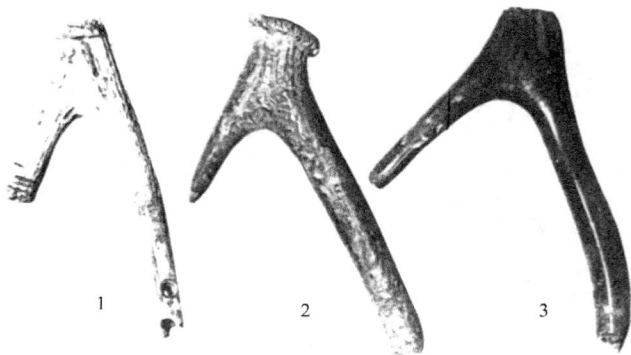

1　　　　　2　　　　　3

山东北辛遗址出（采自《考古学报》，1984 年第 2 期）

---

① 山东省文物管理处等编，说明及图见第 34、46 页，北京，文物出版社，1974 年。

图十四　芝山岩文化鹿角器

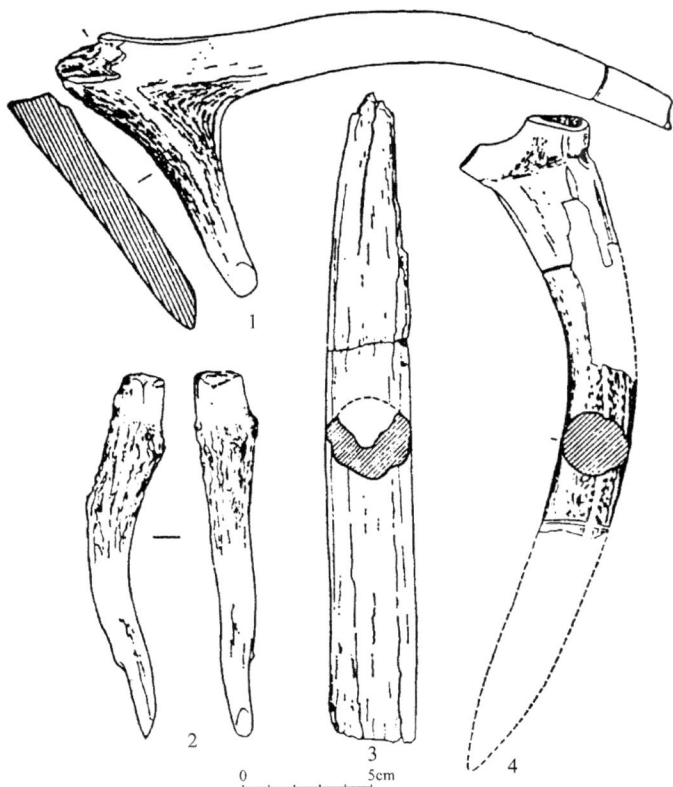

1、2 式锄　3 矛形器　4 残角器

（四）其他遗物有：木器，主要有长型尖状器（掘棒），一端为尖端，另一件不知用何物削平；尖状器，经火烧后再磨尖，可能作枪头用；铃形木质装饰品和木质陀螺形器。编织物，有草编（人字纹）、藤编、绳子（两股搓成）。碳化稻米（似粳稻）和植物种子（图十五）。其他如鹿、猪、狗、鱼、蟹、龟的骨骼和贝类，狗应是饲养的。因其颚骨集中发现在 A 区第二探坑，

不知是用作食物还是祭品。鹿、猪、狗骨的比例分别是59.3%、35.1%和5.5%。

图十五　1 绳子　2 草编　3 陀螺形木器　4 稻粒

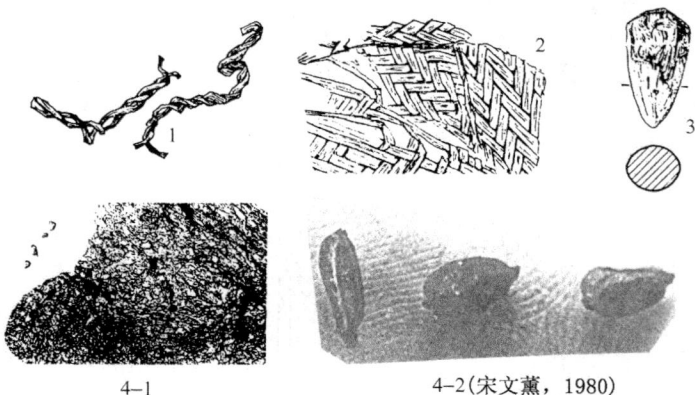

4—1　　　　　　　4—2（宋文薰，1980）

三、芝山岩文化居民生活。 首先，他们生活在史前时代的哪一段时间。根据这个遗址的 C_{14} 测定并经树轮校正后，分别为距今 3575 ± 103 年（木炭）、3458 ± 125 年（木炭）和 4095 年 ± 63 年（蚬壳）。黄士强指出，蚬壳测年可能偏早，因此，提出芝山岩文化距今大约 3500 年以前的观点（1984：57）。刘益昌根据以上测年，认为芝山岩文化存续时间为距今 3600～3000 年之间（1992：52）。好在两位推定的年份相差不大，这说明在距今3500 年前左右，他们就来到芝山岩居住。他们能利用相关材料制造石斧、石锄、石铲、石刀和掘棒等农业生产工具，种植水稻。他们也像现代台湾世居少数民族群众那样，用骨镖、弓箭射鱼、打猎，或用绳子结网捕鱼和捞取湖中的贝类。这说明他们的食物来源丰富，生活富裕。他们心灵手巧，才能制作出那样精美的彩陶。芝山岩文化居民不像圆山文化居民那样以玉器为饰，而是用陶、贝和木制件作为装饰品，与他们制作的形式多样的石、木、骨、角生产工具相比，可用"简朴"二字来形容了。芝山岩文化居民也为我们留下了未解开的谜：其一，他们的炊煮器是什么？从现有陶器类型看，罐、大型钵和盘都可以配以支脚当灶，罐（圜底）与支脚固定在一起就是罐形鼎。这里发现两件器物疑似鼎足。如此，是用鼎作炊煮器，还是以三块天然石头作支脚，架起罐子煮食物？其二，是不是早在距今 3500 年前，像现代世居少数民族那样，芝山岩文化居民已开展了打陀螺的体育运动？否则，这木陀螺又是做什么用的呢？会不会与信仰有关？

四、芝山岩文化的来源。 黄士强在他的发掘报告中，专门写了"芝山岩文化探源"。从出土的彩陶、黑皮陶、红衣陶、陶器器形、骨器、石器以及陀螺形木器等来讨论芝山岩文化与大陆沿海地区的关系。他列举的考古遗址有福建（福清东张、厦门灌口、闽侯县昙石山、寿宁武曲、福安山城及周宁等遗址），浙江（太湖流域）和河北南杨庄遗址[①]的彩陶与芝山岩文化彩陶纹饰相似；大汶口文化、马家浜文化，良渚文化以及海峡两岸的新石器遗址或青铜时代遗址（福建的昙石山文化、广东的石峡文化）的黑皮陶。其中，良渚文化的草鞋山遗址，不仅出土黑皮陶，还

---

① 南杨庄遗址在河北正定县，属河北仰韶文化遗址，几何形黑彩、红彩，见河北省文管处：《正定南杨庄遗址试掘记》，郑州，《中原文场》，1981 年第 4 期；又，该遗址出土的谷物为粟，距今 5000 多年，见唐云明、孟繁峰：《河北仰韶文化的发现和研究》，河南省考古学会等编：《论仰韶文化》，郑州，《中原文物》，1986年特刊。

有与芝山岩相同的粳稻出土；马家浜文化、良渚文化及闽粤地区的新石器时代文化的红衣陶；仰韶文化（包括南杨庄遗址）、大汶口文化和江西万年仙人洞遗址的两端骨尖器。大汶口的稍大，称"骨镖"，与芝山岩文化的同为渔猎工具；大汶口遗址的鹿角锄，芝山岩的称角钩状器；河姆渡遗址和良渚文化圩墩遗址的木陀螺形器也相似。只有芝山岩文化的内底带纽器，他指出未见于上述地区。通过以上对比讨论，黄士强的结论是，这些要素不应是独立发生的，而是传播的结果。在台湾找不到芝山岩文化的祖型，因此，认为它的持有人来自中国大陆东部或东南沿海，尤其浙、闽地区的可能性很大。①

厦门大学吕荣芳教授，1978 年 8 月在庐山召开的江南地区印纹陶问题学术讨论会上，发表论文《福建、台湾的贝丘遗址及其文化关系》，讨论台湾西海岸圆山文化、台中社脚遗址、凤鼻头遗址的彩绘陶片与福建昙石山、东张、灌口和闽东等地出土的彩陶片的关系，附有两岸的六幅彩绘陶图片（图十六）进行比较研究，并参照 C_{14} 测定的年代（昙石山中层标木，距今 3090 ± 90 年 ~ 3005 ± 90 年，凤鼻头年代为距今 2240 ± 100 年 ~ 3310 ± 80 年），认为，从昙石山文化分布的地区和时间的序列上看，昙石山文化分布的范围应包括凤鼻头遗址。② 吕荣芳发表这篇论文时，芝山岩遗址还没有正式发掘，不过，这并未降低其在研究芝山岩文化来源时的参考价值。黄士强在芝山发掘报告的参考书目就列有这篇文章。

---

① 　黄士强，1984：80。
② 　吕文载：《文物集刊》（3），北京，文物出版社，1981 年，第 177 ~ 186 页。

图十六　福建各地出土的黑彩陶片

1、2 寿守武曲出土　3、5、6 福安城山出土　4 周宁出土

林华东的《河姆渡文化初探》，对芝山岩文化的来源有精深论述。他列举了黑褐色彩绘陶片、内底带纽器盖、陀螺形木器、小石锛、角尖器，在河姆渡也有出土，而角钩状器（鹤嘴锄、鹿角镐）在河姆渡、桐乡罗家角、良渚文化和大汶口文化遗址中也有发现，黑皮陶与良渚文化风格相似，故认为，上述所举文化因素似由浙、闽地区传入量无大错。①

---

①　林华东：《河姆渡文化初探》，杭州，浙江人民出版社，1992 年，第 333 ~ 334 页。按，林华东在 1998 年 11 月出版的《良渚文化研究》一书，对"芝山岩文化祖型"的看法似有改变，他说，台湾史前文化中确有与河姆渡和马家浜文化的个别相似因素，但它反映的应是文化的趋同现象。只有玉玦、玉耳饰和外缘带四个小突块（或称花边）的玦形耳饰，明显是由中国东南或华南沿海传入的结果。有段石锛、有肩石斧和稻作农业，说明台湾与大陆东南沿海先民的文化交往约始于距今 4000 ~ 5000 年前。杭州，浙江教育出版社，第 565 ~ 566 页。

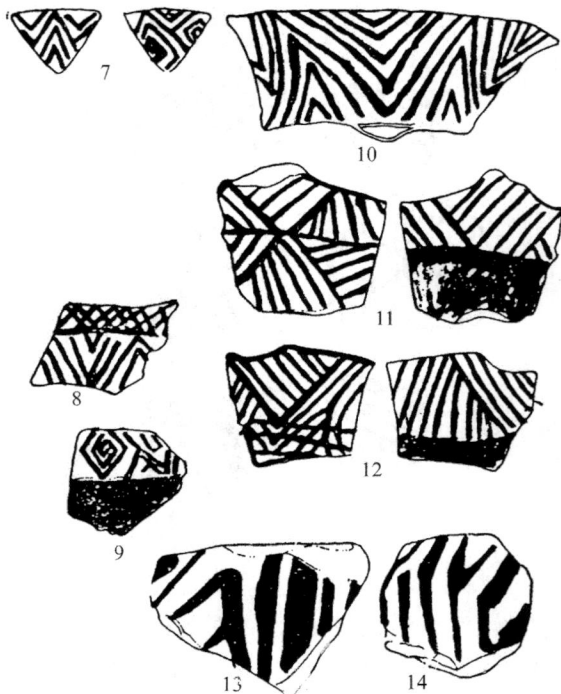

7～14 昙石山遗址上层出土

吴春明在《中国东南土著民族历史与文化的考古学观察》一书中，列有《印纹陶文化体系中的"几何形纹彩陶"》专节讨论粤、港、澳、闽、台的彩陶文化，进行了区系类型和考古编年研究。广东的一至四期都是红彩，福建的一、二期也是红彩，和以黑彩为主的芝山岩文化彩陶不同是显而易见的。只有第三期（距今 4000～3500 年）昙石山上层、庄边庄上层、东张中层，大部分橙黄硬陶和灰硬陶都施彩绘，一类是在有几何印纹的器表涂饰赭色、黑赭色陶衣；另一类是在尊、罐、盆、纺轮的器表施绘黑褐色、赭红色几何形图案，主题为宽带纹、竖条纹、平行斜线三角纹等。与芝山岩下层彩陶年代、图案主题相近，但是，芝山岩下层的连续三角纹、椭圆形纹不同于闽、粤沿海的彩陶纹样；闽、粤彩陶中的云雷纹、回纹、梯格纹和波浪纹、S形纹等也不见于台湾。因此，能否说台湾西海岸彩陶文化是受大陆东南海岸几何印纹陶文化强烈影响的地方文化？吴氏将台湾西海岸彩陶文化划分为大坌坑下层组（推定距今5000～4000年）、芝山岩下层组（推定距今4000～3000年）和凤鼻头中上层组（推定距今4000～3000年、3000～2000年）。认为，三组彩陶具有相当的统一性，表现为彩陶文化早晚间的延续发展关系和南北区域的共性。大坌坑下层组是西海岸彩陶文化的基础，其红衣、宽带纹

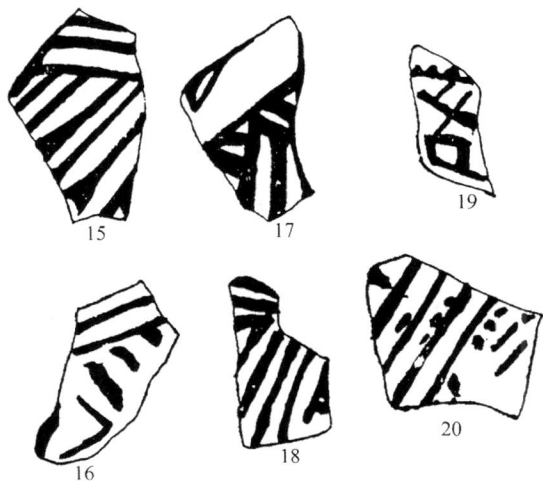

15～20 福清东张（第三层）出土彩陶（约2/3）

和竖条纹红彩被芝山岩下层组和凤鼻头上层组所分别继承。①

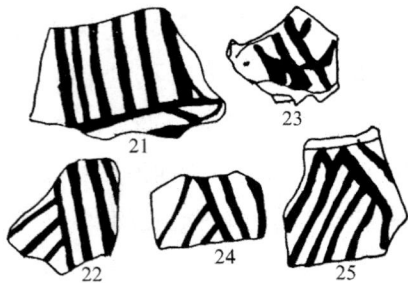

21～25 厦门灌口临石寨山出土彩陶（1/3）

23 表面拍印绳纹再绘黑彩

22～25 内表均绘黑彩

（采自吕荣芳，1978）

芝山岩文化究竟从哪里来？

其一，某些文化因素来源于大坌坑文化。吴春明的观点虽然和在台湾岛内找不到芝山岩文化的来源结论不一致，但有一定道理。笔者认为，这里所说的继承，不能仅从血缘上的上代传后世方面理解。当芝山岩文化居民来到时，大坌坑文化居民已不知去向。② 但是，在芝山岩文化层却发现了大坌坑式陶罐口部（图三）。这是芝山岩文化居民捡来使用的，是模仿制作的，还是他们同为一个祖居地的不同氏族或部落，因到达台湾的时间有先有后，但都带来了祖居地的传统制陶工艺？这类疑问只有等到新的考古学文化的发现才有可能找到答案。

① 吴著，厦门大学出版社，1999 年，第 184～192 页。

② 在大坌坑文化层与芝山岩文化层之间，还有"讯塘埔文化"，距今 4500～3500 年之间（刘益昌，1996：2～25）。

图十七　浙南出土黑彩陶片

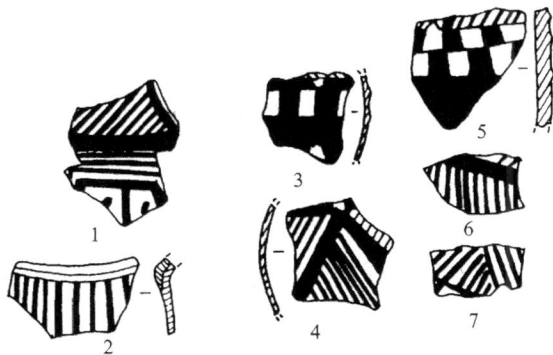

泰顺县狮子岗遗址出土①

其二，昙石山遗址上层以黑彩为主（图十六 7~14），从报告和研究论文看，似乎属于陶器烧制后的彩绘，与芝山岩的彩陶（烧前绘彩）似有差别。芝山岩文化中陶罐占 70%、陶钵占 25%（黄士强，1984），且多有圈足；昙石山文化有陶罐，似乎没有带圈足的，而是壶、碗、杯带圈足，二者制陶风格不一致。芝山岩文化居民不仅有打制、磨制的石斧，还有打制、磨制的石锄、石铲、石刀、石锛和鹿角锄等用于农业生产的工具和多种骨器、角器，砝码型、两缢型网坠等捕鱼工具，还有水稻和其他植物种子出土，说明已处于锄耕农业阶段。相比之下，昙石山的农业、渔业生产工具是比不上的。这种以小型石锛为主要生产工具，再加石刀和石矛、骨矛、陶网坠，似乎仍以捕捞和狩猎、尤

① 浙江省文物考古研究所、温州市文物处、泰顺县文博馆：《浙南飞云江流域青铜时代文化遗存》，邓聪、吴春明主编《东南考古研究》第二辑，厦门大学出版社，1999 年，第 8 页。

第四章　锄耕农业时期（上）

以捕捞为其主要食物来源，其农业似乎处在刀耕①农业阶段。借用几位学者的话来说，石器种类比较简单，反映农业都不发达（指壳丘头文化与大坌坑文化），是采集、捕捞经济处于主要地位的具体表现。他们的农作物以薯蓣、芋为主，渔猎的对象包括海产鱼蚌与陆生动物。② 这里出土的许多凹石也说明取食螺蚌是主要食物来源之一。由此看来，芝山岩文化比昙石山文化要进步些，其文化来自华南的因素不会很多。或可能二者同源（详后）。有学者认为，浙南飞云江流域的云和、泰顺、文成、瑞安的数处青铜时代文化遗存，以打制石锄等石器、黑色彩陶（图十七）、着黑陶为显著特点的一类文化遗存。这种石器见于大坌坑文化、凤鼻头文化和芝山岩文化。这三种文化的年代均早于商代，飞云江流域打制石器技术是否由台湾传入？③ 准此，两地文化间的相互关系值得探讨。

其三，与仰韶文化相似的因素。黄士强在探讨芝山岩文化来源时，列有河北正定南杨庄遗址出土的黑彩陶片（图十八）。南杨庄遗址属仰韶文化后岗类型。这一类型早期未见彩陶，中期红、黑彩并用，晚期彩陶纹饰除中期的黑彩宽带纹外，还出现了以黑彩画的短平行线纹和以平行线组成的交错三角纹。C_{14}测定的三个数据说明，其年代为距今5400～5090年。需要特别说明的是，南杨庄遗址与浙江南部泰顺县狮子岗遗址的黑彩陶有相似之处，就是二者的黑彩都是以铁、锰矿石为原料制成。大汶口

---

① 见本书第一章第二节"二、宏观的台湾史前分期法"。
② 陈国强等主编：《闽台考古》，厦门大学出版社，1993年，第81页。
③ 浙江省文物考古研究所等：《浙南飞云江流域青铜时代文化遗存》，第47页。"着黑陶"指带有不发亮的黑色泥釉陶器。

图十八　仰韶文化的黑色彩陶

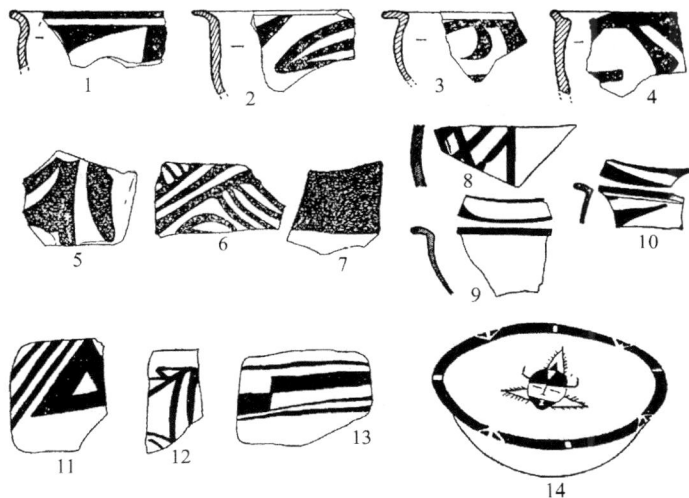

1～4 陕西洛南县焦村遗址出土（采自《考古》，1983 年第 1 期）

5～7 河北阳原周家山遗址出土（采自《北方文物》，1988 年第 2 期）

8～10 陕西蓝田泄湖遗址出土（采自《考古》，1987 年第 9 期）

11～14 半坡类型（半坡遗址出土）

（采自《考古》1979 年第 3 期）

M9 随葬品中，有可能用于陶器彩绘的朱色颜料（赤铁矿石）两块。① 但未提黑彩颜料成分。

---

① 河北省文管处：《正定南杨庄遗址试掘记》，郑州，《中原文物》，1981 年第 4 期；泰顺县文博馆：《浙江省飞云江上游古文化遗址调查》，北京，《考古》，1993 年第 7 期；吴耀利：《试论后岗仰韶文化的年代和分期》，西安，《考古与文物》，1984 年第 6 期；山东省文物管理处等：《大汶口——新石器时代墓葬发掘报告》，北京，文物出版社，1974 年（以下简作《大汶口》，1974），第 124～125 页；西安半坡博物馆：《陕西岐山王家咀遗址的调查与试掘》，西安，《史前研究》，1984 年第 3 期。

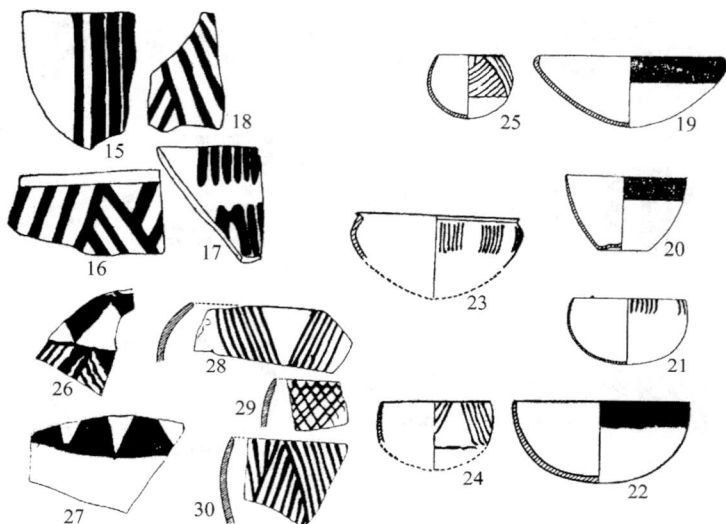

15～30 后岗类型　后岗遗址出土（16 红彩　24 红褐色彩

余为黑彩）（15～18，21～24，采自《考古》，1982 年第 6 期；

19～22 采自《新中国的考古发现和研究》）　26～30 南杨庄出土

（采自《中原文物》，1981 年第 4 期）

　　在仰韶文化系统内，专以黑色作画的有半坡类型居民，烧前绘于磨光红陶的盆、钵、碗、瓶的外壁，也在盆的内壁绘彩。因是烧前绘制的，颜色不变，且不易被摔掉，故称彩陶。彩陶纹饰有三角、棱（疑为菱？——引者注）形，折尺形及直线组成的同形对称的几何形图案，象形纹饰为鱼、人面等。有的陶钵口沿外有黑色宽带纹。渭河流域的庙底沟类型在横篮纹和白色陶衣上施红黑色彩绘。岐山县王家咀遗址红陶最多，有的器表呈橙黄色；黑彩最多，也有少数紫红色彩、白彩等。基本图案母题有圆点、曲线、弧线三角、网纹，波折纹，竖线纹。多施于盆、钵的上腹部和罐、碗外表（图十八）。① 烧前彩绘的三角形、直线纹几何图案彩陶，与芝山岩文化的彩陶（烧前绘彩）是一致的。

其四，与环渤海东夷文化的相似性。黄士强指出，芝山岩文化与大汶口文化相同的文化因素有黑皮陶、骨两端尖器和角钩状器（鹿角锄）。其实，在芝山岩文化遗物中有鹿、猪、狗骨，与大汶口文化遗址墓葬的情形相似。至于使用黑色彩绘，不仅在大汶口遗址，就是在其他东夷人留下的遗存中，也所在多有。

大汶口墓葬的黑色彩陶，底彩有原地、原地施红衣和红衣上又铺黑色宽带三种。纹饰都是几何图案，其中以平行弦纹作界隔，中间绘连三角纹或网纹为最常见的母题，还有水波纹、辐射纹、涡纹、菱纹和独立的三角形、圆点纹。彩陶惯用黑彩，也有黑白彩兼施。彩绘陶常见的是红色。如，图十九：1、2、4 彩陶罐，分别在器身上部绘黑色上下交辫的复道连三角纹；或自口至腹绘上下交错的连三角网纹，其间绘两个黑色同心圆；或将器身上半部花纹又分上下两层，上层为黑色宽带纹，其间空出六组等距的平行竖道，下层以二周黑色弦纹为界，中间绘断续的四组网纹。图十九：5 彩陶杯，口沿下绘黑色宽带网纹一周。图十九：6 彩陶钵，折腹以上绘断续的网纹和曲线纹，上下界以弦纹，上弦纹之上有一周曲线纹。图十九：11 彩陶壶，肩腹部绘黑色图案，上下各以二周黑色弦纹为框，中间为复道相对交错的连三角形，其下有连弧纹一周，体形大而规整。②

① 张忠培：《仰韶文化前期的陶器》，哈尔滨，《北方文物》，1989 年第 2 期。
② 《大汶口》，第 52～57 页，1974 年。

图十九　东夷文化中的黑色彩陶与彩绘

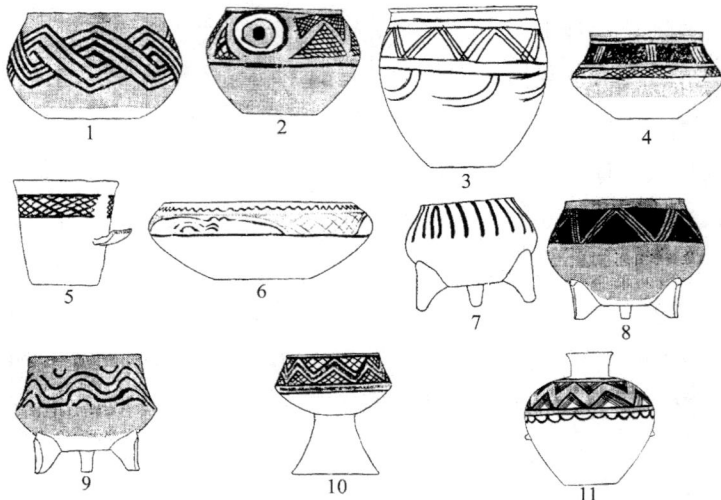

1~4 彩陶罐　5 彩陶杯　6 彩陶钵　7~9 彩陶鼎
10 彩陶豆　11 彩陶壶　（采自《大汶口》，1974）

山东半岛也是东夷人氏族、部落居住地之一。在距今 6000 ～
5000 年的邱家庄时期，彩陶以黑色单彩为主（图二十，上），以
红陶衣铺地，显得非常突出，主要流行于晚期。[1] 距今 5400 ～
5100 年的北庄一期，泥质陶常有红衣，上饰黑彩，有波浪纹
（图二十，下）、连栅纹等。[2]

––––––––––––

[1]　李步青、王锡平：《胶东半岛新石器文化初论》，北京，《考古》，1988 年第
1 期。
[2]　北京大学考古实习队等：《山东长岛北庄遗址发掘简报》，北京，《考古》，
1987 年第 5 期。

图二十　山东半岛出土的彩陶

（上）

（采用《考古》，1988 年第 1 期）

（下）

（采用《考古》，1987 年第 5 期）

　　河南东部商丘地区，与山东西南部、安徽北部接壤，历史上同属东夷文化分布区。虞城营廓遗址采集的彩陶片，均为褐彩或黑彩，并有红衣黑彩；夏邑三里固堆发现的是白衣黑彩，永城洪福遗址发现的是红衣黑彩。纹饰有平行线中间填充斜线纹，以及圆点纹等。主要绘于钵、罐等器物的上腹部。与大汶口文化共同因素比仰韶文化更多，如彩绘主要用黑彩和棕彩，纹饰多是几何形图案。存续年代大约距今 5000～4500 年。[①]

　　与山东半岛隔海相望的辽东半岛，也是东夷人生活的地区，长海县广鹿岛小珠山文化小珠山（又名土珠子）遗址出土的彩

----

　　① 孙明：《商丘地区仰韶文化初探》，河南省考古学会等编《论仰韶文化》，郑州，《中原文物》1986 年特刊。

陶片，均为泥质红陶，红地黑彩，绘有勾连的弧形三角涡纹、三角加平行斜线纹和几何平行斜线纹（图二十一）。① 大连市郭家村遗址下文化层也有红地黑彩陶片，纹饰绝大多数是斜线三角纹，双勾涡纹，还有在刻划纹中与刻划纹组合的黑彩纹饰，为橙黄地黑彩（图二十二：1~6）。此外，还有泥质红陶施白地，饰粉红圆逗点和赭色斜线纹，以及红地红彩，大部为直、斜、弧线三角纹和网格状纹。发掘者指出，郭家村下层属小珠山中层类型，出土的木炭和碳化粟经 C_{14} 测定，下层年代约距今 5015 ± 100 年和 4870 ± 100 年。② 这个遗址的陶器有罐、有钵，都不带圈足，兽骨以猪和斑鹿最多，也有狗骨等。有两件"席篓"，用斜线编织法，每个经纬带由三至五根苇条组合，宽窄相同，经纬线交互编织，篓（圆形）口边用圆木条围成一圈，用草绳锁边。③ 这编织物与芝山岩文化编织物、草绳有相似处。

　　再有辽宁西部地区的红山文化，彩陶以红底黑彩为主，花纹有黑色和红色两种。彩绘花纹风格是粗细线条结合。有的线条笔锋细如毫丝，有的宽彩带有寸余。其结构简单，行笔流畅，布局规整匀称（图二十三），都施于泥质陶的口沿（钵）或腹部（罐）。

　　与芝山岩文化的黑色彩陶有相似因素的例证已列举在上面。总体看来，没有一处能被认为是它的源头，虽然有基本相同、相

① 辽宁省博物馆等：《长海县广鹿岛大长山岛贝丘遗址》，北京，《考古学报》，1981 年第 1 期。

② 辽宁省博物馆等：《大连市郭家村新石器时代遗址》，北京，《考古学报》，1984 年第 3 期。

③ 李恭笃：《试论辽西地区两种彩陶文化的特征及其关系》，《文物集刊》（2），文物出版社，北京，1980 年。

图二十一　小珠山遗址中层出土的彩陶

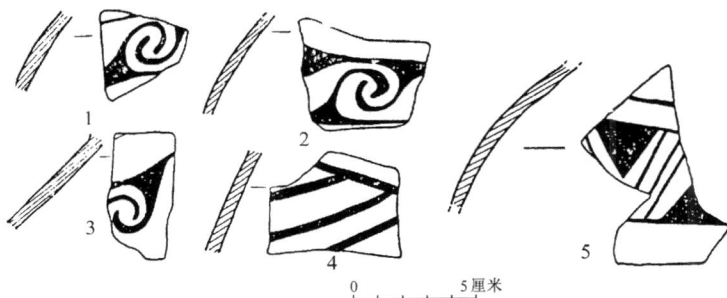

1~3 弧形三角涡纹　4 平行斜线纹　5 三角平行斜线纹

（采自《考古学报》1981 年第 1 期）

图二十二　大连市郭家村出土的黑彩陶片

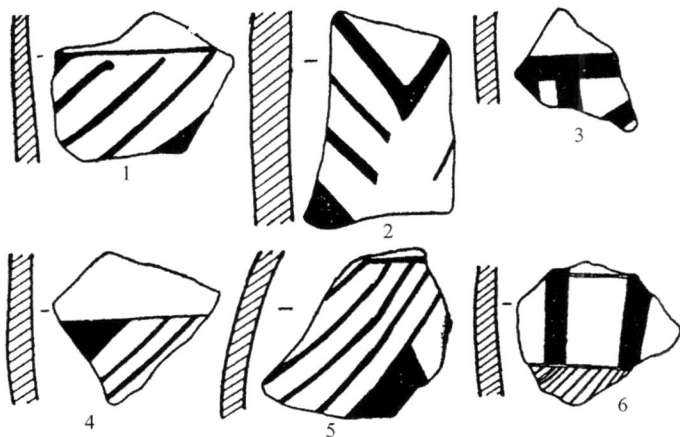

（采自《考古学报》1984 年第 3 期）

图二十三   红山文化出土的彩陶器

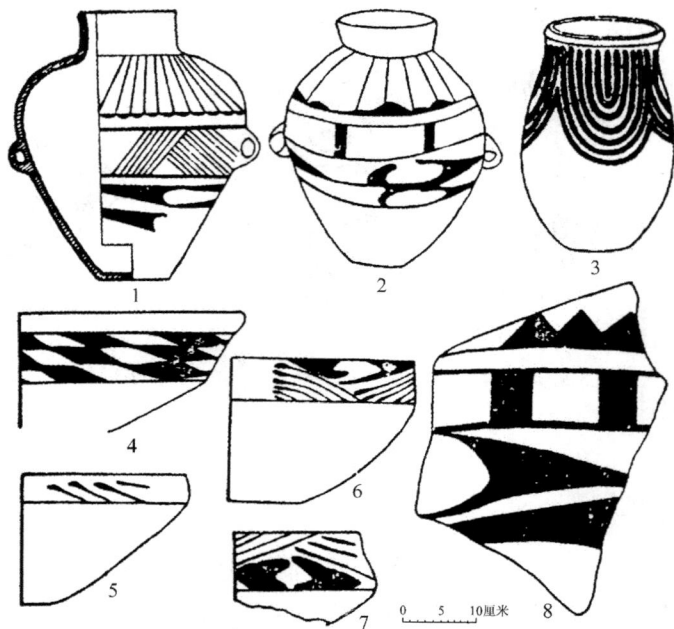

1 彩陶壶（翁牛特旗红山水库出土） 2 彩陶壶（奈曼旗
满德图古遗址出土） 3 彩陶罐（赤峰县水泉出土） 4 彩陶盆
5、6 彩陶钵 7、8 彩陶片（4～8 敖汉旗这道湾子遗址出土）

（采自李恭笃，1980）

似的因素外，借一句话来概括，就是"这些共同因素并未构成
一个具有代表性的特征明显的器物群"。① 但与大汶口文化、红
山文化和仰韶文化更接近些。因为芝山岩文化居民的陶器组合主

———————————

① 吴绵吉：《长江南北青莲岗文化的相互关系》，《文物集刊》（1），北京，文
物出版社，1980 年。

要是罐和钵（分别占陶器总数的 70% 和 25%），炊煮器必然是罐或大型钵。分布在陕西关中、河南西部和山西南部的仰韶文化及其前身老官台文化的特点之一，就是以夹砂陶罐为主要炊器，以钵、碗、盆、瓮为主要盛食品。① 炊器的相同与否，应该是衡量两个或若干考古文化间关系亲疏远近的重要因素之一。从黑色彩陶的纹饰看，与红山文化更接近；大汶口文化与芝山岩文化的相同因素前面已介绍过。但这些毕竟是部分因素。因此，金关丈夫、国分直一的"混合移入"和林华东的"混合改造移入"理论，比较适合用来解释芝山岩文化的来源。但它们是在何处混合？混合改造后是从哪里移入？现在都说不清楚。但是，正如黄士强在发掘报告最后写道，在台湾找不到芝山岩文化的祖型，因此，认为芝山岩文化的持有人来自中国东部或东南沿海，尤其浙、闽地区的可能性很大。我赞成"中国东部"说，至少在目前还找不出浙、闽地区的哪个考古学文化是芝山岩的祖型，或许今后会在这两省发现芝山岩文化的源头。

① 张居中：《仰韶时代文化刍议》，河南省考古学会等编《论文仰韶文化》，郑州，《中原文物》1986 年特刊。

第四章　锄耕农业时期（上）

第五章　锄耕农业时期（中）

　　西海岸中南部地区（北起苗栗县，南至屏东县）的新石器时期文化，继大坌坑式粗绳纹陶文化（或称大坌坑文化层）之后，其文化层序及文化类型的划分，台湾考古界的意见并不统一。张光直曾统称为"龙山形成期文化"。1959 年，他提出了"龙山化文化"的假说，列入的台湾考古文化有圆山文化、台中第一黑陶文化和高雄凤鼻头文化。① 后来，他把自公元前 2500年左右起的台湾史前文化分为两组：北部淡水河流域的圆山文化与中、南部海岸的龙山形成期文化。后者又分三群：早期的红陶文化，南部较晚的灰陶与棕褐色陶器文化和中部较晚的灰、黑陶文化。② 1972 年，他主持台湾浊水溪、大肚溪流域考古——"浊大计划"。根据这一计划实施的考古调查和考古发掘所得的新资料，对中、南部的新石器时代文化层序提出了新的分期法：

---

　　① 张光直：《中国新石器时代文化断代》，《中央研究院历史语言研究所集刊》，第 30 本，台北，1959 年。按：这一理论有较深影响。现在台湾考古学著作仍引用。但也有不同意见。他后来说："龙山形成期的大扩张"不能再用来作为解释龙山形成期的理论基础，可以像洗婴儿水一样泼掉，但不能把婴儿"龙山形成期"一起倒掉，因为"婴儿"是真有的。见《中国相互作用圈与文明的形成》，《中国考古学论文集》，台北，联经出版事业公司，1995 年，第 130 页。
　　② 张光直：《中国南部史前文化》，《中央研究院历史语言研究所集刊》，第 42本 1 分，台北，1970 年。

（一）大坌坑式绳纹陶文化，绝对年代为公元前 4450～4350 年（树轮校正）。（二）草鞋墩式绳纹红陶文化，存续年代为公元前 2500～2000 年。（三）大邱园式素面红陶文化与大马璘式黑陶文化（相当于"大甲台地第一黑陶文化"），大致在公元前 2000 年以后起始。（四）番仔园式黑陶文化，原称"大甲台地第二黑陶文化"。在公元纪元开始不久（两三百年或稍晚）便开始了。①1989 年，张光直发表《新石器时代的台湾海峡》，把台湾岛的圆山文化和"龙山形成期"提前了 500 年，即"它们出现的时代是公元前 3000 年到 2500 年左右"。他还提出，以细绳纹红陶为显著特征的中、南部海岸的一组新石器时代文化，从陶器和石器看来在中、南部以及澎湖群岛都相当一致，没有必要分为中部的牛骂头文化、南部的牛稠子文化、鹅銮鼻文化，或垦丁文化；由于凤鼻头遗址有清楚的层位，不如称之为凤鼻头文化。②刘益昌主张，牛稠子文化之后，是并列的大湖文化与凤鼻头文化；进入铁器时代是茑松文化、北叶文化和龟山文化（第一章第二节表四）。

张光直对于西海岸中、南部新石器时代中期的文化层序和文化类型的划分，台湾考古界赞成前者的多，认同后者的少。这只

① 张光直：《浊水溪大肚溪考古——"浊大计划"第一期考古工作总结》，《台湾省浊水溪与大肚溪流域考古调查报告》（以下书名简作《浊大计划报告》），台北，1977 年，第 430～436 页（以下简称"张光直，1997B"；1977A 指收入本书的张光直《"浊大计划"与民国六一～六三年浊大流域考古调查》）。何传坤列的四期年代分别是：6000 至 3000 年 B. C.，2500～2000 年 B. C.，2000～1500 年 B. C.，公元前 700 年。见《台中县大肚山台地及彰化、南投县境八卦山台地史前文化调查报告》，同上书，第 63～64 页（以下简称"何传坤，1977"）。

② 张光直：《新石器时代的台湾海峡》，北京，《考古》，1989 年第 6 期。

要翻检本书第一章第二节所引各家的层序表便一目了然。宋文薰和连照美认为，台湾的诸史前文化单位之间存在差异，似宜把各史前文化单位称为独立的文化。三群龙山形成期文化，很可能是从大陆的不同地方分别渡海而来。他们到达台湾之后，虽然可能会有若干的文化交流，但似乎都保持各自的文化传统。因此，他们将中部海岸地区的新石器文化，区分为前后相承的"牛骂头文化"、"营埔文化"和"大邱园文化"。约在公元前后进入铁器时代的"番仔园文化"。大邱园文化的晚期曾与番仔园文化并行于中部地区；南部为前后相承的"牛稠子文化"、"大湖文化"，约在公元前后进入铁器时代的"蔦松文化"。① 后来，连照美增加与蔦松文化平行的"龟山文化"。

陈仲玉在完成负责执行（主持人为石璋如院士）的曲冰遗址发掘报告《曲冰》，对西海岸中部文化层序提出新的主张，他不赞成将大马璘、曲冰等遗址归属于大邱园文化系统的分类，而在牛骂头文化与大邱园文化之间增加一"水蛙堀文化"（参见第一章第二节表五）。②

关于中、南部海岸的层序和文化类型，台湾考古界的意见大致如此。笔者认为，从本书的体例来说，尽量采用比较一致的意见；一些尚未定论，能参与讨论的，尽可能贡献一得之见，否则只好从略了。至于要不要单独划分一绳纹红陶或红绳纹陶文化，以及将中、南部合称为"凤鼻头文化"的问题，大陆考古界也

① 宋文薰：《由考古学看台湾史前史》，《汉声》，第34期，台北，1991年10月。

② 陈仲玉：《曲冰》，《中央研究院历史语言研究所田野工作报告之二》，台北，1994年，第213页。

有过类似情况，如在考古资料不足的情况下，20 世纪 30 年代到 60 年代相继沿用的"印纹陶文化"或"以几何印纹陶为代表的文化"名称，随着考古资料的丰富，逐渐暴露出它的缺陷，在 1978 年关于江南地区印纹陶问题学术讨论会上，经过认真讨论，与会者都同意废掉这一名称，而代之以"昙石山文化"（福建）、"石峡文化"（广东）和"山背文化"（江西）等。彭适凡认为，新石器时代文化这样定名，符合今天考古学文化命名的惯例。①苏秉琦进一步指出，不宜把它（"几何形印纹陶"）作为一个考古文化的名称是一回事，把它作为一个研究、讨论的课题是另一回事。② 有鉴于此，本书还是依据宋文薰主张的"史前时代各文化期相的名称，宜采用地名"③ 及其划分的类型，按照中部地区的牛骂头文化、营埔文化、大邱园文化和南部地区的牛稠子文化、大湖文化分别叙述，而不使用"凤鼻头文化"这一宽泛的概念。

第一节　牛骂头文化居民

在距今 4500 年左右，西海岸中部的苗栗、台中、南投、彰化四县境内，居住着一支使用细绳纹红陶的居民。他们当时的聚

　　① 彭适凡：《江南地区印纹陶问题学术讨论会纪要》，《文物集刊》（3），北京，文物出版社，1980 年，第 1～9 页。
　　② 苏秉琦：《关于"几何印纹陶——江南地区印纹陶问题学术讨论会"论文学习笔记》，《文物集刊》（3），第 10～19 页。
　　③ 宋文薰、连照美：《台湾西海岸中部地区的文化层序》，台湾大学《考古人类学刊》，第 37～38 期，1975 年。

落，就是当今考古所发现的遗址，主要有牛骂头（下层）、顶街、下马厝、水源地、大甲东、草鞋墩、草溪路、平林Ⅱ、平林Ⅳ、洞角和三柜坑等，以台中县清水镇的牛骂头下层为代表遗址。牛骂头遗址位于清水镇内东端的牛骂头山，实为台中盆地西侧大肚山西麓的子丘之一，南北长约500米，东西宽约300米，最高处海拔60米，其南侧倾斜缓慢，西侧坡势急斜。牛骂头遗址包含上下重叠的两个文化层：上层为黑陶文化层（属营埔文化），下层为绳纹红陶文化层。① 牛骂头文化居民就是使用绳纹红陶的史前台湾西海岸中部地区的一支。他们自距今4500年前就在这一带生活了上千年。他们的后继者——营埔文化居民使用的是黑陶。②

　　一、牛骂头文化居民的生活。 当初，他们主要生活在大肚溪、浊水溪的中下游台地、河口台地及海岸边的大肚山麓（台地）和水尾溪北岸的大甲台地。从遗址的地理位置可知，他们选择聚落所在地，有淡水资源、丘陵、平地，宜于农耕，也方便打猎、捕鱼捞贝。刘益昌在苗栗县三柜坑遗址进行试掘，从遗址范围及堆石、列石、柱洞所反映的居住现象显示，当时可能是一个大型的聚落，居民定居在河边的小台地前缘。这里渔、猎资源

---

① 刘斌雄：《台中县清水镇牛骂头遗址调查报告》，《台湾文献》，第6卷第4期，台北，1955年。刘氏指出，清水镇，昔称牛骂头街，为平埔族牛骂头番（或称寓熬头番）之故里。汉人移入后，仍袭用旧名，日据时改称清水。今牛骂头专指镇内一小山，即遗址所在。

② 臧振华：《牛骂头》、刘益昌：《营埔》。前者年代距今约4500～3000年前，后者年代距今约3500～2000年前。宋文薰等：《台湾地区重要考古遗址初步评估第一阶段研究报告》，台北，1992年，第52、56页（以下引此书简作《第一阶段研究报告》）。

丰富，且宜于农耕，同样反映了人们对于周围自然资源和环境的使用和适应性。①

　　从牛骂头文化的早期遗址牛骂头和晚期的三柜坑遗址看，其居民使用的陶器以红色和褐色的灰砂陶为主，也有红色泥陶。刘斌雄将其划分为四类：一为质料纯细而质坚者，二为质料纯细而质软者，三为质料较粗含砂而质坚者，四为质料较粗含砂而质软者。颜色呈红色、橙红色，少数呈土黄色甚至带褐色。有一件器表打磨的，其上反射微光，纯缘部内表用篾或小石头一类器具研磨成线条。从残片口部判断，牛骂头文化居民使用的陶器器型，有盆形、罐形及瓶形三类。有一件盆形器，腹部由双层合并而成，其外层剥落一段，暴露出内层面上布满绳纹痕。两层接合处，均呈现凹凸锯齿状，由此可知，外层里面也布满着绳纹（以上据刘斌雄，1955）。刘氏所指的质料纯细就是泥质，另外为夹砂陶；质坚者是烧制火候较高称硬陶；反之火候低的称软陶。关于那件用双层合成的盆，或许说明当时没有专门的手工业者从农民中分离出来。制陶仍然是各家各户的事。这件盆形器说不定是一个新手的习作。因此，做得不合格而在前辈指导下改制的。

　　关于器底部，有圈足，上端近器底处钻一孔（由里向外），有一件外表刻有叉线纹。此外，有横剖面一圆形一三角形的类似有足器足端之标本。另有类似袋形足的标本四件（刘斌雄，1955）。这是否表示牛骂头文化居民也使用鬶或鬲？

第五章　锄耕农业时期（中）

---

　　① 刘益昌：《苗栗县三柜坑遗址试掘报告》，《中央研究院历史语言研究所集刊》，57 本 2 分，台北，1986 年。

　　牛骂头文化居民的生产工具，主要有打制的斧锄形器，有的略加粗磨。磨制石器可能是铲锄形器残片、凿形器及近长三角形石镞残片。另一件边刃器，有两面钻穿孔（刘斌雄，1955），疑为石刀［图一（二）10］。这里所说的斧锄形器，学者们曾经使用不同的名称，如石锹（宫本延人）、石斧（鹿野忠雄）、石锄（宋文薰），或称不能确知其名，但在牛骂头文化各遗址为最常见的遗物。① 据鹿野忠雄调查，台湾世居少数民族布农族人知道，从田野里出土的很多薄型打制石斧，是用藤条紧缚在钩状的木头柄上当小锄头用的。邹族也知道这种石斧是作锄头用的。泰雅族人就把这种薄型打制石斧叫做锄头。据马渊东一说，日据时期仍有警察看到泰雅族人用长形的打制石斧从事耕作。② 由以上民族学资料可知，这种打制、磨制的斧锄形器，是用来从事农耕的。这说明牛骂头文化居民的食物主要是来自农产品。但无论是早期遗址或是晚期遗址，都没有发现种植的作物品种。不过，张光直指出，龙山形成期文化居民多半是种植稻、粟的农民（张光直，1970）。其次，最近几年在台南善化镇境内发现的南关里东遗址，属于距今5000～4600年前的大坌坑文化，他们已大量种植稻、粟等谷类作物。与牛骂头文化同时分布在其南部和澎湖群岛的牛稠子文化居民，也使用细绳纹红陶。在他们生活过的遗址，发现了种水稻的痕迹（详后）。更为直接的是，紧随牛骂头文化居民之后，生活在同一遗址的营埔文化居民，是既种稻者，又种粟的农民（详后）。由此推论牛骂头文化居民也是谷物种植

---

　　① 　臧振华：《南投县乌溪河谷考古调查》，张光直编《浊大计划报告》第214～215页。台北，1977年（以下简作"臧振华，1977"）。
　　② 　［日］鹿野忠雄著、宋文薰译：《台湾考古学民族学概观》第93～94页。

者的假说是可以接受的。

图一　牛驾头文化的陶器与石器

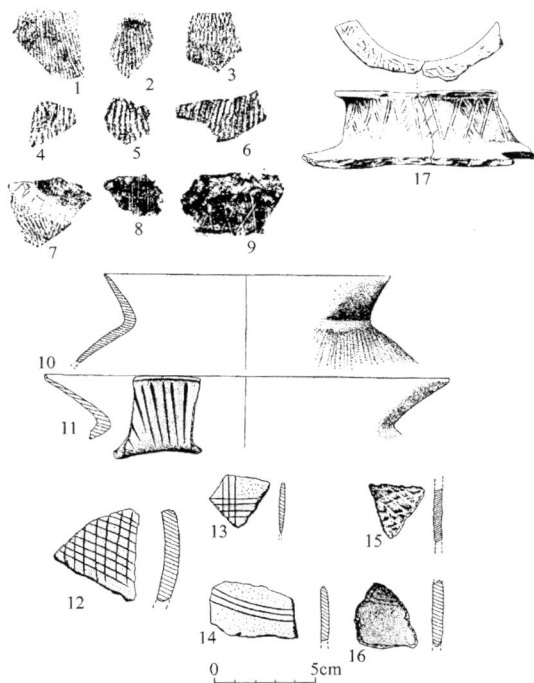

（一）陶器

1～6、10 绳纹　11～14 彩绘　7～9、17 刻划纹

15 方格纹　16 刺点纹

1～9、17 牛驾头出土　10～16 顶蛮子出土的红褐夹砂陶纹饰

（采自臧振华，1984）。（1～9，采自刘斌雄，1955；

17，采自 Robert E. Dewar，Jr.．1977）

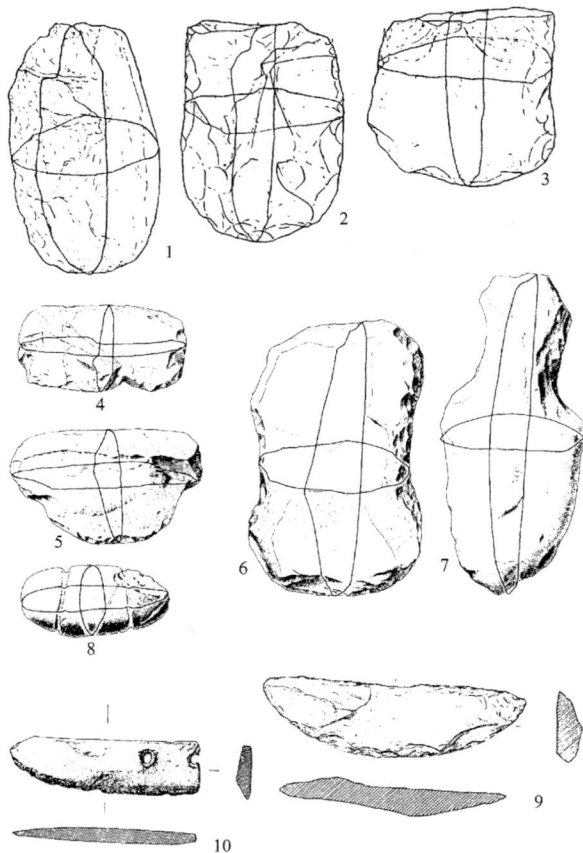

（二）石器

1~3 打制斧锄形器，牛骂头出土（采自刘斌雄，1955）　4~5 石刀

6~7 打制石斧　8 两缢型网坠，坪林第四地点出土（4~8，

采自臧振华，1977）　9~10 打制石刀，三柜坑出土

（采自刘益昌，1986）

二、营埔文化居民。前面讲过，刘斌雄在牛骂头遗址的调查和杜伟的发掘都说明牛骂头遗址本身是有牛骂头文化与营埔文化两层文化，杜伟发现这两层文化不易截然分开。这就更说明绳纹红陶文化与黑陶文化（即营埔文化、大甲台地第一黑陶文化或称古期黑陶）之间关系之密切。1974 年，臧振华对南投县草屯镇顶崁子遗址进行试掘，在文化层的上部，红褐色夹砂陶仍为主要陶类，而黑色夹砂陶和泥陶显著增多，同样发现绳纹红陶向灰黑陶文化演变的情形。[①] 既然营埔文化是牛骂头文化晚期发展而来，营埔文化居民可能就是牛骂头文化居民的后裔。不过他们已很少使用红陶，而成为黑陶和彩陶的制作与使用者。

　　营埔文化主要分布在台中、彰化、南投三县境内大肚溪和浊水溪中下游一带的河边阶地和丘陵上。主要遗址有台中县大肚乡营埔、新社乡新六村，彰化市牛埔、维新庄，彰化县芬园乡大埔，南投县埔里镇大马璘、集集镇鹅田、大坪顶、洞角、竹山镇水车顶、后沟坑等遗址，[②] 其中，以营埔、大马璘和洞角为代表遗址。营埔遗址有三个 C_{14} 年代，分别是：

　　　　Y－1630　　2970 ± 80B. P. 或 1020 ± 80B. C.

　　　　Y－1631　　2810 ± 100B. P. 或 960 ± 100B. C.

　　　　Y－1632　　2250 ± 60B. P. 或 300 ± 60B. C. 。[③]

---

　　① 臧振华：《顶崁子遗址试掘报告》，《中央研究院历史语言研究所集刊》，55 本 3 分，台北，1984 年。

　　② 刘益昌：《营埔》、《新六村》、《大马璘》；黄士强：《牛埔》、《维新庄》、《大埔》、《鹅田》、《大坪顶》、《水车顶》、《后沟坑》和《洞角》，《第一阶段研究报告》，第 56 ~ 94 页。

　　③ 宋文薰：《台湾西部史前文化的年代》，《台湾文献》第 16 卷 4 期。台北，1965 年 12 月。

刘益昌推测营埔文化存续的年代为距今约 3500～2000 年前。牛骂头遗址有牛骂头文化和营埔文化两个文化层,存续年代为距今约 5000～3000 年前;洞角也是牛骂头文化与营埔文化两个文化层,C_{14} 测定的年代为距今 3840±380 年(黄士强)。在营埔文化所有遗址中,目前只有大马璘、曲冰两遗址有石板棺、石板屋基遗迹,而被称之为"营埔文化大马璘类型",推测距今约 2500～1500 年前(刘益昌);曲冰遗址 C_{14} 年代为 3390±85B. P. ～750±75B. P.,早于大马璘遗址,又称作"曲冰文化"或"曲冰—大马璘类型"。[①] 后沟坑遗址有营埔文化与大邱园文化两个文化层,推测距今约 3000～2000 年前(黄士强)。这就形成了新石器时代中、晚期西海岸中部自 4500/5000 年到 2000 年前后,世代相延的是牛骂头文化、营埔文化和大邱园文化。这样的传承,也可以从美国学者杜伟(Robert E. Dewar, Jr. Yale University)1973 年试掘牛骂头遗址所见得到证实。他把牛骂头遗址自下而上分为四个文化,各层所得陶片数如下表。

陶片总数(片) \ 文化层 \ 陶系	一		二		三		四	
	2411	100%	24577	100%	16070	100%	38261	100%
绳纹红陶	1527	63.33	15687	63.83	6404	39.85	6853	17.91
素面红陶	798	33.10	7524	30.61	7837	48.77	18103	47.31
灰黑色陶	86	3.57	1366	5.56	1829	11.38	13302	34.77

(本表根据杜伟报告中的数字制作,总数中已减去口缘残片数)

杜伟在报告的结论中说,牛骂头遗址有四个文化层,二、

① 陈仲玉:《曲冰》,《第一阶段研究报告》,第 72 页;《曲冰》,台北,1994年,第 210 页。

三、四期似有持续演变关系。绳纹红绳的分布是越到上层越少。灰黑陶自第一层晚期就出现了。虽然第四层灰黑陶较多，但没有一个文化层以灰黑陶为主。上表统计显示，他的结论是可信的。杜伟还说，第三层显示由绳纹红陶期转变为大邱园期，第四层显示由大邱园期转变为大马璘期。① 按文化层序，大马璘期应早于大邱园期。这里所说的，应指大马璘类型的晚期阶段。

与牛骂头文化居民相比，营埔文化居民的生存能力与文化程度提高了。主要表现在：

1. 对环境的利用和适应能力增强。营埔文化及其后继文化分布的范围扩大了。首先是向西发展。随着海岸的后退，其居住地不断向西扩展：牛骂头文化居民是使用绳纹陶器者，他们定居在等高线约 20 米附近被浅海围绕的台地上；使用篦纹黑陶的营埔文化居民，占据标高 15 米及其附近更为广阔的台地，而使用素面红陶者居住地的标高只有 10 米了（宋文薰，1991）；向东推进：参加 1972 年"浊大计划"考古调查的多位学者都指出了这样的一种发展趋势。由于人口的增加，早先居住在牛骂头遗址的牛骂头文化居民及其后裔营埔文化居民，沿着河流（大肚溪、浊水溪及其上游乌溪）谷地不断向东推进，海拔越来越高，最终到达今南投县埔里盆地的大马璘、曲冰。聚落位置则随着台中湖水位的消退，由河谷的高位阶地转向低位阶地。臧振华在他的考古调查报告中列出史前人类到达乌溪河谷的年代为：3500～4000 年前，红色绳纹陶文化的主人，无疑已到达了乌溪河谷；

---

① Robert E. Dewar, Jr. *A Report of the Arohaeology of Three Sites in the Tatu River Valley* （《大肚溪流域三地点考古报告》），张光直编《浊大计划报告》，第 65～161 页。

大约在 3500 年前，红色素面陶文化出现于乌溪河谷，并继续向上游分布，到达现今国姓乡境；到了 3000 年左右，黑陶文化拥有者来到乌溪河谷，并延伸到埔里盆地，不仅数量增多，分布范围也显著扩大，既见于沿河的低位阶地，也见于较高的丘陵。这种现象，一方面表示当时聚落的大量扩张，另一方面也说明黑陶文化拥有者更能适应乌溪河谷地区的环境，具有相当良好的资源开采及土地利用能力（臧振华，1977）。①

2. 陶器的制作、使用方面。一是器形增多，二是出现了彩绘陶。牛骂头文化只有盆、罐、瓶及圜底、平底、圈足、袋足及一种类似有足器足端的残片。营埔文化的陶系以灰黑陶为主，器形有鼎、钵、罐、碗、豆和带鼻壶等。大部分是素面的，施纹的较少。施纹方法有压印、刻划、彩绘和捏塑（刘斌雄报告称隆起纹即附加堆纹）。刻划纹有凹弦纹、波浪纹及羽毛纹（或称羽状纹）。凹弦纹有的施于器身，有的施在肩部，有的施在口缘部，有的一道，也有三四道的。压印纹有圆圈纹及斜平行线纹（图二）。② 彩绘，使用黑色颜料为主，也有红色。纹饰有平行斜线、斜行方格纹（图三）。③

---

① 据台湾《联合报》2002 年 3 月 28 日报道（记者周美惠等），何传坤在阿里山发现距今 3800 年前的高山遗址；同年 8 月 23 日，台湾《中国时报》（记者李文仪）报告，台中县武陵农场七家湾遗址，距今已有 4500 年，海拔最高。这两处都早于大马璘遗址和曲冰遗址，遗物中有陶器、玉饰，有石棺。中央山脉西侧的石棺葬习俗，是不是由东部传来，还是由垦丁传来，有待新的考古发掘和研究成果而定。特附记于此。

② 刘斌雄，1955。

③ 金关丈夫、国分直一著，谭继山译、陈昱审订：《台湾考古志》，武陵出版有限公司，台北，1990 年，第 103～111 页；日本法政大学出版局，东京，1979 年，日文版。金关、国分在营埔遗址发现兽足鼎足（第 106 页）。

图二　营埔文化的陶器

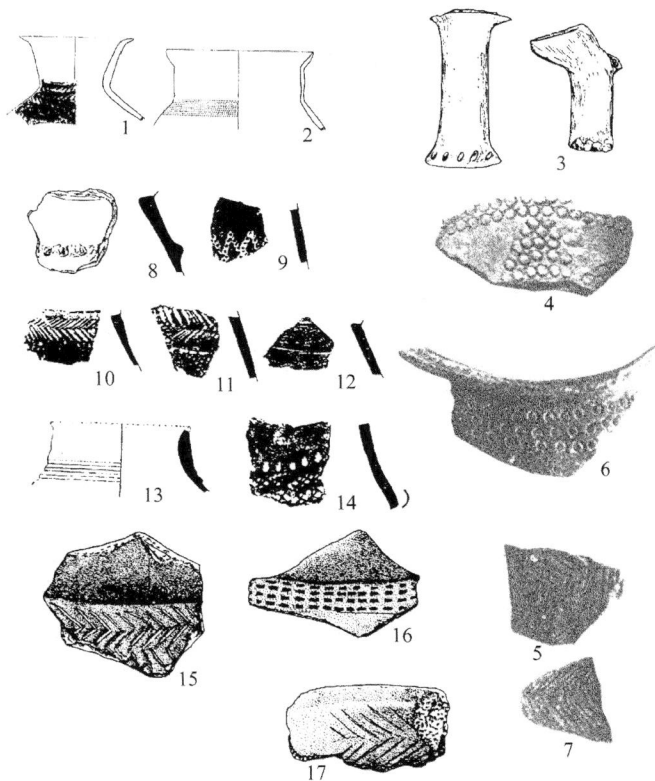

3 营埔出土兽足式鼎脚　（1～2采自《台湾考古志》）；8～14牛骂
头出土（采自刘斌雄，1955）；4～5大坪顶出土，6～7洞角（小坪）
出土（采自黄士强，1977）；15～17顶崁子出土（采自臧振华，1984）。
2、13～14绳纹；1、6～7、10～11、15、17羽状纹；4～5、9、14圆圈纹；
16豆粒形带状纹。

图三　台湾营埔文化及华北史前时代的彩绘陶器

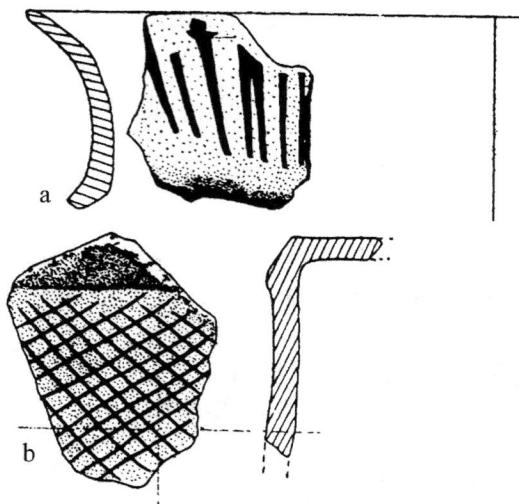

a. b. 灰黑色夹砂陶彩绘（顶崁子遗址出土）

（采自臧振华，1984）

　　据金关丈夫、国分直一观察，营埔遗址出土的陶器有少量胎较薄、火候高的白色陶片，有内外两面有光泽的漆黑色薄皮，胎厚约 2 毫米的良质陶片。[1] 这说明营埔文化居民的制陶技术有了很大进步。主要表现在陶器硬度提高；表面研磨（磨光），不仅使器表光亮，也使陶胎更加严密。器形富于变化，纹饰种类较多（臧振华，1978）。

　　3. 营埔文化居民使用的石器，以锄、斧、锛、箭头和石刀为主（图四至六）。石刀种类比较多，有半月形、长方形、马鞍

_____

① 《台湾考古志》（中译本），第 106 页。

形，一般均有两孔；还有靴形石刀。有的石刀上还刻有方格纹或线状纹，其中，有的好像是表示谷穗的图案。马鞍形石刀，"在华北考古学上一度称为'有翼石刀'"，[①] 它与多孔石刀、有孔石镰是营埔文化石器中最有特色的器物。此外，大马璘遗址还出土了用于掘土、除草的斧锄形器和靴形石器。有一件圆锥形器，

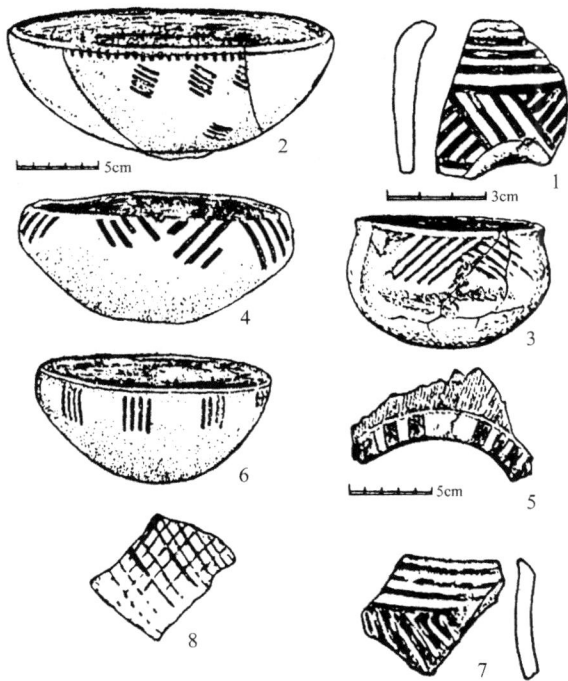

1、2 桃仔园　3 内蒙古赤峰红山后

4 赤峰三道井子　5 良文港　6 河南省安阳后岗

7、8 营埔（采自《台湾考古志》）

---

① 韩起：《台湾省原始社会考古概述》，北京，《考古》，1979 年第 3 期。

磨制出细而锋利的尖端，用于钻孔。可见其制石技术之高。石镞
有凹底三角形、带铤或钻孔等不同类型。石斧种类繁多，有打制
石斧、靴形石斧、有颈石斧、三角形和菱形石斧等。过去，在台
湾北部地区圆山文化植物园期所见的"巴图"形石器，刘益昌
称作"大型石犁"；① 金关丈夫、国分直一宣布在营埔遗址发现
磨制大型犁形石器。② 这些都是他们从事农业耕作的工具。

图四　营埔文化的石器

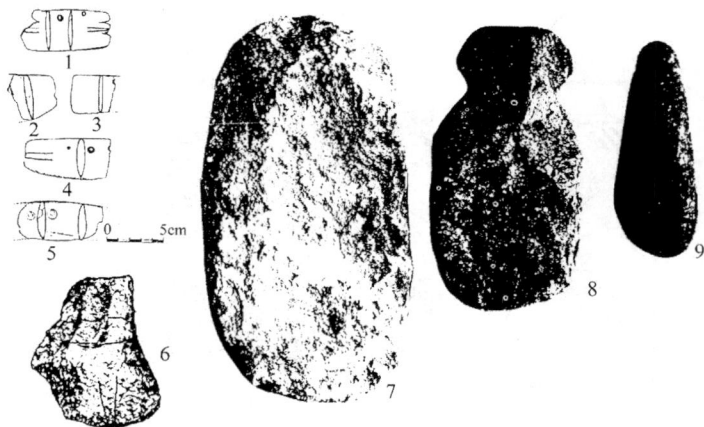

1~5 石刀　6 靴形石器，营埔出土（采自《台湾考古志》）

7 打制石斧　8 有颈石斧　9 单缒形网坠，洞角（小坪）

出土（采自黄士强，1977）

4. 营埔文化居民是稻与粟的种植者。关于种植水稻，一说
在营埔出土的陶片上有谷粒印痕，由日本的中尾佐助鉴定为稻米

① 刘益昌：《营埔》，《第一阶段研究报告》，第 57 页。
② 《台湾考古志》（中译本），第 107 页。

的痕迹（张光直，1977B）；一说在营埔黑陶层陶器上发现稻壳痕迹，经日本农林省农业技术研究所所长重九博士鉴定为栽培稻。东京大学农学部松尾孝岭鉴定结果相同。他说，毫无疑问是稻壳，而且保存了稻壳组织的很稀罕的标本（转引宋文薰，1991）。

图五　大马璘出土的石器和陶片纹饰

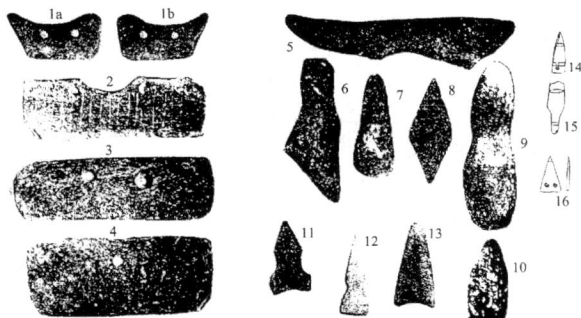

1~4 石刀　1a. 1b. 马鞍形石刀的两侧面

7 乳棒状捣棒　5、6 长靴形石斧　8 菱形石斧

9 细腰石斧　10 尖头扁平偏锋石斧　11~16 石镞

（1~13 采自鹿野著、宋文薰译，1955；14~16 采自《台湾考古志》）

关于粟的种植，主要遗迹见于营埔文化遗址陶片的纹饰。牛骂头遗址出土的黑色陶片上有压印的圆圈纹及羽毛纹（即羽状纹）。经植物学家刘棠瑞鉴定，圆圈纹是用小米（粟）之老杆在陶器上连续戳印而成；羽状纹疑为小米穗端压印而成（参见图二、图五、图六），证明小米为当时人类主要农作物之一（刘斌雄，1955；何传坤，1977；杜伟，1977）。

17　　　　　　　　18

19　　　　　　　　　20

17、18 大马璘出土的方格纹、绳纹陶片

19、20 水蛙窟出土的羽状纹、圆圈纹陶片

（均采自 Richard B. Stamps，张光直编《浊大计划报告》，1977）

5. 营埔文化的部分居民使用石棺作葬具。出现这一遗迹的遗址有大马璘和曲冰。1949 年 11 月，考古学家李济、石璋如带领台湾大学考古人类学系师生对大马璘遗进行第四次发掘，发现石板棺却无人骨。可能被白蚁所食殁，但肯定石棺是一种葬具，有长方形和方形两种。① 1981 年，石璋如主持、陈仲玉执行对曲冰遗址的发掘，前后六年，发掘十次，最后由陈仲玉执笔完成报

————————

① 石璋如：《台湾大马璘遗址发掘简报》，台湾大学《考古人类学刊》第 1 期，1953 年。

图六　曲冰遗址出土的石器和陶片纹饰

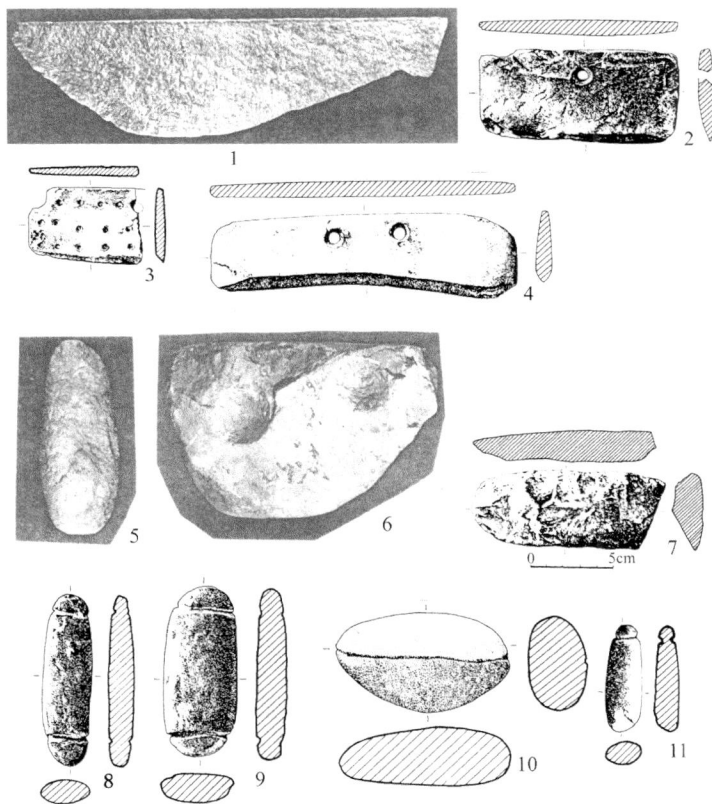

1～4 石刀　5 石杵　6 石臼（另有单穴者）

7 刀斧混合器　8～11 网坠

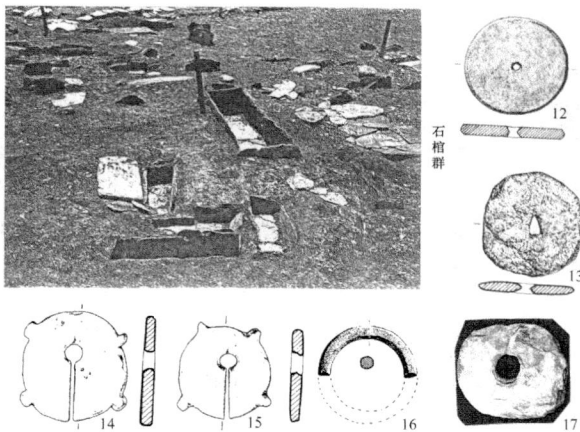

石棺群

12~13 石纺轮　14~15 石玦　16 石环

17 大石环

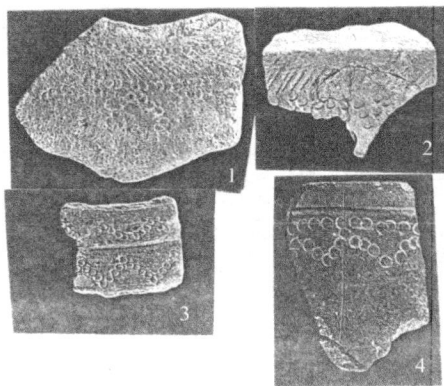

1~4 陶片纹饰

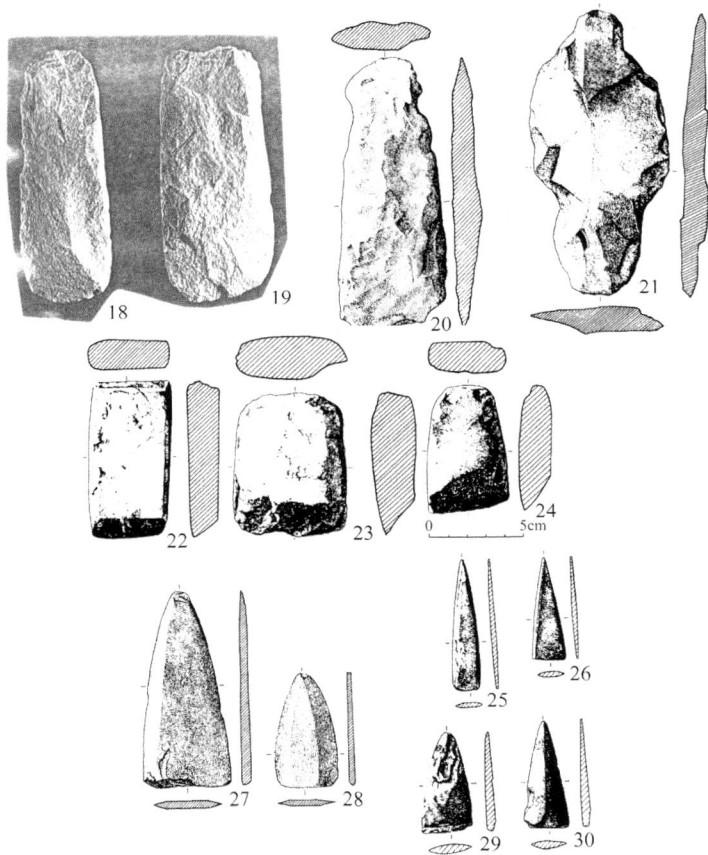

18～20 打制石斧　21 打制石矛

22～24 锛凿形器　25～30 磨制石矛镞

（石器 1～30，陶片 1～4 均采自陈仲玉《曲冰》，1994）

告——《曲冰》（1994 年出版）。其中 48 座房基，171 座墓葬，石质标本 34470 件（卷首，石璋如序）。有用板岩石块围绕外墙，起加固作用；有的房屋沿着脊线有板岩立柱（第 33 页）。

171 座墓葬中，有长方形石板棺；也有方形石板棺，即"小型石板棺"。这两种石板棺既有葬于室内的，也有葬于室外墓地的（第 57 页表一、67 页表二）。石板棺中虽无人骨，但有随葬品如石玦等。石板棺本身即是墓葬的证据（第 67 页）。曲冰文化居民不仅住房的正门朝东，同时在 171 座墓葬中，除一座被压在房基之下方向不明、13 座墓的方位偏向南北，其余 157 座都是东西向的方位（第 208 页）。东西向方位占 92.31%，南北向占 7.7%（第 81 页）。这种有意识的安排住宅和墓葬方位，是出于宗教信仰还是对故乡的怀念，值得研究。

　　三、大邱园文化居民。大邱园文化是继灰黑陶文化之后，以素面粗砂红陶为主要陶系的西海岸中部新石器时代晚期文化。主要遗址有大邱园、长山顶、隧道口、田寮园等。① 田寮园的四个 C_{14} 年代经树轮校正后的年代幅度为公元 30～350 年。大概开始于公元纪元前后，存续到公元后几个世纪。② 这个文化的代表遗址为南投县集集镇的大邱园遗址，距今 1000～2000 年前。③

　　大邱园文化居民仍以手工制作陶器，大多含有较粗砂粒。陶片质地松软，硬度 1.5。颜色多呈橘红、橘黄等色。少数为灰黑陶，素面无纹。器类以鼓腹圜底罐形器为多（黄士强，1977）。田寮园出土的陶器，仅见有敛口，侈口或直缘、鼓腹、圜底罐形器一种，硬度甚低，多不超过 1.5°。仅在一件陶片上，发现有

---

① 黄士强：《浊水溪中游北岸考古调查》，张光直编《浊大计划报告》，台北，1977 年。

② 臧振华：《南投县集集镇田寮园史前遗址试掘》，《中央研究院历史语言研究所集刊》第 49 本 4 分，台北，1978 年 12 月。

③ 黄士强：《大邱园》，《第一阶段研究报告》，第 92 页。

划纹一条。此外皆为素面（臧振华，1978）。他们用来从事农耕和收割庄稼的石制工具有斧锄形器，锛凿形器，带双孔的长形石刀、近马鞍形带孔石刀等（黄士强，1977；臧振华，1978）。制作方式有打制、粗磨和精磨等三种。如斧锄形器，有打制的、粗磨和精磨的。另有一种长条形石器，也可分为打制、粗磨和精磨三类。还有一种生产工具——掘棒。矛镞形器，既可以用作狩猎，也可用作武器。田寮园的石器中，农具占59.12%，手工用具占31.45%，用于狩猎和战争的仅占5.66%，没有网坠。这说明大邱园文化居民的生业方式中，农业占有极大的比重（臧振华，1978），可能栽培谷类作物。[①]

据何传坤调查，靠近海岸的牛骂头遗址上层等出现的素面红陶文化，除网坠外，其他石器差异不大。但陶器制作上有明显区别。器类除罐外，还有钵、碗、圈足器，部分有盖，以鼎或鬲形器的出现为其特色。另有口缘饰以三道弦纹者（何传坤，1977）。这一现象，可能是同一部落的不同氏族成员所制作的结果。西海岸的素面红陶文化要早于浊水溪中游河谷的素面红陶文化。二者之间有时间早晚的区别，也有氏族不同的缘故。

大邱园式素面红陶文化与现代台湾世居少数民族关系，虽然布农族传说其祖先的居住地与迁移路线与大邱园文化遗址分布基本一致，但没有发现代表布农族陶器特征的方格纹，可能与居住在南投一带的平埔系统的洪安雅族的支系阿礼公有关（臧振华，1978）。

---

① 邱敏勇：《试论大邱园文化》，宋文薰等主编：《考古与历史文化（上）——庆祝高去寻先生八十大寿论文集》，台北，正中书局，1991年，第343～354页。

第二节　牛稠子文化居民

在距今 4000 年前，今台南县牛稠子来了一支制作、使用绳纹红陶的农民。他们在牛稠子世代相延近千年（晚期 C_{14} 年代距今 3525 ± 70 年，推测距今 4000 ~ 3000 年前）。[①] 除牛稠子外，还有三处与他们有关联：一是高雄林园乡凤鼻头，属于牛稠子文化的文化层（牛稠子文化凤鼻头类型）距今约 4400 ~ 3900 年前。[②] 大树乡后庄等处绳纹红陶遗址；[③] 二是屏东县恒春镇的垦丁和鹅銮鼻遗址。垦丁遗址 C_{14} 年代为距今 3985 ± 145 年，两处都有石板棺墓葬；[④] 三是澎湖群岛白沙乡的吉贝 E、赤崁 B，湖西乡的沙港 A、良文港，马公乡的锁港，西屿乡的内垵 A、七美乡南港、望安乡鲤鱼山等遗址，都在距今 4500 年前。牛稠子文化的存续年代可定在距今约 4500 – 3500 年前。[⑤] 这些遗址有的

---

① 黄士强：《牛稠子》，《第一阶段研究报告》，第 116 页。

② 刘益昌：《凤鼻头》，同上书第 172 页。按：刘益昌指出，凤鼻头遗址有三个文化层，下层为大坌坑文化层，中层为牛稠子文化凤鼻头类型，上层为凤鼻头文化，距今约 3500 ~ 2000 年前。又，他在《台湾的考古遗址》一书中，除凤鼻头类型外，还称牛稠子文化垦丁类型（第 32、33 页），台北县文化中心，1992 年。

③ 黄士强：《后庄》，《第一阶段研究报告》，第 170 页。

④ 李光周：《垦丁国家公园所见的先陶文化及其相关问题》，以红色绳纹陶为第二文化层次，称"垦丁史前文化相"。李光周著、尹建中编：《垦丁史前住民与文化》，台北，稻乡出版社，1996 年（以下简称"李光周，1996A"），第 140 ~ 141 页；陈仲玉《垦丁》，《第一阶段研究报告》，第 186 ~ 187 页。

⑤ 臧振华：《吉贝 E》、《赤崁 B》、《沙港 A》、《良文港》、《锁港》、《内垵 A》、《鲤鱼山》和《南港》，《第一阶段研究报告》，第 125、131、141、149、151、159、199 页。

位于海岸台地、珊瑚礁石灰岩礁林区，有的在缓坡、丘陵或海滨沙地，其周围都有已命名或无名的溪流提供淡水；近海便于捕鱼、采贝；靠近丘陵有森林可资利用，山下台地可耕种粮食。这是牛稠子文化居民选择聚落地址时对自然环境的适应。

一、陶器、石器制作。制作陶器、石器，是他们日常劳动的组成部分。陶器（图一），有红色和棕色两陶系。手制，用拍垫法修整器形。红色陶系陶土所含细砂不是有意掺和进去的。棕色陶系陶土中有掺和料，制作装饰品陶环使用的陶土经过淘洗，说明他们已掌握此项技术。器类简单，有侈口、鼓腹凹底或圜底罐，敛口、圜底钵，镂孔高圈足豆，长颈瓶和器盖。罐形器口缘内外表和肩部外表磨光，用压印法在腹部施斜行细绳纹，有的用尖利工具施直线划纹，有单线、双排或三排平行直线交叉呈 X 形。这种纹饰被鹿野忠雄称作"叠十字纹"（图一，12）。钵形器素面无纹，全面磨光。[①] 此外，还有彩绘陶器（详后）。他们的生产工具有打制石锄（石斧），磨制石锄、石锛，石刀、靴形石器（刀、斧）、石矛头，磨制石镞、石凿，石子器、石网坠（砝码型、单缒型、两缒型）、石制陶托；用具有石杵和凹石[②]（图二）。骨器有骨刀、骨针、骨尖器和骨镞。另外，还有贝刮器、贝镞，以及贝匙，贝环、贝珠、圆板形骨核和鲨鱼脊椎骨（有的穿小洞）、石制铃形等食器或装饰品。宋文薰指出，这些工具和用具，鹅銮鼻遗址有，垦丁遗址也有。[③] 但是，牛稠子遗

---

① 宋文薰等：《鹅銮鼻——台湾南端的史前遗址》，《中国东亚学术研究计划委员会年报》第 6 期，台北，1967 年。

② 宋文薰等，1967；李光周，1996A，第 97、103 页。

③ 宋文薰等，1967；李光周，1996A，第 103 页。

图一　牛稠子文化的陶器

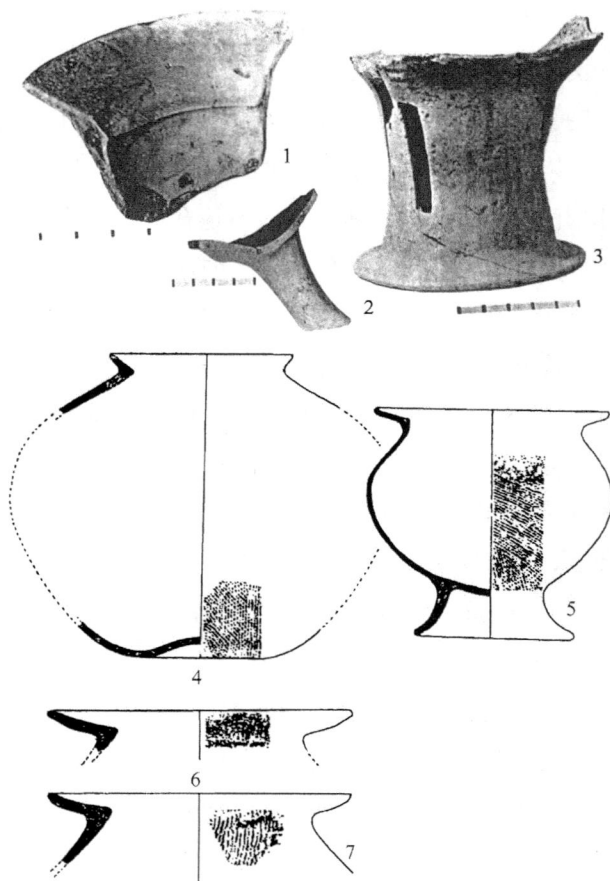

1～3 凤鼻头出土（采自《考古》1979 年第 3 期）

4～8 鹅銮鼻出土（采自宋文薰等，1967）

殉葬的红色圈足陶罐

址和垦丁遗址出土的石刀，澎湖群岛各遗址和鹅銮鼻遗址未见。
澎湖七美乡的南港遗址是当时的一处石器制造场。①

---

① 臧振华、洪晓纯：《澎湖七美岛史前石器制造场的发现和初步研究》，《中央研究院历史语言研究所集刊》第 72 本 4 分，台北，2001 年 12 月（以下简称"臧振华等，2001"）。

9 ~ 14 垦丁出土（9 ~ 11 采自《台湾考古志》；12 采自鹿野忠雄著，
宋文薰译，1955；13 ~ 14 采自宋文薰等，1967）

垦丁石板棺中殉葬的豆形（13）及瓶形（14）陶器

图二　牛稠子文化的石器

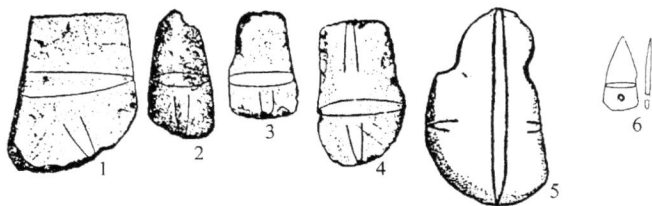

1～6 牛稠子遗址出土

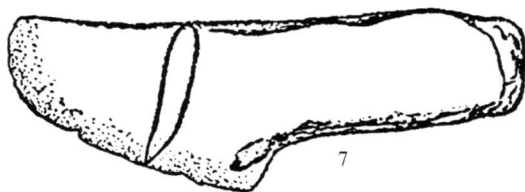

7～9 垦丁出土

（1～9采自《台湾考古志》）

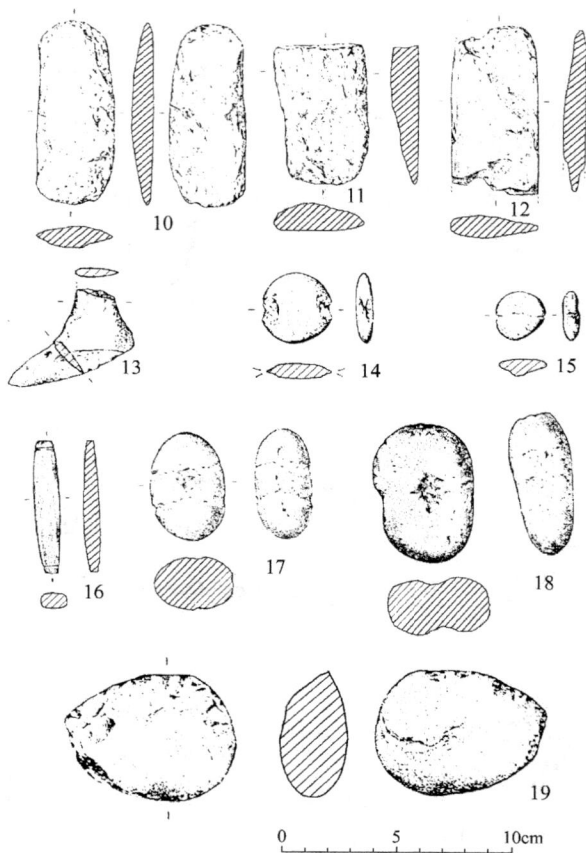

10～19 鹅銮鼻出土　10～11 打制石锄　12 磨制石锄

13 靴形石器　14～15 砝码形网坠　16 两缢形网坠

17 有槽卵形网坠　18 凹石　19 石子器。

（采自宋文薰等，1967）

图三　台湾南部和澎湖出土的史前彩陶

（良文港出土的彩陶属牛稠子文化，其它属大湖文化）

1~31 凤鼻头出土（1~27 坪井清足原图，采自《台湾考古志》；

28~31 采自黄士强，1984；

32~33 桃仔园出土，采自《台湾考古志》）

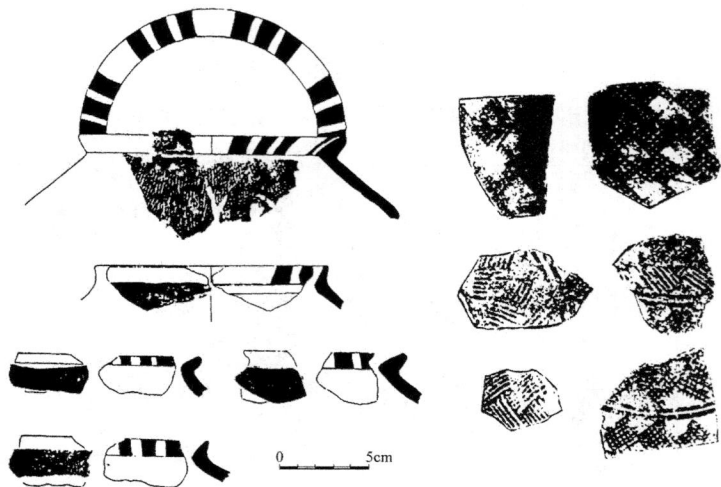

左　良文港出土（采自《台湾考古志》）

右　鹅銮鼻出土（采自黄士强，1984）

二、主要特点。牛稠子文化居民与牛骂头文化居民，都是细绳纹红陶的制作和使用者，但牛稠子文化的不同之处有五：

1. 种植稻、粟的遗迹明显。牛骂头文化本身没有种植稻粟的直接证据，是靠石器工具的类型推断。到了营埔文化阶段，才获得直接证据。牛稠子文化的工具中农具所占的比例相当大，而且在垦丁、赤崁 B 等遗址发现有稻壳痕迹，品种与营埔相同，都是籼稻。① 在牛稠子遗址红陶文化层中发现了粟（谷子）粒的遗迹，② 和陶片表面有豆科植物种子遗留的印痕。③

---

① 臧振华：《台湾考古的发现和研究》，邓聪、吴春明主编：《东南考古研究》第二辑，厦门大学出版社，1999 年。

② 韩起，1979。

③ 李光周，1996A，第 26 页；臧振华，1999。

2. 彩陶制作。牛骂头文化没有彩陶,营埔文化才有。牛稠子文化已有彩陶,并延续到大湖文化时期或称凤鼻头文化时期。(图三)① 牛稠子、垦丁、良文港等遗址与绳纹红陶伴出的彩陶属于牛稠子文化时期;桃仔园、鹅銮鼻和凤鼻头遗址上层与夹砂红灰陶或黑陶伴出的彩陶较晚,属大湖文化时期。

色彩有红色、红褐色(原文称"稍带暗褐色的红色""暗红"或"带褐红色")和黑褐色或黑色。纹样,有在壶形器(黄士强称罐形器)口缘施红褐色(黄氏称红色)或黑褐色平行带状纹(良文港);或在壶、瓶、碗、盂、豆的口缘内施红色单一斜线或在口缘一端施红彩(垦丁);另一种是红褐色或红色平行线纹,有的施于豆形器的圈足外表,由斜交的平行直线组成栉目纹;或豆形器的上部(盂形或碗形)的内、外侧施平行直线,以飞白式构成斜交纹。口缘外表是平行下垂的短直线或成组的平行短斜线,内面是锯齿状纹(桃仔园、凤鼻头)。② 凤鼻头出土的极少数的杯片或钵片的外表有钩连形或平行线的深红色彩画。③ 从坪井清足发表的图看,还有圆点纹、蝌蚪纹、菱形纹,M形纹和宽带纹中夹带菱形纹,以及两种以上图案的组合纹(图三,18、20、21、26、27)。

关于彩绘方式,一是如上文提到栉目纹,就是用梳或篦形工具压印的但没有北部芝山岩文化彩绘那样的细线条。二是李光周

---

① 韩起,1979;刘益昌:《凤鼻头》。韩起所称凤鼻头文化,包括牛骂头文化、牛稠子文化、营埔文化、大湖文化及铁器时代的番仔园文化。

② 《台湾考古志》(中译本),第169~175,278~281页;黄士强:《新发现的澎湖新石器时代遗址》,《艺术家》第9卷第4期,台北,1979年9月。

③ 韩起,1979。

指出：鹅銮鼻第二遗址第三文化相的彩绘方式，以软"笔"蘸彩绘于器表后烧成。菱形构图分别以斜平行线、交叉平行斜线、圈点和满彩构成。① 这说明大湖文化鹅銮鼻遗址出土的是彩陶。"满彩"可能就是通常所说的陶衣吧？

3. 拔牙和嚼槟榔习俗。垦丁遗址、鹅銮鼻遗址和锁港遗址都有拔牙习俗。鹅銮鼻遗址人骨，被拔去的牙齿是上颚侧门齿（原文：第二门齿）及犬齿各两枚，② 以及头骨前囟点变形。垦丁遗址人骨拔去的齿种与鹅銮鼻相同。锁港遗址人骨拔去的是上颚侧门齿。③

4. 鹅銮鼻、垦丁两遗址使用石板棺。鹅銮鼻第一史前遗址的六座石板棺，都是头端比脚端略宽的长方形石板棺，棺底不铺石板，有棺盖。仰身直肢葬式，方向是头朝西北。有厚葬习俗，如随葬有贝壳手环、小口长颈瓶和豆形器等（图一，13、14）。石材除使用当地的珊瑚角砾岩外，还有到垦丁石牛溪等远处搬运回来的砂岩。可见这一遗址的居民始终循守固定的埋葬方式。④ 牛稠子文化绳纹红陶人使用石板棺作葬具（图四），并有拔牙习俗，同样使用绳纹红陶的牛骂头文化居民既无石板棺作葬具，也没有拔牙习俗。到了使用黑陶的营埔文化时期，才在大马璘、曲冰两遗址使用石板棺作葬具。这也应该是不能把西海岸中南部的此类文化遗存统统以"凤鼻头文化"称之的理由之一。

---

① 李光周、刘益昌、张宗培等：《鹅銮鼻公园考古调查报告》，台湾大学人类学系，1983 年。转引自刘益昌，1991（以下简称"李光周等，1983"）。

② 宋文薫等，1967。

③ 何传坤：《台湾史前文化三论》，台北，稻乡出版社，1996 年，第 107、92 页。

④ 宋文薫等，1967。

图四　鹅銮鼻遗址的石板棺（平面图）

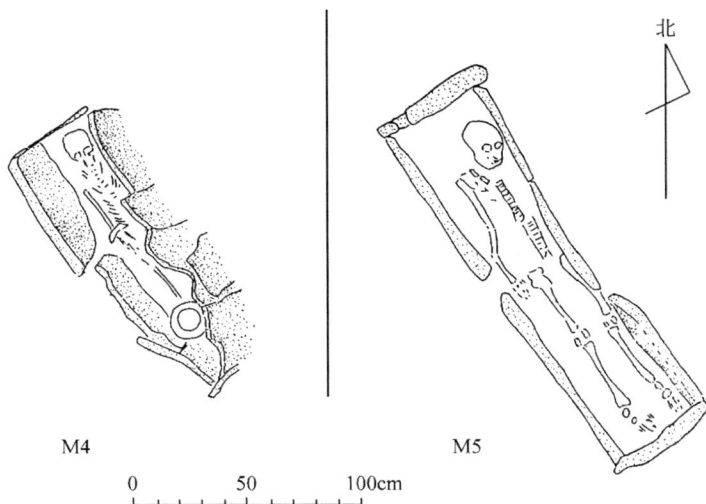

北

M4　　　　　　　　　　　　　　M5

0　　　　50　　　　100cm

（采自宋文薰等，1967）

5. 从凤鼻头遗址出土的柱洞、房内没有居住面等情况看，这是一所干栏式建筑。在柱洞中发现洞底有一层土沥青，说明他们已懂得利用海底漏出来的石油残渣作房柱防腐之用。这在我国考古上似属首例，世界上也只有美国的得克萨斯州考古中有此类发现。[①]

从石板棺墓葬和人骨遗骸可以看出牛稠子文化的主人有以下风俗习惯：（一）有遵守固定埋葬方式和厚葬习俗。鹅銮鼻出土的六座墓葬，都以石板棺为葬具（只有五面，棺底不铺石板）。方向是头朝西北。常用精制的陶器殉葬。[②]（二）台湾考古学家

① 韩起，1979。
② 韩起，1979。

第五章　锄耕农业时期（中）

李光周提出：根据 1966 年暑期台湾南端鹅銮鼻史前遗址发掘的材料所做的初步研究，显示大约 4500 年前的垦丁是一个母系社会，主要实行社群外婚，居住法则是婚后夫从妻居住，子女从母居住。① （三）垦丁遗址居民除拔牙外，若干人齿上并有咀嚼槟榔留下的痕迹。② 这也是他们的生活习俗之一。

三、大湖文化居民。 他们当时生活情形的文化遗存被保留在下列史前遗址：高雄县路竹乡社西村大湖Ⅰ，C_{14} 测定的年代距今 3170 ± 40 年、2990 ± 40 年；大树乡与茑松乡仁美村比邻的后庄遗址，有石板棺露出地表。③ 凤鼻头遗址上层，C_{14} 年代距今约 3500 ~ 2000 年前（刘益昌）；鹅銮鼻第二史前遗址第三文化相、第四文化相（分别简称"鹅銮鼻Ⅱ、三""鹅銮鼻Ⅱ、四"）、桃仔园、番仔洞、猴仙洞、古山宫、白沙和屏东县车城乡龟山，台南县官田乡乌山头，距今约 3000 ~ 2000 年前；台南市六甲顶、清风庄和台南县善化镇三抱竹遗址。这些遗址主要分布在竹子溪以北的大湖台地、海岸台地边缘和珊瑚礁林。④ 大湖文化的持续年代可定在距今 3500 ~ 2000 年前。

---

① 李光周，1996 年，第 170 页。

② 李光周，1996，第 183 页。

③ 黄士强：《大湖Ⅰ》、《后庄》，《第一阶段研究报告》，第 164 ~ 165、170 ~ 171 页。

④ 刘益昌：《乌山头》、《龟山》，《第一阶段研究报告》，第 110 ~ 111，184 ~ 185 页；《试论凤鼻头文化的性质与卑南文化的年代》，宋文薰等主编：《考古与历史文化》，台北，正中书局，1991 年，第 327 ~ 342 页（以下简称"刘益昌，1991"）。

按，笔者注意到，刘益昌在上引第二篇论文中，已将台湾本岛南部地区新石器时代晚期文化划分为大湖文化、凤鼻头文化和响林文化（《考古与历史文化》，第 334 页）。此前，黄士强也提出划分为大湖文化与凤鼻头文化的意见，但并不是定论。这里仍"把红砂—灰砂陶文化叫做'大湖文化'。"这一文化的陶器中出现了典型的黑陶（宋文薰，1991）。其间的差别可视为不同的地方类型。

大湖文化居民制作、使用的陶器以红（褐）色夹砂陶、红（褐）色泥质陶、灰黑色夹砂陶和灰黑色泥质陶（即磨光黑陶与灰泥陶），其中以红褐色陶和灰黑色泥质陶为主。前者以细砂、后者以贝壳屑为掺和料。器类主要是罐、钵，还有杯、碗，有的有圈足、袋状足，① 或盖和纺轮。不同的陶系施以不同的纹饰（图五）。红褐色夹砂陶器表以素面为主；方格纹次之，占陶片总件数的 12.6%；此外，还有少量点纹和用尖器刻划的划纹（刘益昌，1991）。彩绘也是大湖文化居民制作陶器的技艺之一，表现了他们的审美情趣。关于彩陶，已叙述在前，此处不赘。灰黑色泥质陶的纹饰主要施在一种大口径、低口缘、微侈的罐形器唇缘或颈腹交接处表面，是用带尖工具在陶胚未干尚软时划上去的，唇缘纹样有折线、圈状、V 形、8 形、Q 形；体部纹样为波浪纹或波浪纹与其他纹饰构成的组合纹（刘益昌，1991）。他们制作黑陶的技艺精湛，胎薄、器表研磨光亮，并施有纹饰。宋文薰说，凤鼻头遗址出土的典型黑陶（图五，20～26），是大湖文化的重要特色（宋，1991）。

　　大湖文化居民的生产工具，除纺轮是陶制的外，农业和渔猎工具都是石制的（图六）。有磨制大形扁平石犁（即巴图石器）、磨光型石铲、打制石锄、石斧、方角石锛、直刃弧背石刀、三角形带铤或带穿石镞（刘益昌，1991），以及穿孔（未透）石斧；类似靴形石器的石斧（图六，52、53），马鞍形石刀、长方形石刀。凤鼻头遗址上层还出土带槽卵形网坠，还有大量夜光螺口盖制作的贝刮器、贝匙，骨匕、骨凿、骨尖器、骨针和鱼叉、鱼钩

---

① 《台湾考古志》（中译本），第317页，金关、国分推测为鬲足。

图五 大湖文化的陶器

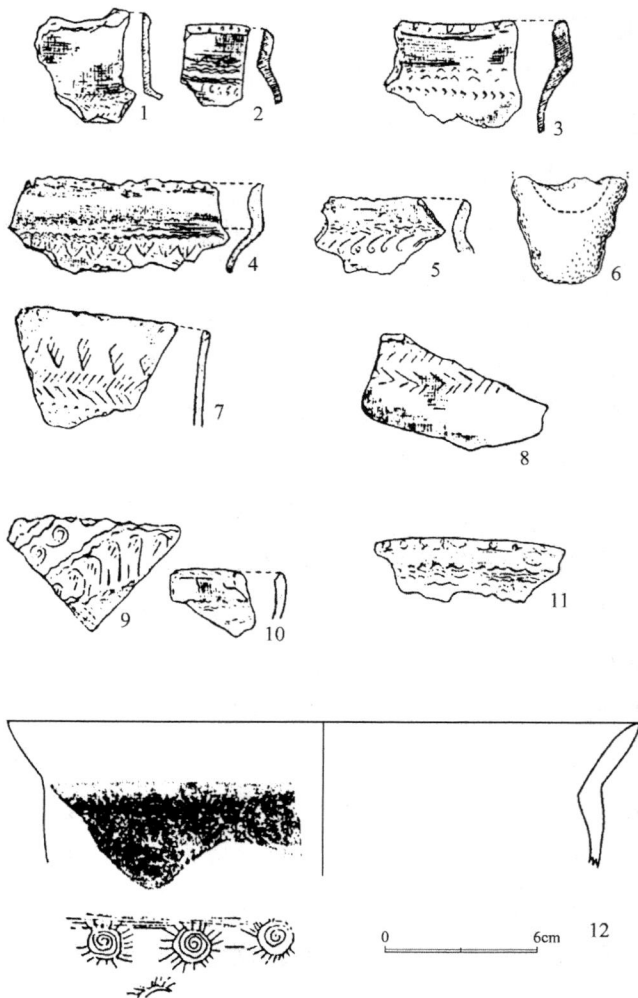

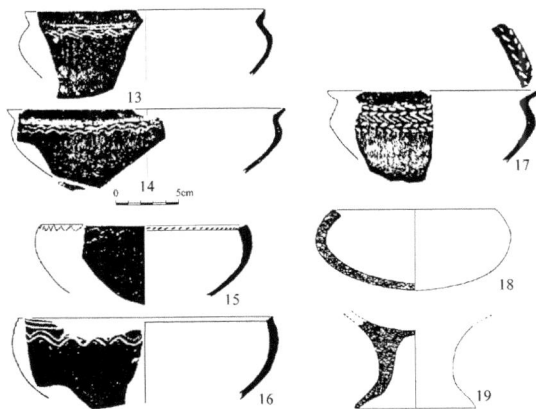

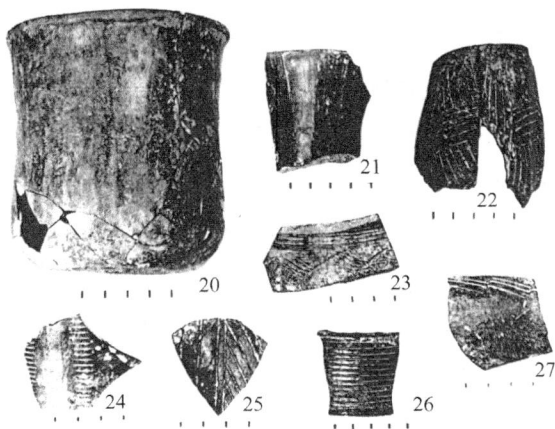

1～6 大湖出土（6 为袋状足）　7～12 六甲顶出土　13～17 桃仔园出土
18～19 鹅銮鼻上层出土　20～27 凤鼻头出土（1～17 采自
《台湾考古志》18～19 采自宋文薰等，1967；
20～27 采自《考古》1979 年第 3 期。）

（刘益昌，1991）。从上述工具看，乌山头、大湖等遗址农业生产工具比例大，说明农业生产占主要地位；大量收割用的石刀，说明他们种植的是粟、稻一类的谷类作物。恒春半岛的鹅銮鼻遗址第三文化相和第四文化相的一部分，渔猎工具尤其捕鱼工具较多，仅网坠就有砝码型、两缢型、三缢型和带槽卵形四种，还有骨鱼叉、骨鱼钩；有取螺贝肉的用具凹石，捕捞工具占的比重大，说明他们对于海域资源的认识，掌握和依赖，农耕活动的重要性则有降低的趋势。此外，狩猎、采集仍为重要的生业活动（李光周，1996A，第143页）。

大湖文化居民的装饰品有玦、坠、玉环、贝环、穿孔贝片等（刘益昌，1991）。

本世纪初，由朱正宜研究员率领的考古队在台南县善化镇进行抢救性考古发掘，在属于大湖文化的三抱竹遗址发现一具距今2500年前的没有头颅骨骸。朱正宜分析认为，可能是遭"猎首"所致。① 1997年，考古工作者在乌山头遗址发现距今2800年左右的十分完整的"俯身葬"骨骸8具。头朝北方，有陪葬风俗；成年男性身高都在1.7米以上，女性则在1.5米至1.6米之间。同样，也有一具无头颅骨骸。② 这说明大湖文化居民有"猎头"习俗。此外，桃仔园遗址还发现儿童瓮棺葬。③

---

① 郭先盛：《南科现再史前骸骨，疑遭猎首》，台湾《联合报》2003年1月3日第5版。
② 《人民日报》（海外版），1997年10月29日第5版。
③ 何传坤，1996，第124页。

图六　大湖文化的石器

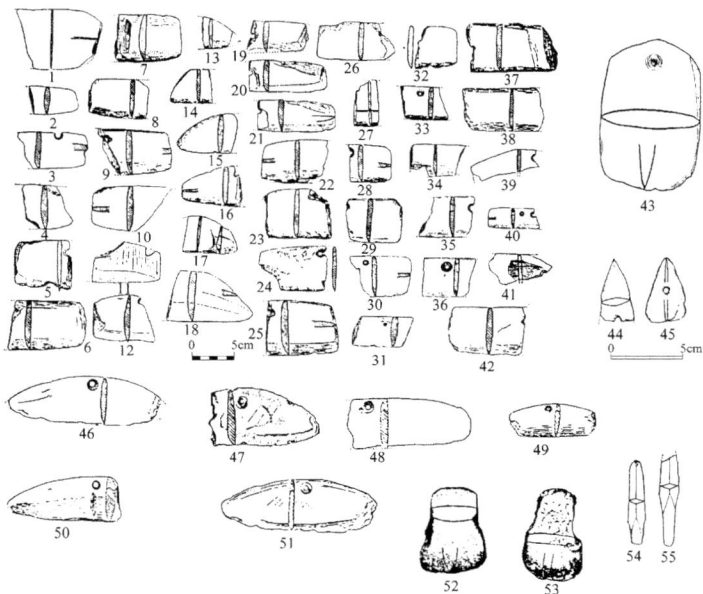

1～45 大湖出土　46～53 桃仔园出土　54～55 凤鼻头出土

43 穿孔石斧（穿未透）　52、53 石斧（类似靴形石器）

44、45 穿孔石镞　54、55 带铤石镞

其它为石刀及石刀残片（1～55 采自《台湾考古志》）

第三节　中南部诸文化源流讨论

关于西海岸中南部新石器时代中晚期诸文化的源流，海峡两岸的考古学家、民族学者已发表了各自的假说或见解，既涉及这些文化之间的关系，也讨论了与现代台湾世居少数民族的关系，更多的是探讨与海峡西岸新石器时代文化的关系。现在综述各家

见解之后，提出作者的一得之见。

一、诸文化间的关系。这包括垂直关系与横向联系。多数学者认为，牛骂头文化、营埔文化和大邱园文化之间，是一种持续发展的关系，并有直接的地层叠压关系。如彰化市牛埔遗址，营埔文化叠压在牛骂头文化之上，南投县集集镇鹅田遗址，大邱园文化叠压在营埔文化之上。牛骂头文化的代表遗址牛骂头，刘斌雄调查发现红色绳纹陶文化层在黑色陶文化层下面（1955）。臧振华在《顶崁子遗址试掘报告》中推测，这个遗址所代表的文化，似乎是由绳纹红陶向灰黑陶转变的文化（1984）。刘、臧所说"红色绳纹陶"或"绳纹红陶"就是牛骂头文化，"黑色陶文化层"或"灰黑陶文化"就是营埔文化。牛稠子文化、大湖文化和茑松文化之间同样有相互叠压的关系，如前述鹅銮鼻遗址、凤鼻头遗址。刘益昌说，营埔文化也可证明是由牛骂头文化晚期逐渐发展来的，大湖文化不能排除是牛稠子文化受邻近凤鼻头遗址发展的影响所致（1988）。

西海岸诸文化之间的关系的另一层意思是，澎湖锁港期细绳纹红陶文化与牛稠子文化的关系"甚为接近"（臧振华，1989）；再者，中南部制作石器的原料，玄武岩来自澎湖，甚至七美岛的南港遗址是一处石器制作场，澎湖的赤崁 B 遗址出土的带稻谷印痕的陶器可能来自台湾西海岸中南部（因土壤、气候原因，澎湖群岛不适宜种水稻）；① 鹅銮鼻石板棺的材质除当地的珊瑚角砾岩外，还有产于垦丁石牛溪的砂岩（宋文薰等，1967）。

---

① 臧振华：《澎湖群岛的考古发现》，张炎宪主编《历史文化与台湾》（3），台湾风物出版社，台北，1991 年（以下简作"臧振华，1991"），第 33～45 页。

黄士强认为，澎湖的绳纹红陶文化，与牛稠子和网寮两遗址关系最密切，所出土的陶器不论在形制上、纹饰上和质地上都酷似。此外，两遗址出土的石器不少是用澎湖出产的橄榄石、玄武石制造的，可见两地往来必定频繁。根据牛稠子遗址中层 C_{14} 年代为 3700 年前，推测澎湖的红陶文化大约在 4000 年前或稍晚。从文化来源上说，绳纹红陶文化"是承袭大坌坑文化发展出来的"。"不知什么原因，绳纹红陶文化的人们离开了澎湖。大约两千多年的时间，澎湖地区也许人烟罕至……一直到宋代，汉人才自大陆移入。"[①] 这一方面说明，台湾本岛内部及其与澎湖群岛之间存在密切的联系与文化交流；另一方面的疑问是，澎湖的绳纹红陶文化居民离开后迁移到哪里了？很可能融入到台湾本岛南部的绳纹红陶文化居民中去了。或者他们本来就来自台湾本岛南部及西南部，到澎湖短暂停留，开采资源，[②] 后来又回台湾本岛了？

　　总之，台湾西海岸中、南部新石器时代诸文化间，或许如臧振华指出的，大坌坑文化与代表龙山形成期文化早期的细绳纹陶文化之间有承继发展的关系（详后），一部分年代较晚的新石器时代文化，又有可能是源自细绳纹陶文化（臧振华，1999）。

　　二、与福建昙石山文化的关系。学者们所说的，昙石山文化与凤鼻头文化的关系，不论二者是源流关系还是密切联系或频繁交流的关系，首先要弄清楚的是："凤鼻头文化"有广义与狭义之分。广义的凤鼻头文化指台湾西海岸中、南部和澎湖群岛自粗

　　① 黄士强：《新发现的澎湖新石器时代遗址》，《艺术家》杂志，第 9 卷第 4 期，台北，1979 年 9 月。

　　② 臧振华，1991。

绳纹陶或大坌坑文化以后、距今4500年（或公元前2500年）前以来的新石器中、晚期，甚至铁器时代的史前文化。韩起与张光直就是这样使用"凤鼻头文化"这一概念的。韩起的"凤鼻头文化的诸类型"，包括"自公元前2500年起到1500年左右有一层分布广泛以印纹红陶为代表的文化；自公元前1500年起到公元纪元初叶，中南部各地有类型不一但都有素面或刻纹黑陶和贝丘成分的文化；从公元初期一直到历史时代，从北部一直到南部各地都有以印纹或刻纹灰陶和黑陶为代表的文化。"（1979）按照台湾学术界特别是考古界的惯例，"历史时期"是从17世纪汉族移住台湾开始，因此，韩起说的"凤鼻头文化"自距今4500年前开始，直到公元17世纪初结束。张光直的观点与韩起的基本一致，只是在存续时间的下限限定在"公元纪元初叶"那一段了。他说："从海峡新石器时代整个文化史的立场来看，台湾西海岸大坌坑文化以后更重要的新石器时代文化是中、南部海岸的一组，以细绳纹红陶为显著特征。这种文化有人将中部的叫做牛骂头文化，南部的叫牛稠子文化、鹅銮鼻文化，或垦丁文化。但是这个文化从陶器和石器看来在中、南部以及澎湖群岛都相当一致，没有分开的必要。由于凤鼻头遗址有清楚的层位，不如称之为凤鼻头文化。这个文化分为二期，早期以细绳纹红陶为特征，晚期以印绳纹、条纹与刻划纹的灰陶与红陶为特征。"①

黄士强、刘益昌等所称的"凤鼻头文化"应是狭义的，在分布范围上，仅限于凤鼻头遗址上层、龟山遗址（屏东县车城

① 张光直：《新石器时代的台湾海峡》，北京，《考古》，1989年第6期（以下简作"张光直，1989A"）。

乡）下层和鹅銮鼻第三文化类型（原文作"文化相"）下的桃仔园等几个遗址；持续时间为距今 3500～2000 年前。[1] 正如刘益昌所说，就是把南部原来的大湖文化，"分别为凤鼻头文化与大湖文化两个单位"（1991）。其存续时间，相当于张光直界定的"凤鼻头文化"的晚期。宋文薰、连照美二位认为，仍应把研磨红色细绳纹陶文化最好称为"牛稠子文化"，把红砂—灰砂陶文化叫做"大湖文化"（宋文薰，1991）。宋、连二氏所说的牛稠子文化即张光直所说的凤鼻头文化早期。在李光周、何传坤、陈仲玉和臧振华的台湾史前文化层序表上，也都分为"牛稠子文化"、"大湖文湖"先后两层文化（参见本书第一章第二节表一至表七。）。可见，在台湾考古界，"凤鼻头文化"到底如何界定还没有定论。

其次，昙石山文化与所谓的"凤鼻头文化"到底有什么关系？一种意见认为，凤鼻头红陶文化在发展过程中除受到大陆东南沿海地区马家浜—良渚文化的影响，也受到福建闽江下游昙石山文化的浸润。[2] 安志敏认为，凤鼻头文化接受大陆影响比大坌坑文化更加显著。但与昙石山文化、东张文化比较，虽然陶系纹饰（包括彩陶）有相似处，但器形没有那么复杂；尤其是长方形或半月形的有孔石刀，在凤鼻头文化中屡有发现，形制上与黄河流域及长江下游的收割农具基本一致，但在福建境内较少发

① 刘益昌：《凤鼻头》、《龟山》，《第一阶段研究报告》，第 172～173、184～185 页。

② 陈孔立主编：《台湾历史纲要》，北京，九洲图书出版社，1996 年，第 19 页。

211 ⊙

台湾史前史与早期史

现，它可能是来自江浙的农耕文化影响。① 陈国强认为，凤鼻头文化第二期素面和刻纹黑陶文化，如夏鼐所说，这时闽台两地居民，有着密切的经济关系和频繁往来。②

有的学者指出，台湾凤鼻头文化与福建昙石山文化极其相似，并推测两地居民可能同属一个群体，他们的体质形态应当相近。③ 也有学者根据昙石山文化分布的地区（闽江下游近海处，与凤鼻头遗址隔海相望）和时间序列（昙石山中层标本 C_{14} 年代距今 3090 ± 90 年 ~ 3005 ± 90 年，凤鼻头遗址标本 C_{14} 年代距今 3310 ± 80 年 ~ 2240 ± 100 年），认为"昙石山文化分布的范围应包括凤鼻头遗址"。④ 还有学者提出，昙石山中下层与凤鼻头遗址出土的彩陶，在色彩、纹饰等方面，都有着十分惊人的相似，有的几乎是完全一致。这就不得不让人感到它们之间在三四千年前的文化传播和交流是令人信服地存在的。⑤ 不言而喻，以上各家主张的文化传播方向，是自福建到台湾。

张光直认为，凤鼻头文化与闽江的昙石山文化无疑是起于一源的文化。⑥ 源在哪里他没有说。不过，他这里说的"凤鼻头文化"，是指南部较晚的灰陶与棕褐色陶器文化，即广义的凤鼻头

---

① 安志敏：《闽台史前遗存试探》，福州，《福建文博》，1990 年增刊。
② 陈国强、周立方：《闽台远古人类文化关系》，福州，《福建文博》，1990 年增刊。
③ 尤玉桂、张振标：《论史前闽台关系及文化遗址的埋藏规律》，福州，《福建文博》，1990 年增刊。
④ 吕荣芳：《福建、台湾的贝丘遗址及其文化关系》，北京，《文物集刊》（3），文物出版社，1981 年。
⑤ 林聿亮：《闽台彩陶文化略论》，福州，《福建文博》，1990 年增刊。
⑥ 张光直：《中国南部的史前文化》，《中央研究院历史语言研究所集刊》42 本 1 分，台北，1970 年。

文化的晚期文化。这是他提出的"龙山形成期文化"理论所包含的三群文化之一。其余两群是"凤鼻头文化"早期的红陶文化和中部较晚的灰、黑陶文化。他说，这三群文化"很显然自大陆分别渡海而来"。① 不过，他已指出红陶文化与江苏的青莲岗文化有不少类似之处，中部的灰、黑陶文化与良渚文化有不少可以比较的地方（同上）。这是否说明，张光直认为细绳纹红陶文化来源于青莲岗文化？中部灰、黑陶文化（即营埔文化）来源于良渚文化？还是指这三群文化都是从华北地区的龙山文化而来？这还有待证明。

刘益昌认为，凤鼻头文化（狭义的——引者注）是凤鼻头遗址绳纹红陶期受昙石山文化影响的持续发展似乎可以肯定，但并非直接的移民或传承关系（1988；1992：35）。

狭义的凤鼻头文化遗址的鹅銮鼻第三文化类型（原文作"第三史前文化相"）的居民与昙石山文化居民的经济形态或说生业形态有相似之处，而与细绳纹红陶文化居民不同。有的学者特别强调陶器在确定文化类型中重要作用，甚至当作唯一标准。然而生业形态也应是区别不同类型或同一类型文化时间早晚的标准。生业形态的确定，主要不是靠陶器（充其量只是间接证据）而是靠石器类型。臧振华指出，生业可以说是文化适应中的最重要的成分之一。以考古资料来重建过去的生业形态，必须依赖两项主要资料，其一是生活资料的类别和性质，其二是住民的技术能力。他举例说，细绳纹红陶的生业形态是农业生产，可能是种稻、粟的农民，靠两项证据：间接证据就是出土遗物中的石锄、

① 张光直，1970。

第五章 锄耕农业时期（中）

石斧和石刀；直接证据就是在垦丁及澎湖赤崁 B 二处遗址，分别出土了带有稻壳印痕的陶片。① 当然，这并不是说他们就纯粹以谷物为食物，不捕鱼、不打猎了。而是说他们的主业是谷物种植业。张光直列出的新石器时代种植稻、粟的农具有：伐垦用的石斧，可能锄地用的石铲、石锄，收割用的石刀、镰和蚌刀，与除草用的靴形石器。② 牛骂头遗址的 29 件石器中，打制的斧锄形器 23 件，磨制石铲 1 件，石刀 1 件（刘斌雄，1955）。这 25 件农具占石器总数的 86.21%。曲冰遗址出土的大型石斧、石刀与刀斧混合器三者占 3/4，可见森林开发农耕活动在曲冰遗址居民生活中的重要性（陈仲玉，1994：206～207）。臧振华在南投县乌溪河谷进行考古调查时发现，斧锄形器所占比例大，几乎所有遗址都如此（据所列数字计算，在 711 件成形石器中，12 种类型的斧锄形器 446 件，占总数的 62.73%；刀形器 68 件，占总数的 9.56%，二者为农具，占石器总数的 72.29%；网坠 116 件，占石器总数的 16.32%）。他说，由石器类型显示，他们的生业仍以农渔业为主（1977：213～214、235）。

昙石山遗址出土的是哪些工具呢？1974 年发掘 90M²，下层出土石铲 1 件、石锛 3 件、骨器 1 件、牡蛎器 3 件；中层石镰 1 件（半成品）、石锛 1 件。上层不属昙石山文化，未列。③ 第 6 次发掘出土的石器，锛是主要生产工具，器形都较小，最大的长

---

① 臧振华：《论台湾的细绳纹陶文化——兼论台湾史前文化来源问题研究的概念和方法》，《田野考古》第一卷第二期，台北，1990 年。

② 张光直：《华南史前民族文化史提纲》，《中央研究院民族学研究所集刊》第 7 期，台北，1959 年春季。

③ 福建省博物馆：《福建闽侯县昙石山遗址发掘新收获》，北京，《考古》，1983 年第 12 期。

不到 10 厘米，小的长 3 厘米多；中层，石锛仍占首要地位，石钺 1 件，石刀、石镰极个别；另有牡蛎壳制成的铲形器、刀形器比较多。① 这两次发掘出土的陶器都以绳纹为主。笔者也注意到，安志敏、陈存洗、王振镛、林公务和杨式挺等学者的有关文章，都指出昙石山文化的生产工具以磨制石锛为主或最多。石锛确是生产工具，但没有学者认为它是农业生产工具。佟柱臣说，用石锛将木材劈出一个平面。② 李仰松说，石锛是加工工具，主要是用作砍修制造木质的工具。没有上撬作用，其功能不能与石锄相混。③ 林惠详说，石锛是用手握以割物、剥兽皮、刳木等，或用以预备食物或制作工具、制独木舟；小石锛是玩物，或为交换的易中。又说，有段石锛应是手工工具而不是农具。④ 张光直认为，斧锛表示木器工具之发达（1959）。民族学资料也证明石锛是木作工具。俄罗斯学者 B. P. 卡博发现，部分截面呈三角形的斧子和锛广泛分布在新石器时期亚洲太平洋地区，与南太平洋地区的样式类似。从前阿穆尔河（黑龙江）流域和库页岛的居民曾使用这些工具来制造独木舟。直到现在，诸多土著人仍使用这种工具用来制造其它的工具。⑤ 类似的民族学资料，也见于上

① 吴绵吉：《试论昙石山遗址的文化性质及其文化命名》，《厦门大学学报》（哲学社会科学版），1979 年第 2 期。

② 佟柱臣：《仰韶、龙山文化的工具使用痕迹和力学上的研究》，北京，《考古》，1982 年第 6 期。

③ 李仰松：《中国原始社会生产工具试探》，北京，《考古》，1980 年第 6 期。

④ 林惠祥著，蒋炳钊编：《天风海涛室遗稿》，厦门，鹭江出版社，2001 年，第 149、202 ~ 204 页；林惠祥：《中国东南区新石器方化特征之一：有段石锛》，北京，《考古学版》，1958 年第 3 期。

⑤ ［俄］П·Я·贡特玛赫尔、H. A. 索罗家诺娃著，王桂珍译、邱玉春校《阿穆尔河流域土著民族的种族联系》，哈尔滨，《北方文物》，1994 年第 2 期。

引林惠祥的著作，因此，不能认为有石锛就有农耕。臧振华在论及昙石山的生产工具时，指出"农业工具少，渔猎工具多"。①至于极个别的石镰、石刀，牡蛎壳做的铲或称之为耜，可以用于采集，也可以用于块、根类植物的栽培。陈龙直称此器为"长牡蛎壳加工制作的采集工具"，或称作是"一种适用于浅海滩涂采集和垦殖业的多功能工具——牡蛎器。它是滩涂和浅海采集贝类或海边丘陵、沼泽地垦殖、收割农作物的工具"。②昙石山博物馆馆长欧潭生研究员写道，昙石山遗址中大量的贝壳堆积，说明他们经常捕捞鱼、鳖、蚬、螺、蛤等水产品，狩猎和渔捞经济的比重较大。他又指出，闽台两地出土大量凹石。凹石是一种加工贝类的工具，只有沿海地区才有。通过对两岸凹石工具的研究，证明了闽台两地先民共同的"讨海经济"。③杨式挺、陈志杰指出，石器不如农业部落的大型、多样、发达，有较多的渔猎工具和猎获物遗骸等，这是我国闽、台、粤等东南沿海区贝丘遗址的一个共同特征。④

综合上述，昙石山文化的生业形态是"讨海经济"或"海洋资源开采经济"；再证之以陶器上的绳纹，说明昙石山文化居民懂得对植物纤维的利用。绳子的用途除用于滚压陶器上的绳纹

---

① 臧振华：《中国东南海岸史前文化的适应与扩张》，西安，《考古与文物》，1999 年第 3 期（以下简作"臧振华，1999B"）。

② 陈龙：《福建青铜时代社会经济研究》，福州，《福建文博》，1996 年第 1 期。

③ 欧潭生：《先秦闽族文化新论》、《闽台考古文化源远流长》，《闽豫考古集》，福州，海潮摄影艺术出版社，2002 年（以下凡引此书，都简作"欧潭生，2002，××页"），第 286、294 页。

④ 杨式挺等：《谈谈佛山河宕遗址的重要发现》，《文物集刊》（3），北京，文物出版社，1981 年。

外，还可用来织渔网、塞船缝（张光直，1970）。这都说明他们善于在海上活动。昙石山文化应与狭义的凤鼻头文化有密切关系，而与"稻作农业"的细绳纹红陶文化没有多少关联，换句话说，昙石山文化无法与自距今 4500 年开始，一直延续到公元 17 世纪的广义凤鼻头文化相对应。

石器方面是这样，昙石山文化与广义或狭义的凤鼻头文化的陶器的显著差异是，前者以釜为炊器，后者只有罐为主要炊器。至于彩陶出现的年代，凤鼻头遗址要早于福建东张中层类型。陈存洗指出，有的同志以东张中层类型的彩陶同台湾凤鼻头文化进行比较，从而论证昙石山文化与凤鼻头文化属于一个共同的文化系统，看来嫌之片面。根据东张遗址的文化层叠压关系，东张中层晚于昙石山中、下层类型而早于黄土仑类型，与台湾凤鼻头文化的 C_{14} 年代为距今 2440 ± 100 ~ 3310 ± 80 的年代相比，可能偏晚。[1]

凡此种种，新石器时代晚期的昙石山人，生活在海边，"讨海"可能是他们的主要生业，舟楫航行于海上，自然会与澎湖以致台湾西南海岸的同时代人发生联系与交流，但它不是后者的来源。刘益昌指出的它们之间的关系是"并非直接的移民或传承关系"，笔者表示赞同。

三、绳纹红陶文化的来源。台湾考古界对此进行了较长时间的讨论。1990 年，臧振华发表《论台湾的细绳纹陶文化——兼论台湾史前文化来源问题研究的概念和方法》，列有专门一节讨

---

① 陈存洗：《福建史前考古和印纹陶的几个问题》，厦门大学人类学系编《人类学论丛》第一辑，厦门大学出版社，1987 年。

论"细绳纹陶文化的来源"。他介绍了关于这一问题的以往两种解释模型，一是移民说，二是地区演化说。移民说是张光直1969年提出来的，认为台湾的细绳纹陶文化是为大陆东南沿海的所谓"龙山形成期文化"最早到达台湾的一群。1977年，又重申细绳纹陶文化"基本上不是由台湾大坌坑式的绳纹陶文化直接演变而来"的观点。李光周不赞成张光直的假说，于1983年提出了细绳陶文化是从大坌坑式绳纹陶文化发展而来的。臧氏认为，张光直强调细绳纹红陶文化与大坌坑绳纹陶文化的差异性，李光周则强调二者之间的相似性，各自选择了陶器的不同特征，因而产生了完全相异的推论。臧振华本人的意见是，一是来源于其前身的大坌坑文化，二是与大陆东南沿海的互动交流。①

臧振华的观点，看起来是对张、李二人观点的综合，其实不然，套用一句话说，他强调的重点是细绳纹陶发展的内因为主，外因为辅。随着海峡两岸考古的新进展、新发现，张光直对自己的观点有所修正。一是理论上从"核心地区起源说"到"区域文化多元说"。前者强调华北一元论，新石器时代文化是自北向南移民传播的;② 后者强调，从山东到台湾海峡即整个大陆东海岸自北到南从古便一直有土生土长的区域文化并行存在。这些区域文化到了公元4000年左右开始扩展而彼此接触、互相影响，形成了自南到北的一个大的互相交往作用的中国文化圈，而龙山

① 《田野考古》第一卷第二期，台北，1990年。

② 张光直：《中国考古学论文集·前记》指出，书中收录的《中国新石器时代文化断代》提出的"核心地区起源说"理论已不再适用，而被"区域文化多元说"取代。书中收录的《中国相互作用圈与文明的形成》代表他的较近的看法。台北，联经出版事业公司，1995年。

形成期便是这个大文化圈的标志（图七）。二是学者的不同意
见。李光周不仅提出了自己的上述观点，同时否认了绳纹红陶与

图七　龙山形成期的主要新石器文化①

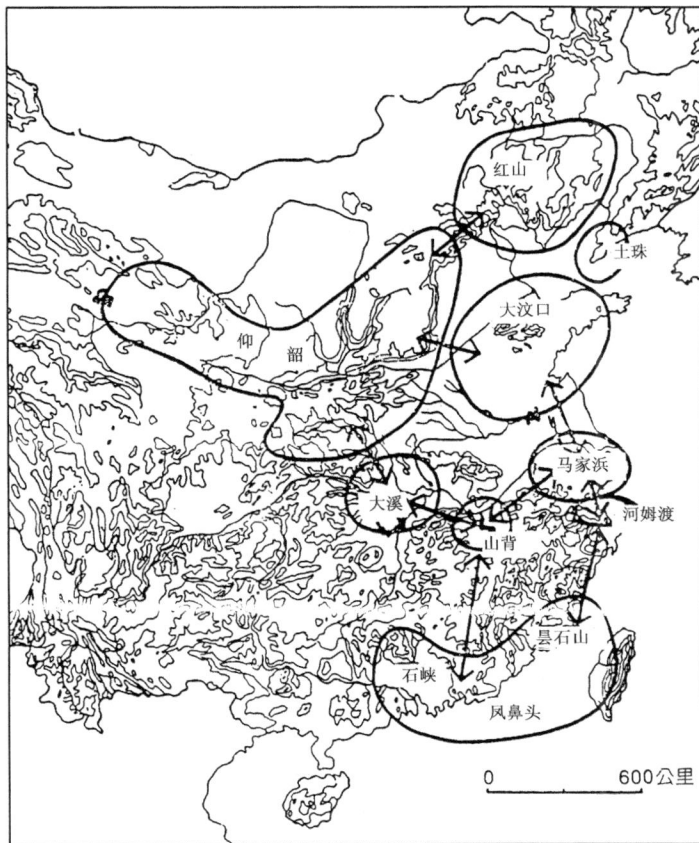

（采自张光直，1989）

---

　　①　图中的"土珠"，即辽东半岛的小珠山；把广东的石峡文化、福建的昙石山
文化和台湾的凤鼻头文化放在一个文化圈中未必妥当。

青莲岗文化之间有平行联系（张光直称后者为马家浜文化是前者原型——引者注）的理论。三是 20 世纪 70 年代张光直主持"浊大计划"时杜伟发掘牛骂头遗址，发现在这个遗址的细绳红陶中有不少大坌坑文化陶器的特征，如厚领和领外面梳刻纹饰等。由于以上原因，张光直的新观点是："现在看来，中南部与澎湖的凤鼻头文化早期的陶器中的若干重要特质可能是由大坌坑文化原型进一步发展出来的，但凤鼻头文化的许多新颖的文化物质如稻米农业、农具，和陶器中的鼎和豆，与大坌坑文化扯不上关系，却与海峡西岸的马家浜、崧泽、河姆渡、昙石山文化有显著的类似，可能是在后者的影响之下产生的"（1989A）。很明显，他对于广义的凤鼻头文化早期阶段绳纹红陶文化的来源采用二分法，一部分陶器风格继承了大坌坑文化传统；另一部分"新颖的文化物质"仍与马家浜文化等有关联。因此，张光直又说，大坌坑文化在台湾西海岸继续生存，但接受了龙山形成期强烈的文化影响而形成新的凤鼻头文化（1989A）。

　　李光周虽然主张绳纹红陶主要来源于大坌坑文化（"地区演化说"），但他并不否认台湾史前文化与祖国大陆的渊源关系。他在一次演讲中，回答关于台湾史前文化有大陆北方要素、南方要素的提问时说："从台湾史前文化的遗留看，我们确实可以清楚地看见与我国大陆的文化渊源关系；因此，我们在谈台湾与大陆的血缘关系的时候，不可局限于较短的三百年；事实上，这一血缘关系，我们可以推得更早、更远。"[1]

---

[1]　李光周：《鹅銮鼻第三史前遗址考古调查》，张炎宪主编：《历史文化与台湾》第 1 辑，台湾风物杂志社，台北，1988 年，第 318 页。

依照臧振华的概括，台湾考古界对于广义的凤鼻头文化，主要是对其早期阶段的来源，从张光直的"移民说"加龙山形成期文化的影响，到李光周的"地区演化说"和臧振华的"海峡两岸互动说"。大致如此。

图八　东北地区和山东出土的石刀

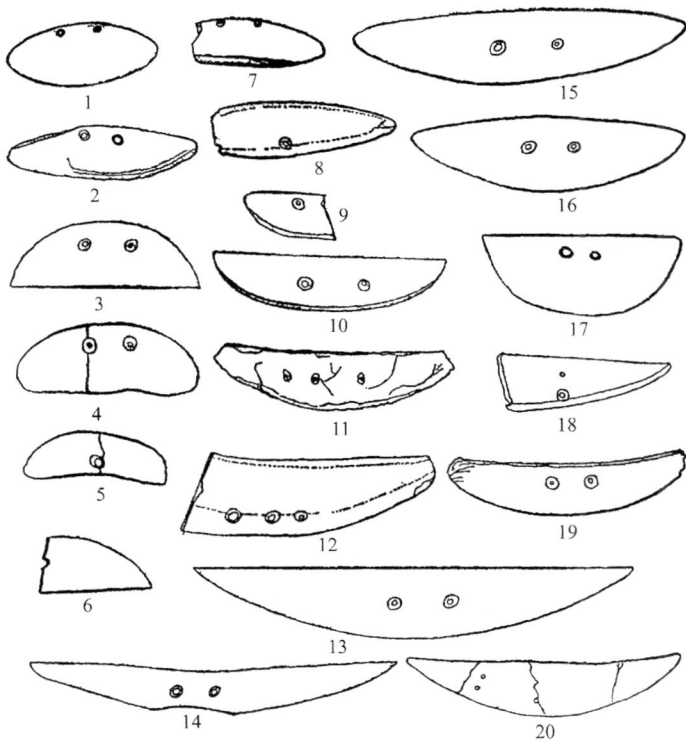

1～20 东北地区出土　21～24 山东出土

笔者基本支持臧振华关于绳纹红陶文化源自大坌坑文化和与大陆东南沿海互动交流而形成的假说。根据本章第一、二节陈述

的资料，概述如下：

（一）二者陶器的主要器形是罐和钵，应以夹砂罐为炊煮器。这种情形不仅见于大坌坑文化，也见于绳纹红陶文化和黑陶文化的各遗址。

（二）种植稻、粟。在台南县善化镇发现的距今4700～4200年前的大坌坑文化晚期南关里东遗址，发现了大量的稻米、粟（小米）等谷物种子。在右先方遗址牛稠子文化层，也发现了距今3800～3300年前的碳化稻米、小米、薏苡以及豆科等植物种子。① 这是西南海岸中、南部绳纹红陶文化居民和黑陶文化居民种稻、粟的直接来源。

（三）拔牙。南关里东遗址的墓葬中，男女骨骸均有拔牙现象。南部科学工业园区考古队自1996年至今（2003年6月），共抢救发掘11个遗址，② 各遗址出土不同阶段的骨骸多数有拔牙现象。可见，大坌坑文化晚期居民拔牙习俗的普遍性和延续时间的长久。绳纹红陶文化的上限与大坌坑文化相连接，按现行地

① 臧振华、李匡悌、朱正宜：《先民履迹——南科考古发现专辑》）第120、151页，台南新营，台南县政府，2006年（以下简称臧振华等：《先民履迹》）。
2007年9月16日～10月9日，应台湾政治大学民族学系邀请，笔者赴台湾进行学术访问，拜访了南科考古项目主持人臧振华研究员，获赠大作《先民履迹》，并慨允到南科考古现场参访。经台湾史前博物馆馆长浦忠成（邹族，巴苏亚·博伊哲努）先生安排，李匡悌、朱正宜两位先生热情接待。李匡悌带领笔者参观了南科考古成果展及库存出土文物。此前，经笔者致信台湾《联合晚报》资深记者萧衡倩女士，代为查询南科考古的相关资料。现场记者郭先盛先生于2003年6月21日给笔者发来答复传真《南科南关里东遗址资讯》，提供了相关资料。附此致谢。
② 郭先盛在传真件列举的11个遗址是（依发掘先后）：道爷遗址、五间厝遗址、三抱竹遗址、北三舍遗址、南关里遗址、五间厝遗址北地点、右先方遗址、石头埔遗址、南关里东遗址、五间厝南遗址及大道公遗址；臧振华等：《先民履迹》，第16～18页。

图比例尺推算，南关里遗址与牛稠子遗址的距离约 20 公里、依公路里程也就在 30 公里上下。① 二者传承不存在时间差距与地域距离的阻隔。

（四）石板棺。大坌坑文化晚期墓葬已使用石板棺作葬具，如宜兰新城、台东老番社（详下章）和小马海蚀洞，南关里东遗址墓葬已使用木棺。绳纹红陶文化的垦丁遗址、鹅銮鼻遗址，黑陶文化时期的大马璘遗址、曲冰遗址都以石板棺为葬具，故推测二者之间也存在承继关系。

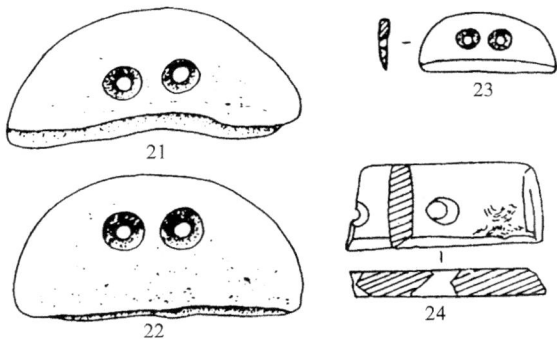

1～3、5～23 半月形穿孔石刀（岳石文化）

4 长方形穿孔石刀（龙山文化）

（1～20 采自《北方文物》1990 年第 1 期；21～23 采自《考古与文物》

1984 年第 1 期；24 采自《考古》1988 年第 1 期）

至于以上文化特质的起源，原来张光直认为大汶口文化是台湾龙山形成期文化来源之一并没有错，只是并非直接的。大坌坑

---

① 据大经纬编辑部《台湾省通用地图集》台南县地图推算，台北，大经纬全球文化事业有限公司，1999 年。

文化晚期阶段的拔牙"是一种重要的族别标志"。① 稻、粟种植，和使用石板棺作葬具，都见于海岱地区的东夷考古文化中。这些，我们在讨论大坌坑文化来源时已一一列举过了，不再重复。只补充说说石刀。严文明指出，石器中最富特征的是半月形石刀，一面稍凹，一面微鼓，略如一扇蚌壳。推测这种文化的居民应是夏代前后的夷人。② 半月形穿孔石刀，在我国大陆主要分布于东北部，如山东、辽宁、吉林、黑龙江及河北、内蒙古的部分地区，在甘肃、河南、江苏、浙江、江西等地也有发现；在形体上存在着相当大的差异，各自带有自身的特征。其存续的年代，最早的红山文化西水泉遗址，年代距今 5500 年。辽东半岛的石刀出现于距今 4900 年左右，消失于距今 3000 年前后。③ 说明这些地区石刀的出现都比台湾岛为早。至于长方形有孔石刀，则见于仰韶文化庙底沟类型和山东龙山文化（图八）。庙底沟类型一件标本（ZK110）所测年代为公元前 3910±125 年；龙山文化的存续年代距今为 4600～4000 年，岳石文化的存续年代为距今 4000～3600 年。④ 这些年代略早或与台湾绳纹红陶文化的延续时间相当（距今 4500～3500 年）。长方形穿孔石刀早于半月形穿孔石刀，流行于龙山文化时期。赵朝洪指出："正像长方形穿孔

---

① 严文明：《论青莲岗文化和大汶口文化的关系》："越人的风习之一是断发文身，正如夷人喜好拔牙一样，是一种重要的族别标志。"《文物集刊》(1)，北京，文物出版社，1980 年。

② 严文明：《龙山文化和龙山时代》，北京，《文物》，1981 年第 6 期。

③ 瑜环：《东北地区半月形穿孔石刀研究》，哈尔滨，《北方文物》，1990 年第 1 期。

④ 山东文物考古研究所：《山东考古的世纪回顾与展望》，北京，《考古》，2000 年第 10 期。

石刀在典型龙山文化中使用比较普遍一样，半月形双孔石刀在岳石文化中是比较多见的。"① 岳石文化是继典型龙山文化而来，是夏代至早商时期居住在现今山东（包括苏北部分）地区的夷人所创造的。② 曾在台湾从事考古学、民族学研究的日本学者鹿野忠雄、金关丈夫和国分直一的著作中，也分别提出了台湾的石刀来自华北的看法。鹿野忠雄说：石刀是台湾最普遍的石器之一，不见于印度支那、菲律宾等南方地域，而应予认为中国大陆系的文化。对于这种属于大陆系统文化之遍布于台湾，我们实应予以特别的注意。③ 金关丈夫、国分直一指出：台湾史前时代的石制品中，与大陆文化有关的第一种就是石刀。它在大陆的东北及华北是最常见的。台湾史前时代的石刀，可以认为起源于大陆的石刀类。④ 这两类石刀也见于长江下游的新石器时代诸文化遗址。特别是良渚文化的农具中，不仅有长方形带孔石刀、半月形带孔石刀，还有靴形石器。林华东说，靴形石器应正名为"石耨刀"，是农田除草用具。⑤ 这些农业工具在台湾西海岸中南部绳纹红陶文化及其后继文化中大量出现当非偶然，认为长方形穿孔石刀、半月形穿孔石刀和靴形石器由大陆黄河、长江流域传播而来，并无不妥。

① 赵朝洪：《有关岳石文化的几个问题》，西安，《考古文物》，1984 年第 1 期。

② 赵朝洪，1984。

③ 鹿野著、宋译，1955 年，第 22～23 页。

④ 金关丈夫、国分直一著、袁韶莹译：《台湾史前时代的大陆文化影响》，北京，《国外社会科学》，1981 年期第 6 期。

⑤ 林华东：《良渚文化研究》，浙江教育出版社，杭州，1998 年，第 207～209、226～237 页。

第六章　锄耕农业时期（下）

　　台湾本岛东海岸与纵谷平原，除第二章已叙述过的长滨文化外，在八仙洞遗址的潮音洞表土层，还发现了距今 2000 年前后的新石器时代遗物，有红色陶片、打制和磨制的各种石器、兽骨等，推测当时的人类过着农耕、狩猎生活。① 但他们与长滨文化居民没有关系。

　　在东海岸和纵谷平原，台湾考古工作发现了许多史前不同时代、不同文化类型的考古遗址。学者们使用的考古学文化名称不尽一致，继长滨文化之后，有的称大坌坑文化或绳纹陶文化，有的称绳纹红陶文化；接着是卑南文化、麒麟文化（或称巨石文化）和花冈山文化；进入铁器时代是静浦文化等。每种文化的存续年代也不一致。有些问题我们放到后边讨论。

　　本章着重介东部两个锄耕农业时期的考古学文化——卑南文化和麒麟文化。

第一节　卑南文化居民

　　卑南文化主要分布在台东平原、花（花莲）东（台东）纵

---

　　①　宋文薰：《长滨文化——台湾首次发现的先陶文化》，《民族学通讯》第 9 期，台北，1969 年。

谷和台东海岸山脉南部至恒春半岛，年代大约在距今 3500～2000 年间。卑南文化与麒麟文化，以及北部地区的植物园文化、西海岸中部地区的营埔文化和西南部地区的大湖文化同属于台湾新石器时代晚期文化。[①]

图一　卑南文化的陶器（一）

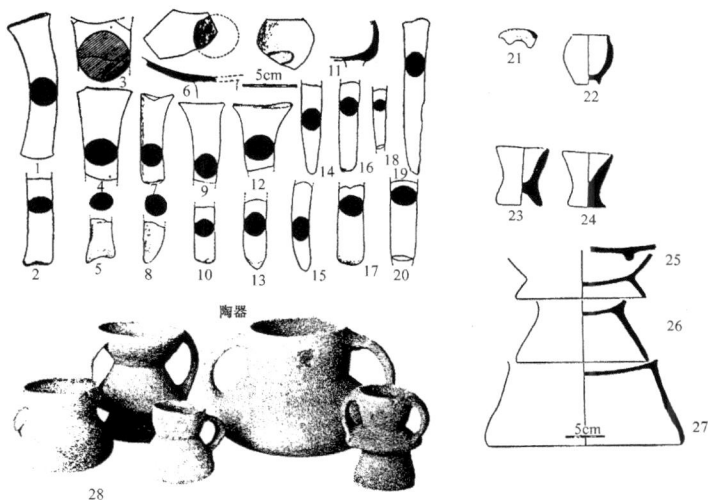

1～20 鼎足　21 穿山甲（残）　22～24 陶杯　25～27 德瓦斯式陶器

底部（采自《台湾考古志》）　28 陶器（采自卑南文化公园简介）

以上均卑南遗址出土

一、遗址、遗物。卑南文化居民在台湾东海岸世代相传，生活了近 2000 年，留下的遗址主要有台东市南王里卑南遗址、富

①　臧振华：《台湾考古的发现和研究》，邓聪，吴春明主编《东南考古》第二辑，厦门大学出版社，1999 年。

冈里、加路兰（上层）、渔场南和富山遗址，东河乡五线Ⅰ、泰源和都兰遗址（上层），卑南乡老番社遗址，成功镇东河遗址群中的小马Ⅰ、小马Ⅱ（自下而上第三层）、小马Ⅳ（下层）、大马Ⅱ和大马Ⅳ（下层）等遗址；花莲县富里乡公埔遗址，瑞德乡扫叭遗址，万荣乡平林遗址，寿丰乡月眉Ⅰ遗址和秀林乡富世遗址等。[1]

卑南文化居民制作、使用的陶器属红陶系，有粗砂红陶和夹砂红陶。老番社遗址出土的陶片胎土所含的砂是板岩碎粒，器形主要是罐和钵，有半数左右的罐带圈足（黄士强，1991）。推测粗砂红陶罐应是他们的主要炊煮器。早在 1945 年 1 月，金国丈夫、国分直一曾对卑南遗址进行发掘，据他们撰写的《台湾东海岸卑南遗址挖掘报告》，陶系以粗面红褐陶为主，也看到少量的红褐磨光红陶和黑陶。器类除罐、钵外，还有高圈足小罐，以及器盖、把手和两种鼎足，一种是夹粗砂陶鼎足（21 件）、磨光红陶小型鼎足 1 件，器表有红褐色涂彩。另有算盘珠形纺轮，黑陶手镯（内径约 6 厘米，已遗失）及黑陶片。[2] 不知当时人是出于捕食习惯还是出于对穿山甲的特殊感情，他们还用陶土制作穿山甲。此外，还有被金关、国分二位称作小型容器的陶杯和类似

---

[1] 刘益昌：《田野调查暨田野发掘实施报告》，台湾，财团法人兰阳文教基金会，1996 年，第 9 ~ 22 页；连照美：《东河Ⅰ》、《卑南》、《加路兰》、《公埔》、《扫叭》、《平林》、《泰源》和《五线Ⅰ》，黄士强：《渔场南》、《富山》，刘益昌：《月眉Ⅰ》及陈仲玉：《富世》，《第一阶段研究报告》，第 203 ~ 266 页；黄士强：《台东县泰安村老番社遗址》，宋文薰等主编《考古与历史文化》（上），正中书局，台北，1991 年，第 792 ~ 22 页。

[2] 金关丈夫、国分直一：《台湾考古志》（中译本），第 136 ~ 141 页。

于阿美族称为德瓦斯式的陶器（图一），① 以及盆、勺、盘、豆、
瓶等。②

图一　卑南文化的陶器（二）

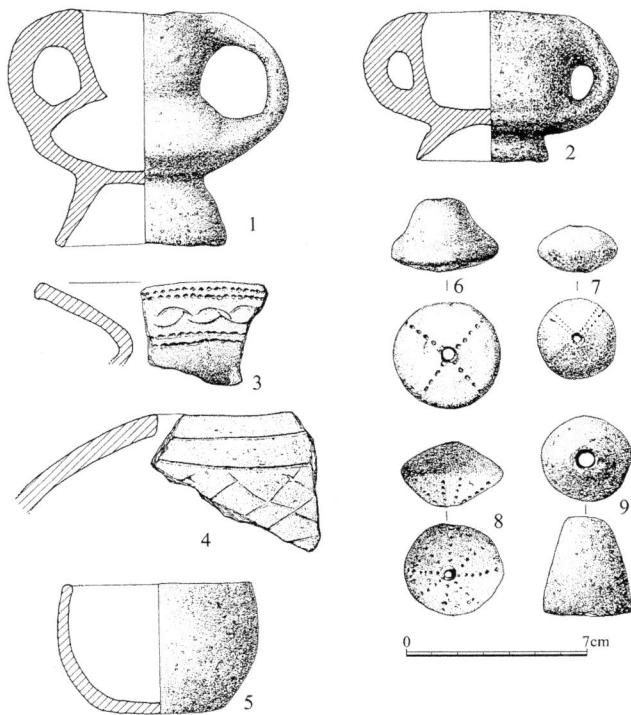

1 有颈罐　2 无颈罐　3 带纹罐口

4 带纹钵口　5 小型钵　6~9 纺轮

（老番社出土，采自黄士强，1991）

① 《台湾考古志》（中译本），第136、141页。

② 连照美：《台湾东部新石器时代卑南文化》，台北，《历史》月刊，1989年。

台湾史前史与早期史

图二 卑南文化石器

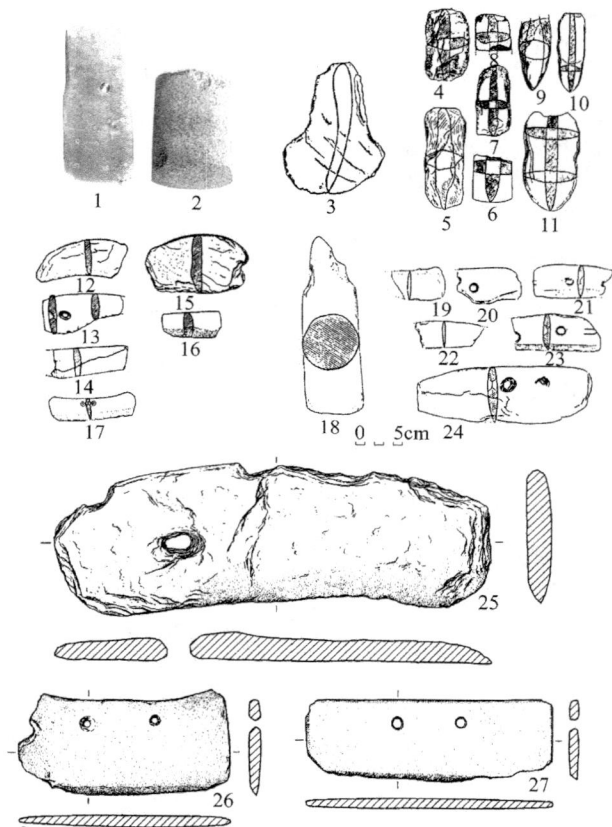

3 靴形石刀（马武窟出土） 1、4~11 斧锄形器 2 石锛

12~27 石镰、石刀（18~24 都兰出土，

25~27 老番社出土，其他卑南出土）

卑南文化的陶器绝大多数是素面无纹的。他们不重视纹饰，但注重器形的变化。卑南遗址只出现极少数带刺点纹、指甲纹、席纹及波浪划纹的陶器。① 老番社遗址施纹陶片不足1%，主要纹饰有直线纹、齿状纹和菱形纹、指甲纹。施纹方法主要是刻划和戳刺。如在罐的口缘施划纹和点纹，在两排双行点刺纹及捺点纹中间加一排交错指甲纹［图一（二），3］；在钵的口沿施弦纹和菱形纹［图一（二），4］；纺轮也施纹，在其一面施四条或八条放射状刺点纹（原文作"点刺纹"），有一件施一圈捺点纹［图一（二），6～9］。② 他们不仅在陶罐上安把，有的钵上也安把。把有两种：横把和竖把，有的把上饰以捺点纹。③ 由兰屿雅美族妇女用横把陶罐放在头部运饮用水的例子，推测卑南文化妇女也使用横把鼓腹罐放在头部运饮用水。④ 竖把陶罐是专门用于陪葬的。⑤

卑南文化居民制作和使用的工具除陶纺轮外，石器工具（图二）中有用于砍伐树木、开垦土地的石斧、斧锄形器，中耕除草的靴形石器等农耕工具；收割谷物用的石镰和长方形带孔石刀，以及加工谷类粮食用的石杵和石臼。⑥ 带槽石板，一说是养猪的饲料槽，一说是作楼梯用。⑦ 石矛、石镞和细长尖器既是狩

① 连照美：《台湾东部新石器时代卑南聚落形态初探》，宋文薰等主编：《考古历史与文化》（上），台北，正中书局，1991，第123～137页。
② 黄士强：1991。
③ 黄士强：1991。
④ 《台湾考古志》中译本，第140、149页。
⑤ 刘益昌：《史前文化》，"交通部观光局东部海岸国家风景区管理处"编印，台东，1993年，第25页。
⑥ 连照美：1991。
⑦ 《台湾考古志》中译本，第157页。

猎用具，也是战斗武器。石锛、石锥、石锤、砥石是他们用来制
作木器、石器的工具。可能因为不重视渔业，卑南文化居民的遗
物中石网坠为数很少（连照美，1989），老番社遗址出土的一
件，是用一块长方形板岩砾石，在中央部分刻有一周凹槽而成
（黄士强，1991）。

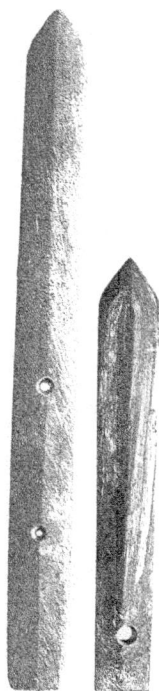

28～32 石镞（都兰出土）

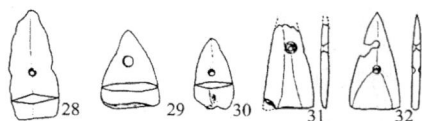

34～35 石矛

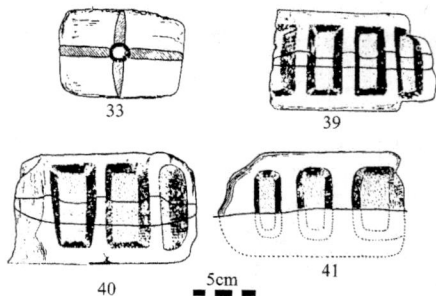

5cm

33 带孔石板　39～41 有槽石板

石杵

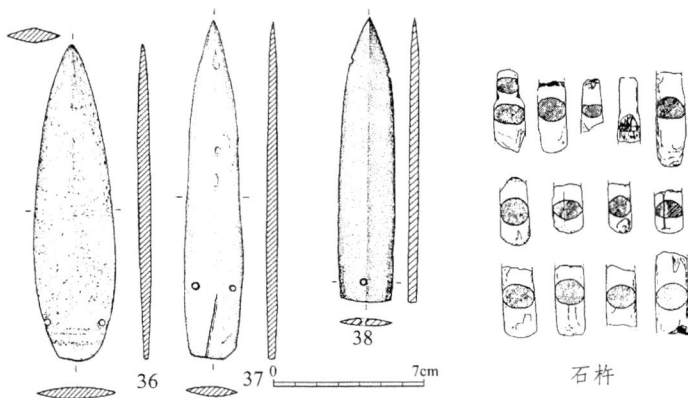

36~38 老番社出土

（1、2、34、35 采自卑南文化公园简介；

25~27、36~38 采自黄士强，1991；其它采自《台湾考古志》中译本）

虽然在卑南文化各遗址尚未发现植物遗留，由各种石质工具推测，卑南文化主要以谷类种植和打猎为生业。金关丈夫、国分直一和刘益昌都推测种植的是小米和陆稻。[1] 遗留下的鱼骨、以鲛鱼牙齿作陪葬装饰品，这说明他们与其他部落有相互交换关系（连照美，1989）。装饰品中，约有 1% 是贝壳做的。[2] 其来源可能也是由交换所得。陶纺轮和"树皮衣料打棒"（连照美称"有槽石棒"）[3]的存在，说明卑南文化居民利用植物纤维和树皮制作衣服。

---

① 《台湾考古志》（中译本），第148页；刘益昌，1993，第25页。
②③ 宋文薰：《卑南的发掘》，张炎宪主编《历史文化与台湾》上册，台北，台湾风物出版社，1988年。

图三　人兽形玉玦（耳饰）

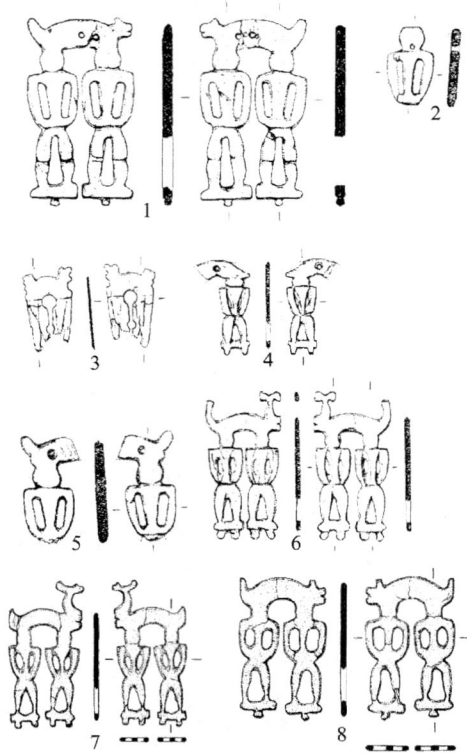

1～2 卑南出土　3～6 芝山岩出土。

2 杨格赠给宋、连的标本　3～5 卢锡波藏品

（均采自宋、连，1984）

7～8 宜兰丸山出土的人兽形玉玦

（采自刘益昌，1996）

图四　卑南文化的其他耳饰

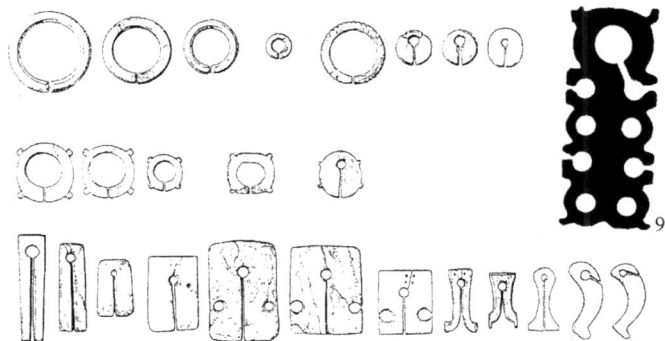

卑南遗址出土

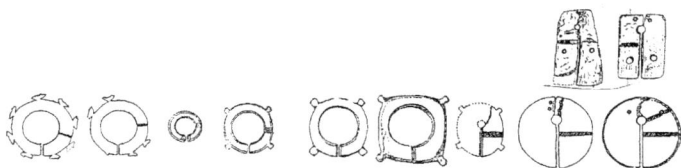

东海岸其他遗址出土

（除9采自台湾史前文化博物馆简介外，均采自宋文薰，1989）

　　在卑南文化居民的遗物中，耳饰占了很大比例。除鲛鱼牙、贝壳制品、陶环外，大量的玉制的各种形态的玦形耳饰、（图三、四）、环（臂饰），和做颈饰用的长管、管珠、珠和玉坠（黄士强，1991）。这些可能穿在一起挂在颈上为饰物。这些饰物不仅生前佩戴，还用于陪葬。这一方面反映了卑南文化居民的审美情趣和制作玉器的技术水平，另一方面也反映了当时存在的厚葬习俗，也可能是贫富分化的表现。

　　二、遗迹。巨大板岩与片岩立石结构、成群石板棺、住室的

铺石地面和砌石圈，是卑南文化的主要遗迹。

图五　卑南遗址的铺石地面

（采自连照美，1991）

　　房屋建筑。卑南遗址在卑南山南端东麓，其东侧与北侧有流向东南方的卑南大溪。这地理位置决定着该遗址原有村落与住宅的布局与朝向。住宅建筑包括内室、外室、前庭及屋后的储藏建筑，都朝向东北—西南方向。这些住宅建筑的主要材料是石材。如图五所示，地面是石铺的，墙是石砌的（远方右侧高出者，低的是铺石地面）。[①]鹿野忠雄、金关丈夫、国分直一在卑南遗址所见一排大同小异的板岩石柱排在一条直线上，就是支架房梁的立柱（参见图六1～2）。金关、国分经过试掘后认为，卑南石

————————

　　① 宋文薰、连照美：《卑南考古（1986－87）》，台北，南天书局，1987年；连照美，1991；1989。

造屋采用石柱壁不同于现代阿美族住屋的木柱木壁，但使用茅草盖顶与阿美住屋雷同；不仅与排湾族住屋使用板岩铺屋顶不同，而且卑南石屋属不深的竖穴式（浅穴式——引者注）构造，与排湾族将建筑地基挖成竖穴式也不同。二者相同的仅是石壁石柱而已。① 至于村落中的砌石圈结构（图六，3）可能是聚落内社区性储藏结构。②

图六　卑南文化遗迹

1 舞鹤台地扫叭
遗址的立石柱
（采自刘益昌，1996）

2 卑南遗址的
大型石柱（月形石柱）
（采自刘益昌，1993）

在卑南遗址，还可看见当时人严格遵行地面上起居生活，地

---

① 《台湾考古志》（中译本），第153、151页；宋文薰，1988。
② 连照美，1991。

面下埋藏死者的习俗。① 图五左下角为揭开铺石地面后所见到的石板棺。这一室内葬现象，金关、国分也注意到了。他们指出，既然坟墓是死后居住的地方，其构成极可能和生前的居室有某种关联。组合板岩建造住宅，和组合板岩建筑死后的住宅（指石板棺——引者注）之间似有关联。

石板棺是卑南文化的特质之一。当然其他新石器时代文化甚至进入历史时期仍使用石板棺。可见石板棺在台湾分布很广，延续时间相当长。北起北海岸的社寮岛、经宜兰苏澳新城、丸山、大麻里、老番社，直达南端的垦丁、鹅銮鼻，在中央山脉西侧埔里盆地的大马璘、曲冰等遗址，都有石板棺葬具，卑南文化居民只是使用石板棺葬具者的一部分。

卑南文化居民都用石板棺作葬具。这种葬具用板岩石板拼砌成长方形，有底有盖，也称"箱式石棺"（图七）。有的石棺叠压在下层石棺之上，这样，上层石棺就以下层石棺之盖为底板。向下越深，大型的石棺出现得越多。上下左右许多石板棺墓挨接在一起。1500 多座石板棺的长轴方向大致为东北—西南向，与住房排列方向，以及卑南大溪的出海口方向一致。以单人仰身直肢葬为常态。90% 以上的骨骸头部朝向西南（图八）。也有高达 25% 的石板棺重复埋葬死者，形成两具或两具以上（最多的有 15 具）尸体先后使用同一石棺的合葬墓（原文称"复体葬"）。②

---

① 连照美，1989。

② 宋文薰，1988；连照美，1989，1991；黄士强，1991；《台湾考古志》（中译本），第 149~155 页。

3 卑南遗址发现的砾石建筑结构

（采自宋文薰、连照美，1988）

三、卑南文化居民的生活习俗。从住宅、墓葬、骨骸等方面看，村落中出现大量陶片、狩猎石器、木作石器等及制作石器、玉器的原料和残件，但很少见到斧锄形石器；对照现代台湾世居少数民族将土地划分为住宅区、耕作区、猎区、渔区的传统，推测卑南文化居民也是把居住区与耕作区分开。另一方面，他们又把住宅区与墓葬区合一，即前面已说过的地面上住人，地底下埋葬死者，实行室内葬。这一方面是生者为了保护死者不被"猎头"，另一方面则是生者希望得到祖灵的庇护和保祐。其次，有厚葬的习俗，除精美的玉、石制作的品种繁多的耳饰外，还有铃形玉珠做的头饰，两端带穿的棒形、管形玉、玉珠和玉坠串成的

项链或胸饰。此外，还有陪葬矛、镞、锛、凿和纺轮等武器及工具，以及专门制作的优美竖把陶罐。此类陪葬品也见于卑南乡老番社遗址的墓葬。出土陪葬品反映出卑南文化居民的意识有三：一是认为人死后在另一世界会照常生活，陪葬品不仅有装饰，还有生活用具、工具和狩猎、作战用的矛、镞。二是活人与死人所用的陶罐的安把方向不同，活人用横把的，死者用竖把的（黄士强，1991）。后者显然是专门制造的明器。其涵义是什么？至少说明卑南文化居民的宗教意识处于较高层次。三是陪葬品多少差别很大，如卑南遗址的 M32，有 36 件玉石制品（宋文薰，1988）；合葬墓 287 有大、小陪葬品 1091 件。丸山遗址 M4 的随葬品至少有 123 件，其中玉坠就有 10 件；M3 只有 1 件纺轮陪葬，M7 无任何陪葬品。这一现象说明，"卑南文化是有阶级之分的社会，而且很可能是由家族或氏族世袭社会阶层的地位。"（连照美，1989）

使用"覆脸陶"是卑南文化居民的又一习俗。卑南遗址的 1500 多座墓葬中，约有 20% 的墓在死者头部扣盖陶罐，或在脸部盖以打破的大型陶罐。其中的 M1004，死者俯身直肢，头朝北，头上扣盖陶罐，其葬具只有头部有棺板，属"罕见的个例"。老番社遗址的墓葬是在死者面部用大陶片遮盖。①

由墓葬骨骸所见，卑南文化居民生前有拔牙习俗，拔掉的是上颚侧门齿和犬齿（2I²2C），生前有嚼槟榔习惯（连照美，1989）。

卑南文化墓葬中发现的无头骨骸，以及前面提到的室内葬，

---

① 宋文薰，1988；连照美，1989；黄士强，1991。

说明当时部落间有互相猎头之俗。①

图七　卑南遗址墓葬

（采自臧振华，1999A）

① 刘益昌，1993；连照美，1989。

图八　卑南遗址 M373

（采自连照美，1989）

关于卑南文化居民所处的社会性质。依据卑南遗址墓葬表现出来的规整的丧葬礼仪，以及陪葬的精美装饰品，均需耗费社会的大量资源，显示当时社会是一个有组织的社会，并有余力从事这方面的消费。刘益昌推测，当时的社会形态，无疑比部落社会要更进一步，可能已有部落联盟或酋邦的产生（1992：37）。

刘益昌的推测应该说比较接近卑南遗址当时所处的社会面貌。男女老幼甚至上下代都共处于一座石棺的合葬形式，应当是父系氏族社会状况的反映。猎头是原始社会氏族、部落间的一种带有浓厚原始宗教信仰的行为，与奴隶制社会的人殉有本质的区别。虽然卑南遗址墓葬陪葬品中有"精致的玉制枪头"（宋文薰，1988），可能是具有某种象征意义（如勇士、权力拥有者）而非实用品，但没有人殉现象出现，说明当时的社会是处于部落联盟的军事民主制时期或酋邦社会，也可以说处于阶级产生的前夜。

第二节 麒麟文化居民

大约与卑南文化居民同时，即距今 3500 年左右，麒麟文化居民也来到了东海岸。他们居住区偏北，其南部又与卑南文化的北部居住区重叠，或交错混合居住在一起。见之于考古学文化的，不仅有两种文化相互重叠，也有两种文化的遗物同处一个文化层的现象发生，仅有主次之分而已。到距今 2000 年前后，这两种文化一起过渡为铁器时代的静浦文化。

一、遗址与遗物。麒麟文化居民留下的主要遗址（自北而南）有：花莲县秀林乡富世，光复乡太巴塱，丰滨乡新社、宫下、猫公和港口；台东县长滨乡胆膆、八桑安，成功镇白守莲、麒麟，东河乡泰源、麻竹岭、大马 I、五线 I 和都兰等遗址，以其中的麒麟遗址为代表遗址。麒麟文化自花莲沿海岸山脉东侧，迤逦而达台东县城之北，构成以岩棺、石壁、石柱、单石、石像、有孔石盘所组成的独具特色的巨石文化群落。麒麟遗址的一个 C_{14} 年代是距今 3060±280 年，代表着这一文化的盛期年代。[1]

早在 1926 年，日本学者鸟居龙藏博士在《民族》杂志发表《台湾的古代石造遗物》一文。这是有关台湾巨石文化的最初报告。[2] 台湾东海岸的"巨石文化"是鸟居首先命名。宋文薰指

---

[1] 宋文薰：《由考石学看台湾史前史》、《汉声》第 34 期，台北，1991 年 10 月。

[2] ［日］金关丈夫、国分直一著，庄景辉、黄东毅译：《台湾考古学研究简史》，《福建文博》，1982 年第 1 期。

出，鸟居龙藏博士首先使用"巨石文化"一词来指称他所称的
"麒麟文化"。① 因此，在考古学著作或历史学著作中，又称麒麟
文化为巨石文化，或注明麒麟文化又称"巨石文化"。

图一　麒麟文化的石器与陶片

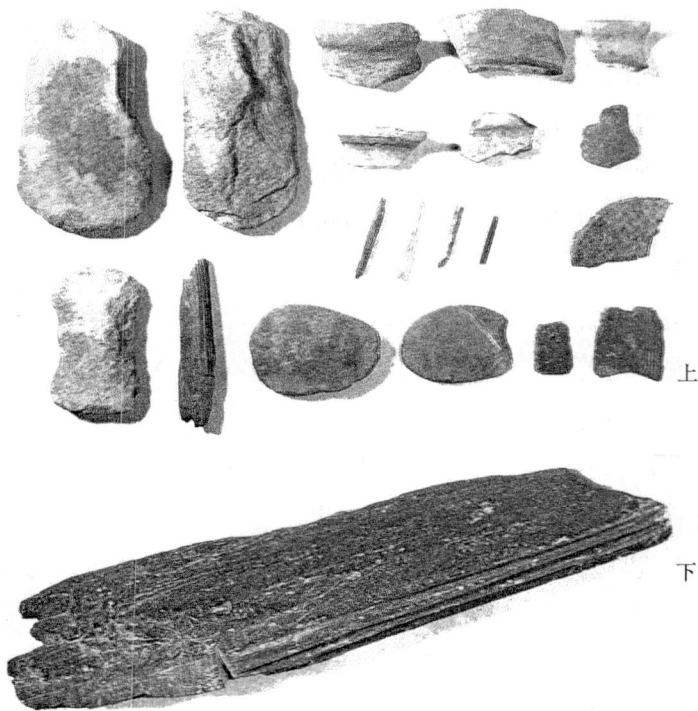

上　麒麟遗址出土　下　麟麒遗址出土的有槽石棒残片

（均采自刘益昌，1993）

---

① 宋文薰，1988。

新社遗址出土的石器　　　　　精美石凿

（采自刘益昌，1993）

麒麟文化居民的遗物——他们当时制作和使用的陶器属红褐色夹砂陶系，除少数饰绳纹外，其他均为没有纹饰的素面陶，主要器类有陶罐，还有陶盖、陶把及陶器口部残片。此外，还有陶偶。他们使用的工具主要是打制、磨制石锄、打制的石斧，石刀、卷瓣石刀、石镰等农耕和谷物收割工具；粮食加工工具有石杵、石臼。宫下、新社和忠勇等遗址还有石网坠。这类捕鱼用具其他遗址少见；矛镞既是狩猎工具，又是战斗武器；石针和有槽石棒是他们纺线、缝制树皮衣的用具；磨制的锛凿形器、石锛和石槌是木作工具（图一）。①

从以上石器工具可以推知，麒麟文化居民的主要生业以山田

① 陈仲玉：《富世》；连照美：《太巴朗》、《宫下》、《新社》、《胆腺》、《八桑安》、《麒麟》、《白守莲》、《泰源》、《麻竹岭》、《五线Ⅰ》和《都兰》，宋文薰等《第一阶段研究报告》，第 218～266 页；刘益昌，1993：51～58、86～108；1996：10～19；李维菁：《本土考古/发现花莲金门之源》，台湾《中国时报》，2002 年 9 月 19 日第 14 版；周敏煌：《东河发现疑似巨石文化祭坛》，台北，《中国时报》，2002 年 12 月 7 日第 14 版。

烧垦方式种植谷类作物的农耕生产为主,[①] 种植稻和黍。[②] 狩猎
为辅,有的居民点还有渔捞;炊煮器依然是陶罐。另有装饰品
玉环。

图二　岩棺内部

（采自刘益昌，1993）

　　二、遗迹。麒麟文化之所以又称之为巨石文化，主要是因为
它拥有岩棺、方形岩壁、有肩或有槽等各式单石、石柱、堆石墙
等石构建筑，以及石轮、有孔石盘和人形石像等物。麒麟文化的
岩棺（图二至四），是在整块的岩石上就地雕凿而成，窄面有一
个方形突起，宽面有一条突带。白守莲遗址的一具岩棺，长约
2.1 米，宽约 1.2 米，深约 1.2 米，周壁厚度约 18～21 厘米；平

---

　　① 刘益昌，1993：33。
　　② 何传坤：《台湾史前文化三论》稻乡出版社，台北，1996 年，第 141 页。
按：黍，粟的一种，粒大而黏。

图三　麒麟文化的岩棺

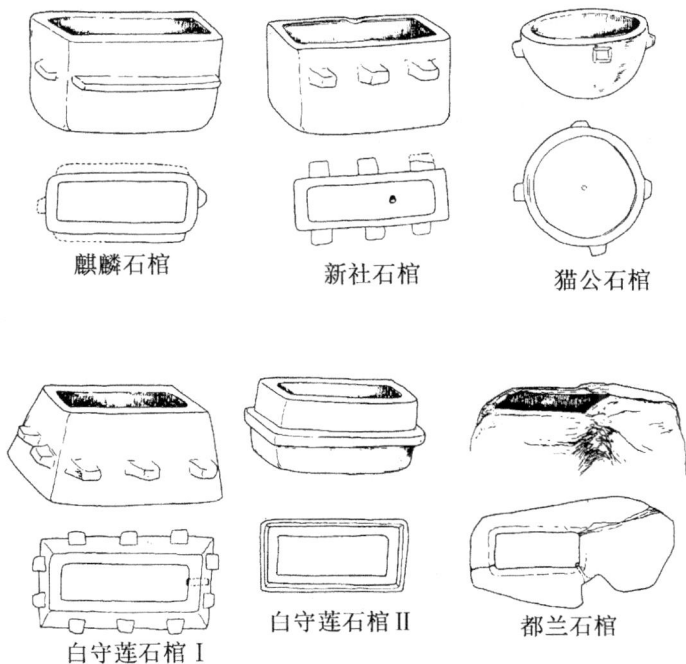

麒麟石棺　　　　　新社石棺　　　　　猫公石棺

白守莲石棺 I　　　白守莲石棺 II　　　都兰石棺

宋文薫原图、刘益昌改绘（采自刘益昌，1993）

面长方形，外壁由上缘向下约 60 厘米处雕刻有高约 30 厘米的 10 个角状突起，有规则地分布在岩棺四周：两长侧面各三个，两短面各两个；在石棺里面的一隅，钻有直径约 3 厘米的孔，通至外表。其他遗址所见岩棺形制大同小异。只是有的岩棺小孔钻在石棺底部中央，有的外表只有六个角状突起（两短面没有）。据鹿野忠雄观察，这种岩棺是就地制成石棺后再搬运到墓地的。

都兰等遗址有一种岩棺，是将露头的岩石，就地凿成长方形岩棺。① 这一现象似乎说，麒麟文化人在雕凿、搬运这样庞大、笨重的岩棺时，表现了他们的力学（如利用圆木滚动）知识和搬运技巧；岩棺表面的角状或方形突起，不知是装饰物还是搬运时系绳拉动之用。有一点值得注意，就是有的岩棺方形突起与一条突带之间的搭配关系，就像是，"将突带切断便成突起，将突起连接便成突带"。② 这说明他们已具备一定的几何和构图知识。

图四　白守莲Ⅲ型石棺

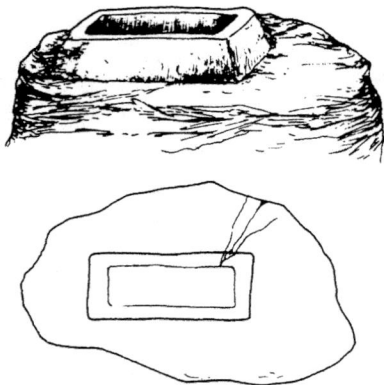

（采自刘益昌，1993）

对上述被称为岩棺的巨石文化要素，刘益昌提出质疑。他说，岩棺是一种选用集块岩打造的长方形石槽。但是否是真正埋葬尸体的棺，并没有确实的证实。或许我们可以从生活的角度来

---

① 鹿野忠雄著、宋文薰译：《台湾考古学民族概观》，台湾省文献委员会，1955 年出版，第 68 ~ 69 页。

② 宋文薰：《由考古学看台湾史前史》，《汉声》第 34 期，台北，1991 年。

想，把它当成是一种储水设备（刘益昌，1993：55）。对于猫公遗址（现丰滨村，阿美语称为 Vakon 的译音）出土的圆形岩棺（见图三），也称之为石臼。日本学者安倍明义在报告中转述了阿美族人关于这个石臼的传说和用法。他们认为，它是石煮法中用来盛放烧热的石头的容器（刘益昌，1993：58）。

笔者赞同刘益昌的理论。前述岩棺一隅或底部中央钻有小孔，图二所示岩棺左下有一道槽，由棺底内侧直通棺外；都兰岩棺（图三）和白守莲Ⅲ式岩棺（图四），都开凿在岩石的顶部，如用来盛水，由其内流出来十分方便。问题是，这样的储水法是为了什么？灌溉农作物、饮用，还是一种宗教信仰的需要？不知能否找到答案。

图五　麒麟文化的单石

带槽单石（采自臧振华，1999A）

都兰遗址的石壁（俗称孕妇石）

第六章　锄耕农业时期（下）

东河南Ⅰ遗址地表田埂边的三块单石

（除注明者外，均采自刘益昌，1993）

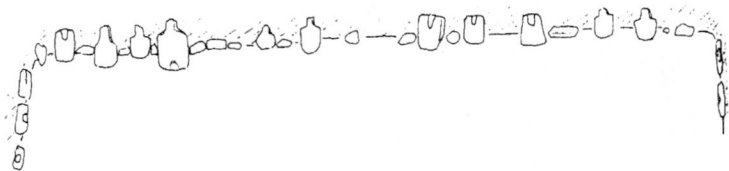

上为麒麟文化巨石结构想象复原图，

在当时可能是一处祭仪场所

（宋文薰原图、刘益昌改绘）

　　单石（图五）。麒麟文化遗址常见的遗迹之一，数量很多，有的遗址多达数百块。这些单石有固定型制，宋文薰分为"五式十型"以上。这些单石很可能是由原来的人像或神像形式化或抽象化的结果。它的一端或两端有长方形凹槽，侧面或其它部位有长条细沟。另外，与单石相伴出土的有相当多的有孔石盘。

单石或有孔石盘，或成排竖立，或有规则地堆叠在跟祭祀或其他仪礼有关的场所（宋文薰，1991）。

表现于岩棺上的"突起"与"突带"，还有"方形凹槽"或"长条细沟"也出现在石壁、圆盘之上。在胆膲遗址石壁群中，其中一个顶部就有细沟和两孔，在宽面上雕有一对微微浮现的圆形突起。其它遗址上的突起均为方形、较高。宁埔 2 号石壁上，有与岩棺外表相似的突起与突带，但一条横行突带是在两个方形突起之下。白守莲遗址的一块圆盘，直径约 90 厘米，厚约 25 厘米。它的宽面近缘部雕有一个方形突起，相反的宽面却刻有一个圆形的凹。从这些现象看，麒麟文化的巨石遗物之间，具有人工雕刻、规划，密切而不可分割的联系（同上）。

白守莲遗址出土的石像，高 76 厘米，石质为砂岩，浮雕。两手下垂，在膝部相合。雕工显得非常幼稚且粗糙。[1] 现住该地的阿美人并不制作这类雕像，与排湾的石壁雕像也不同。排湾人的石壁雕刻大都为浅雕的阴文形式，人物的头颅多成椭圆形，蜂腰阔肩，两手或高举、或置胸前。[2] 白守莲雕像的手垂至膝相合，倒使我们想起了民间传说的那些所谓大富大贵人的形象，他们必备两个特征就是耳垂肩，手过膝。白守莲石像，或许是他们对祖先或英雄人物崇拜的遗迹。

麒麟文化与卑南文化虽然都分布在台湾东海岸，二者至少有一段时间"并存流行过"（宋文薰，1991），但它们之间的差别也是明显的。一是石锄等农耕工具出土的数量，前者多于后者；

---

① 鹿野著、宋译，1955，第 44 页。
② 刘其伟：《台湾土著文化艺术》，雄狮图书公司，台北，1979 年，第 170 页。

前者使用岩棺（或盛水器），后者使用石板棺；板岩石柱，前者是宗教崇拜物，后者是支撑房梁的立柱；后者有拔牙习俗，未见前者这方面的报告。可见，二者是两种不同系统的文化。

第三节　东海岸诸文化源流

在东海岸数十处新石器时代遗址中，仅为单一文化层的遗址属少数，较多的遗址是两个或两个以上文化层相互叠压，这就为确定卑南文化和麒麟文化的年代及其源流提供了一定的条件。

一、东海岸的史前文化层序。在前两节涉及的卑南文化和麒麟文化各遗址中，有以下一些现象，如卑南遗址的卑南文化层叠压在大坌坑文化层之上。都兰遗址（由上而下）是卑南文化、麒麟文化、绳纹陶文化三叠层。富世遗址最下一层是麒麟与卑南混合文化层。老番社遗址是卑南文化层叠压在绳纹红陶文化层之上。猫公遗址是麒麟文化层叠压在绳纹红陶文化层上。特别是东河遗址群，据刘益昌研究，目前已知马武窟溪口南北两岸遗址文化堆积，至少有长滨文化晚期、绳纹红陶文化、卑南文化早期、麒麟文化、卑南文化晚期、静浦文化（富南类型）、静浦文化（静浦类型）等七个不同史前文化的人类在这里居住。年代大约自距今6000年前至500年前为止（刘，1996：14）。黄士强发掘老番社遗址时，同样发现卑南文化层叠压在绳纹红陶文化层上。并指出，老番社遗址下层的绳纹陶文化，无疑早于卑南文化。与西海岸的考古文化相比较，他认为台东地区的这层文化，应与西海岸继大坌坑文化之后的绳纹红陶文化有关，从地缘关系来说，关系较密切的可能是垦丁文化或凤鼻头文化（黄，1991）。① 刘益昌经过研究（详后）认为，在卑南文化与大坌坑文化之间就有 1000 到 1500 年的空当，可以容纳在东部地区发现的绳纹红陶文化，例如老番社遗址下层。②

综上，自距今 6000 年前到 500 年前东海岸的史前文化次序，可归纳为：旧石器时代长滨文化晚期，新石器时代大坌坑文化、绳纹红陶文化、卑南文化与麒麟文化，最后是铁器时代的静浦文化。

二、卑南文化的存续年代。卑南文化目前有五个 C_{14} 测定的年代，其中卑南遗址有四个：2720 ± 110B. P.，2740 ± 70B. P.，2820 ± 110B. P.，3100 ± 120B. P. 和 4670 ± 160B. P.，③ 属于卑南文化晚期的渔场南遗址贝壳的 C_{14} 年代为 2290 ± 40B. P.。④ 据此，有些学者认为，卑南文化与植物园文化、营埔文化、大湖文化都是距今 3500～2000 年的新石器时代晚期文化；⑤ 有的学者认为，卑南文化与圆山文化、西海岸牛稠子文化同属距今 5500～2000 年的新石器时代中期，⑥ 是紧接新石器时代早期大坌坑文化之后的文化。麒麟文化只有一个 C_{14} 年代 3060 ± 280B. P.。多数学者

---

① 垦丁文化或凤鼻头文化，本书第五章第二节称"牛稠子文化垦丁类型"或"牛稠子文化凤鼻头类型"。

② 刘益昌：《试论凤鼻头文化的性质与卑南文化的年代》，宋文薰等主编《考古与历史文化》上册，正中书局，台北，1991 年，第 327～341 页。

③ 宋文薰、连照美：《台湾史前时代人兽形玉玦耳饰》，台湾大学《考古人类学刊》第 44 期，1984 年。

④ 黄士强《渔场南》，《第一阶段研究报告》，第 210 页。

⑤ 臧振华，1999A；47；刘益昌：1993；25。

⑥ 连照美：《卑南》，《第一阶段研究报告》，第 203 页；《台湾史前时代拔齿习俗之研究》，台湾大学《文史哲学报》第 35 期，1987 年。

推定它与卑南文化同时，存续的年代距今 3500～2000 年或距今
3500～1500 年。

图一　那斯台遗址出的玉器和鸟形石玦

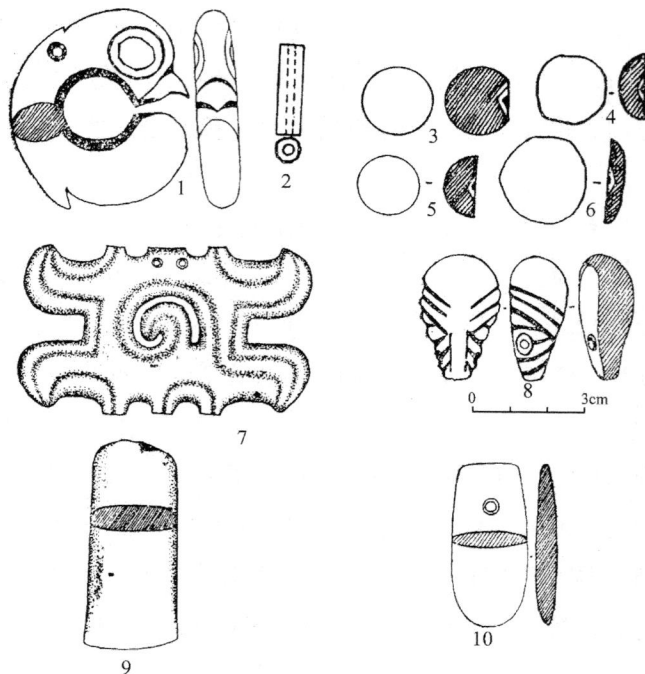

1 鸟形石玦　2 玉管　3～6 玉坠饰　7 勾云形饰（玉）

8 兽头形饰（玉）　9～10 玉斧

（采自《考古》1987 年第 6 期）

对于卑南文化的上述 C_{14} 测定的年代，台湾考古界都能接
受 3100±120B.P. 这个年代，因为它与一连串相聚集的 C_{14} 年

代相近。① 有争议的年代是 4670±160B. P. 。宋、连二位曾说过，这个年代虽然看起来为远远孤单的一个年代，但也并不表示它是一个完全不能接受的年代，或目前只能暂时地作为卑南石板棺墓葬开始年代的一个提示。② 但其结论却是"其可接受性显著提高。"

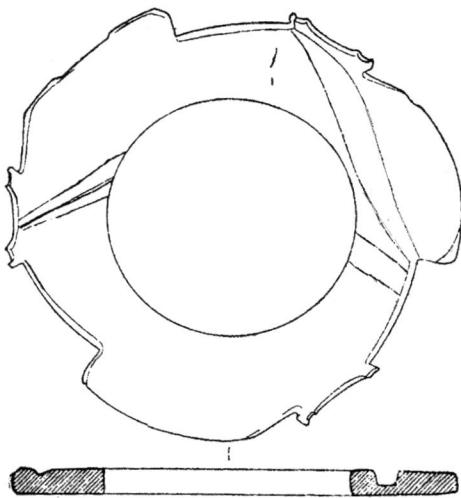

附：牙璧（小屯出土）

（采自《考古》1987 年第 4 期）

刘益昌对此提出了不同看法。他说，比大坌坑式绳纹陶文化晚而且有段年代上距离的卑南文化层不可能早到距今 5000 年左

① 宋文薰、连照美：《台湾史前时代人兽形玉块耳饰》，台湾大学《考古人类学刊》第 44 期，1984 年（以下简作"宋、连，1984"）。

② 宋、连，1984 年。

右，也许将卑南遗址卑南文化层的年代订在距今 3500～2000 年
之间较为合理，或许其他遗址的卑南文化可能稍早，但不至于超
过 4000 年前（刘益昌，1991）。其理由是：（一）卑南遗址出土
的绳纹陶，与凤鼻头遗址大坌坑文化层和果叶遗址出土的相似。
果叶的绝对年代在距今 5100～4600 年之间。卑南遗址的卑南文
化层与大坌坑晚期文化层并非直接叠压，而有一段间隔，因而有
年代上的距离。因此，卑南文化层不可能早到距今 5000 年左右。
（二）相同的人兽形玉玦也见于芝山岩遗址圆山文化层。岩山岩
文化层的三个 C_{14} 年代经校正后大致在距今 3700～3300 年之间。
质此，卑南与芝山岩两遗址流行人兽形玉玦的年代应是距今
3500～2000 年。（三）玦形器在全岛的流行年代可能在新石器时
代晚期距今 3500～1500 年，也与卑南文化距今 3500～2000 年（或
可晚至距今 1500 年）的说法相符合。此外，他还提出大坌坑文化
晚期新城遗址已出现石板棺、拔牙作为旁证（刘，1991）。

　　笔者赞同刘益昌将卑南文化确定在距今 3500～2000 年之间，
或可晚至距今 1500 年左右。[1] 补充理由如下：

　　（一）关于石板棺的年代。何传坤在《由台湾原住民丧葬习
俗探讨台湾史前埋藏方式》一文中，列举有关石板棺的年代有：
模式五的石板棺墓在公元前 500 年左右盛行于台东以南；1980
年卑南遗址第 13 次发掘所抢救的距今 3400～2800 年之墓葬资
料，较完整的 290 具石板棺中，84% 属卑南型。其他如鹅銮鼻、
垦丁遗址的石板棺内死者是公元前 900 年～公元前 400 年前后被

---

　　① 黄士强：《渔场南》，属卑南文化晚期，推测距今约 2000～1500 年前。《第
一阶段研究报告》，第 210 页。

同时埋葬的。① 这些年代均落在卑南文化存续年代为距今 3500～2000（或 1500）年之内。

再看祖国大陆石板棺流行的情况。目前所知，以江苏省灌云县大伊山遗址的石板棺墓为最早，距今约 6500 年。② 其次是山东省东海峪遗址下层大汶口文化晚期的石板棺。东海峪遗址是三叠层（从下至上）：大汶口文化晚期文化层、大汶口文化向龙山文化过渡文化层和山东龙山文化早期文化层。以自然石板铺砌成的石板棺 M310、M311 埋在大汶口文化晚期文化层之下。③ 东海峪下层 C_{14} 测定的年代有两个：2K470 为 4330±110B. P.，2K479 为 4070±150B. P.，校正后的年代为 2865B. C±195。④ 推测其年代约距今 4800 年左右。西周时期（约公元前 11 世纪～公元前 770 年），胶东半岛的南黄庄文化，仍流行石板棺作葬具。⑤ 有学者指出，辽东地区的石棚文化大体是距今 4000 年至 3000 年之间，相当于夏到商末。其后便为变相的石棚——大石盖墓和石板立砌墓所代替。⑥ 吉林的西团山文化早期盛行板石对砌墓，中期盛行块石垒砌墓，晚期开始出现土圹墓和瓮棺葬。⑦ 西团山文化

① 何传坤，1996：96，107。

② 南京博物院等：《江苏灌云大伊山遗址 1986 年发掘》，北京，《文物》，1991 年第 7 期

③ 山东省博物馆：《谈谈大汶口文化》，《文化集刊》（1），北京，文物出版社，1980 年（以下简作"鲁博，1980"），第 19～27 页。

④ 高广仁、邵望平等：《一九七五年东海峪遗址的发掘》，北京，《考古》，1976 年第 6 期；高广仁：《史前陶鬶初论》附表二，北京，《考古学报》，1981 年第 4 期。

⑤ 王锡平：《胶东半岛夏商周时期的夷人文化》，哈尔滨，《北方文物》，1987 年第 2 期。

⑥ 张立志：《辽东石棚与东夷关系》，长春，《北方民族》，1992 年第 4 期。

⑦ 董学增：《关于西团山文化的新资料》，哈尔滨，《黑龙江文物丛刊》，1983 年第 4 期。

的一个 C_{14} 年代为距今 3055 ± 100 年，与赤峰红山后石棺墓相比较，墓葬年代约当战国时期① （公元前 475 年～公元前 221 年）。川西北岷江流域以及云南、贵州和西藏等地发现的石棺墓，常见铜柄铁剑或铁制小刀作陪葬品。② 其年代也不会早于发明铁器的战国时代。在西北的青海省刚察县县城之西、青海湖北约 10 公里的沙柳河东发现一处卡约文化遗址，清理墓葬 50 多座，其中一半为石板棺墓。石板为当地的自然石板，未经加工围成棺，有的墓底染成红色。其余为木棺墓和竖穴土坑墓，距今约 2000 多年。③

　　1985 年 11 月 1 日至 5 日，四川省史学会、四川省博物馆和云南省博物馆等七家学术单位联合发起举行的第一届 "中国石棺葬学术讨论会"。讨论会纪要把我国石棺葬（以板岩块组成长方形或长梯形的石棺为典型形式）流行的时间确定在大约距今 3500～2000 年左右。④ 这个年代有两点值得注意，一是，可能受到资讯限制，当时发起单位可能对山东、江苏、台湾三省的情况不了解，故纪要中没有提这三省的石棺葬；其次，这次讨论会代

---

　　① 中国社会科学院考古研究所编著：《新中国的考古发现和研究》，北京，文物出版社，1984 年，第 345 页。

　　② 陈宗祥：《岷江上游石棺墓的族属初探》，成都，《西南民族学院学报》，1981 年第 1 期；童恩正：《四川西北地区石棺葬族属试探》，昆明，《思想战线》，1977 年第 2 期；张增祺：《西南地区的 "大石墓" 及其族属问题》，北京，《考古》，1987 年第 3 期；席克定：《贵州民族考古研究概况》，贵阳，《贵州民族学院学报》（社会科学版），1987 年第 1 期；（德）奥夫施内特著，杨元芳、陈宗详译：《西藏居民区史前遗址发掘报告》，北京，《中国藏学》，1992 年第 1 期。

　　③ 李蔚：《青海湖区发现石板棺墓地》，北京，《光明日报》，1989 年 11 月 17 日第 7 版。

　　④ 林向：《中国石棺葬俗的讨论与研究》，北京，《民族研究动态》，第 1987 年第 1 期。

表了当时大陆石板棺研究的总体情况。讨论会确定的石板棺流行年份与台湾考古界大多数学者认同的卑南文化存续年代都是距今3500～2000年。这样的巧合，可能说明石板棺这种墓葬文化的盛行期，个别地方起始早一点，有的地方延续晚一点也是合乎事物兴衰规律的。

至于被认为与卑南遗址石板棺墓葬文化关系较密切的中南半岛的石板棺或巨石文化，起始年代更晚。侯献瑞指出，在南苏门答腊、马来亚和越南南方有许多石板建筑的箱式墓。"在印度尼西亚的石板箱式墓、石桌墓和石棺中，往往发现青铜、铁和金的残片，此外还有玻璃。"① 又说，老挝查尔平原石瓮棺葬的年代与苏门答腊巴塞玛巨石遗址年代大致相近，从公元前7世纪后期或公元前6世纪到公元1世纪。这个年代大约反映了东南亚从阿萨姆、马来亚到印度尼西亚（包括老挝北部和越南方等地）巨石文化系统的年代（侯献瑞，1988）。

综上所述，无论是祖国大陆还是中南半岛或整个东南亚，石板棺流行的年代最早是江苏北部大伊山遗址和海岱地区的大汶口文化晚期东海峪遗址下层，分别距今约6500年前和4800年前，大部分地区在距今3500～2000年之间，中南半岛以至整个东南亚最早是公元前7世纪，距今约2700年前。卑南文化的石板棺并非发源地，怎么会早到距今5000年前呢。

（二）东海岸的小马海蚀洞属大坌坑文化晚期的侧身屈肢葬，并有拔牙习俗，距今约4500～4300年（何传坤，1996：

———————————

① I. C. 格洛弗：《印度尼西亚前史晚期》（牛津，1979），转引自侯献瑞：《试论东南亚巨石文化》，武汉，《中南民族学院学报（哲学社会科学版）》，1988年第6期。

第六章 锄耕农业时期（下）

259

135）；老番社遗址石板棺，六具属于卑南文化时期，距今3000～2500年，一具属大坌坑或绳纹陶时期（黄士强，1991；何传坤，1996：115）。西海岸新发现的大坌坑文化晚期的南关里东遗址，距今4700～4200年。① 前已述及，在大坌坑文化层与卑南文化之间还有1000多年的空当。这也说明卑南文化的存续年代不可能超过大坌坑文化的下限。

（三）现在已有明确的地层关系与年代。花莲县丰滨乡港口遗址发掘结果显示，其地层自下而上是：距今4700～3500年的绳纹红陶文化，距今3500～2000年的麒麟文化（李维菁，2002）。这一文化层序也可间接证明，确定与麒麟文化并存的卑南文化的存续年代为距今3500～2000（或1500）年是可以接受的。

三、东海岸史前文化源流。虽然在台湾东海岸发现了自旧石器时代长滨文化，新石器时代早期的大坌坑文化、中期的绳纹红陶文化、晚期的卑南文化和麒麟文化（刘益昌的层序表还有"花冈山文化"②）以及铁器时代的静浦文化等。除已明确大坌坑文化不是由长滨文化发展而来，其他文化之间是否有承继关系，台湾考古界尚无统一的意见。目前的主要意见有：张光直认为，台湾东海岸的陶器似乎是西海岸的余波；对于巨石构筑的来源，认为，也许与中南半岛的巨石文化有点渊源（张，1970）。臧振华持多元说，除了可能是在大坌坑文化的基础上发展起来的

---

① 台湾《联合报》记者郭先盛2003年6月21日答复笔者询问的传真：《南科南关里东遗址相关资讯》（以下简作"郭先盛，2003"）。

② 花冈山文化的内涵和卑南文化、麒麟文化有相似之处，砝码型网坠较多是它的主要差别。它主要分布在海岸山脉北段、花东纵谷北段和奇莱平原，属于岛内东、北部人群交流而形成的文化（刘益昌，1996：35）。台湾考古界尚未确认这一分类。特记于此。

之外，有些文化，也可能是从台湾邻近地区移入，或是与这些地区的文化交流互动，而受到影响（臧，1999A）。黄士强、刘益昌二位的意见相似，一说东海岸绳纹陶文化与卑南文化的关系目前尚无清晰的线索可循，还不能断说卑南文化是由绳纹陶文化演变而来的，但也绝非无此可能（黄，1991）。一说，东部地区的卑南文化和麒麟文化的来源，目前尚无法定论，但是从卑南遗址卑南文化层下部出土有少量绳纹陶的情况看，卑南文化可能也源自绳纹红陶文化（刘，1992：35）；他也曾说过，卑南文化是否源于这些绳纹红陶文化，还值得进一步探讨，但显然易于解释（刘，1991）。比较而言，刘氏倾向于卑南文化来源于绳纹红陶文化。宋文薰原先同意鹿野忠雄关于东海岸麒麟文化，可能与中南半岛的巨石文化有点渊源的见解（宋，1991）。10多年后，经历了对卑南遗址的13次发掘，获得了极为丰富的古文化遗留，看法与前有所不同。他说："这一系统文化与中国南海地域的史前文化密切相关，且与中国东海地域的史前文化也有关连。"至于本岛内部诸文化间的关系，他重申了10多年前的观点，卑南文化的若干要素波及恒春半岛。[1] 关于石板棺这一文化要素，他认为是单独地波及其他文化分布区的若干地方（宋，1991）。

1994年宋文薰发表的关于卑南遗址发掘的文章，笔者只见到提要，不知他是如何论证卑南文化与大陆东海地域史前文化的关联的，无法引述。推测他的这一见解与祖国大陆自1980年以来取得的考古学成果有关。如果说，卑南文化与大陆东海地域有

① 宋文薰：《台湾台东卑南遗址的发掘与相关问题》，魏桥主编《国际百越文化研究》，北京，中国社会科学出版社，1984年，第440～441页。

关系，也应主要与环渤海沿岸的东夷文化有关。理由如次：

（一）拔牙是东夷人的习俗。前面已述，海岱地区的东夷人是这一习俗的创始者。严文明指出："越人的风习之一是断发文身，正如夷人喜好拔牙一样，是一种重要的族别标志。"①

（二）石板棺葬具，目前所知是江苏灌云的大伊山遗址最早，还有大汶口文化晚期的东海峪遗址下层，南黄庄文化南黄庄斜山墓地（均见前引）。后来，在山东文登市高村镇孙家庵东的一座小山上发现距今 2500 多年前的石板棺墓，占地约 500 平方米。石墓平面 2 平方米左右，由天然石块围成方形或圆形，上面加盖天然石板，里面存放死者及陪葬物品。② 这说明东夷人使用石板棺作葬具前后延续了近 4000 年（自距今 6500~2500 年前）。

无论是胶东半岛还是辽东半岛的石板棺，都是东夷族人的丧葬文化（王锡平，1987；张志立，1992）。

（三）都是种稻、粟的史前居民。山东龙山文化杨家圈等遗址的东夷人种水稻，卑南文化居民种陆稻。据北魏贾思勰《齐民要术》记载，山东也种陆稻（卷二旱稻第二）。只是未见于考古学文化。卑南文化居民种陆稻属推测。

特别是他们都种粟。

（四）二者都是鼎、罐、钵陶器的制造和使用者。③

---

① 严文明：《论青莲岗文化和大汶口文化的关系》，《文物集刊》（1），北京，文物出版社，1980 年。

② 侯春丽、董学清：《山东发现巨石文化》、北京，《人民日报》海外版，1993 年 9 月 22 日第 3 版。

③ 如大汶口文化的陶器盛行三足器和圈足器，鼎有罐形、壶形、釜形、钵形、盆形、盂形和碗形等种，豆有盆形、钵形、盘形等。也有鼓腹罐和钵、勺等（鲁博，1980）。

（五）玉器饰品的制作与使用。海岱地区的东夷人的饰品少见玉玦。这是二者的不同之处。不过，属于红山文化的内蒙古那斯台遗址，出土的双孔石刀、石镰（原报告称镰形器）以及玉饰中的动物形饰件如鸟形、龙形、蚕形饰件、鸟形石玦，[1] 与卑南文化的动物形玉饰件有相通之处。这不仅表现在形式，而且反映在思想意识上的万物有灵、图腾崇拜也是相近的。需要特别提出来的，就是"鸟形玦"（图六，1），体作卷曲扁柱形，首尾相近，尖喙醒目，额头隆起，浮雕圆眼，翅尖向外凸出，尾端呈圆弧状，肩部有透孔，身躯素面无纹。[2] 这与卑南文化的"有角玦状石环"，有异曲同工之妙。我以为这种鸟形玦，很可能是角状石玦的祖型。或者这种角状玉玦可能是我国大陆新石器时代中期出现的"璇玑"或"牙璧"（图六，附）的抽象化产物，或是由玉玦与璇玑二物涵化出来的一种新饰物。如属于大汶口文化中期的苏北新沂花厅遗址[3]的墓葬中，出土了由24件玉佩组成的玉串饰中，有两件形制奇特的"鸟纹玉佩"，分别作近圆形中央穿孔、外缘附有三或四只相对卧鸟。据尤仁德研究，鸟纹简化为三齿的形式，也是后来三鸟纹"璇玑"的源头。[4] 推测其发展，卧鸟就简化为角状。这种"鸟纹玉佩"与商及西周三鸟纹日晕形佩（即"璇玑"），是黄河下游古东夷人崇拜日神和鸟神结合的产物，带有礼仪与宗教上的意义。[5] 这种人兽形玦可能也与东

---

[1] 巴林右旗博物馆：《内蒙古巴林右旗那斯台遗址调查》，北京，《考古》，1987 年第 6 期。
[2] 尤仁德：《"璇玑"新探》，西安，《考古与文物》，1991 年第 6 期。
[3] 花厅遗址略晚于庙底沟遗址，后者 C_{14} 为 $5230 \pm 100 B. P.$ （校正后）。
[4] 尤仁德：《"璇玑"新探》。
[5] 尤仁德：《"璇玑"新探》。

夷文化有关。内蒙古自治区敖汉旗牛古吐乡一位农民，在野地里放羊时捡到一件玉人。2004 年 6 月，冯永谦见到了这件玉人（图二），通高 9 厘米、宽 3.3 厘米、厚 0.2～0.3 厘米。片状、体很薄。圆首，其头部轮廓形状，颇似一个红山文化中的另一件代表性遗物兽首形玉玦。冯永谦认为，此件玉人特征明显，是典型的红山文化遗物，并指出，台湾卑南文化玉人，其形象竟与红山文化玉人"如此相同，犹如出自一人之手"。①

图二　红山文化玉人

正面　　　　　　　　背面

（采自冯永谦，2008）

卑南文化玉人，见于台湾大学考古人类学系连照美、宋文薰两位教授的《卑南遗址发掘报告（1986～1989）》，称之为"单人兽形玉耳饰"（图三）② 台湾东部卑南等遗址及北部的圆山遗

① 冯永谦：《红山文化的新式玉人——关于与台湾卑南文化同式的红山玉人新资料》，《中国文物报》2008 年 1 月 2 日第 6 版。

② 该书第 199 页，台湾大学出版中心，台北，2006 年。

址，所出土的人兽形玉玦耳饰，普遍都是两人相向而立的，由头上的兽形把他们联系在一起（见本书234页图三之4）。他的功能就是耳饰。

图三　卑南文化单人兽形玉玦

（采自宋文薰、连照美，2006）

从玉文化的角度已将红山文化定为东夷文化。[1] 张明华将这件单人兽形玉耳饰，称为"抚胸玉立人"，以及台湾世居少数民族的木雕抚胸人，与红山文化辽宁建平牛梁河积石冢出土的陶塑人像、安徽凌家滩遗址出土的抚胸玉人像进行比较，认为，除了装束上略有区别外，三者的造型如出一辙，为证明红山文化曾经南下提供了考古学上的科学依据。[2]

那斯台遗址出土的玉斧与卑南文化的玉锛，应有共同的文化

① 杨伯达：《东北夷玉文化板块的男觋早期巫教辨》，北京，《中国文物报》2008年4月16日第7版。
② 张明华：《红山玉人与复活节岛上的石人》，北京，《中国文物报》2007年9月12日第6版。

第六章　锄耕农业时期（下）

因素寓于其中。有学者认为，红山文化是崇拜鸟图腾的商人之先颛顼、帝喾之遗存。① 也就是东夷人太昊部落的文化。红山文化东山嘴遗址的祭台，是该文化的晚期遗址。祭台为石建筑，东西长 60 米，南北宽 40 米，主殿约为 10 米见方的石基址，周边用石块整齐地垒砌，石块均经修整，内有成组的立石。② 山东乳山县刁虎山发现石砌方坑，这是古东夷部族祭祀太阳的遗存。③ 卑南文化的石墙与立石，好像是东山嘴祭祀遗址的简化，作为祭祀之用的功能则是一致的。

（六）人面纹、鱼骨纹和太阳纹。鹿野忠雄说，在卑南社故址出土的陶器，有鱼骨纹和太阳纹；在都兰遗址出土了附有人面纹饰的陶片。④ 金关丈夫、国分直一报告，在卑南文化大石柱上，有象征太阳的浮雕。⑤ 王大均认为，山东半岛的嵎夷是崇拜太阳的民族。⑥ 李洪甫在研究东亚古文化史中，就以日本、朝鲜民族的敬祀太阳的天体崇拜，作为他提出日本、朝鲜民族是少昊氏东迁分支新论的证据之一。⑦

（七）覆脸陶。卑南文化居民的这一丧葬习俗，既见于长江下游的马家浜文化，也见于黄淮下游东夷人的葬俗。马家浜文化

---

① 蔺辛建：《红山文化与古史传说》，哈尔滨，《北方文物》，1987 年第 3 期。

② 蔺辛建：《先商文化探源》，哈尔滨，《北方文物》，1985 年第 2 期。

③ 王树民、刘丕烈：《山东乳山县刁虎山莱夷祭山遗迹的推定》，哈尔滨，《北方文物》，1988 年第 2 期。

④ 鹿野著、宋译，1955：59、60 及插图 37。

⑤ 金关丈夫、国分直一：《台湾考古志》，日本法政大学出版局，东京，1979 年，第 106 页。

⑥ 王大均：《嵎夷文化与日本》，北京，《人民日报》海外版，1991 年 12 月 16 日。

⑦ 吴乃华：《李洪甫研究东亚古文化史有突破》，北京，《光明日报》，1992 年 4 月 5 日第 2 版。

草鞋山和圩墩遗址有把红陶钵扣在死者头部的葬俗，这和江北青莲岗文化二涧村遗址把陶钵覆在死者头部的现象有类似之处。① 二涧村和大村有八座青莲岗文化墓地，其中六座墓中都有用一个红陶钵覆盖在死者脸部。② 可见这是当时相当流行的一种葬俗。大汶口文化晚期，在野店、西夏侯墓地上，实行过给儿童尸体覆盖残陶器的习俗。③

以上列举的七项文化特质，是卑南文化与环渤海地区东夷人文化共有的，只是后者的年代均早于前者。这些文化因素也可能是东夷被商、周统治者征伐所迫而外逃，到达台湾带去了故乡的文化习俗，也可能由大坌坑文化——绳纹红陶文化传递而来。但究其根底，则在东夷文化之中。

关于卑南文化与现代世居少数民族的关系，刘益昌说，卑南文化的晚期有两个演化方向：一是往山区移民，成为后来排湾族或排湾群（包括排湾族、卑南族、鲁凯族）的祖先；另一个演化方向是留在原来的平原及海岸台地，成为阿美族的祖先（刘，1993：32）。

笔者认为，他的见解很有参考价值，指出了深入研究卑南文化去向的方向。

---

① 南京博物院：《青莲岗文化的类型、特征、分期和年代》，北京，《文物集刊》（1），文化出版社，1980 年。

② 南京博物院：《青莲岗文化的经济形态和社会发展阶段》，北京，《文物集刊》（1），文物出版社，1980 年。

③ 高广仁：《大汶口文化的葬俗》，田昌五、石兴邦主编《中国原始文化论集》，北京，文物出版社，1989 年，第 334 页～344 页。

第七章　铁器时代

　　大约在公元前后，台湾地区已进入铁器时代。它们源流都比较清楚，上承本地区的新石器时代晚期文化，下被今日台湾世居少数民族所继承。铁器时代，生活在台湾本岛的是十三行文化居民、番仔园文化居民、茑松文化居民和静浦文化居民。

第一节　十三行文化居民

　　十三行文化居民是继圆山文化晚期文化或植物园文化之后生活在台湾北部地区的居民。他们与已汉化的平埔族系统的凯达格兰人有密切关系。主要分布在西海岸地区由淡水河沿着海岸向南分布到大安溪，向东沿着北海岸、兰阳平原分布到奇莱平原北侧的三栈溪。① 他们留下的主要遗址有台北县十三行、大垒坑上层，西新庄子、旧社、番社后、埤岛桥，宜兰县大竹围、利泽简和花莲县普洛湾等遗址。从这些遗址的所在地区看，十三行文化的分布范围已向南和向东海岸扩展了。这一文化的代表遗址是十

---

　　① 刘益昌：《台湾北部沿海地区史前时代晚期文化之探讨》，潘英海、詹素娟主编：《平埔研究论文集》，台北，"中央研究院"台湾史研究所筹备处，1995年，第1~20页。

三行遗址。据故老相传，清康熙年间，商家借淡水河口之利，在这里经营与大陆之间的海路贸易。当时较大的商行有十三家，其地名因此被称为"十三行"。现为台北县八里乡埤头村和顶罟村所在地。[①]

一、十三行遗址出土的陶器。（图一）以赤褐色拍印几何形印纹硬陶为代表（刘益昌，1995），别具一格，制作精良，反映了其主人熟练的制陶技巧和审美情趣。一为灰色陶系（偶有黑色陶），含细砂，火候高，质地坚硬。有的外表打磨光亮，有的饰以方格纹、三角纹或圆圈纹。在照片上观察，有一件灰褐色陶罐，侈口，高领，圆腹下收为平底，腹部上部拍印四圈三角阴纹（上下相连），其下紧接拍印斜方格阴纹。有的器底有烟炱，系生活用品中的炊具（用石支脚支撑煮食物），主人死后，又作为陪葬品。[②] 第二类为红褐色（或称棕色）陶系。外表饰以几何印纹——方格纹、方格网纹、波浪纹、篮纹、雷纹、圆圈纹（推测用芦苇或粟杆戳印）、三角带纹；还有鱼骨纹。从《汉声》杂志刊载的照片看，陶色深浅、色调不一。方格印纹为主要纹饰。但其中一件朱红色陶壶风格迥异：器盖上部雕刻成大眼、阔鼻人头像，额部刻有方格带纹；下部为两行平行的戳印圆圈纹；器身为侈口、斜领、溜肩，鼓腹，圈足外撇。肩部有两行平行的戳印

---

① 杨君实：《台北县八里乡史前遗址的调查与发掘》，台北，台湾大学《考古人类学刊》，第 13～14 期，1959 年；刘益昌：《十三行》、《大坌坑》、《苑里》、《崇德》、《大竹围》；陈仲玉：《富世》；宋文薰等：《台湾地区重要考古遗址初步评估第一阶段研究报告》，第 24～28、46～47、265～268、272～273 页；刘益昌，1996：21～22。

② 《重构台湾历史图像》，台北"抢救十三行文化遗址行动联盟"，1991 年 9月，第 22 页。

圆圈纹，下接重叠倒三角带纹及戳印的四点三行为一组的凹点纹，其中的一个点或两个点又作为三角形的顶点或组成部分，构思精巧；腹部有竖行凹槽数道。腹部与圈足连接处又戳印三条平行圆圈纹。① 这种风格的陶器可谓绝无仅有。制陶技术的高超还表现在镂刻技艺上。十三行遗址还出土了一件双层陶罐，其外层以嵌镂方式刻成美丽的条纹，套在内层陶罐上，"十足地反映其有精细的手工艺成就"。②

二、十三行文化已进入铁器时代。在十三行遗址中已发现炼铁作坊三处，有铁渣近 1000 公斤，还有附着铁砂的陶片、煤块和破碎铁矿石用的凹石与石槌。③ 在地层中还发现高度氧化的钉形铸铁两根，以及生锈、腐蚀严重的铁成品，④ 如铁刀、铁矛、铁锄（图二）等。⑤ 在生产工具中，还有石纺轮和磨制的骨角器，铜匕首柄、铜镞等。炊具和食具中，除陶壶、陶罐外，还有石槌、凹石、石支脚等。出土遗物中还有大量的兽骨、鱼骨、禽骨、贝壳和炭化稻壳与植物种子等；住址遗存有火塘，有的陶器底部有使用过的烟炙痕迹。这说明十三行文化主人的稻作农业已具有一定规模。同时，还从事打猎、捕鱼和采集海贝。据报道，澎湖列岛的居民至今仍用石槌和凹石来砸碎螺、贝壳以取食其肉。

---

① 《八里十三行文化推测复原图》，《汉声》第 34 期，台北，1991 年 10 月（以下简称《十三行文化复原图》）。
② 《重构台湾历史图像》，第 19 页。
③ 《十三行文化复原图》。
④ 《重构台湾历史图像》，第 18 页。
⑤ 《十三行文化复原图》。

图一　十三行文化的陶器（一）

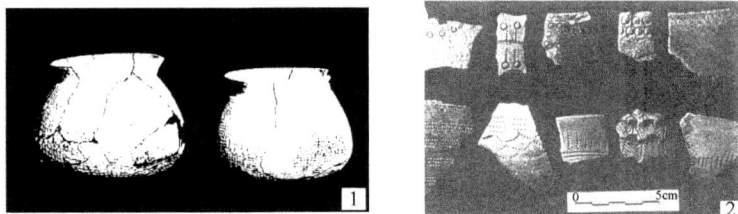

十三行居民的装饰品有金饰、玻璃饰物和珠饰（图四）。这些，可能是从汉人那里交换来的。在晚期交换来的物品中，还有一件元代飞凤纹壶（图五）。

十三行遗址居民的葬式是侧身屈肢葬、仰身屈肢葬（图三）和无头葬并行；还有两人或三人的复体合葬，其中有一父子同向侧身屈肢葬，还一具妇女俯身葬式。头向大多朝西南方（《十三行文化复原图》）。

我们从十三行遗址存在的种种情况如葬式及随葬品等推测，其主人可能有头颅崇拜的习俗，随葬品的多寡则反映人们的财产观念，父子合葬说明当时已处在父系社会发展阶段。这与遗址中所反映的稻作农耕文化也是一致的。

三、十三行文化的年代。西新庄子和十三行两遗址出土的贝壳 C_{14} 测定的年代和大陆古钱币年号，已知的有以下几项。西新庄子遗址三件贝壳的 C_{14} 年代是：

NTU－53　2390±200B. P. 或 440±200B. C.

NTU－54　2010±200B. P. 或 60±200A. D.

NTU－52　1940±190B. P. 或 10±290A. D.

十三行遗址的木炭和贝壳的 C_{14} 年代是：

NTU‐7　　1444 ± 204 B. P.　或 506 ± 204 A. D.

NTU‐8　　1145 ± 206 B. P.　或 810 ± 206 A. D. ①

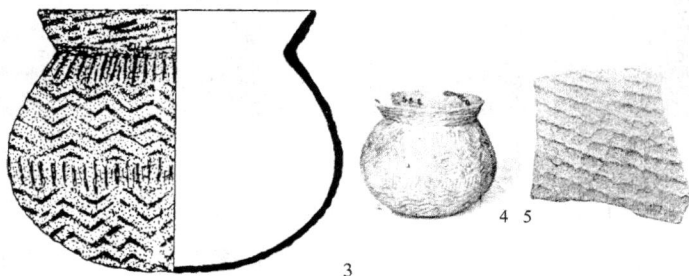

3

4 5

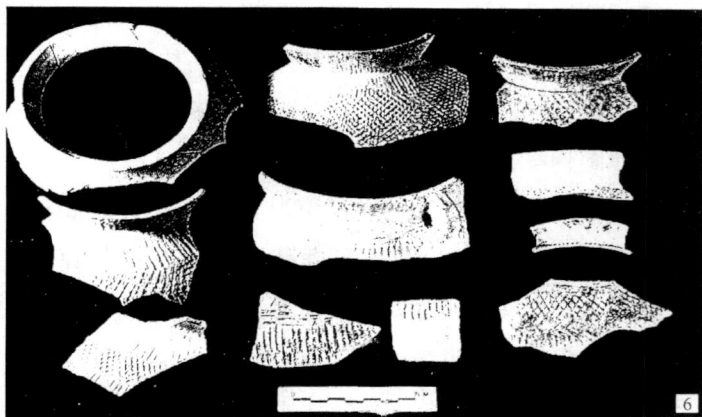

6

1、2、5 十三行遗址出土　　3、4 深澳遗址出土

6 大竹围遗址出土。(1、2 采自臧，1999A；

3、4 采自盛清沂，1962；5 采自宋文薫，1980；

6 采自刘益昌，1992)

---

① 宋文薫：《由考古学看台湾前史》，《汉声》第 34 期，台北，1991 年。

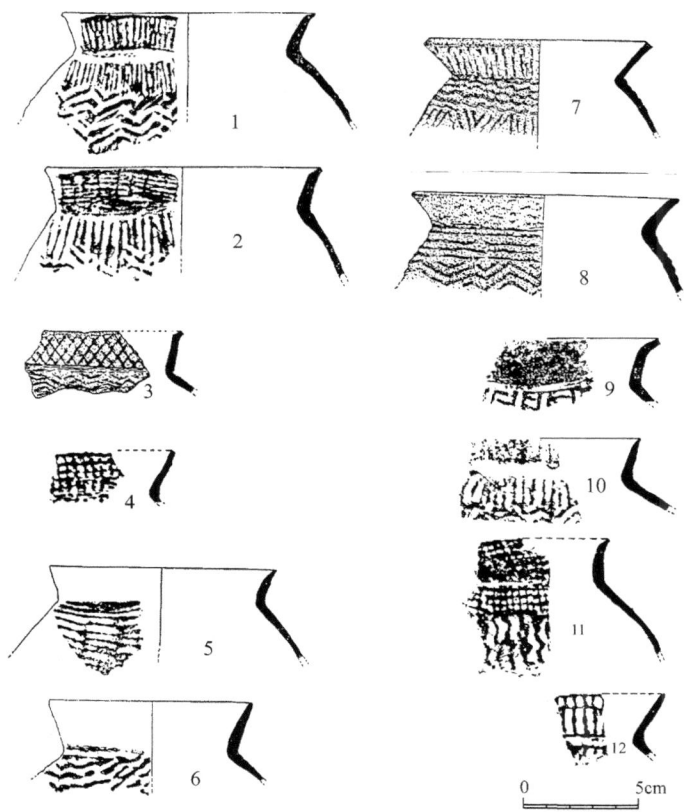

图一　十三行文化的陶器（二）

旧社遗址出土

（采自盛清沂，1962）

第七章　铁器时代

图二　十三行文化的铁器

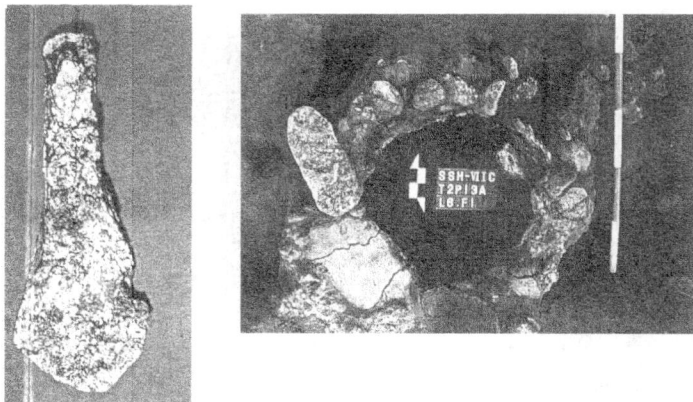

左　铁锄　右　炼铁炉遗迹

（采自臧，1999A）

图三　十三行遗址的仰（侧）身屈肢葬

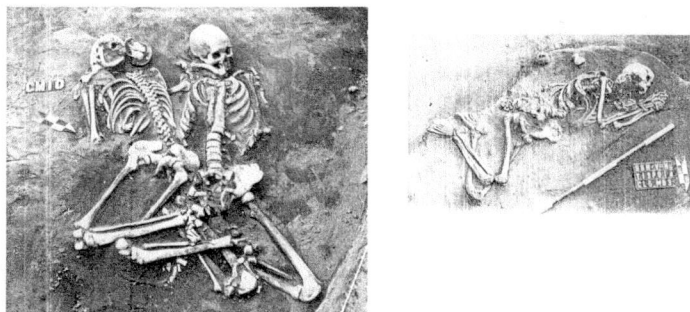

（左　采自臧，1999A　右　采自刘益昌，1992）

图四　十三行遗址出土的文物

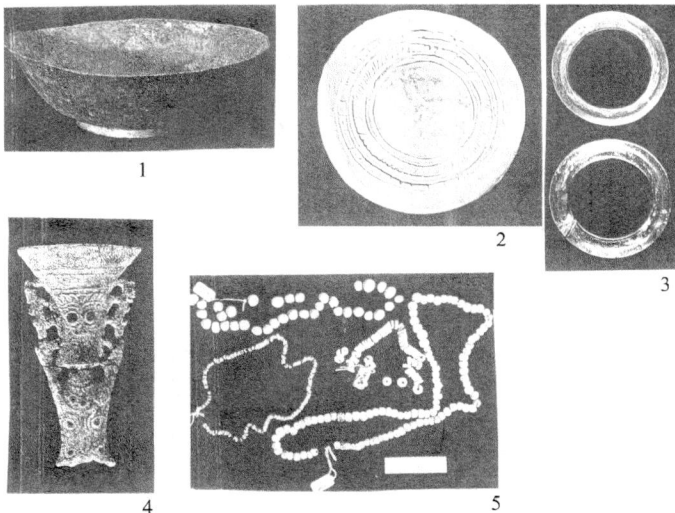

1 鎏金铜碗（唐宋）　2 金饰

3 玻璃饰物　4 青铜刀柄　5 珠饰　（采自臧，1999A）

根据以上数据，刘益昌推测十三行文化存续的年代为距今
2000～800年前（《十三行》）。有的遗址延续得更晚，大约距今
300年前（《崇德》）。正因年代延续较长，和其他文化交流不
一，十三行文化又分为十三行类型、番社后类型、旧社类型、普
洛湾类型和埤岛桥类型（刘益昌，1995）。

　　四、十三行文化遗物反映的海峡两岸经济文化交流。上述十
三行文化延续的年代，相当于内地汉朝至明朝这一漫长的历史时
期。至迟在唐末，已有汉族人到澎湖、甚至到台湾（详见第九
章），特别是南宋在澎湖驻军、元设澎湖巡检司（详第十章）和
明末郑成功收复台湾，是汉文化在台湾地区由少到多的不同拓展

阶段，并在考古文化上得到证明。

图五　十三行文化晚期出土的元代飞凤纹壶

（采自刘益昌，1992）

　　1990 年 5 月和 1991 年 8 月，台湾的研究机构和台湾大学等校研究人员和师生，对十三行遗址进行了抢救发掘，其中出土了汉五铢钱，唐玄宗时的开元通宝，肃宗时的乾元重宝，北宋太宗时的太平通宝。另有一种称为"成平元宝"的铜钱，① 疑是北宋真宗（公元 998～1003 年在位）时所铸的"咸平元宝"。据笔者考证，我国历史上没有"成平"这个年号，也没有哪个朝代铸

---

① 《重构台湾历史图像》，第 21 页。

过"成平元宝"，可能是"咸""成"形近致误。在十三行遗址中，还有宋代瓷器出土。① 十三行文化晚期还出土了元代飞凤纹壶。②

图六　十三行遗址出土的古代铜钱

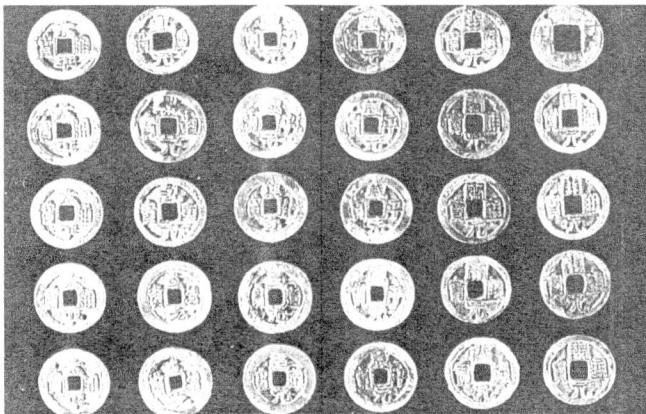

（采自臧振华，1999A）

1999 年，臧振华出版的《台湾考古》一书，刊有 30 枚铜钱（图六），是十三行遗址出土的。铜钱上的年号借助放大镜基本可识读。现按自右至左、自上而下，对照《中国历代货币》③ 考释如下：

第一行第 1 枚：五铢钱。汉武帝元狩五年（公元前 118 年）铸、东汉光武帝时恢复五铢钱（公元 40 年），南朝梁铸五铢钱

---

① 《重构台湾历史图像》，第 21 页。
② 刘益昌，1992：60。
③ 中国人民银行编辑组：《中国历代货币》，新华出版社，1982 年。

（502年）和隋铸五铢钱（589年）。按，这枚五铢钱与汉光武帝公元40年所铸五铢钱，都是五字第一笔右端与旋边重叠。推断它是东汉钱。

第一行第4、5枚：武德四年（621年），唐高祖废五铢，铸开元通宝。

第二行第1～5枚：都是开元通宝。

第三行第1～5枚、第四行1～2枚：北宋真宗咸平元年（998年）铸咸平元宝。

第四行第3、4、5枚：北宋太宗淳化元年（990年）铸御书三体钱淳化元宝与至道元年（995年）铸至道元宝。

第五行第1～3枚：唐肃宗乾元二年（759年）铸乾元重宝（正、背面）。

第五行第4、5枚：辨认不清。

第六行第1～5枚：北宋太宗太平兴国年间（976～983年）铸太平通宝。这是宋代所铸第一个年号钱。

从这些铜钱的年号看，最早的是东汉五铢钱（公元40年铸），最晚的是北宋咸平元宝（998年铸）。这些钱是何时通过何种途径进入台湾本岛，使十三行文化居民拥有它们的呢？臧振华说：他们也与台湾岛内和岛外其他人群，包括汉人进行交易。这只是一种可能。交易物品包括汉人的青铜刀柄、铜器、铜钱和瓷器，以及金、银、铜和玻璃饰物；十三行遗址即出土了唐宋时代的汉人鎏金铜碗（图四）、铜钱和瓷片（臧，1999A：62～64）。笔者认为，此类出土物品可能与南宋驻军澎湖或元设澎湖巡检司有关。之所以与元代相联系，是因为在十三行文化晚期遗址出土物中，有一件元代飞凤纹壶（图五）。具体情形，将分别在第

十、十一章讨论。

十三行文化与现代台湾世居少数民族之间的关系，据台湾考古学和民族学工作者研究，台湾平埔族中的凯达格兰人可能就是十三行遗址的主人。清代，他们已与汉族融为一体了。

第二节　中南部铁器时代居民

铁器时代，西海岸中南部居民主要有两个群体：一是中部的番仔园文化居民，一是南部的茑松文化居民。

一、番仔园文化居民。

（一）他们主要居住在台中县大甲镇铁砧山西山脚下番仔园一带。留下遗址不多，以番仔园遗址为代表遗址。其它遗址有本县龙井乡的龙泉村与山脚两遗址。据 C_{14} 测定，番仔园遗址的一件贝壳年代是：Y–1499　1500 ± 80B. P. 或 450 ± 80A. D. 。

宋文薰将番仔园文化与北部的十三行文化和南部的茑松文化，并称为台湾的早期铁器时代文化。[1]

（二）番仔园文化居民制作和使用的陶器，质地与前一阶段新石器时代的显然有别，火候较高，较为坚硬，黑色与灰色陶为主，普遍刻印有方格纹、鱼脊形纹，灰黑色栉纹及圈点纹陶占半数以上；器类有罐、钵。石器显著减少，但常见砾石石片打制的石刀，卵形工具和磨制的马鞍形刀。他们以谷类农业种植与采贝为生业。番仔园文化与北部十三行文化"互相有密切的关连，

---

[1]　宋文薰：《由考古学看台湾史前史》。

但可能还是属于两个不同的传统",二者之间不仅陶色不同（北部多棕色印纹陶,无石刀）,"更有甚者,二地区各有不同的埋葬方式:北部者行侧身屈肢葬,中部者皆行俯身葬。"①

（三）习俗。番仔园遗址属贝丘遗址。据考古发掘报告,该遗址有石器、陶片、玻璃饰物和墓葬出土。在16座墓葬中,包括一个六岁小孩,都行俯身葬,绝大多数无墓穴与棺椁痕迹,个别墓穴仅容一具尸体。编号M3头骨围绕着五块直径10厘米的鹅卵石。M6骨骸腰部之上有红烧土和木炭碎块,背部压着五个大石头。M15头骨有拔齿痕迹,计拔除右第一臼齿和左第一、二臼齿。这类情形,或许是表示死者的特殊身份,如酋长、巫师、勇士;或是对于非正常死亡者所采取的压胜做法,即与他们的原始信仰有关。在以上墓葬中,还发现磨制石刀残片一件,半透明三角形剖面和浅绿色透明玻璃手镯残片各一件,以及碎陶片和兽骨碎片等。②

（四）番仔园文化居民的来源与族属。张光直认为,中部较晚的灰、黑陶文化,在陶器特征上与良渚文化有不少可以比较之处,是龙山形成期文化自大陆渡海而来,是现代台湾土著民族中若干族群祖先文化。笔者认为,张光直所说的番仔园文化人是现代若干土著民族的祖先,应与通常所说的"平埔族"的某些民族有关,而与"高山族"的祖先没有多少联系。这不仅因为西部沿海是平埔各族的传统居住地,而且高山族各族既有屈肢踞蹲

---

① 宋文薰:《由考古学看台湾史前史》;何传坤:《台湾史前文化三论》,台北,稻乡出版社,1996年。

② 宋文薰:《台中县番仔园贝冢之墓葬》,台北,台湾大学《考古人类学刊》,第19~220期合刊,1962年。

葬，也有屈肢侧身葬，却没有行俯身葬的民族，特别是居住地与平埔族最为接近的赛夏人，"以竖葬为最吉，可称为该族的理想型，侧葬尚可，俯葬则大凶，必须改正，所以没有俯葬型。"①

考古工作者把中部史前文化层次，分为第一黑陶文化层或古期黑陶，与第二黑陶文化层或新期黑陶。李亦园认为，这类遗址中既有平埔族土著所用之贝制、玛瑙制装饰品；有铁制小型刀出土，实代表较晚之时代；同时，遗址的分布区域有很多与平埔族的原居住地相合，故认为"中部史前文化中的第二黑陶文化可能为与中部平埔族有关的文化"。②

在台湾岛内，找不到俯身葬俗的源头。在大陆，新石器时代早期遗址中，已有俯身葬俗出现。太湖流域新石器时代的马家浜文化的马家浜和圩墩遗址，盛行俯身葬。马家浜遗址墓地已发现的 30 具人骨架多为头北脚南，以俯身葬为主，其次为仰身直肢葬；圩墩遗址第一批发掘的墓葬 24 座，主要也是俯身葬。③ C_{14} 测定的年代为公元前 3670 ~ 2685 年。④ 到了崧泽文化阶段，就以仰身直肢葬为主了。山东龙山文化也有俯身葬，如山东宁阳的堡头遗址，属于新石器时代末期和商代前期，在 120 余座墓葬

---

① 乔健：《台湾土著诸族屈肢葬调查初步报告》，台湾大学《考古人类学刊》第 15 ~ 16 期，1960 年。按：赛夏人对死者尸体捆扎成蹲踞式，运至墓穴旁用脚踢入穴中，若成俯卧者，一定要改为竖葬式。

② 李亦园：《台湾土著民族的社会与文化》，台北，联经出版事业公司，1982 年，第 73 页；金关丈夫、国分直一著，袁韶莹译：《台湾史前时代的大陆文化影响》，《国外社会科学》，1981 年第 6 期。按：中部平埔族指道卡斯、巴则海、巴布拉、巴布萨和洪安雅等。

③ 吴汝祚：《太湖地区的原始文化》，《文物集刊》（1），北京，文物出版社，1980 年，第 88 页。

④ 安志敏：《中国的新石器时代》，北京，《考古》，1981 年第 3 期。

中，葬式有仰身直肢、侧身微屈肢、俯身等，绝大多数头朝向东。① 在辽东半岛青铜时代 10 座墓葬中，有两座行俯身葬。与龙山文化后岗遗址相似的是，死者两手压在骨盆下面。与番仔园文化相同的是，小孩也行俯身葬（M8），其时代为"战国初期"。②

图一　番仔园文化的陶片

（采自臧振华，1999A）

黄士强指出，良渚文化吴兴草鞋山遗址早期墓葬盛行俯身葬，有些头骨用釜、钵、豆、盆等器覆盖，有的把头放在陶器中。此种埋葬风俗，在台湾中部的番仔园文化亦流行，唯二文化

① 杨子范：《山东宁阳县堡头遗址清理简报》，北京，《文物》，1959 年第 10 期。

② 旅顺博物馆、辽宁博物馆：《辽宁长海县上马石青铜时代墓葬》，北京，《考古》，1982 年第 6 期。

的年代相差很远。这只能说此种埋葬风俗，在台湾一直保持到很晚。① 何传坤认为，使用灰黑陶人类可能与良渚文化有渊源，与台湾土著祖先文化也有密切关系。②

图二　番仔园文化的俯身葬

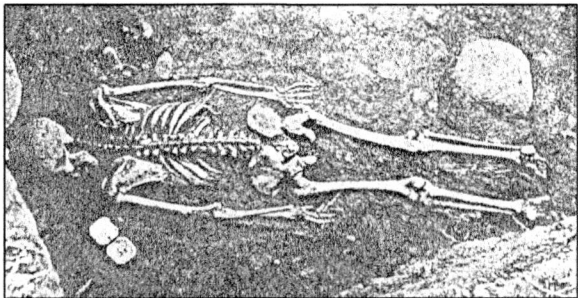

（采自宋文薰，1991）

比较大陆与台湾番仔园文化俯身葬的情形，有的是俯身直肢式，有的是俯身屈肢式，头向也不尽相同。番仔园文化的主人葬式属于后者，但略有不同，死者肘关节屈折，置于坐骨之上，头向东南。这些可以看作各地的不同特点。笔者认为，从马家浜遗址与番仔园遗址看，两处都以俯身葬为主，番仔园文化主人身长只有 153 厘米，与太湖流域的越人身高相近。因此，台湾岛上的"第二黑陶文化"的主人，当是大陆越人传入的文化。

① 黄士强：《台北芝山岩遗址发掘报告》，台北市文献委员会，1984 年，第 78 页。

② 何传坤，1977：63。

图三　茑松文化的陶器

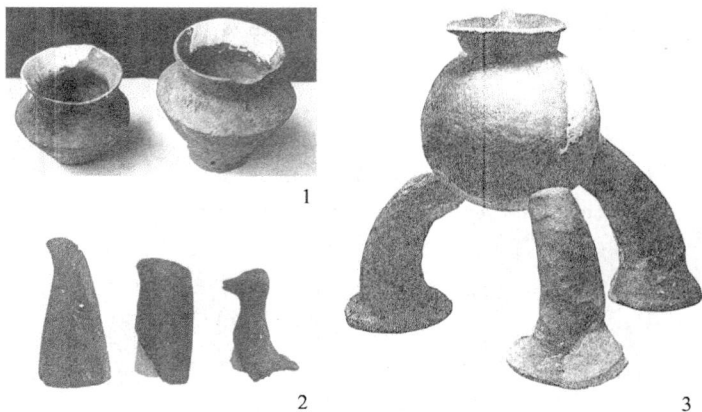

1 陶罐　2 鸟首状陶器　（采自臧振华，1999A）
3 陶罐、陶支脚模型　（采自宋文薰，1991）

二、南部茑松文化居民。

（一）这一群体主要分布在台南西海岸嘉南平原八掌溪到高
屏溪之间的海岸低地、台地和丘陵地区。他们留下的主要遗址有
茑松、大湖Ⅱ、湖内、覆鼎金。2001 年，朱正宜率领的考古队
又在台南善化镇发现了属于茑松文化的北三舍遗址。茑松文化居
民生活的年代虽然都依据 C_{14} 年代 1560 ± 40B. P. （湖内遗址），
但有不同说法，黄士强推测其年代为 2000 ~ 1000B. P. 。刘益昌
根据覆鼎金遗址 C_{14} 年代 1470 ± 50B. P. ，推测其年代为 2000 ~
400B. P. 。[①] 连照美根据三件 C_{14} 年代，推测茑松文化的年代为

———————

①　黄士强：《茑松》、《大湖Ⅱ》、《湖内》；刘益昌：《覆鼎金》，《第一阶段研
究报告》，第 112 ~ 112、166 ~ 169、176 ~ 177 页。

1600～1000B. P. 。[①] 考古队确认，北三舍遗址代表距今 1700 年前的茑松文化。[②]

图四　安平壶

（采自盛清沂，1962）

（二）茑松文化早期居民制作的石器工具。有石锄、石刀、石锛和凹石等，但甚为稀少；陶制工具有纺轮和网坠。晚期若干遗址出现铁器工具（臧振华，1999A：69）。因没有发现冶铁遗址，推测是交换来的。这一文化最主要的遗物是陶器。陶器的表现不但与前一阶段的新石器时代大湖文化不同，也与北部的十三行文化和中部的番仔园文化有别，绝大多数为高硬度的夹砂红褐色素面陶，偶尔见有使用贝壳压印而成的贝纹；另有少量的黑色

---

① 连照美：《七世纪到十二世纪的台湾——台湾铁器时代文化及相关问题》，台湾大学《考古人类学刊》第 53 期，1998 年。

② 慧星：《高铁台南科学园区路段又发现古遗址》，台北，《中国时报》2001 年 4 月 3 日第 21 版。

陶器，侈口，折颈，颈部以下有三圈戳印的圆点印。器类有陶罐（卷沿、折颈、鼓腹、带盖）、陶支脚、四耳钵、四鼻四孔圈足罐和鸟形陶制品，[1] 以及陶环、陶珠等装饰品（臧振华，1999A：69）。由图片看，鼎足呈圆柱状，向内弯曲，着地部分为一大圆盘，似一象腿，横剖面应为倒丁字形；鸟形陶制品上细下粗呈圆锥形，头部偏斜，上有一孔，器身中部亦有穿孔。

（三）茑松文化与大湖文化及北部、中部的同时期文化有明显差异，时间又在公元前后。其原因可能是，秦汉时期越人受当时统治阶级压迫，特别是秦始皇派 50 万大军戍岭南，汉武帝建元、元鼎（公元前 140～前 135 年、前 116～前 111 年）年间，东越、闽越、南越内乱与互相攻击，汉武帝派大军平定后，"诏军吏皆将其民徙处江淮间，东越地遂虚"。[2] 对此，学术界普遍认为，汉王朝不可能把闽越、东越之民尽迁江淮，必定有一部分躲避到山林深处，是为后世的"山越"之民；也有一部分流移到台湾、澎湖等海岛。在较早的楚越相争时期，也有楚灭越，越之子孙流落江湖海上之说。正是由于越人的到来，才引起台湾南部文化的变异。如福建漳州的大帽山遗址的陶器有锥刺圆点纹等；在青铜时代墓林山遗址的陶器上，仍能见到贝齿纹。该遗址下层贝壳 C_{14} 测定的年代为距今 2450±65 年，另一标本为距今 2635±75 年。[3] 其年代均早于茑松文化。笔者所称的"象腿式"

---

[1] 宋文薰：《史前时期的台湾》，《台湾史论丛》第 1 辑，台北，众文图书公司，1980 年，第 18 页及插图 47、48。

[2] 《史记》卷一百一十四《东越列传》，北京，中华书局点校本。

[3] 尤玉柱主编：《漳州史前文化》，福州，福建人民出版社，1991 年，第 96、98 页。

陶支脚（图九，3）与越人文化区所发现的"象鼻"式支脚，有异工同曲之妙。如浙江舟山群岛白泉遗址出土的Ⅰ式支脚，形如象鼻，实心，圆形支物面向一侧倾斜，近上端有一小孔，与余姚河姆渡遗址第一、二层出土的支座相同。[1] 此类支座的横剖面当为正丁字形。至于鸟形陶器，可能与古越人的鸟图腾崇拜有关。[2]

图五　龟山文化的陶器纹饰

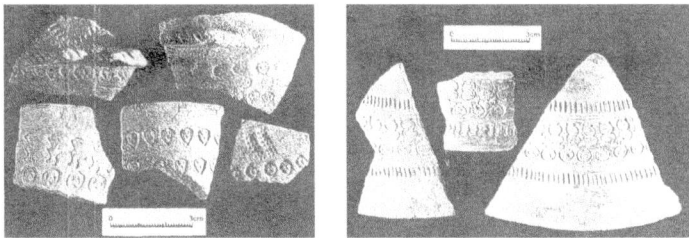

（采自臧振华，1999A）

三、龟山文化居民。[3]

居住的地点只有一处，就是今屏东县车城乡射寮村龟山遗址。C_{14}年代为 1550 ± 60 B. P.（未校正），推测距今约 2000～400 年前。他们原本居住在小山丘上，下有溪水，占地面积东西约

────────────

[1]　王和平、陈金生：《舟山群岛发现的新石器遗址》，北京，《考古》，1983 年第 1 期。

[2]　林华东：《再论越族鸟图腾》，杭州，《浙江学刊》，1984 年第 1 期。他还说，在汉晋时代的陶、瓷器上，也往往喜欢以鸟为装饰图案。

[3]　目前，只有臧振华、刘益昌、连照美将龟山文化单列。这一部分根据以下资料：臧振华，1999A：70；刘益昌《龟山》，《第一阶段研究报告》，第 184～185 页、1992：38；连照美，1998。

500 米，南北约 700 米。虽然有了铁器，打制石斧（锄）、磨制石斧依然是他们披荆斩棘耕种庄稼的工具；网坠、骨尖器和贝刮器表示他们也从事捕鱼捞贝；出土遗物还有陶纺轮；装饰品有陶环；陶偶是宗教信仰的偶像还是玩具不得而知，是前者的可能性较大。他们使用的是红色带釉的陶器，其中，敞口收颈圈足黑陶碗很独特。陶器上的若干纹饰，如压印带状人形纹和 j 形纹（图五），不见于台湾其它遗址。因为其文化相貌与中南部甚至邻近的恒春半岛的其他文化不相类，可能是外地偶发性移民。

对于台湾西海岸新石器文化的来源，通过以上叙述与讨论，我们可以提出这样一个初步推论：以金关丈夫、国分直一所称的"古期黑陶"或李亦园提出的"第一黑陶文化层"，或以圆山文化、营埔文化、大湖文化为界，包括它们之前的牛骂头文化、牛稠子文化，更早的大坌坑文化，以来自环渤海的东夷文化为主，也不排斥有其他大陆文化因素的加入。正如东夷人不是一个单一民族一样，由于迁入台湾本岛的时间先后不同，支系不同，而形成不同的文化类型。同时，在台湾本岛的环境和其他文化因子的影响下，形成了自己的地方特点。东夷之所以离开海岱文化区，一方面是因为东夷人早就是航海能手，又从事海上捕捞，主动出航与被动受风浪推动的漂流，都是他们能够到达台湾等岛屿的原因。另一方面，与殷纣王"为虐东夷"及周公东征带来的政治灾难关系更大。东夷人为避战乱，向东北、西南迁移；或漂流到海上去寻找一方安身乐土，使他们得以来到台湾等岛屿安家定居、生息繁衍。这一切，已为两地考古文化的许多相同特点所证实。

大约到了战国末年及秦汉之际，东夷族人已融入华夏主体，一部分沿海岸南迁，成了江南吴越之民的一部分，迁往西南的也加入到其他民族群体之中。可以说，古老的东夷民族已不再作为一个群体存在了。这时生活在海峡西岸的主要是越人，从而把越族文化带到了台湾岛上。越人到达台湾的原因与东夷人相似，一为主动，一为受秦汉压迫而被动迁往台湾等岛屿。因此，在台湾西海岸，自公元前后逐渐转入青铜时代或铁器时代，也就是"新期黑陶"或"第二黑陶文化层"阶段。以考古文化而言，就是北部的十三行文化、中部的番仔园文化和南部的蔦松文化。这些不同的文化，也与越不是单一民族，而是群体众多到以百计（史称"百越"）有关。当然，我们并不排斥台湾本岛内各种文化上下之间的继承与不同地区文化之间的交流。我们只是从总体上说，台湾地区的考古文化从纵向说，分别来自东夷与百越；从横向说，又分别来自东夷或百越内的不同群体，因此，它们之间既有共性，也有特点。从这个意义上说，台湾考古文化也是多源的，但其根基则在大陆。

自此以后，随着汉族人群的移入台湾本岛，就进入了以汉文化为主流的历史时期，反映在考古学文化上，就是被称为"安平壶"的陶瓷的出土（图四）。这种陶器首先在台南目加溜湾出土。"郑氏时，目加溜湾开井，得瓦瓶，识者云是唐宋以前古窑。惜其物不传，亦不知此瓶瘗自何时。"[①] 现代考古不仅在台南安平一带有大量发现，也见于台湾北部海岸。"安平壶"是划时代意义的考古遗物。

① （清）周钟瑄主修：康熙《诸罗县志》卷十二，台湾银行经济研究编印：台湾文献丛刊本，台北，1958 年。

第三节　静浦文化居民

大约从公元纪元开始，东海岸也进入了铁器时代。与西海岸一样，也是不彻底的铁器时代，或可称之为金石并用时期。

图一　静浦文化的石器与陶器（一）

石锤、磨石与陶片

一、遗址与年代。静浦文化居民生活在花莲溪至卑南大溪的东海岸平原的海阶与山坡上。遗留下来的主要遗址有花莲县富里乡富南遗址、瑞穗乡奇美遗址、寿丰乡水琏遗址、丰滨乡静浦遗址，台东县长滨乡白桑安遗址和东河乡小马Ⅳ、大马Ⅲ遗址等，以静浦遗址为代表遗址。①

　　这一文化还没有 C$_{14}$ 测定的年代。水琏遗址上层在距今大约 1000 年前，富南和奇美遗址距今约 1000～200 年前。据推测，静浦文化的存续时间为 1500～200 年前。

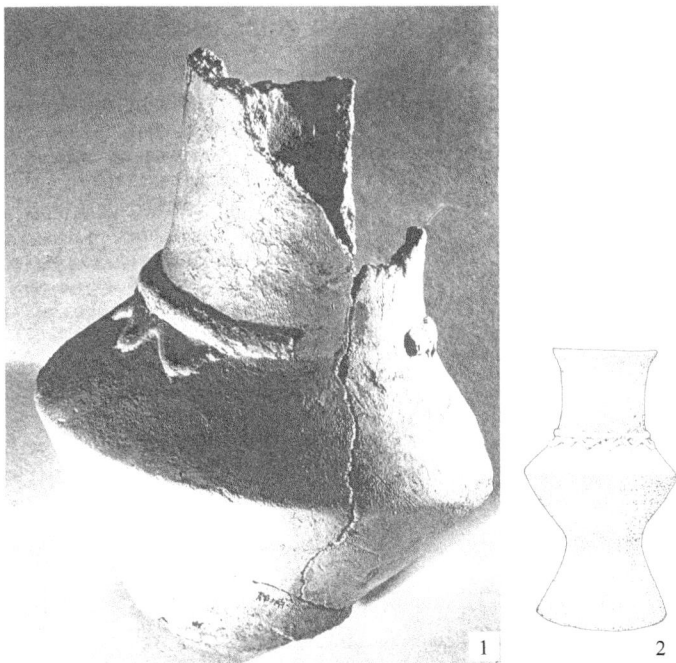

1 颈部有附加堆纹的陶瓶　2 复原图　（刘益昌绘）

以上均系静浦遗址出土（采自刘益昌，1993）

---

　　① 刘益昌：《富南》、《奇美》，《第一阶段研究报告》第 245～246、251～252 页；1993；46；1996；14、17～18。臧振华，1999A：70。连照美：《水琏》，《第一阶段研究报告》第 259～260 页，1998。以下所述引自以上各篇者视情况简注或不再注明。

图一　静浦文化的石器与陶器（二）

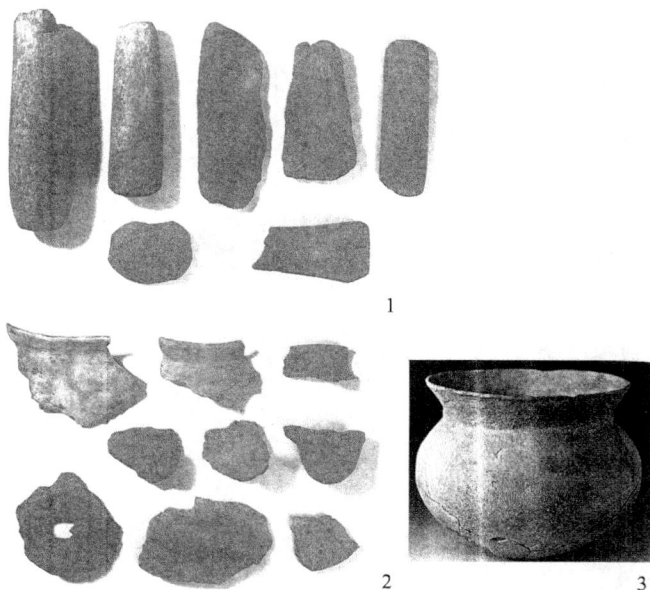

1 石杵、石斧和石槌　2 陶片。本组右下角是甑的隔板，
下排中是阿美族 dewas 器的把手（奇美遗址出土，采自刘益昌，1993）
3 白桑安遗址出土的陶罐（叶美珍原图，采自臧振华，1999A）

　　可能是环境的差异和年代早晚不同。刘益昌将富南、小马Ⅳ、大马Ⅲ三处遗址称作"静浦文化的富南类型"（刘益昌，1996：14）。

　　二、制陶。静浦文化居民制作、使用的陶器，属红褐色夹砂素面陶（图一，2～3）。器类有罐、钵、瓮、瓶、杯、碟，还有甑形器、陶支脚和 dawas 式瓶。有的带横把，有的带竖把。口缘外翻的侈口罐，是日常生活中炊煮、储存最重要的器具。富南类型的陶罐是侈口鼓腹圜底。

　　陶器都是手制，火候较高，陶质较坚硬，但器型变化少。

三、生产工具及生业。虽然静浦文化居民进入铁器时代，但还没达到量变引起质变的程度。他们使用铁器（图二，左），只是使用的石器（图一，1）逐渐减少，而不是取代。石器有石锄（石斧）、石锛、石杵、石锤和凹石、砥石等几种比较粗糙的器物，或直接拿天然砾石使用（刘益昌，1993：46）。

图二　静浦文化的铁器（左）、金饰（中）和铜饰（右）

白桑安遗址出土（叶美珍原图；采自臧振华，1993）

以上工具和甑形器的出现，说明静浦文化居民是从事谷类农业生产的农民。甑是蒸米饭（无论大米或小米）的。如果没有颗粒型粮食作物，就不会有甑的发明。当然他们也会进行狩猎和捕捞。

四、墓葬与习俗。静浦文化居民的丧葬习俗。早期是用长方形石板棺作葬具，仰身直肢；晚期才改为坐姿屈肢式（刘益昌，1993：40）。白桑安遗址墓葬出土非常丰富的随葬品，有青铜项饰（图二，右）、铜铃、金饰（图二，中）、玻璃器、玻璃珠、玛瑙珠等。这说明他们有厚葬的习俗。

陶器中带横把的罐形器、带纽的罐形器、dewas 式的陶瓶、陶支脚，和阿美族仍在使用的陶器相似（刘益昌，1993：17），年代也相衔接。静浦文化应是目前仍居住在这里的阿美族的祖先

所遗留（臧振华，1999A：70）。这就是静浦文化往往被称作
"阿美文化"的理由所在。

图三　石锤安柄法

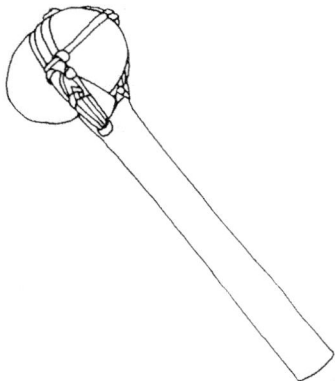

（采自刘益昌，1993）

第四节　岩　　画

　　岩画分两种，一是用敲凿（pecking）在岩壁上的，台湾学
者称之为"岩雕"（Petrographs）。二是用手指、毛刷、羽毛或其
他工具等软"笔"画在岩壁上的，故称为"崖画"（"岩画"）。[1]
二者的区别主要在于使用作画的工具不同。大陆学者不加区分统
称为"岩画"（Pictographs）。岩雕是台湾史前民族创作的文化艺

―――――――――

　　[1]　高业荣：《万山岩雕——台湾首次发现摩崖艺术之研究》，1991 年。2010 年
1 月 12 日收到高先生寄赠的复印本。第 6、137、209 页。以下简称"高业荣《万山
岩雕》。"

术品，特记录在此。岩画，在我国大陆的许多省份和台湾本岛都有，被学者们称为史前人类最为重要的记事达意的方法之一，[1]是史前人类记录自己的生产、生活信仰的图画。[2] 岩画作为考古学的内容之一，不仅受到考古工作者的重视，民族史、美术史工作者为了研究民族来源、迁移，为了研究铭刻、美术发展史，也以极大的热情参与研究。对于台湾发现的岩画，按照台湾学者和大陆学者的研究，做一综合叙述，并就其来源略作讨论。

1978 年，台湾学者高业荣在本岛南部山区高雄县的万头兰山一带对三处岩画进行了考察。1979 年、1984 年，他又三次前往进行观察研究，撰写有专著《万山岩雕——台湾首次发现摩崖艺术之研究》（以下简称《万山岩雕》）和论文《迈向原始之路——记万山岩雕群发现及意义》，[3] 详细叙述了万山岩画的发现 经过、位置、内容、制作技术及其意义，并有 36 幅插画（以下简称为《高文》），使我们得以了解其梗概。

万山岩画位于高雄县茂林乡浊口溪上游的万山溪北岸。按台湾现行的行政区划，属台湾世居少数民族（即通称的高山族）居住的 30 个山地乡中的茂林乡，是鲁凯族人的居住区之一（万山与茂林、多纳合称鲁凯族"下三社"）。岩画有三处，都在万头兰山的东北方，分别叫孤巴察娥，[4] 祖布里里和莎那奇勒娥。

① 陈兆复：《华安岩刻与东南沿海地区的岩画》，福建省考古博物馆学会编《福建华安仙字潭摩崖石刻研究》，北京，中央民族学院出版社，1990 年，第 160 页。
② 盖山林：《福建华安仙字谭石刻性质考辨》，同上书，第 274 页。
③ 载台北《艺术家》第 18 卷第 6 期，台北，1984 年。关于万山岩画资料，均据高业荣《万山岩雕》；《山海文化》1996 年 1 月号《万山岩雕专辑》，台北，1996 年 9 月。
④ 孤巴察娥，雕刻或刺绣之意。见洪田浚《万斗笼社部落史》，台北，《山海文化》万山岩雕专辑。

孤巴察娥岩画在绝壁上，面积约 50 平方米。图形有人头、全身人像、重圆纹、圆涡纹、对称倒挂式的曲线纹、蛇纹、曲线、凹坑，以及密密麻麻的凹点；连岩块的侧壁也雕有图案，是三处岩画中内容最丰富的一处。祖布里里岩画以脚掌纹为主。二十七八个脚掌纹，呈带状自左而右分布着，其间夹杂了许多凹点和凹坑，侧壁有一个脚印。莎那奇勒娥岩画的顶端有两三处琢制的凹坑。凹坑以下有十余条曲线自顶端蜿蜒而下。另有少数三角纹、方格纹，以及数不清的凹点散布各处，有时呈星群状态排列着。

《高文》指出：万山岩画的共同特点是：（1）三处岩画都接近水源，依靠在绝壁的平缓坡上，是一群人或一个部落共营生活的理想环境。（2）制作方法以琢制法为主。（3）岩画本身"都具备雄伟、神秘的外型"，适宜做某种宗教仪式和集会的场所。高业荣根据岩画的伟大壮观和孤巴察娥、祖布里里与莎那奇勒娥三处岩画图形的不同点，认为这三处岩画可能是三个不同部落或人群的创作品，分别记叙其部落源流或神话故事，并与他们的原始宗教信仰密切相关。他们都具有相同的工具和技术，显示他们有共同的文化特质。

此外，盖山林、曾五岳、林涛在《漳州岩画》考察报告中，提及万山岩画中有人脚印岩画，即《高文》中的祖布里里的同方向排列的脚掌纹；人（兽）面像岩画即人头、全身人像形象；云纹即莎娜奇勒俄的星群状分布的凹点等，① 只是概称略异。又据清蒋镛所纂《澎湖厅志》，该群岛中的八罩岛上，有座高 53

---

① 《漳州岩画》，《福建华安仙字潭摩崖石刻研究》，北京，中央民族学院出版社，1990 年，第 305、308、312 页。

米的天台山，山中有块巨石，石上有一尺左右长的脚印，当地传说为八仙吕洞宾留下的足迹。① 此说不可信，似应列在台湾岩画遗迹之内。

万山岩画的内涵，与大陆各处岩画的含义有相通之处，也有相异点。如以人面像、星群状凹点或云纹象征对太阳神、对天体的崇拜，不仅见于万山岩画，也见于上节叙述的卑南文化的人面纹陶片。从图片上看，两个人面并列，轮廓周围光芒四射，面部似有五个圆点，上边两个象征眼睛，中间两个象征鼻孔，最下边的一个圆点当然是嘴了。这与岩画中的抽象化、图案化、简约化的制作方法或艺术风格十分相近，说不定内中有某些联系。这种崇拜天体的心理，自然是当时人们出于对狂风等自然灾害造成的畏惧，以及雨从天降，无雨则旱等无法理解的现象，只好乞求天神护祐，获得好的收成。

笔者认为万山岩画与大陆岩画不能一概而论的是，万山岩画中有一幅"人面纹"，外形略似动物肾脏，其中画满黑点，② 与布农族卡纳托旺（kanetovan）社头目刻的历板中，以一圆圈内画着许多黑点，表示背篓中有粟，意为外出打猎③有相似之处。这种历板，相信传自古代，定非现代发明。种粟与打猎，是台湾世居少数民族在清代光绪之前的主要谋生手段。他们至今仍保留着传统农业祭祀中的这一盛典——粟收获祭，即著名的"丰㞢祭"。其次，蹄印岩画也不像北方牧畜民族那样，是为了畜牧业

---

① 李宏硕等：《天台山的仙脚印》，1990 年 11 月 27 日《人民日报》海外版。
② 盖山林：《福建华安仙字潭石刻性质考辨》，北京，《美术史论》1988 年第 3 期。
③ 刘其伟：《台湾土著文化艺术》，雄狮图书公司，台北，1979 年，第 179 页。

的兴旺而祈求地母保牲畜繁衍，他们只有狩猎活动而没有畜牧业。在前述考古遗址中，也没有一处可以称之为游牧文化的。故这类蹄印只能解释为指示猎物去向，或祈求地神保祐他们能在出猎时有较大收获而已。

关于万山岩画的来源，虽然当地鲁凯人传说是嫁到这里的一布农女子所作，《高文》已予以否定。这是对的。我以为可以与前述卑南文化等东海岸的巨石文化，以及现在仍居住在当地的鲁凯人及邻近的排湾人的雕刻艺术进行对比研究，其关系值得探讨。我们在论述关于台湾东海岸巨石文化时，曾论及其与大陆东夷文化的关系，认为可能就是东夷文化传入的结果。东海岸的麒麟文化 C_{14} 测定年代为距今 3060 ± 280 年。从《高文》描述的琢刻方式看，万山岩雕疑似用尖锐的石器制作，而东海岸巨石文化中的钻孔、突带或突起间比例准确，前者显得稚拙古朴，其时间当早于后者。万山岩画中的蛇纹，在排湾、鲁凯人的石雕、木雕中是很普遍的，他们崇拜百步蛇，认为自己是百步蛇的儿子。再从人面像这一岩画的主要题材看，万山岩画中有两幅人画像，"头发"都是直线向上，额上有一横线。[1] 在排湾族 Rai（莱）社 Cholon 家石墙上，也有一幅人头像，头上有与额平行弧线一道，直立的"头发"由此向上。[2] 这两幅人面像颇有相似之处，技术上都是阴刻。那"头发"与其说是太阳光芒，还不如说是戴在头上的羽饰更为恰当。根据排湾人的传说和美国学者对排湾语的研究，排湾语团各族可能原住在台湾西海岸，那里的黑陶文

---

[1] 《福建华安仙字潭摩崖石刻研究》第 162 页。
[2] 刘其伟：《台湾土著文化艺术》第 170 页。

化可能与这个语团有关。① （黑陶文化与山东龙山文化的关系，我们在前章已交代过了。）如此说来，排湾、鲁凯人与万山岩画之间，以及与东海岸的巨石文化（那里也有太阳纹）之间，可能存在着某种亲缘关系。但是，鲁凯、排湾人的石雕与木雕，对于万山岩画来说，是其流而不是其源。

据宋耀良研究，中国岩画中的特殊图式——人面岩画呈线状型三条大分布带：一条从内蒙古赤峰地区到闽南、台湾的万山；一条从赤峰沿华北平原、河套平原向西穿过腾格里沙漠、巴丹吉林沙漠到弱水东岸；一条从黄河北部的临河，溯黄河南下，分布在桌子山、贺兰山一带。他通过精心研究得出的结论是：岩画的发源地是江苏连云港将军崖。最早的人面岩画成画年代距今有五六千年。② 宋氏的这一发现是符合原始时代人类文化传播规律的。在那时，文化主要靠人群的迁移来传播，某个氏族或部落的人，因为天灾人祸，为了寻获新的繁衍栖息之地，往往从甲地迁往乙地。因而，他们又在乙地创作出在甲地的文化。由于环境条件的变化，有的文化内容发展了，有的也可能失传。人面纹岩画正是这样，随着华北沿海的东夷族系人们的向外迁移而带到了不同地区。李德山在《倭人之祖考辨》一文中说，大约自三代（夏商周）时期开始，东夷内的部分民族为求生存发展而陆续离开祖居之地，进行多向迁徙。北上的一支或渡渤海，或从陆上进入东北、朝鲜半岛，并逐渐散布于整个东北亚地区，是为东北

---

① ［美］R·费罗礼：《台湾西部排湾群土著族和史前黑陶文化》，《中央研究院民族学研究所集刊》第 28 期，台北，1969 年。

② 张自强：《宋耀良发现中国人面岩画的三条大分布带》，1991 年 7 月 19 日，《人民日报》海外版第 8 版。

夷。南下的一支逐渐定居于中国南部及西南部，是为西南夷。向东的一支，依靠娴熟的航海技术，陆续抵达今台湾、南洋群岛、琉球群岛及日本列岛。抵达日本列岛者，即是后来史籍上的倭人。① 万山岩画正是由向东航海迁移到台湾、澎湖等岛屿的东夷族人遗留下来的。比如说，在制作技法上，万山岩画属北方系统的琢刻法，而与广西左江等地南方系统的涂绘法不同。② 所谓琢刻就是用尖锐的石器在崖壁上刻出凹线来，即阴纹组成的图案。这样，不论凹点或凹线的边缘，都呈不规则的曲齿状，线条似由凿点逐一连接起来的。这与连云港岩画也采用凹线雕刻的方法③是一致的。在图形上，万山岩画人头像、圆涡纹、重圆纹、蛇纹、凹点和脚掌纹，太阳与星辰案图等，也可以在连云港岩画中找到。高业荣指出："就万山岩雕的图像特征向岛外地区寻其类缘时，我们发现其若干要素不仅与大陆沿海各地摩崖有关，即使在环太平洋沿岸的摩崖图像上也有密切的类缘关系。……其中若干图像造形要素，与中原地区的桌子山、贺兰山、阴山一带的摩崖，其间有明显的承传关系。依据本文的分析，万山岩雕特别与香港、漳州、江苏连云港之图像有关。"④ 连云港是东夷族人的主要分布地之一，因此，笔者认为，万山岩雕的来源还是大陆的东夷文化。

关于台湾省万山岩画与漳州岩画的关系，我持二者同源的观

① 1992 年 2 月 13 日《人民日报》海外版第 2 版。
② 陈兆复：《华安岩刻与东南沿海地区的岩画》，收入《福建华安仙字潭摩崖石刻研究》，北京，中央民族学院出版社，1990 年，第 158 页。
③ 陈兆复：《华安岩刻与东南沿海地区的岩画》。
④ 高业荣：《万山岩雕》，第 285 页。

点。收入《福建华安仙字潭摩崖石刻研究》一书的好多位论文作者，都将仙字潭岩画与连云港将军崖岩画作对比研究，几乎都认为两地岩画内容、技法、寓意相似。有的作者更直接指出："我还以为先到闽浙的夷人，可能就是东夷。"（刘蕙孙语）"福建属古扬州之地，居民属古东夷，与江淮的土著有极密切的关系"（黄超云语）。① 证以前引宋耀良之说、吕思勉关于此族在长江以北者古皆称夷，在长江以南者则称越;② 凌纯声关于中国最古的基层文化似起源和成长在亚洲的北地中海沿岸，尤其是在华北沿海地区，这中国的远古文化，在先史时代早向大陆和海洋各方发展和分布③等见解，均可说明福建与台湾的岩画文化，均来源于华北沿海的东夷文化。要说闽台文化同根同源，那么，其根源就在于此。

    附记：台湾淡江大学助理教授张素玢根据实际考察，认为万山岩画"其实属高山族万山社原住民随意之作，风格各异，风化程度不一、图案简易，纯是个人偶发行为，与宗教圣地祭仪场所和氏族神话创造无关。"见占善钦：《共同的历史是连接两岸的纽带——第二届"海峡两岸关系史"学术研讨会综述》，《统一论坛》总第 89 期。附记于此，以备一说。

---

    ①　《福建华字仙字潭摩崖石刻研究》，第 57、125 页。
    ②　吕思勉：《先秦史》第 245 页，上海古籍出版社，1982 年。
    ③　凌纯声：《太平洋上的中国远古文化》，台北《大陆杂志》第 23 卷第 11 期，1961 年。凌纯声的"亚洲地中海"概念见第一章第三节。

第八章　三国时期的山夷

　　祖国大陆进入西周封建社会之后，尤其在战国秦汉之际，华夏—汉族与周边以至海外民族的联系与交流的范围扩大了，《尚书·禹贡》、《逸周书》、《山海经》、"春秋三传"、《国语》、《战国策》、《吕氏春秋》和《淮南子》等著作，多所记载。或谓，古籍所载"岛夷"、"东鳀"指今台湾岛及其居民；或说，台湾之名是由《列子·汤问》记载的"岱舆"、"员峤"二山名各取一字合成，都是没有根据的猜测。实际上，岛夷为鸟夷之误，其居地约在今长江以南大陆上，东鳀是日本九州。①

　　到了三国时期，吴大帝孙权于黄龙二年（230 年）派卫温、诸葛直入海寻访夷州、亶洲，台湾本岛才以"夷洲"之名见诸汉文史籍记载。

第一节　山夷的社会生活与习俗

　　夷洲民、山夷或仅称夷，是距今 1700 多年前的三国吴国人

---

　　① 张崇根：《鸟夷·东鳀补证》，贵阳，《贵州社会科学》1981 年第 3 期。今读梁嘉彬《明代以前中菲关系小考》，注一有"其实'倭人'即'东鳀'"的论断，与我的"东鳀是日本九州"说不谋而合——2003 年 4 月 21 日记。

对居住在今台湾岛上的民族的称呼，其事见于吴丹阳太守沈莹撰写的《临海水土志》夷州条，全文如下：

夷州在临海①东南，去郡二千里，土地无雪霜，草木不死。四面是山〔溪〕，众山夷所居。山顶有越王射的，正白，乃是石也。

此夷各号为王，分划土地人民，各自别异。

人皆髡头穿耳，女人不穿耳。作室居，种荆为〔藩障〕（蕃郭）。土地饶沃，既生五谷，又多鱼肉。舅姑子妇男女卧息，共一大床。交会之时，各不相避。能作细布，亦作斑文布，刻画其内有文章，以为饰好也。其地亦出铜铁，惟用鹿角〔为〕矛以战斗耳。磨砺青石以作矢镞刃斧。环贯珠珰。饮食不洁。取生鱼肉杂贮大〔瓦〕器中，以〔盐〕卤之，历〔月余日〕（日月）乃啖食之，以为上肴。呼民人为'弥麟'。如有所召，取大空材，材十余丈，以着中庭。又以大杵旁舂之，闻四五里如鼓。民人闻之，皆往驰赴会。

饮食皆踞相对，凿床作器如稀槽状，以鱼肉腥臊安中，十十五五共食之。以粟为酒，木槽贮之，用大竹筒长七寸许饮之。

歌似犬嗥，以相娱乐。

得人头，斫去脑，剥其面肉，留置骨，取犬毛染之以作髯眉发编，具齿以作口，自临战斗时用之，如假面状。此是夷王所服。战，得头，着首还。于中庭建一大材，高十余丈，以所得头差次挂之，历年不下，彰示其功。

---

① 临海郡，吴太平二年（257年）分会稽东部六县置，治灵江口章安镇，辖七县（含临海县），其地约为今浙南、闽东沿海一带。见《三国志·吴书·孙亮传》；何奏簧纂，丁伋点校：民国《临海县志》卷一《疆域志·沿革》，北京，中国文史出版社，2006年，第6页。

又甲家有女，乙家有男，仍委父母，往就之居，与作夫妻，同牢而食。女以嫁，① 皆缺去前上一齿。

安家之民，悉依深山，架立屋舍于栈格上，似楼状。居处、饮食、衣服、被饰，与夷州民相似。父母死亡，杀犬祭之，作四方函以盛尸。饮酒歌舞毕，仍悬着高山岩石之间，不埋土中作冢椁也。

男女悉无履。今安阳、罗江县②民是其子孙也。〔民〕皆好〔啖〕猴头羹，以菜和中以醒酒，〔虽〕（杂）五肉臛不及之。其俗言："宁自负人千石之粟，不愿负人猴头羹臛。"③

一、**族称**。据上有关夷洲民（夷洲人）的记载可知，当时居住在台湾岛上的民族的自称，没有被记录下来，只是根据地名称之为"夷洲民"或"夷洲人"；或根据其生活的环境，称之为"山夷"。

有的学者认为，沈莹把他们称为"夷"，"山"指其居住的环境，即这一句读作"四面是山溪。众山，夷所居。"不读作"四面是山溪，众山夷所居。"

二、**"呼民人为'弥麟'"**。据引文描写的情形，这是"夷王"即部落领袖对部落成员的称呼。在清代关于台湾西海岸平埔族的记载中，有"猫邻"一词可对应。如，《诸罗县志》卷八番俗考·杂俗条云："县治以南，听差者曰'咬订'，诸罗山打猫各社，谓之'猫踏'……斗六门以北曰'猫邻'。"黄叔璥

① 以，作"因"、"因为"讲。说见杨树达《词诠》卷七以字条。
② 安阳、罗江都是吴国临海郡属县。安阳，今浙江瑞安县。罗江，首见于《晋书·地理志下》，《隋书》以下各史地志书不载，"废弃已久"（张政烺《临海水土志辑校序》）。今福建省福安县赛岐镇有"罗江"，疑为古罗江县名之遗。
③ 原文见《太平御览》卷七八〇；或参见张崇根《临海水土志》辑注本，北京，中央民族大学出版社，1998 年 10 月。或说"猴头"即猴头菇，山珍之一。

《台海使槎录》卷五云："惟未嫁者另居一舍，曰'猫邻'。"吴廷华《社寮杂诗注》之十七："刻期插羽走'猫邻'。"注云："未受室谓之'猫邻'。"（同治《淡水厅志》卷十五文征）这里的"猫邻"与"弥邻"，写法不一，读音相通，均用汉字转译少数民族词汇，其含义是指已成丁的未婚青年。这种基本词汇的一致，证明夷洲人即现代台湾世居少数民族的先民。

三、"夷洲民"的社会状况。我们从《临海水土志》的记载中可以看到：当时，"夷洲人"还处于原始社会母系氏族公社阶段。他们"各号为王，分划土地人民，各自别异"，即在社会生活中没有统一的社会组织，而是以氏族或部落为单位从事生产和生活；在婚姻上是母系制的从妻居对偶婚；生产力十分低下，虽有铜铁，但不知利用，仍然使用磨制石器及骨角为工具和武器；他们喜食腌制的鱼；有缺齿、猎头、穿耳等习俗。这些习俗在现代台湾世居少数民族中还保留着。

四、台湾海峡两岸的民族。分布在浙南、闽东沿海的"安家民""居处、饮食、衣服、被饰，与夷州民相似"。

张政烺先生在为拙作《临海水土异物志》辑校本所作的序中说：

"台湾古名夷洲，系闽越之地……沈莹……记夷洲较详，决非偶然……又如记安家之民'居处饮食衣服被饰与夷州民相似'，好像当时人对夷洲民比对大陆上的安家之民还要熟悉些。一族之人，或处大陆，或处台湾，一水中隔，当时的人已经不以为异了。"[1]

---

① 见张崇根《临海水土异物志辑校》卷首，北京，农业出版社，1981年。

第二节　夷洲为台湾古名

公元 230 年（吴黄龙二年），孙权派卫温、诸葛直率"甲士万人"航海到夷洲。① 这夷洲就是今日的台湾。

林惠祥在《中国古书所载台湾及其番族之沿革略考》一文中，驳斥了夷洲为日本海岛的说法，并指出：

"夷洲之方向、地势、气候、风俗与台湾极相似，舍台湾外无所指，且近时日本人曾在台北发现指掌型之古砖，推其时代即属于三国，故夷洲之为台湾绝无疑义。"②

台湾东海大学梁嘉彬教授在《琉球及东南诸海岛与中国》③一书中，有多篇文章论证三国夷洲为今冲绳群岛而非指台湾。1973 年，他的《吴志孙权传夷洲亶洲考证》，④ 再次集中阐明了他的这一观点，且具有代表性。我们从以下方面论述夷洲是台湾而不是琉球（冲绳）群岛。

一、"四面是山溪"，不是"四面皆山"。沈莹《临海水土志》约北宋时已散佚，⑤ 幸有唐《艺术类聚》、宋《太平御览》

---

① 《三国志》卷四十七《吴书·孙权传》。洲字，《陆逊传》、《全琮传》与《太平御览》卷七百八十引《临海水土志》并作"州"。《后汉书》卷八十五《东夷列传》李贤注引作"洲"。

② 林惠祥：《台湾番族之原始文化》附录，前中央研究院社会科学研究所集刊第 3 号，南京，1930 年，第 93 ~ 94 页。

③ 台中，东海大学出版，1965 年 3 月。以下引此书，仅在引文后括注页码。

④ 台北，《大陆杂志》第 47 卷第 1 期，1973 年 7 月 15 日。

⑤ 张崇根：《临海水土异物志辑校》卷首《代自序》，北京，农业出版社，1981 年。

等类书摘抄及《后汉书》、《文选》等注释引文得以保存其片断。关于类书摘抄及注释家引文的史料价值自可见仁见智。但同一作者就不能为了自己的观点而任意褒贬。如讲夷洲地形，《太平御览》作"四面是山"，《后汉书·东夷传》李贤注作"四面是山溪"。梁嘉彬先批评有的学者不用《后汉书》所引《临海水土志》而偏用《太平御览》既经李昉改窜之伪《临海水土志》（第166页）。又说，《后汉书》所引为"原物"、《太平御览》为"伪物"（第187页）。按惯例，被认定是"伪书"的不足为据。可他却用"伪物"为证，说"台湾，大岛也，安得有'四面皆山'之地形记录？"（第166页）他一边批评"台湾论者对夷洲'四面是山溪'之地形不敢作任何考证"，而自己的结论却是，"台湾山脉起于中央"，"殊非'四面是山'也。"[①] 其实，溪（古文作谿）就是河流。翻开任何一张台湾地图，无论是西海岸流入台湾海峡的河流，还是东海岸流向太平洋的河流，除了淡水、基隆河、下淡水之外，其余的都称某某溪，如浊水溪、大肚溪、大甲溪（西海岸）、秀姑峦溪、卑南溪（东海岸），等等。台湾确实"四面是山溪"。清周钟瑄主修康熙《诸罗县志》说："闽越间水源自山汇流扬波谓之溪。溪渐于海，朝夕应焉，谓之港。……约略计之，以溪名者三十有八，以港名者三十有五。港与溪合者十有九，海汊自为港者十有六。"[②] 据此，台湾四周河流多达108条，确为"四面是山溪"。

二、夷洲在临海东南，与台湾方位符合。梁嘉彬说："兹为

---

① 梁嘉彬：《吴志孙权传夷洲亶洲考证》。

② （清）周钟瑄主修、陈梦林撰：《诸罗县志》卷一《封域志》山川条，台湾银行经济研究室编印，台湾文献丛刊本，台北，1958年5月。

避免烦琐争执起见，即以今浙江台州（临海县）以北之地为吴之临海郡。试问自今浙江临海县东南航，可达到今台湾乎（尤其是台南）？曰：不可。但参考现今航线，便可明白，临海县在东经 121 度余，台湾南部仅在东经 120 度，无可称为东南航行之理。"因此，"夷洲自非台湾。"① 这又错了。张政烺先生据《晋书·地理志下》、《宋书·州郡志二》考证，"吴立临海郡有章安、临海、始平、永宁、罗阳（孙皓改曰安阳）、松阳等县"，"我疑心是设临海郡时，今福建省沿海一带，至少是闽江入海口以北一带，皆归管辖，至晋立晋安郡时才重新定界，从临海郡划出去。"② 据笔者调查和临海县政协座谈会纪要，临海郡治章安县，在今临海县东南 35 公里灵江（又称椒江）北岸的章安镇。临海郡的南界，大致不会超过今福建连江县的岱江。③ 但无论如何，吴国临海郡所辖，绝不会只在台州之北。其次，由于两汉以来江南不断开发，航海事业有所发展，到三国东吴时，章安就逐渐成为东南沿海政治、经济和对外交通的重心。卫温船队从临海郡章安出发，④ 自台州湾东南航行，所到的夷洲只能是台湾。若是所到夷洲是冲绳，那只有从台州湾向正东航行了。这就与原记录"夷洲在临海东南"不相符了。

三、关于夷洲民的风俗习惯。髡头，男人穿耳、女人不穿耳，猎头，缺齿，与台湾世居少数民族相似，与冲绳人不同。关

---

① 梁嘉彬：《吴志孙权传夷洲亶洲考证》。
② 张崇根：《临海水土异物志辑校》卷首。
③ 张崇根：《临海水土异物志辑校》（修订本）《修订后记》，北京，农业出版社，1988 年。
④ 叶哲明：《东吴的海外拓展和卫温、诸葛直从章安出使台湾考略》，浙江台州，《台州师专学报》（社会科学版）1981 年第 2 期。

于穿耳，梁嘉彬引朝鲜《李朝实录》济州人冲绳群岛见闻，"其俗穿耳，男女同，老者否。"这正与夷洲人的"女人不穿耳"不同。这位济州人叫金裴，李朝成宗八年（明成化十三年，1477年）漂流到冲绳群岛。他在见闻中还说，冲绳男子不断发而椎髻，"男子绞发，屈而叠之，束以苎绳，作髻于项边"。[①] 此前，李朝世祖二年（明景泰七年，1456年）萧得成等自济州岛漂流到冲绳，也说："男子椎髻在头左，女子椎髻在脑后。"[②] 相反，我们在明代史籍陈第《东番记》及现代民族学调查报告中，所见台湾世居少数民族及其先民的习俗，则与夷洲人的习俗多相同之处。陈第《东番记》说，"男子剪发留数寸披垂，女子则否。男子穿耳，女子断齿，以为饰也。（女子年十五六，断去唇两旁二齿）。"[③]

康熙三十六年（1697年），郁永河到台湾北部淡水采办硫磺，作《采硫日记》。他说：男女相爱，决定结婚后，"女告其父母。召'挽手'少年至，凿上颚门牙旁二齿授女，女亦凿二齿付男。期某日，就妇室婚，终身依妇以处"。

《诸罗县志》解释这样做的原因，与沈莹所记相类：

"女有夫，断其旁二齿，以别处子。"

这些记载，说明世居少数民族与夷洲人一样，都有"拔齿"的习俗。

---

① ［日］末松保和：《李朝实录》卷一〇五《成宗实录》，日本东京学习院东洋文化研究所刊行，1956年。

② 《李朝实录》卷二《世祖实录》。

③ （明）沈有容辑：《闽海赠言》卷二，台湾文献丛刊第56种；（清）郁永河：《采硫日记》卷下，粤雅堂丛书本；（清）周钟瑄主修：《诸罗县志》卷八《风俗志》"番俗·状貌"条。

至于"猎头",更是不乏记载。《海上事略》云:

"台湾生番……各社自树其党,不相统辖。……又其俗尚杀人以为武勇。所屠人头,挖去皮肉,煮去脂膏,涂以金色,藏诸高阁,以多较胜,称为豪侠云。"①

20 世纪 20 年代末,林惠祥曾去台湾进行实地调查,他概述了关于高山族旧时还存在着猎头习俗的情况,说:"馘首为台湾番族之特殊风俗,台湾汉人称之为'出草'。出草者,谓出门杀人取其首以归也。"② 当代民族学者何廷瑞《泰雅族猎头风俗之研究》列有《台湾土著各族猎头风俗比较表》,载明泰雅、赛夏、邹、布农、鲁凯、排湾、卑南和阿美八族,都有猎头风俗。③ 而在冲绳群岛,未见相关记载。

四、种粟和以粟为酒。冲绳群岛虽然种粟,但酿酒用大米而不用粟,不像台湾世居少数民族那样以粟为主食,以小米酒为待客必备之饮品。据前引金裴等所见,酿酒用稻米。虽有粟,不喜种。酿酒之法,先用水浸泡米,再嚼而为糜,酿之于木桶。酌用瓢子。凡饮时人持一瓢,或饮或止,随量而饮。

台湾世居少数民族则不同。据考古发现,早在四五千年前,他们的先民就已种植稻和粟。直到现代,他们的传统农作物依然是粟和陆稻,以粟为主食、用粟酿酒。饮酒用具,明陈第《东番记》说:"各酌以竹筒",也与夷洲民相似。

---

① 转引自黄叔璥:《台湾使槎录》卷八,丛书集成初编本。
② 林惠祥著、蒋炳钊编:《天风海涛室遗稿》,厦门,鹭江出版社,2001 年,第 94 页。
③ 何廷瑞:《泰雅族猎头风俗之研究》,台湾大学《文史哲学报》第 7 期,1956 年 4 月出版。

周宪文《台湾经济史》说，台湾先住民的主食物，则有粟、米、小黍、稷、番薯及芋头等。不过，大体而论，粟是他们的固有食物；米自平地移植，为时不久。现在高山地区，仍以粟为主食；低山地区，粟米兼用。又说，粟，大别为糯、粳两种，这是他们的固有食物，且见于神话。每逢播种或收获，例行祭祀。煮饭为常食，或用以制饼，或用以酿酒。① 明末，汉族人才把水稻带到台湾来种植。

在现实生活中，台湾世居少数民族不仅种粟、食粟，并视粟为圣物，这传达了他们的民族意识与感情。1999 年 6～7 月间，笔者到台湾进行为期一个月的学术访问，② 在一些少数民族家庭、博物馆、教堂，甚至公务场所，均悬挂有一长排小米穗束。这不仅仅是形式，也代表着不同民族对不同作物的深厚感情。在礼仪节庆活动中，粟依然占有极重要的地位。传统美食小米糕、传统饮品小米酒，都是成年礼、狩猎、丰年祭和祭祀祖灵活动的必备物品。陈奇禄指出，在台湾土著诸族所耕作的谷类的比较研究上，最值得注意的是粟（Setaria italica），俗称小米。粟是神圣的农作物。在粟的播种和收割期间，禁忌甚多。只有粟具有宗教的重要性，差不多所有的农耕文化，都和粟有关。他们仅有粟的农耕礼仪而没有米的农耕礼仪。因为他们认为米不是他们的固有食物。③

五、关于卫温一行登陆地点。曾有学者提出夷洲指台湾中南

①　开明书局，台北，1980 年，第 83～84 页。

②　此次学术访问得到台湾联合报系文教基金会支助。

③　陈奇禄：《东南亚的主食区和主食层兼论台湾土著诸族农作物的来源》，《台湾土著文化研究》，台北，联经出版事业公司，1992 年，第 291～312 页。

部和浊水溪三角洲以北两说。笔者推测，卫温一行登陆地点应在
台湾北部。一是，夷洲出铜铁。而台湾的铜、铁矿产，据王煦柽、
向隅分别撰写的专文介绍，主要产于基隆、淡水一带。如
"金瓜石铜矿是主要生产中心"。① 这个矿的铜矿石"晶形的完
美，晶体的巨大，在全世界也只有二三处可以比得上它"。②

　　至于铁矿，也在台湾北部发现两处："一为基隆的金山镇，
一为淡水的八里镇"，而其他地区，只有"少量的铁矿砂存
在"。③ 在考古发现中，距今 1800 年的台北县十三行文化遗址
中，发现了三个炼铁作坊，出土有成吨的铁渣。④ 十三行文化存
续的时间，约当三国至南宋初。这正好涵盖了卫温一行到达夷洲
的时间（公元 230 年）。二是在台北地区发现了三国时期吴国指
掌型古砖。20 世纪 30 年代，到台湾进行民族学调查的林惠
祥说：

　　"近时（按：指 19 世纪末时或 20 世纪初叶）日本人曾在台
北发现指掌型之古砖，推其时代即属于三国。"⑤

　　吴壮达评论说：

　　"关于这种古砖的发现，与其说是由于当时台湾与大陆之间
进行经济交换的结果，毋宁说是这次远征（按：指卫温等到夷

---

　　①　向隅：《台湾的矿业、工业和交通》，北京，《地理知识》，1954 年 10 月号。
　　②　王煦柽：《台湾的矿产资源和水利利用》，北京，《地理知识》，1954 年 10
月号。
　　③　王煦柽：《台湾的矿产资源和水利利用》。
　　④　《八里十三行文化推测复原图》，台北，《汉声》杂志第 34 期，1991 年 10
月；刘益昌《台湾的考古遗址》：在台北海岸及兰阳平原发现的十三行晚期遗址中，
"有刃工具以铁、铜为之。炼铜及炼铁的残渣、原料都发现在遗址中。"台北县文化
中心，1992 年，第 61 页。
　　⑤　林惠祥：《台湾番族之原始文化》附录。

洲）所遗留的物证。"①

我们不知林惠祥是否亲眼目睹过这种古砖？不得而知。《台湾通史》的作者连横是看到过的。他在《雅言》中说："三十年前，台北新店溪畔，有人掘地，得古砖数块，现藏台北博物馆。砖色黝而坚，重三斤许，长尺有三寸、宽五寸、厚两寸，底有纹，与《吴中金石录》所载赤乌砖相似。岂吴人之所遗欤？"又说："吴人之来也，当由淡水溯江而上，至于新店溪流域，筑垒驻兵，以镇蛮族，故有此砖。他日尚得古书、古器而两考之，必能有所发现。唯我辈之努力尔。"当读到这段论述后，笔者写道："读此甚喜，是《临海水土志》所记夷洲即台湾之考古学证据。古书、古砖正可互考。1995 年 7 月 5 日。"②

2013 年，这种三国时的指掌型古砖在台湾省立博物馆被找到了。③ 现略述如下：

1924 年 7 月 2 日，松延英雄将 4 张掌印砖照片寄赠当时的台湾总督府博物馆（即今台湾省立博物馆）。其说明是：在台北古亭庄河畔的清扫作业中，从地下发掘出来的。编号从AH001576 - 001 至 AH001576 - 004。1926 年《台湾博物馆の手

———————————
① 吴壮达：《台湾的开发》，北京，科学出版社，1958 年版，第 6 页。

② 张崇根：《临海水土志》卷首"代自序·附记"。

③ 2012 年 2 月，在一次研讨会上，笔者结识了台湾师范大学的於仁锋先生，于是拜托他帮助到台湾省立博物馆查找连横看到的三国时古砖。2013 年 3 月，在台北举办的一次研讨会期间，海峡两岸的几位学者花功夫找到了 4 块指掌型古砖（见附图）。台湾南华大学江美英教授不厌其烦，多次帮助查找，终于联系到了当年拍照片的日本学者松延英雄教授，提供了当时拍的 4 张照片，附图为第二张。同时，还发来台湾省立博物馆典藏组李子宁教授的有关大作。有的邮件是潘国平教授转发来到。

对于直接或间接帮助查找和提供相关资料的於仁锋、江美英、李子宁、潘国平、宋神财，日本学者松延英雄诸位教授，一并表示衷心感谢。

引》图二说明，本照片拍摄的角度约莫是从平面图上入口处左侧"三国时代砖瓦"的位置向右斜方拍。（引自李子宁：《台湾博物馆与历史展示——从总督府博物馆到省博物馆》）这说明，日据时期，就把"古亭庄河畔"（即今新店溪畔）地下挖到的古砖，认定为"三国时代砖瓦"的。

关于古亭庄，据 1983 年 4 月，台北市文献委员会树立的《鼓亭庄旧址》碑，鼓亭庄创建于清顺治（1644～1661 年在位）、康熙年间（1661～1722 年在位）。① 建庄一是因为人口辐凑，俨然"汐北一大聚落"。二是"拳山、屈尺一带均为凶番居所"，每每"出草"，建有鼓亭，以为报警之用。光绪十五年（1889 年），民族间相安无事，鼓亭亦废。"旧址系以今晋江街土地庙为中心，延袤至南昌街、罗斯福路二段及金门街等处。……日人踞台，更名古亭町，以古与鼓同音，便于书写也。"土地庙已改建为"长庆庙"。据"玉儿的客庄 blog"2012 年拍摄的照片，长庆庙门前立有"《鼓亭庄旧址》碑"。另一张照片说明，长庆庙位于中正区晋江街 34 号同安街与牯岭街 96 巷口。由此可知，古亭庄应在今新店以北。而不在新店区与乌来区之间。②

关于"屈尺番"，2013 年 3 月 12 日上午，退休教师宋神财带领我到乌来参观考察。当我们车行到新店与乌来的交界处时，宋老师说，日据时期，居住在乌来的泰雅族被称为"屈尺番"。

---

① 按，郑成功收复台湾在 1661 年。1644 年是南明福王弘光元年，清顺治二年，此时清军还没有进入福建。清朝统一台湾在康熙二十二年（1683 年）。因此，称之为"创建于康熙年间"较为妥当。

② 关于古亭庄资料，据海峡学术出版社编辑徐庆铭先生 2013 年 10 月 11 日 20：30 电子邮件发来的"古亭庄旧址"资料。特此表示衷心感谢。

其实，人们并不懂得"屈尺"的含义是什么。因为这个交界处在新店溪的右岸，是泰雅人与汉人以物易物的地方，泰雅语称之为"格秀（gexiu）"，闽南人读作"kuoqiu"，再讹为"屈尺"。

　　这就是"屈尺番"的由来。

三国指掌型古砖

　　台湾北部地区（包括苗栗、新竹、原台北县）的泰雅族，包括"屈尺番"在内，过去曾有过猎头的习俗。猎头成功，有的部落要在返回的途中，挖除脑浆，提着头发，有的部落将首级装在网袋中，一路高唱凯歌归来，全社（部落）的妇女、儿童闻声出迎，接着举行饮宴，在头目的带领下，歌舞狂欢；并在猎获者的屋前用三根竹子交叉树立，人头放在上面。出草的原因有

多种，如猎得人头者为了彰显其勇武，成为"真正的男人"，①
才有资格参与部落的事务。这一情形与历史记载十分相似。

如此说来，连雅堂在看到新店溪畔挖出的三国古砖时，就联
想到卫温一行带了砖瓦来，是为了"筑垒驻兵，以镇蛮族"的
事了。

第三节　两岸联系

孙权于黄龙二年正月派卫温、诸葛直去台湾，是祖国大陆与
台湾之间自古以来就有密切的经济、文化联系，以及当时三国鼎
立的政治局面所带来的必然结果。

一、公元 **3** 世纪前。台湾与大陆之间的往还和联系，尚未见
确切的史料。连横著《台湾通史》中说：楚灭越，越人子孙不
仅来到福建，而且流入澎湖。还有人认为，到了两汉时期，台
湾与大陆之间的相互联系，已日趋密切了，从而使大陆人民对
台湾有所了解。这就为孙权决心进军夷洲奠定了基础。我们从
孙权与陆逊、全琮商讨要不要去夷洲的言论中，是能得到印证
的。《三国志·陆逊传》说，孙权欲遣偏师取夷洲及朱崖，征求
陆逊的意见。陆逊报告了他的看法：今兵兴历年，造成人员损
失。陛下将远规夷洲，以定大事。我反复思考，未见其利。万里
袭取，风波难测。民易水土，必致疾疫。现在派遣大军，经涉不

---

① 台湾总督府临时台湾旧惯调查会：《蕃族调查报告书》第七册。"中央研究
院民族学研究所"编印，2010 年，第五章《出草》。

毛之地，欲利反损，欲利反害。我认为以休养生息为宜。但孙权没有采纳。① 全琮的观点与陆逊相同。他说，夷洲是被大海阻隔的殊方异域，派军队进去，掳掠百姓人口。自古就有水土气毒，一定会生病。传染起来死的多了，所获能大吗？牺牲现有兵员，希望得到万一之利，我感到担忧。孙权不听，"军行经岁，士众疾疫死者十有八九。权深悔之。"② 吴壮达认为，陆逊、全琮"二人以夷州地方居民生活的落后情况作为理由，向孙权提出过规谏"，"孙权当年之所以要发动大军远征夷州，必然已经多少掌握了有关这个地点的材料。"③ 换句话说，在卫温、诸葛直赴夷洲之前，孙吴地区即今日华东沿海的人，一定与夷洲有过联系。不然，陆逊、全琮就不可能用上述理由来劝阻孙权了。在现代考古发现中，位于台北八里乡大坌坑遗址出土的一枚两翼、长脊、实铤式青铜镞，④ 可能是三国时代之前，大陆与夷洲有了联系的物证。

　　二、加强了大陆人民对台湾的了解。如果说卫温、诸葛直出发前，华东沿海民众对夷洲（台湾）有所了解，那么，去后的了解进一步加深了。其一，卫温、诸葛直一行于黄龙二年（230年）正月出航，至黄龙三年（231年）二月"皆以违诏无功，下狱诛"，⑤ 其间所费时日，如《全琮传》说"军行经岁"，⑥ 也

---

① 《三国志》卷五十八《陆逊传》，北京，中华书局点校本。
② 《三国志》卷六十《全琮传》。
③ 吴壮达：《台湾的开发》，第5页。
④ 台湾史迹研究会编：《台湾丛谈》，台北，幼狮文化事业公司，1977年，第12页。
⑤ 《三国志》卷四十七《孙权传》。
⑥ 《三国志》卷六十《全琮传》。

就是约一年时间。但他们在夷洲停留的时间，史无明文，难以探求。如果除去自吴国首都建业（今南京）至夷洲间往返所需的时间，以及可能为了探寻亶州所耗费的时间外，卫温、诸葛直等人，也不至于一到夷洲就返回。从主要取材于此役而编撰的《临海水土志》记载的夷洲情况是那样准确、详细来看，不花费时日是不可能搜集到的。① 这么大的死亡率不能说都是在船上活动造成的，而是如陆逊、全琮所料："民易水土，必致疾疫"。② "水土气毒，自古有之，兵入民出，必生病疾，转相污染"而造成死亡。③ 总之，我们可从以上情况推断：卫温、诸葛直一定在夷洲住了一段时间，使他们对夷洲的自然状态及社会面貌有了深入的了解。这主要体现在当时人丹阳太守沈莹撰写的《临海水土志》（其实此书原名应是《临海水土异物志》）。卫温、诸葛直一行到达台湾后，可能与"夷洲人"进行了广泛的接触，作了实地考察，为《临海水土志》的编写提供了资料。因此，吴壮达认为：

"此时（引者按：指公元280年）去卫温等远征夷洲之行（公元230年）已事隔整50年。《临海水土志》记夷洲之事当在230年一役之后，它的材料主要来源也可能与此役有关，或者直接从此役取得。"④ 一则，夷洲条详细记载它的方位（在临海东南）、地势（四面是山溪）、气候（无雪霜、草木不死）、产业

---

① 《三国志·吴书·孙权传》。
② 《三国志·吴书·全琮传》。
③ 《三国志·吴书·陆逊传》。
④ 吴壮达：《台湾的开发》，第5～6页。

（种粟）、风俗（猎头，男穿耳、女缺齿），一看便知是今天的台湾。二是能对两岸的夷洲民与安家民进行比较，说他们的居处、饮食、衣服、被饰相似。张政烺先生《临海水土异物志辑校序》说："沈莹作《异物志》记载夷洲较详，决非偶然。如云'夷洲在临海东南，去郡二千里'，'山顶有越王射的，正白，乃是石也'，言之凿凿。又如记安家之民'居处饮食衣服被饰与夷洲民相似'，好像当时人对夷洲民比对大陆上的安家之民还要熟悉些。"①

　　这就使沈莹得以掌握和记录关于夷洲的地理、社会状况和风俗习惯等情况。他的书不仅弥补了《三国志·吴书》关于夷洲记载的不足，为我们今天研究台湾及其世居民族史提供了宝贵的资料，而且说明早在1700年前的公元3世纪，我国就有了关于台湾历史的明确记载。②

　　三、历史影响。《三国志》中关于夷洲的实录，却是正史上第一次关于台湾海峡两岸通航的明确文字记载……从此，联系和交通就更加密切了。③

　　大陆各族人民由此开始移居台湾，从事开发台湾的事业。如陈国钧说："根据史料的推断，一部分的汉族迁移来台，是始于三国时代的"，④ 并促进了大陆与台湾的经济、文化交流。汉族地区的先进生产技术传进台湾，加快了世居少数民族先民从石器

---

　　① 张崇根：《临海水土异物志辑校》卷首。
　　② 张崇根：《三国孙吴经营台湾考》，合肥，《安徽大学学报》，1981年第1期。
　　③ 孙光圻主编：《中国航海史纲》，大连海运学院出版社，1991年，第53页。
　　④ 陈国钧：《台湾土著生育习俗》，台北，幼狮书店，1963年，第104页。

时代向铁器时代过渡的步伐。因此，"台湾的纯粹石器时代应即终止于三国时"。①

　　梁嘉彬考证，《三国志》卷三十记载的"裸国"为今台湾（第 65～66 页）。这是"华北人用循岸逐岛航进法出海，其势亦先历韩、日、琉，乃抵台湾。"（第 67 页）附记于此，以备一说。

---

　　① 林惠祥：《台湾石器时代遗物的研究》，《厦门大学学报》（哲学社会科学版），1955 年第 4 期。

第九章　隋唐时期的流求人

　　西晋至南北朝的史书是否有关于台湾的记载，无从查考。到了隋唐时期，台湾被称为"流求"，其居民也就是"流求人"。

第一节　流求名称的由来

　　隋代，国人不再称台湾为夷洲而称流求。这一名称是怎么来的？

　　一、隋炀帝三次经略流求。大业元年（605 年），海师何蛮等说，每春秋二时，天清风静，东望依希，似有烟雾之气，亦不知几千里。隋炀帝知道后，于三年（607 年）指派羽骑尉朱宽入海求访异俗。因为是何蛮报告的，遂让他一同前往。到了流求国，虏掠一人返回大陆。明年（608 年）再派朱宽"慰抚"，流求人未答应。这次朱宽带了流求人穿的"布甲"回来。大业六年（610 年），隋炀帝再派陈稜、张镇州率兵自义安出海攻打流求。先到高华屿，又东行二日至鼋鼊屿，[①] 又一日便至流求。陈

---

　　① 连横：《台湾通史·虞衡志》记载："鼋，俗称鼊。"北京，商务印书馆，1983 年。

稜军队中有昆仑人颇解流求人语言，派他们去慰谕。流求人不从，抗拒隋军。陈稜把他们打败了，掳掠流求男女数千人、载军实而还。①

除海师何蛮的报告外，《隋书·陈稜传》还有这样的记载，流求人初见船舰，以为商旅，往往诣军中贸易。这说明海峡两岸民间是有贸易来往的。不然，何蛮也不会报告海峡对岸有那么一处地方，流求人也不会一看见船只，就来进行交易。

二、流求不是冲绳。② 《隋书》所记流求是不是台湾，中外学者进行了近百年的争论，现在认为隋代人所记载的流求就是台湾的学者越来越多了，考古学家也赞同流求是台湾。③ 主张隋代古流求即今日本冲绳的台湾东海大学梁嘉彬教授写了五六篇文章，考证流求即冲绳，可谓这一派的集大成者。现将他的主要论点略述如下。

（一）流求与冲绳同义。他说：

"'流求'之名固起于琉球群岛而不起于台湾也。《说文》：'求，索也。又，通作逑。'然则华语'流求'（流中之索）亦

---

① 据《隋书·流求国传》。"海师"，船长、舵手一类领航者。义安郡，治所在今广东省揭阳市。"大业六年"是根据《隋书》卷三《炀帝本纪》。关于所掳人数，有"万七千"、"数万"。《隋书》卷六十四《陈稜传》记作"数千"。（明）何乔远《闽书》卷六福清县福庐山条作"五千户"；崇惠乡条作"五十户"。1980 年我们到福清县港头公里后叶大队（福庐山所在地）进行社会调查，认为 50 户比较接近事实。详见施联朱、张崇根《关于台湾和高山族若干历史问题的探讨》，北京，《中央民族学院学报》1981 年第 2 期。

② 陈正祥：《三百年来台湾地理之变迁》，"中国人虽言很早就知道东部海外有若干岛屿，但对此等岛屿的面积及距离尚无准确观念，而将今日的琉球群岛与台湾统称为琉球（琉球种族名称）。"台北，《台湾文献》第 12 卷第 1 期，1961 年 3 月。

③ 连照美：《七世纪到十二世纪的台湾——台湾铁器时代文化及相关问题》，台湾大学《考古人类学刊》第 53 期，台北，1998 年 9 月。

即琉语'冲绳'（冲中之绳）耳。"①

（二）对音说。梁教授认为，流求由夷洲音转而来。他说：《太平寰宇记》卷九十九记载的"幽求国（Yu Chiu）应是琉球，按之琉球土音亦无疑。实即从夷洲（夷邪久、邪久）（Yie Cheu）等音转来，这是琉球的古国名。"②

（三）关于流求人有食人之俗。他说"琉球"（引者按：指冲绳，以下凡用来指冲绳的"琉球"及其同音字，都加引号以示与指台湾的流求区别）古有"鬼岛"、"啖人国"之称。"其古代宗教，人死，邑里共食之，父死，子啖父肉，谓为'洗骨'，俾死者得以超脱。"③证据是什么呢？他没有引用冲绳的古代记载或民族学调查资料，却接着引《隋书·流求国传》"子'死'，为父者数月不食肉。南境风俗少异：人有死者，邑里共食之。"并说，"此可见其宗教沿革之一斑。"以此来证明《隋书·流求国传》所记流求即冲绳。这就很奇怪了，一是篡改原书，在子字后加一死字，并加引号以强调。但《隋书·流求国传》原文是："子为父者，数月不食肉。"记的是儿子守父丧，数月不吃肉。梁教授弄反了，变成父亲为儿子守丧，数月不食肉。二是，先设前提，再用自己来证明是自己，而无任何旁证。就像现在有人拿着假硕士、博士学历证书一样，说：这学历证书上写明了学历，盖了印章，所以我的学历是真的。这能令人信服吗？

---

① 梁嘉彬：《宋代"毗舍邪国"确在台湾非在菲律宾考》注三，《文献专刊》第2卷第3期，台北，1952年11月。

② 梁嘉彬：《论隋书"流求"与琉球台湾菲律宾诸岛之发现》，《学术季刊》第6卷第8期，台北，1958年3月。以下简称"梁嘉彬，1958"。

③ 梁嘉彬：《古琉球确即瀛洲考释》，《思想与时代》第50期，台北，1947年12月。

其实梁教授读错古书，并非仅此一端。如他在这篇文章的结论之（三），说秦始皇时徐福入海求仙所率"振男女"本是童男、童女的意思，① 他却写道："振男、振女＝壮男壮女"。

梁氏关于流求与冲绳同义的说法，也是不能成立的。在隋唐时期的著作中，冲绳岛没有与流求读音相似的称呼，而以"阿儿奈波"为名。如成书于公元779年（唐代宗大历十四年）的《唐大和尚东征传》（日本真人元开撰），就述及公元753年（唐玄宗天宝十二年，日本天平胜宝五年）十一月二十一日，日本孝谦朝遣唐使"到阿儿奈波岛"，并说该岛在多弥岛的西南。② 这说明，早在隋唐时期，冲绳岛即以其固有的名称，被来往于中日之间的使者及商人等所知。关于该岛的情况传入中国，当然不会被称之为流求了。正如后来明嘉靖年间册封使陈侃在《使琉球录》中所说，该岛土名"倭急拿"。清周煌《琉球国志略》又写作"屋其惹"。

按：阿儿、倭急、屋其系日本语 $O-ki$ 的对音，日本汉字写作"冲"，意为"（离岸较远的）海面、洋面"，不是梁氏所说"冲"的意思。如作"冲"、"漂浮"讲，当读作 uku 或 $u-ka-beo$。梁氏又说，奈波，或作拿、惹，为日本语 $nawa$ 的对音，意为"绳"。因此，阿儿奈波之意当为"海面之绳"。

那么，"流求"二字能否解作"海面之绳"呢？梁氏引《说文》"求，索也"为据，因称汉语"流求"义为"流中之索"。此实为望文生义，殊不足取。按：《说文》所谓"求，索也"之

---

① 《史记》卷六《秦始皇本纪》："遣徐福发童男女数千人，入海求仙人。"北京，中华书局点校本。

② 汪向荣校注本。汪注：多弥，种子岛。北京，中华书局，1979年，第91页。

"索"，是动词，即今所说的"思索"、"探索"、"索取"之"索"，并非作为名词的绳索之索。成语"吹毛求疵"，《后汉书·杜林传》作"吹毛索疵"。① 《楚辞·离骚》："路漫漫其修远兮，吾将上下而求索"。朱熹注："求索，求贤君也。"② 这二例都是求、索同义，但又不作"绳子"解的最好注脚。求，作名词用，是"裘"的古字。篆文作"㲵"。象皮衣之形。因此，求的另一义项为"皮衣"（《说文》）。若照梁氏方法杜撰，"流求"不是什么"流中之索"，倒是"漂在水中的皮袄"了。这能讲通吗？

又"流求"二字，或作流虬、留仇、琉球、幽求、瑠求等，就更无从附会成"流中之索"了。钱大昕说："译音无定字"。③流求一名有多种写法，字之不定，当是译音，而不是象形或指事。李鼎元《使琉球记》已指出："好事者遂加辩证，不知虬俗字，皆对音无足辨也"。④ 这位清朝的册封使，虽不知古流求并非他所到过的冲绳，但他说"流求"一名的不同写法皆是"对音"，则是正确的。

关于流求与夷洲对音，无需多讨论。这里的夷洲就是本书第八章所述的《临海水土志》所记的夷洲。因为梁氏的前提是三国夷洲即冲绳，再证隋代"琉球"与"夷洲"对音。这样，"琉球"就是冲绳。上章已讨论，不再赘述。

（四）关于台湾假冒古流求说。梁嘉彬说："宋代泉州的开

① 中华书局点校本，第二十七卷。
② （南宋）朱熹：《楚辞集注》，上海古籍出版社，1979年版，第15页。
③ 《十驾斋养新录》卷九，商务印书馆，1957年排印本，第224页。
④ 《小方壶斋舆地丛钞》第九帙，光绪上海著易堂铅印本。

港，航线的新辟，假琉球（台湾）的因新被直接航行到达而临时冒充了真琉球（引者按：指冲绳）……"（梁嘉彬，1958）。

这是很奇怪的说法。本来台湾世居少数民族就没有统一的社会组织。明代时，他们哪里知道有夷洲、流求这类统称全岛的名号呢？这些名称都是到过台湾的汉族人根据当时情形记下的某种意义的词汇，根本就不是他们固有的名称。就像我们称他们为"高山族"，他们并不认同，而自称"原住民"，总不能说他们假冒高山族之名吧。相反，冲绳岛上的琉球王国，为了达到政治、经济的目的，倒是有可能假冒古流求之名的。清代周煌担任册封使到冲绳，回国后写的《琉球国志略》，他说：

"国人至今自称琉球地曰屋其惹。"周煌在按语中又说："屋其惹，徐葆光录谓其旧土名，非也。细考之，乃土音如此。令之作书，则仍是'琉球'两字耳。"（卷四上舆地志·建置条）

冲绳岛人不仅在口语中与书面上称呼其地名，存在这种不一致的矛盾。同时，中山王室对其国史也讳莫如深。这一点，清册封使汪楫已注意到了。他说：

"楫备员史官，常思搜罗放轶，补旧乘之缺。会有册封之役，入国首以此为问，皆谢不知；世有沿革，亦秘不以告。盖国有厉禁，一切不得轻泄也。嗣以谕祭故王，入其祖庙，预敕从吏具笔札，俟行礼时密录其神主以归。已又购得《琉球世缵图》一卷，卷中番字多不可辨，委曲探索，始知其国南宋始称王，明初始通中国。"①

---

① （清）汪楫：《中山沿革序》，载（清）周煌《琉球国志略》第十五卷，丛书集成初编本，第178页。

中山王国之所以这样做，其目的完全是为了掩盖他们国家假冒古流求国这一事实，以收到政治上、经济上的某些实惠。吴壮达指出：

"琉球群岛上的小王国，本有其固有的土名，此事吾人于明人著作如陈侃使录，及清人著作如周煌志略等书中已尝知之。且吾人亦尝将志略上的'屋其惹'与使录的'倭急拿'这两个二而一的土名，与'流求'二字的读书加以比较，认为并非同源。'屋其惹'人之采用'琉球'为名，当与中国来人有关，亦可能由于他们企图与我国建立关系的自发。元代的后期六十年间，中日的海上贸易往来至频，疑此时'屋其惹'岛人或已与中国商人往来，因而熟知对中国贸易之利。同时，他们当已从流寓于其境内的中国人，或前来贸易的中国商人口中，得知中国历史上有'流求国'的记载，而思加以利用，等到如明政府遣使这样的机会到来，'屋其惹'人正好把握这个千载一时的机会，接受'流求国'继承者的名义。……然而，'屋其惹'人会知道，这分明是带着冒险意味的凑合。如果我这个推测不落空，则'屋其惹'人为保持对中国的正常关系起见，自应小心避免此种秘密的透露。"[1]

吴氏所论甚确。元朝末年，中国大陆特别是东南沿海一带，与琉球群岛经常有商贸往来；有中国人流寓到中山王国，并在王府担任要职，辅佐中山王；还有宫古岛人漂流到浙江沿海，并引起元朝皇帝的重视。

---

[1] 《琉球与中国》，上海，正中书局，1948年，第70～71页。按，引文中的"读书"，疑是读音与书写的合文。又曹永和《明洪武朝的中琉关系》有相似看法。见曹著：《中国海洋史论集》，台北，联经出版事业公司，2000年，第191～232页。

三、琉球（今冲绳）群岛与中国东南沿海的往来。

（一）商贸往来。自唐宋以来，中国史籍已有这方面的记载。如唐韩愈（768～824 年）《送郑尚书序》、柳宗元（773～819 年）《岭南节度飨军堂记》，当时的流求，已与岭南有贸易往来。到了两宋时期，更趋活跃。北宋蔡襄（1012～1067 年）《荔枝谱》说，福建种植很多荔枝，商人按片承包收购，然后通过水路，用船运到新罗、日本、流求等国。这些国家的人都很喜欢吃。① 说明已有商人把福建的荔枝贩运到了流求国。

北宋徽宗宣和二年（1120 年）泉州知州陆藻《修城记》说：泉州海外一个国家有三十六岛。城里有八十家画坊。人口有五十多万。② 这处有八十画坊的地方，应该是冲绳群岛上的古琉球王国。当时福建沿海的人对琉球王国有这样的了解，说明两地是常有往来的。

北宋李复《与乔叔彦通判书》说，传闻流求国在海边建有馆舍，用来招待从中华前来的客商。又说，这个地方距离泉州不太远，一定有海商往来。请帮助寻访其国历史，与风俗、礼乐、山川、草木、禽兽、耕织、器用等事；其它事项，也可加以探究，如果有所收获，请记录下来给我一读。③

把迎宾馆建在海隅，与福建有海商往来的"流求国"，无疑就是冲绳群岛上的琉球国。这可以从漂流到琉球国的朝鲜人亲历

① 原文：商人"断林鬻之"，然后"水浮陆转。……其东南舟行新罗、日本、流求、大食之属，莫不爱好。"上海古籍出版社影印文渊阁四库全书本。
② 原文："连海外之国三十有六岛。城内画坊八十。生齿无虑五十万。"转引自（南宋）王象之《舆地纪胜》卷一百三十《福建路·泉州·风俗形胜》，道光二十九年（1849 年）惧盈斋刊本。
③ （南宋）李复：《潏水集》卷五原文："别置馆于海隅，以待中华之客。"上海古籍出版社影印文渊阁四库全书本。

之事及册封使的记载得到证实。朝鲜李朝世祖二年（明景泰七年、公元1456年），济州岛船军梁成等，在海上遇风漂流到琉球国，"住水边公馆"。该馆距王都（今冲绳本岛那霸市首里城）不足5里。馆旁土城，有百余家，居民都是朝鲜人和"中原人"（明朝人）。① 李朝成宗十年（明成化十一年、公元1475年），朝鲜人金裴等漂流到琉球群岛南部的宫古岛，后来被护送到琉球国都首里城。他也说："处于一馆，距海未五里"。②

元朝人宋本（1281～1334年）的《舶上谣》之二有诗句说："流求真腊接闍婆，日本辰韩濊貊倭。番船去时遣矴石，年年到处海无波。"③

曹永和认为，宋本到过的地方有流求、真腊（今柬埔寨）、爪哇（闍婆）日本、朝鲜等地。据《舶上谣》之八，当时海船运来的商品，大都是南海宝货，如"薰陆胡椒腽肭齐（脐）"。④

元朝人杨翮于至正元年（1341年）写的《送王庭训赴惠州照摩序》说："世传岭南诸郡近南海，海外真腊、占城、流求诸国蕃舶岁至，象、犀、珠玑、金贝、明香、宝布，诸凡瑰奇珍异之物，宝于中州者，咸萃于是。"⑤

---

① ［朝鲜］金裴、姜茂、李正：《漂流流求等岛见闻》，载朝鲜《李朝实录·成宗实录》卷一〇五。东京，日本学习院东洋文化研究所影印本，卷一〇五，1956年。

② 朝鲜《李朝实录·成宗实录》卷一〇五。

③ （元）苏天爵辑《国朝文类》（即《元文类》）卷四《乐府行歌》。

④ 曹永和：《中国海洋史论集》第203页。按，腽肭脐，出东海。明李时珍《本草纲目》（上海古籍出版社影印文渊阁四库全书本）卷五十一引《临海志》："腽肭兽，出东海水中，状似鹿形，头似狗，尾长。……取其外肾，阴干百日，味甘香美也。"李时珍注：腽肭，新罗国海狗外肾。

⑤ （元）杨翮：《佩玉斋类稿》卷四，上海古籍出版社影印文渊阁四库全书本。

可见，在宋元时期，流求与闽粤沿海，是有商贸往来的。

（二）程复辅佐中山王。元朝末年，中国大陆东南沿海的程复就在琉球中山国定居，后担任长史辅佐中山王察度。这件事有明朝官员钱仲益写的《送程长史》五言古诗和《明史·琉球传》为证。《送程长史》说："元季遭乱离，跨海理商舶。其家素饶赀，倍息额有获。居安而择地，遂作流求客。……去时邻家儿，学语尚呀轧。今来见罗拜，长大过半百。"①这诗说明程复在元末至正年间（1341～1367 年）已移居琉球国，并逐步走上仕途。

《明史·琉球列传》说，永乐九年（1411 年），中山王派遣到中国明朝读书的留学生说，左长史朱复（即程复），是江西饶州人。在琉球国辅佐中山王察度已 40 多年，办事勤勉。今年 80 多岁了。请准许他退休还乡。永乐皇帝先任命朱复为琉球国国相兼左长史，再准许他退休。

钱仲益写这首诗时，是程复应琉球国中山王之请，再次赴中山王国任职。

（三）宫古岛人漂流到浙江沿海。元朝延祐四年（1317 年）十月的一天，海外的婆罗公人，到其他国家去做生意，在海上遇到风涛，船毁人亡。活下来的 14 人漂流到了温州永嘉县。报告到朝廷之后，元仁宗下令江浙行省资助他们返回家乡。②

婆罗公是什么地方？（万历）《温州府志》，记载，婆罗公人海上遇难漂流之事比较详细：元延祐四年（1317 年）六月十七

---

① （明）钱仲益撰《三华集》卷十七〈锦树集七·五言古诗·送程长史〉诗，上海古籍出版社影印文渊阁四库全书本。

② 《元史》卷二十六·仁宗本纪，北京，中华书局点校本，1976 年，第 581 页。

日黄昏时分，有无柁小船，漂流到永嘉县海岛中海山的燕宫地方。船内有 14 人。5 人身穿青黄色衣服，另外 9 人都穿白色衣服。其中一人携带木简 35 支。这些木简长短不等，有的上面刻的是圈圈，有的刻的像画，笔画都与汉字不同，看起来不像字。① 他们的语言没有人懂。温州路（元朝一级地方行政单位，上隶属于江浙行省，下辖永嘉等县）没有人知道他们是何方人士。只好用彩笔把人和船画下来，委派官员把他们送到江浙行省。

当年十月，朝廷中书省把这件事报告给仁宗皇帝。皇帝下令寻找懂得他们语言的人。经询问才知道，这些人是海外婆罗公管辖下的密牙古人。他们出发乘大小船两艘，共 60 多人，是到"撒里即"做生意的。② 中途遇风，大船被毁。只有 14 人乘小船漂流到永嘉县中海山岛的燕宫。于是，仁宗皇帝下令把他们送到福建行省泉州路，等有人到他们国家去时，顺便把他们带回去。③

这一漂流事件给我们透露了以下信息：

1. 《元史》与万历重修《温州府志》新记载两个海外地名：婆罗公、密牙古。宫古岛名称的拉丁文转写为 Miyako，可知"密牙古"就是今日本冲绳县宫古岛。

---

① （明）陶宗仪《书史会要》卷八：流求国职贡中华，所上表用木为简，高八寸许，厚三分，阔五分，饰以髹，扣以锡，贯以革，而横行刻字于其上，其字体类科斗书。

② ［日］藤田丰八著、何健民译：《中国南海古代交通丛考》考证，"撒里即"是今新加坡海峡东南的 Lingga 列岛，上海，商务印书馆，1936 年，第 350、351 页。

③ （明）汤日昭修、王光蕴纂：重修《温州府志》卷十八，万历三十三年（1605 年）刻本。

2. 元朝有懂得密牙古语言的人；

3. 元朝仁宗皇帝（1312～1320 年在位）及朝廷官员，都知道婆罗公之密牙古与福建地方有来往，于是决定把漂流来的密牙古人送到福建，等有人到婆罗公去时，顺便把这 14 人带回去。

可见，在宋元时期，流求与闽粤沿海，是有商贸往来的。

四、流求名称来自台湾鹿耳门。中外学术界人士，认为古流求即是台湾的，各有证据，无须一一引录。关于"流求"二字是译音，持冲绳或台湾论者没有什么争议。关键是译的什么音。日本学者藤田丰八等认为，流求来源于高山族的社名。藤田说："大抵自隋至元，仅知台湾西南沿海之地耳。隋兵自鼋鼊一日至流求，则略为魍港环近之地。魍港亦曰北港，即今笨港……然则台湾西南沿海之地，自古称琉求、留仇、流虬、瑠求、琉球，今之琅峤及小琉球岛，乃其遗也。"① 伊能嘉矩提出流求为隋军登陆地点鹿港对音的看法。② 吴壮达赞同其说。他说："在今魍港之北，彰化的西南，有地名鹿港，为明代以来自大陆渡海至台湾寄碇集中的地点，伊能嘉矩言，此地原名'鹿仔'，读如 Rokā，鹿港的'港'字可视为应用字意的音译。此地土人呼为'Rokauan'，而'an'为平埔番人习用的接尾音，非必要。故'Rokauan'可读为'Rokau'，是即'流求'一名所自。"③ 郭廷以在其所著《台湾史事概说》中，也提及这一说法。他说："〔隋〕远征军登陆的地点，约为鹿港，首先接触的为台湾中部的平埔番

---

① ［日］藤田丰八：《岛夷志略校注》琉球条，文殿阁书庄排印本，第 5 页。

② ［日］伊能嘉矩：《台湾文化志》上卷。转引自吴壮达：《台湾的开发》，第 8 页注（12）。

③ 吴壮达：《琉球与中国》，第 50 页。

（有人以为当时所以名台湾为流求，即与鹿港有关）。番人亦称鹿港为 Rokauan 或 Rokau，流求即系 Rokau 的译音。"① 笔者认为，流求是 Lukut 对音。Lukut 是阿美语对河中岛的称呼。理由如下：

查《隋书·炀帝本纪》，陈稜一行出海的时间为大业六年二月乙巳（十三日），当公元 610 年 3 月 13 日。这时在清明节之前，台湾海峡只有东北季风或西北风，以及自黄海南下的寒流。当他们自广东潮州揭阳出航，按古代循海岸航行，可能先到今福建省东山岛，再到澎湖的花屿（高华屿）、奎壁屿（绳𪚩屿）。②也可能在今澎湖马公港避风休整。以此时风向、海流，自澎湖出发到流求（台湾）。只能到达台湾本岛西南部的北港，或称大员港即今安平。顾祖禹《读史方舆纪要》说："北港在澎湖东南，亦谓之台湾。"③ 这个台湾不是现在全岛名称，而是台江海湾西岸的一个沙屿（一鲲身）。

1622 年受巴达维亚总督之命袭击澳门与澎湖的荷兰殖民军舰队司令 Cornolis Reijeren（莱尔森），在日记中写道：

"七月二十一日，星期四，早晨，有曾在福摩萨（Formosa）

---

① 郭廷以：《台湾史事概说》，台北，正中书局，1959 年，第 4 页。

② 此屿即澎湖本岛的奎壁山。（清）蒋镛：光绪《澎湖厅志》卷一："奎壁山"原名绳𪚩，以形似得名。

又按：明朝水军冬夏二季自东山岛（当时称铜山）出发到澎湖戍守。据此，隋军是可以在冬季由东山航行到达澎湖的。详拙作《台湾古称"流求"探源》，江苏淮阴师专编，《活页文史丛刊》第 215 期，1985 年。

③ 卷九十九，北京，中华书局排印本，1955。受康熙皇帝指派，法国人冯秉正（Mailla）一行于康熙五十三年（1714 年）到台湾测绘台湾地图，也是乘东北风（1714 年 4 月 15 日）由澎湖经约 12 小时航行到达台湾港的。见方豪《康熙五十三年测绘台湾地图考》。

捕鱼两年的一个中国人来我船上，自称熟悉福摩萨岛的情形。他说在大员（Teijoan）湾中有很好的停泊处。"① 荷兰人说的大员湾就是台江。

清嘉庆、道光之前，今台南市与安平镇之间，有一个东西宽约 3 公里、南北长达 15 公里，汪洋浩瀚，可泊千舟的大海湾叫做台江，也就是陈第《东番记》说的"大员"湾、周婴《远游篇》的"台员"湾。在台江与台湾海峡之间，有一道由 11 个沙屿组成的天然防波堤。自北而南分别叫做海翁窟、加老湾、隙仔港、北线尾，以及台窝湾（即一鲲身，荷兰文献称大员，今安平）、二鲲身……七鲲身。其间有两个港口通台江：

"北自加老湾，与北汕（线）尾北端相距里许之处，叫做北口，又名鹿耳门。南至北汕尾南端，与台窝湾相距约半里的港门，叫南口，又名大港。"②

嘉庆、光绪年间两次大雨，曾文溪泛滥，泥塞台江，顿成陆浦。因此，鹿耳门与台江一起，沧海变桑田了。

鹿耳门港道，又称北港或鹿口（Lou-keou）。③

"这 11 个小屿与赤崁，都是原先住民们的聚族而居、渔猎征逐的地方。惟与赤崁一衣带水、隔江相望的台窝湾社，与外界接触最早"。④ 赤崁，今台南市所在地。

---

① 转引自陈正祥：《三百年来台湾地理之变迁》，《台湾文献》第 12 卷第 1 期，1961 年。

② 徐玉虎：《郑和"凤山植姜""投药"与"赤崁汲水"考》，载《大陆杂志》第 34 卷第 8 期，台北，1962 年 4 月。

③ ［荷］胡阿特（Camille Imbault‐Huart）著、黎烈文译：《台湾岛之历史与地志》，台北，台湾研究丛刊第 56 种，1968 年。

④ 徐玉虎，1962。

或说：台窝湾社，"在本省开化最早，堪称为本省文化发祥地"。①

万历三十年末（1603 年初），陈第随沈有容攻剿侵入台南的倭寇，在"大员"登陆。他在《东番记》后记中说：

"倭破，收泊大员，夷目大弥勒辈率数十人叩谒，献鹿馈酒，喜为除害也。"②

荷兰人入侵之初，当他们登上一鲲身及邻近海岸时，"遇到一个背负弓箭，完全赤裸的土人"，用手势把他们"领往他的部落所在的地方"。③

生活在这一带的平埔人，留下了诸如"台窝湾"、"赤崁"、"麻豆"、"目加溜湾"等地名（原为他们的社名）。将台江西岸的北港道称之为鹿口，很可能与他们的语言有关。阿美人仍称河中岛为 Lukut："据老人讲，以前秀姑峦溪口有两个出口，因为河口有一河中岛 Lukut 使之分口，一口在南，一口在北，北口为岩岸水深可进船，南口为沙岸……因此南岸不通，而只有北口可通。"④ 从这段引文可以看出，这个河中岛 Lukut 与台江西岸的北线尾的地形十分近似，说不定是随着一部分平埔系的西拉雅人

① 卢嘉兴：《台南县下古番社地名考》，见《南瀛文献》第 4 卷上，台南，1956 年 12 月。

② 沈有容辑：《闽海赠言》卷二，台湾文献丛刊第 56 种，台北，1959 年。

③ 胡阿特著、黎烈文译，1968：13。

④ 阮昌锐：《大港口的阿美族》（下），《中央研究院民族学研究所专刊》之十九，台北，1969 年，第 307 页。今按：据台湾学者李壬旺先生告诉笔者，原住在台南的西拉雅人，后来有一支迁到台东，现已融入阿美人之中。把河中岛称为 Lukut 是否与他们有关，待考。

东迁时带去的地名呢。① 总之，无论是 Luku 或 Lukut，都与鹿口（Lou-keou）的读音基本一致。

因此，从大陆来的汉族人，听到平埔人称其地为 Loukeou，用"流求"这两个汉字来记其音，则是合乎情理之事。后来，"流求"又成了台湾全岛的统称。

这种命名法，在中外地名中也不乏其例。例如，在台北有译自平埔语的地名万华可证。澳门一名"马交"（Macau）。据研究，那是明弘治元年（1448 年）在澳门建了一座妈祖庙。当地渔民称为"妈祖阁"。最早来澳门的葡萄牙人到妈祖庙前问路，因语言不通，渔民就以"妈阁"作答。对方以为是地名，就拼成 Macau，中文译为"马交"。又如西非海岸的几内亚，在当地苏苏语里，本来是"妇女"的意思。但当一位讲法语的航海者到达那里时，遇见一位妇女。当航海者问她当地叫什么名字时，她不懂问话的意思，只是用苏苏语说了声"几内亚"。航海者不懂苏苏语，也就不明白答话的意思，就在海图上将当地名称标写为"几内亚"。从此，"几内亚"就成了这个西非海岸国家的名称。② 更有甚者，老挝的阿速坡省名称，原意竟是水牛粪的意思。据传说，老听族先定居在此，俗尚养水牛，到处都是牛粪。老龙族人刚来时，手指地面询问地名。老听族人不懂老龙语，误以为问牛粪叫什么，答道："阿达波"，意即水牛粪。从此以讹

---

① 按，高贤治《台湾三百年史》：在今花莲县富里乡大里（今称东里），有称为"台窝湾（Tayoran）的一族"，耆老相传，本在劳陇（即台南），后经枋寮越山迁入卑南，再北上迁到大里。他们原来都被认定为阿美族。台北，众文图书公司，1981 年再版，第 6~7 页。

② 江文：《"妇女"成了国名》，《人民日报》1981 年 3 月 9 日第 7 版。

传讹，沿用下来，"阿达波"又转译为"阿速坡"。①

　　流求、台湾名称的由来，应与澳门称为"马交"、几内亚本是"妇女"的命名相似。

第二节　流求人的社会生活

　　依据《隋书·流求国传》的记载，流求人的社会发展到部落联盟阶段，有联盟大酋长和部落首领，有军事首领指挥作战。可能是为了扩张或保卫本部落或部落联盟土地，也可能是为了猎头或防止本部落或部落联盟的成员被猎头，因此，选拔战斗中的勇敢者担任队帅。流求传说：

　　"流求国，居海岛之中，当建安郡东，水行五日而至。土多山洞。其王姓欢斯氏，名渴剌兜，不知其由来。有国代数也。彼土人呼之为可老羊，妻曰多拔荼。所居曰波罗檀洞，堑栅三重，环以流水，树棘为藩。王所居舍，其大一十六间，雕刻禽兽。多斗镂树，似桔而叶密，条纤如发，然下垂。国有四五帅，统诸洞，洞有小王。往往有村，村有鸟了帅，并以善战者为之，自相树立，理一村之事。"

　　"王乘木兽，令左右舆之而行，导从不过数十人。小王乘机，镂为兽形。"

　　"国人好相攻击，人皆饶健善走，难死而耐创。诸洞各为部队，不相救助。两阵相当，勇者三五人出前跳噪，交言相骂，因

────────────

　　①　蔡文枢：《老挝省名的由来及含义》，《外国史知识》1982 年第 8 期。

相击射。如其不胜，一军皆走，遣人致谢，即共和解。收取斗死者，共聚而食之，仍以髑髅将向王所。王则赐之以冠，使为队帅①。"作战使用的武器除刀、剑和弓箭等，也有防御用的甲。"其处少铁，刃皆薄小，多以骨角辅助之。编苎为甲，或用熊豹皮。"

其次，流求的赋税、刑法，由部落社会的长老们或部落代表会议决定，王并没有独断专行的权利，可见他不是阶级社会里的统治者。流求传说，"无赋敛，有事则均税。用刑亦无常准，皆临事科决。犯罪皆断于鸟丫帅；不伏，则上请于王。王令臣下共议定之。狱无枷锁，唯用绳缚。决死刑以铁锥，大如箸，长尺余，钻顶而杀之。轻罪用仗。"

第三，流求人有语言、无文字，不知历法。如姓名、职务有欢斯·渴刺兜、可老羊、多拔茶；地名流求、波罗檀洞；植物名斗镂树等。但"俗无文字，望月亏盈以纪时节，候草药枯以为年岁。"

第四，自然资源与经济生产。"有熊罴豺狼，尤多猪鸡，无牛羊驴马。厥田良沃，先以火烧而引水灌之。持一插，以石为刃，长尺余，阔数寸，而垦之。土宜稻、粱、禾黍、麻、豆、赤豆、胡豆、黑豆等，木有枫、栝、樟、松、楩、楠、杉、梓、竹、藤，果药同于江表，风土气候与岭南相类。"这说明石锄仍是流求人的生产工具，实行烧垦农业，作物有稻、粟、黍、麻和各种豆类。这是他们食物的主要来源。饲养猪、鸡。由所列石

---

① 《汉书·袁盎晁错传》注，如淳曰："队帅，军中小官。"可参考。北京，中华书局点校本。

器、骨角器看，他们也从事狩猎。

第五，居处、衣饰及婚姻、丧葬、猎头等社会习俗和宗教信仰的情形是：

"人深目长鼻，颇类于胡，亦有小慧。无君臣上下之节，拜伏之礼。父子同床而寝。男子拔去髭鬓，身上有毛之处皆亦除去。妇人以墨黥手，为虫蛇之文。嫁聚以酒肴珠贝为娉，或男女相悦，便相匹偶。妇人产乳，必食子衣，产后以火自灸，令汗出，五日便平复。"

"男女皆以白苎绳缠发，从项后盘绕至额。其男子用鸟羽为冠，装以珠贝，饰以赤毛，形制不同。妇人以罗纹白布为帽，其形方正。织斗镂皮并杂色苎及杂毛以为衣，制裁不一。"

"缀毛垂螺为饰，杂色相间，下垂小贝，其声如佩。缀铛施钏，悬珠于颈。"

"织藤为笠，饰以毛羽。"

"以木槽中暴海水为盐，木汁为醋。酿米面为酒，其味甚薄。食皆用手。"

"偶得异味，先进尊者。凡有宴会，执酒者必待呼名而后饮。上王者酒，亦呼王名。衔杯共饮，颇同突厥。"

"歌呼踏蹄，一人唱，众皆和，音颇哀怨。扶女子上膊，摇手而舞。"

"其死者气将绝，举至庭，亲宾哭泣相吊。浴其尸，以布缠之，裹以苇草，亲土而殡，① 上不起坟。子为父者，数月不

———————

① 亲土而殡，就是挖一竖穴墓坑，无葬具，也称"裸葬"，在台湾考古文化中多见。详前有关考古各章。

食肉。"

"南境风俗少异，人有死者，邑里共食之。"

"俗事山海之神，祭以酒肴。斗战杀人，便将所杀人祭其神。或依茂树起小屋，或悬髑髅于树上，以箭射之，或累石系幡以为神主。王之所居，壁下多聚髑髅以为佳。人间门户上必安兽头骨角。"

以上是《隋书·流求国传》，① 关于流求社会、经济、风俗习惯和宗教信仰的记载，说明流求人仍处在刚进入铁器时代，生产力极不发达，虽有部落酋长以及部落联盟领袖，但他们还不是阶级社会那样凌驾于社会大众之上的"王"，而是原始社会阶段军事民主制时期的领导人物，并没有多少特权。

这是他们原来的社会面貌和生活状况。隋书记载还有被掳掠到大陆来的。除我们 1980 年曾到福建福清县调查的情况外，有学者考证：据宋代梁克家《三山志》记载，在福清县境内，宋代崇德乡有归化北里、安夷北里、安夷南里；孝义乡有归化南里（卷三），以及明代何乔远《闽书》卷六记有"福庐山……又三十里为化南、化北二里，隋时掠琉球五千户居此。""从其名字来看，它的得名应是安置流求来的夷人。"②

第三节　流求在今台湾岛何处

要考证流求具体指今台湾本岛何处？除上面证明他们的登陆

---

① （唐）魏征等撰，北京，中华书局点校本。

② 徐晓望：《妈祖的子民》，上海，学林出版社，1999 年，第 104 页。

地点在今台南安平外，则要根据《隋书》所记流求人的社会生活、物产、风俗习惯考证。需要说明的是，陈稜等率大军登岸，一路杀掠，以现在台湾世居少数民族的分类看，可能所接触的以一族为主，也有其他族人。所以书中所记情形，既与今之排湾族同，又有相异之处。除因岁月流逝带来的变化外，也可能是当时地域不同（如南部与北部）、民族的不同，以致有不同习俗。现撮要讨论如下。

一、物产。台南一带，堪称"厥田良沃"。早在距今 4800～4200 年前的大坌坑文化晚期，就已大量种植稻米、粟（小米）、豆类、薏仁和苦苓等（郭先盛，2003）。这种以谷类、豆类为主的农业，在以后的绳纹红陶、黑陶文化以至铁器时代都得以延续。陈稜等去时自然能够了解到。苎麻的种植、使用向来是台湾世居少数民族不可缺少的作物。如清乾隆间，土番初以鹿皮为衣，夏月结麻枲，缕缕挂于下体。[①]

这里着重说一下关于隋书所记的"斗镂树"。这种树皮可以和苎、毛一起制成衣服。这是一种什么树呢？以往有学者认为，斗镂树即南方的榕树。但是，榕树皮不能制衣。今考："斗镂树"疑为"镂斗树"之误倒。目前虽然没有得到版本学证据，但台湾世居少数民族语，确有两种称作"露兜"的树，其叶可以编成席子、船帆、篮子，或者盖屋顶；根部的纤维可以制成绳索；果实含淀粉，可以食用；干燥后的果皮颜色鲜艳，常被串起

① （清）黄叔璥：《台海使槎录》卷五，丛书集成初编本；据 1929 年林惠祥前往调查，农作物中有苎麻。见《台湾番族之原始文化》，蒋炳钊编《天风海涛室遗稿》，厦门，鹭江出版社，2001 年（以下简作"林著、蒋编，2001"），第 87 页。

来做成花环。① 这种树俗称"林投"（图一），在台湾比较多。清嘉庆十二年（1807 年）刊《台湾县志》卷一：七鲲身屿，……地多沙土，风涛鼓荡，不崩不蚀，多产林投、桃榔，望之郁然苍翠。② 与七鲲身邻近的萧垄社有"林投巷"，意思是"林投

图一　林投

结了果的林投

产地：分布在华南及台湾地区沿海，兰屿全岛可见

用途：成熟的果实可以直接生食，嫩茎心可炒肉吃。阿美人擅长以林投的叶子编成阿美粽子，称为"阿里凤凤（*Alivongvong*）"，是很特别的阿美族传统美食，也是阿美族的传统便当。

（2012 年 4 月 28 日张崇根摄于台湾屏东县车城乡猫鼻头海岸）

---

① 经典杂志编著、出版：《发现南岛》，台北，2001 年，第 106 页。

② 转引自陈正祥：《三百年来台湾地理之变迁》，台北，《台湾文献》第 12 卷第 1 期，1961 年。按，七鲲身屿，是七个沙洲的统称，今安平镇一带。安平镇就是原来的一鲲身。

立在林投前的牌子

(作者摄于台湾屏东县车城乡猫鼻头海岸，2012 年 4 月 28 日)

茂密的小路"。[1] 可见，台南一带林投很多。这里又是隋军登陆地点。因其全身是宝，主要是其皮可以做衣服，所以才被载入史册吧。连横说，菻荼（lin tu），一作林投，"番语"（指台湾世居少数民族语——引者注）。台南以南，野生极多。……擘（掰）叶为丝，可用。……年久木坚，有文理，可作碗箸、歌板、月琴诸器。根可织履。[2] 另外，确有一种被阿美族人称为"斗镂"（tumvl）的树，花可食，树皮可以做布（树皮布）。汉族人称这种树为"构"（北方称作"楮"）。阿美族人称雌性构

---

① 照史：《打狗沧桑》，高雄，春晖出版社，1985 年，第 19 页。
② 连横：《台湾通史》，北京，商务印书馆，1983 年，第 488 页。

第九章　隋唐时期的流求人

树为 *avono*，称雄性构树为 tunvl。雌树皮布优于雄树皮布。①

二、使用锸为生产工具。 隋书所说的锸，是一种木石复合工具。林惠祥 1929 年调查时，收集到一种石锄。其形扁而长，一端有薄刃，加柄，用以耕耘。② 1637 年，荷兰牧师甘的的务司（G. Candidius）写的《台湾岛要》（*Short Account of the Island of Formosa*），书中说，荷兰人占据当初，台湾连马、牛及锄都没有，只有锹而已。锹就是隋书所说的锸：柄为木质，长尺余，略弯曲，装以细长之石，幅数寸，前端尖锐，用以开垦。③

三、流求人的社会组织与排湾族的相似。 根据石磊教授对筏湾部落的研究，排湾人的贵族制度大致情形是：

筏湾部落内共有 11 个住宅区域，分属五家地主。有的地主只有一个住宅区，最多的有四个住宅区。地主及所属住宅区的平民、佃户就组成一个以地域为基础的团体，其成分包括：

"团主"，排湾语称 kamamatsagilanan，是拥有宅地上居民的地主。筏湾部落的五家地主中，有一家是本部落的大贵族，另一家贵族主管军事与部落会议，地位次之。他们之间，虽然在部落政治地位上稍有差异，但社会地位相同，都有资格向自己的佃民征收各种赋税。他们之间借助婚姻关系，保持着十分密切的合作。

---

① 凌曼立：《台湾与环太平洋的树皮布文化》，《中央研究院民族学研究所集刊》第 9 期，台北，1960 年。

② 林著、蒋编，2001：149。

③ 转引自〔日〕东嘉生著、周宪文译：《台湾经济史概说》，台北，海峡学术出版社，2000 年，第 20、21 页。Candidius 或译作甘治治宇土氏；〔日〕宫本延人著，魏桂邦译：《台湾的原住民》记载有相似的手锹，台北，晨星出版社，1992 年，第 24 页。

另一方面，大贵族与次级贵族之间还存在着衣饰用物及其他代表贵族的象征物上的差别。如在衣饰方面，次级贵族使用的珠串饰物、衣服上的花纹均不得比大贵族华丽。否则，大贵族将以僭越行为而没收；大贵族可以在门前树立两块代表贵族尊严的"徽石"（saolaolai），次级贵族家不能树立（也有经大贵族许可而树立的）。另外，在大贵族家举行婚丧喜庆诸仪式时，次级贵族应送礼物以示敬意；在农耕播种时，还要去帮忙。

"团民"，就是佃农或佃民。地主对于佃民，首先要提供其建家的宅基地与可耕地。而佃民必须向贵族提供徭役与租税，主要有地租税，普通征收收获物的 40% ~ 50%。有时地主退还10% ~ 15%，以示优待。

"部落将相"，排湾语称 kalaiŋan。部落内的统治者虽是贵族，但实际上的行政责任是由部落将相承担的。由于贵族享有不参加战斗的特权，作战之事纯属平民的职责，故军事指挥权就落到部落将相手中。部落将相是由部落会议从勇敢机智的战斗员中选举产生的，是非世袭的终身职。其职责是：（1）协调各团之间的公共事务，尤其是调解团民间的纠纷。（2）召集并主持部落会议，并执行其决议。（3）统率军队，指挥作战。（4）主持对外交涉等。

部落将相是平民与贵族间平衡权力的一种职位，他本身还能获得大贵族的一块免税耕种的田作为报酬。

"部落司祭"，一称"祭司"，排湾语叫 palakalai，是部落各项祭祀的主祭人，多为男性。他的产生是由巫师在公共场合以神卜的方式决定。有的部落是由贵族家选择一位较熟悉祭仪的人来担任，系终身职。

司法组织。在一个部落内，团内的民众纠纷，由团主负责解决。团外的纠纷，由部落将相主持解决。如某一争端的双方属于两个团的公民，又不能私了时，则由各团团主的管家、双方当事人的近亲组成调解班子，在部落将相主持下，按照习惯法进行仲裁。调解成立，双方当事人均须遵照执行。①

排湾族的社会组织与隋代流求人相似。尤其是部落将相的名称为 kalaiŋan，与流求人称呼其王为"可老羊"基本相同。

此外，隋书记载，另有一部分与流求人不同，就是有食人之俗的那部分人。其实，"南境"不一定非从台湾北部看南部，在台南、高雄看屏东也属南境。总之，他应该是住在流求人之南。据李亦园调查，排湾人中的箕模人就有食人之俗。如旧望嘉部落中，排湾人住村上首或北半部，箕模人住下首或南半部。② 这种巧合，不知是否出于世代的传统。

至于住石板屋，在屋檐板上雕刻人头、百步蛇等图案、猎头，建头骨棚，也是排湾族的传统习俗。③

四、中山王国官员的评论。1462 年正月某日，出使朝鲜的琉球（冲绳）中山王国使者普须古、蔡璟与朝鲜李继孙讨论《文献通考》记载古流求情况，④ 一问一答，由汉人通事康致和

---

① 石磊：《筏湾》第五、十章，《中央研究院民族学研究所专刊》之廿一，台北南港，1971 年。

② 李亦园：《台湾土著民族的社会与文化》，台北，联经出版事业公司，1982 年，第 77～118 页。

③ 刘其伟：《台湾土著文化艺术》，台北，雄狮图书公司，1979 年；［日］宫本延人著，魏桂邦译：《台湾的原住民》第 172 页。

④ （元）马端临撰，十通本。流求事见"四裔考"，主要是摘抄《隋书·流求国传》的内容。

担任翻译。现择录如下（李继孙问，普须古、蔡璟答）：

问：古人云，"其俗男子鸟羽为冠，装以珠贝，饰以赤毛。妇人以罗纹白布为帽，并杂毛为衣"。何与大人之言（当代衣饰）不同？

答：上古之事则不知，今则不然。

问：古人云，"其俗少铁刀，多以骨角助之。编苎为甲，或用熊豹皮"？

答曰：我国多铁，稀熊豹，此正谎说。

问：古人云，"国人互相击刺，如其不胜，遣人致谢。其和解，收斗死者聚而食之"？

答：不然。古今天下安有人相食之，亦安有不胜而致谢？

问：所种谷名？

答：有稻、粱、牟麦、麻、豆，无小豆及黍。

问：朝中朝（引者按：指明朝）常贡之数？

答：一年一度遣使朝贡，硫黄6万斤，良马40匹。如珠贝等不拘数。①

以上是15世纪中叶，琉球（冲绳）中山国官员谈他们本地的物产和风俗等情况，与17世纪荷兰人在台湾的所见形成对照，如台湾、流求有黍、冲绳无；台湾、流求有熊豹、无牛马、冲绳相反，稀熊豹，有牛马。良马是向明朝进贡的物品；台湾、流求有猎头、食人之俗，冲绳没有，难怪乾隆二十二年（1757年）清册封副使周煌在所著《琉球国志略》中叙其见闻，说隋书所

---

① ［日］末松保和：《李朝实录》卷二十七，日本东京学习院东洋文化研究所刊行，东京，1956年。

记流求男女皆以白苎绳编发……织藤为笠，饰以毛，"今俱无之"。又在物产志中加按语说，"《隋书》及《明一统志》称有豹狼熊罴。今按其地皆无之。又云，无牛羊驴马。驴则绝无，而马最多。皆无足据。"①

以上情况，足以说明，《隋书·流求国传》所记基本上是属于台湾本岛南部的情况。周煌跑到冲绳去按图索骥，本来是自己搞错了，却说《隋书》记载"皆无足据"。岂不冤死魏征了。

唐代仍然沿用隋代流求来称呼台湾。因是译音，流求二字有多种写法。如张鷟《朝野佥载》写作"留仇"，注云："即流虬也"。② 柳宗元《岭南节度使飨军堂记》、韩愈《送郑尚书序》、《新唐书·地理志》皆作"流求"。

1974 年前，根据考古发掘和调查，澎湖共有遗址 91 处，其中 39 处为历史遗址。最早的遗址主要有内垵 C 和水垵 A 两遗址，大约始于唐末（公元九、十世纪）和莳板头山 A 遗址，年代大致定在第九或第十世纪，相当于唐朝晚期至宋初。其遗物主要有大陆出产的陶瓷片、铁钉、砖瓦块以及贝壳、鱼骨和兽骨等。③ 学者们认为，这是汉民族移殖、开发澎湖的开始。

至于那首唐施育吾的诗（"腥臊海边多鬼市，岛夷居处无乡里；黑皮少年学采珠，手把生犀照咸水"），是不是写澎湖的诗，有认为是的，也有认为不是的。《全唐诗》第八函第二册，原题《岛夷行》，《台湾府志》和《澎湖厅志》著录时改题《咏澎湖

---

① 分见卷四、卷十四。丛书集成初编本。
② 今本无此条。转引自《格致镜原》卷二十七布帛类引文，雍正十三年刊。
③ 臧振华：《澎湖群岛拓殖史的考古学研究》，《中央研究院第二届国际汉学会议论文集》，台北，1989 年。

屿》。清朝的地方官们可能有他们的根据才这样改的吧。南宋王象之《舆地纪胜》在关于澎湖的记载中已收有此诗，[①] 定有所依据。这位出生于浙江分水（1958 年并入桐庐县）的施肩吾，好神仙家言，元和中举进士，但不做官而隐居洪州西山。唐洪州是今南昌。鄱阳湖古称彭蠡湖。故有学者认为这首诗写的是鄱阳湖畔的情景，或认为是南海里的岛国风光。

笔者认为，施肩吾的诗是写澎湖的，可能是他好神仙家言而到澎湖游历过，但不会像有些学者说的是举族迁居澎湖。理由是：

（一）施肩吾于元和十五年（820 年）中进士。此前他应在家苦读，不会外出。他的外出及隐居都是这年以后的事。这个年代与澎湖发现的考古遗址的 C_{14} 年代相符。如内垵 C 遗址为 810 ± 96 A. D. ，水垵 A 遗址为 885 ± 120 A. D. 和 1455 ± 61 A. D. ，虎头山 B 遗址为 985 ± 149 A. D. 。这些年代都经过树轮校正。臧振华根据以上年代及遗物等资料推测，汉人拓殖澎湖的最早年代，极可能在唐末或唐宋之间。最早出现的聚落可能是一些临时性的渔寮，大约到了南宋时，才逐渐形成了定居的聚落。[②] 在年代学方面，施肩吾随渔民到澎湖临时游览是可能的。

（二）施肩吾的诗有史诗风格，比较写实。如与他同年中进士的 29 人中有一位是一只眼（另一眼失明），施写道："二十九

---

① （南宋）王象之《舆地纪胜》卷一百三十福建泉州·风俗形胜门·环岛三十六条："自泉晋江东出海间，舟行三日抵澎湖屿，在巨浸中，环岛三十六。施肩吾云：……"（惧盈斋刊本）。

② 臧振华：《从考古证据看汉人的拓殖澎湖》，《台湾风物》第 37 卷第 3 期，台北，1989 年。

349

第九章　隋唐时期的流求人

人及第，五十七眼看花"（全唐诗嘲谑类第三）。如"咸水"，应该是海水。"鬼市"有两说，一是夜市；另一说是无言交易。二说都可通。试想，渔民白天在海中捕鱼，晚上或凌晨交易是可能的。如果他在鄱阳湖边，没有到过澎湖，"腥臊海边"这样描写海边空气味道的诗句，任凭怎么想象也是写不出来的。

（三）金门历来是由福建前往台湾的第一站，由厦门出发的船只，往往都在金门料罗湾候风。唐贞元十九年（803年），福州刺史兼福建都团练观察使，奏准置万安监牧马于泉州界，共五牧，金门为一牧。陈渊奉派到金门牧马，随行的有蔡、许等14姓。陈渊后被称为牧马王，金门建有牧马王祠。因福建"百姓苦之"，继任者阎洛美奏罢。既然金门有这么多的牧马人，就有人到达澎湖和台湾的可能。无独有偶，21世纪之初，在台南麻豆镇退休教师陈庆春家中发现唐代的祖先牌位："陈世祖授太子太傅赠忠顺王谏邑陈公一位神主"。论者认为，这说明陈姓早在唐代已迁居台湾。①

唐代海峡两岸的联系大体如此，而陈姓唐代迁台事还应有进一步的证实。

---

① 记者陈和忠：《麻豆陈家牌位／年代远及大唐》，《台湾日报》2001年3月5日第10版。

第十章　宋代的毗舍邪人

南宋孝宗乾道七年（1171年），福建泉州沿海来了一群毗舍邪人。这时，台湾在继续保有流求名称的同时，又有了一个新名称——毗舍邪。

第一节　毗舍邪人

12世纪70年代，一支毗舍邪人来到澎湖和福建泉州沿海。在史籍的记载上，因读音相近，有毗舍邪、毗舍耶、毗舍野三种不同写法。或作毗舍那，则是由于那、邪形近而造成的讹误。毗舍邪人来沿海一事，始见于南宋楼钥的《攻媿集》和赵汝适的《诸蕃志》。

一、宋代有关记载。

《攻媿集》卷八十八《汪大猷行状》（以下简称《行状》）云：

"（乾道七年）四月，起知泉州……郡实濒海，中有沙洲数万亩，号平湖。忽为岛夷号毗舍邪者奄至，尽刈所种。他日又登海岸杀略。禽四百余人，歼其渠魁，馀分配诸郡。

初则每遇南风。遣戍为备，更迭劳扰。公即其地造屋二百间，遣将分屯。军民皆以为便。不敢犯境。

后左翼军狃于盗尝，忽又报侵犯，径捕至庭，自以为功。公曰：'毗舍邪面目如漆，黥涅不辨。此其人服饰俱不类，何耶？'察之，乃真腊大商……命牙侩旬日间遣行。"①

嘉泰元年（1201 年），周必大撰《汪大猷神道碑》，取材于《行状》，然小有不同：

"〔乾道〕七年……四月，起知泉州。海中大洲号平湖。邦人就植粟、麦、麻。有毗舍耶蛮，扬帆奄至。肌体漆黑，语言不通。种植皆为所获。调兵逐捕，则入水持其舟，已而，俘民为向导，劫掠近城赤屿洲。于是春季遣戍，秋暮始归，劳费不赀。公即其地造屋二百区，留屯水军，蛮不复来。"②

宝庆元年（1225 年），赵汝适撰《诸蕃志》，所记毗舍耶事，似别有所本。其云：

"毗舍耶语言不通，商贩不及，袒裸盱睢……

泉有海岛曰澎湖，隶晋江县。与其国密迩，烟火相望。时至寇掠，其来不测，多罹生啖之害，居民苦之。

淳熙间，国之酋豪常率数百辈猝至泉之水澳、围头等村……喜铁器及匙箸，人闭户则免，但剜其门圈而去。掷以匙筋，则俯拾之。可缓数步。官军擒捕，见铁骑则竞剜其甲，骈首就戮而不知悔。临敌用镖枪，系绳十余丈为操纵，盖爱其铁不忍弃也。

---

① 四部丛刊本。

② 《文忠集》卷六十七，宁波，天一阁藏清抄本。

按：赤屿洲，据《泉州府志》卷九水利志晋江县湖条，"在二十一都永宁里赤湖村"（1927 年补刊本）有赤湖。永宁即水澳。赤屿洲疑即赤湖村，平湖即澎湖。

不驾舟楫，惟以竹筏从事，可折叠如屏风，急则群异之，泅水而遁。"①

又同书"流求国"条云：

"流求国，当泉州之东……旁有毗舍耶、谈马颜等国。"

《文献通考》、《宋史》所传毗舍邪事，尽本《诸蕃志》或约略《行状》行文；元代汪大渊《岛夷志略》亦有关于毗舍邪的记载，质言之，《攻媿集》和《诸蕃志》所传毗舍邪事，是我们现在所见的最古记录。

二、毗舍邪人的基本状况。

（一）地理位置：

与毗舍邪有关的地名共八个：流求、谈马颜、平湖、澎湖、泉州、晋江、水澳、围头。

同时载明：毗舍邪在流求之旁，与澎湖"密迩，烟火相望"。

（二）经济状况：

毗舍邪地区社会发展缓慢，当时仍处于原始社会阶段。其处少铁，需到大陆寻觅。所以用镖枪系绳以利收回，防止丢失。以竹筏为航行工具。到平湖收取庄稼似乎是他们获得生活资料的一种手段。在这样的经济状况下，外部贸易不可能发达，所以赵汝适称为"商贩不及"之地。这说明毗舍邪人是处于狩猎、采集经济阶段的原始群体。

（三）风俗习惯：

与其社会发展阶段相适应，毗舍邪人有吃人之风、文身黥

---

① 《诸蕃志校注》卷上毗舍耶国条，冯承钧撰本，北京，中华书局，1956年，第84~85页。

面，以及赤身裸体的习俗。

三、毗舍邪人居住在台湾哪一部分？

过去有种种说法。如：林惠祥疑指台湾东部。① 藤田丰八《南海地图》标注在台湾南部。② 陈汉光说，毗舍邪或是"台湾南部的傀儡番（今排湾族）。至于琉球，系指大肚溪以北的台湾。"③ 吴壮达先生指为"台湾西部与澎湖相对的位置"。④ 梁嘉彬说："其地理范围当为今日台湾北港（笨港）一带之地，亦正与澎湖诸岛东西遥对，烟火相望。"⑤ 达维得逊（J. W. Davidson）和拖利（R. Torii）则认为应在"台北平原及基隆、淡水地区"。⑥ 伊能嘉矩说，毗舍耶人原居住在台湾海峡内的小琉球屿。⑦

总之，大家都认为毗舍邪为台湾的一部分，至于是哪一部分，分歧很大，台东、笨港、台南、台北、小琉球屿等地，似乎都有毗舍邪人的踪影。至于其族属，德国学者夏德（Hirth）和美国学

---

① 见《台湾番族之原始文化》附录，前中央研究院社会科学研究所集刊第 3 号，南京，1930 年。

② ［日］藤田丰八著、何健民译：《中国南海古代交通丛考》附图，上海，商务印书馆，1936 年。

③ 陈汉光《台湾移民史略》，《台湾文化论集》（一）第 55 页，台北，1954 年。

④ 吴壮达：《琉球与中国》，第 47 页，上海，正中书局，1948 年。

⑤ 梁嘉彬：《宋代"毗舍耶国"确在台湾非在菲律宾考》，《文献专刊》第 2 卷第 3 期，台北，1951 年 11 月。

⑥ 转引自：《诸蕃志译注》毗舍邪条（Friedrich Hirth and W. W. Rockhill：*Chau Jukua*：*His Work on the Chinese and Arab Trade in the Twelfih and Thirteenth Centruies*，entitled Cha – Fan – Chi. 1911.）

⑦ 伊能嘉矩说，毗舍耶人原居住在台湾海峡内的小琉球屿（今屏东县琉球乡），并引黄叔璥《台海使槎录·番俗六考》"新港、萧垄、麻豆各番，昔住小琉球，后迁此（台南附近——引者注）。"见［日］伊能嘉矩著、"国史馆"台湾文献馆编译：《台湾文化志》，台北，台湾书店，2011 年，第 64 页。按，新港、萧垄、麻豆是西拉雅族的 3 个部落。

者柔克义（Rockhill，别译罗克希耳）的 Pazehhe（巴宰海）说；伊能嘉矩的台南附近的 Siraya[①]（西拉雅）等不同见解。

第二节　台岛别称毗舍邪

毗舍邪人是不是居住在台湾岛，历来有不同说法。1875 年，法国学者戴尔维（Herrey de Saint–denys）发表《文献通考·四裔考法译注》，首先提出毗舍邪在台湾的看法（以下简称"台湾说"）。[②] 1887 年，法国汉学家拉科柏里（Terrien de Lacouperie）提出了不同看法，指毗舍邪为菲律宾的维萨亚群岛（以下简称"维萨亚说"）。[③] 此后，美国人劳菲（B. Laufer），德国人夏德（F. Hirth）与美国人柔克义（W. W. Rockhill），[④] 日本学者藤田丰八、[⑤] 和田清，[⑥] 以及我国学者连横，[⑦] 或附和"维萨亚说"，

———————

① 伊能嘉矩说，毗舍耶人原居住在台湾海峡内的小琉球屿（今屏东县琉球乡），并引黄叔璥《台海使槎录·番俗六考》"新港、萧垄、麻豆各番，昔住小琉球，后迁此（台南附近——引者注）。"见［日］伊能嘉矩著、"国史馆"台湾文献馆编译：《台湾文化志》，台北，台湾书店，2011 年，第 64 页。按，新港、萧垄、麻豆是西拉雅族的 3 个部落。

② 戴尔维指出："毗舍邪在流求之旁，但并非在另外的岛上。文化发展较高的住在澎湖相对的台湾西岸，而发展较为落后的部族则住在东部。"（第 426 页）案：法文汉译，系当年中央民族学院于道泉教授口授。

③ 拉科柏里、劳菲二人的论点，见冯承钧《诸蕃志校注》毗舍耶条注（一）。

④ 夏德与柔克义合著：《诸蕃志译注》（英文版）。

⑤ 其说见所著《南蛮考》，何健民译《中国南海古代交通丛考》，上海，商务印书馆，1936 年。以及《岛夷志略校注》毗舍邪条。

⑥ 其说见所著《明代以前的中国人所知道的菲律宾群岛》，《东亚史论数》（生活社，1943 年日文版）译文曾请李长信先生校正。

⑦ 《台湾通史》卷一开辟纪，北京，商务印书馆，1983 年，第 18 页。

或以毗舍邪人为"徙居台湾西南海岸的菲律宾人部落"的折中意见，以维持"维萨亚说"。

一、维萨亚人不是菲律宾居民。有些学者之所以主张他们居住在菲律宾，其理由有四：

（一）对音。菲律宾的维萨亚又称毗萨亚（Visaya or Bi-saya），毗舍邪与毗萨亚（Bisaya）对音，所以毗舍邪就是维萨亚（Visaya）。

（二）风俗习惯。毗舍邪人与维萨亚人都有文身之俗（未提及黥面及食人之事）。

（三）维萨亚人善于航海，可以乘筏由菲律宾中部漂洋渡海，到福建泉州沿海来。台湾高山族先民在这方面"无能为力"，无法从海上到泉州沿海来。

（四）当他们不能自圆其说时，就指责中国史籍的记载是"误据传闻"、"以讹传讹"，断言"宋人误认（毗舍邪）在台湾"等等。①

对于这种牵强附会的论断，我们不妨指出以下几点，就可以看出其说不足信。

首先，地理常识告诉我们：维萨亚群岛在菲律宾群岛中部，它与我国澎湖群岛之间，不仅有宽阔的巴士海峡，而且还有巴布延群岛和吕宋岛阻隔其间。此种情形，无论怎样用文学的笔法去夸张、形容，也不能说二者"密迩"；即便有离娄之目，恐怕也不能"烟火相望"，更何况研究历史地理？纵然维萨亚人善于航

---

① 日本学者藤田丰八、和田清的专题论著，囊括了前人的全部论点，并加以发挥，故本文所引皆据二人之说，不再一一注明。

海，也不可能仅靠竹筏而很快地来到澎湖或泉州沿海。荷兰学者希勒格（G. Schlegel）指出：

"我认为，拉科柏里指毗舍邪为菲律宾的维萨亚是不正确的。因为他们仅靠竹筏来渡过大海，到达台湾和福建是不可能的"。①

其次，《诸蕃志》关于菲律宾群岛的记载是很清楚的。该书所记"麻逸"，狭义指现在的民都洛岛；广义则指维萨亚群岛，甚或指整个菲律宾群岛而言。② 至于毗舍耶，却与麻逸一地毫无牵挂。赵汝适既没有说它是"麻逸之属"，也没有说它与之"密迩，烟火相望"。显然，《诸蕃志》记载泾渭分明，并无混淆之处。

第三，毗舍耶与维萨亚有对音关系也是站不住脚的。《四库全书提要》论及《诸蕃志》的同音异字（如麻逸又作摩逸等）说："盖译语对音本无定字。龙陇三声之通，登丹、蒲婆、麻摩双声之转，呼有轻重，故文有异同，无由核其是非，今亦各仍其旧。"（《诸蕃志》卷首）维萨亚与毗萨亚读音相通，是 16 世纪西班牙以武力侵占菲律宾群岛以后的事。"维萨亚，由于西班牙文 V 字的特点（引者按：即有时与 B 发音相同），有时称为皮塞亚（引者注：即 Bisaya）。"③ 这就是说，在 12 世纪我国史籍上出现毗舍邪之名时，菲律宾群岛中部只称作维萨亚。300 年后，因受西班牙文的影响，维萨亚才又读作毗萨亚。我认为：只有当菲律宾的维萨亚或毗萨亚，与来泉州沿海的毗舍邪人同时并存，

---

① 《通报》（*Toung Pao*），1895 年第 6 卷，第 182 页注①。

② 参见《诸蕃志校注》第 81 页注（一）。

③ 道比（E. HG. Dabby）著，赵松乔等译：《东南亚》，北京，三联书店，1958年，第 323 页。

或前者早于后者出现时，才有可能因读音相通而混淆。更不用说我国宋代史籍记述毗舍邪时，是以麻逸、三屿等名称来记述菲律宾群岛的。所以，这里并不存在如拉科柏里等人所提出的毗舍邪与维萨亚有对音关系的前提。我们并不反对运用语言学的知识来研究历史问题，而是不赞成那种不要前提、不考虑其他条件（如时间、地理、民族情况等），任意把两个读音相似的地名、族名，生拉硬扯在一起。

第四，中菲两国之间的贸易往来、文化交流，到唐宋时已日趋频繁。《文献通考》卷三百三十二，有"摩逸国，太平兴国七年（982年）载宝货至广州海岸"，与我国进行贸易的记载。《诸蕃志》关于我国商舶到菲律宾的麻逸等地（即维萨亚群岛）进行贸易的情况，以至当地的风土人情，叙之尤详。如说商舶到达那里以后，当地商人"丛至"，"登舟与之杂处"（麻逸条），或"争棹小舟"，以当地产品"至与贸易"（三屿、蒲哩噜条）。这种情形，显然是不能与被称之为"商贩不及"的毗舍邪地区相提并论的。

《诸蕃志》对于菲律宾社会情况记载的准确性，连和田清本人也不得不承认："《诸蕃志》对于吕宋的记载是很少错误的。"[1]

最后，在黥面、服饰等习俗上，维萨亚人也与毗舍邪人大相径庭。如维萨亚人"文身而不黥面"，[2] 麻逸人"披布如被，或

---

[1]　和田清：《东亚史论薮》引吉田东吾语，东京，生活社，1943年再版，第515页。

[2]　戴·蒙格（De Morga）：《菲律宾、日本与中国》。这段引文见和田清《东亚史论薮》第516页。原文为英文。

腰布蔽体"，三屿等地"其风俗大略与麻逸同"。① 这些都明显地区别于黥面、文身和袒裸的毗舍邪人。和田清引证蒙格的话适得其反，恰好证明不黥面的维萨亚人与黥面的毗舍邪人不同。

综上所说，指毗舍邪为菲律宾的维萨亚群岛的论断，是不能成立的。

二、毗舍邪是台湾的别称。据我国史籍记载，在南宋时期，台湾除被称之为"流求"外，还有一个别称，就是毗舍邪。它作为地名，指台湾某一部分。

前面提到，从《行状》和《诸蕃志》关于毗舍邪的记载看，与之相关的地点有八个（见示意图）。根据学术界所公认的研究成果及自己所见，扼要介绍如下：

流求指台湾；

谈马颜指台湾东南沿海的兰屿；②

平湖、澎湖均为今澎湖群岛的同名异写；

晋江为泉州的附廓县，同为一地；

---

① 冯承钧：《诸蕃志校注》，北京，中华书局，1956年，第80、82页。

② 谈马颜，即兰屿，说见藤田丰八《岛夷志略校注》三岛条，谓："答陪乃Tobago（按：原误作Jobago）之对音。（文殿阁书庄排印本）《诸蕃志》流求条作谈马颜，《东西洋考》、《海国闻见录》之红豆屿是也。当时航吕宋者远望此山云。"关于Tobago一名之由来，马渊东一在 *On Yami* 一文中反复进行探讨，未有定论，并称："宋朝的记载，可能在谈马颜这个名称里，包含着兰屿与巴坦群岛。"（见拙译《关于雅美人》）唯金关丈夫认为谈马颜在台湾本岛，与流求国接壤，"似应指位于台湾西南部、东海岸及其附近岛屿的直接经巴士海峡之来自南方的民族，而流求可能是指直接自中国大陆迁来的先住民族"。见《台湾丛谈》，台北，幼狮文化事业公司，1977年，第54页。

水澳，即今晋江县永宁镇；①

围头，即今晋江县的围头镇，在福建沿海围头湾东岸。②

在搞清上述八个地名的前提下，再来考察《诸蕃志》关于澎湖与毗舍邪"密迩，烟火相望"，流求之"旁有毗舍耶、谈马颜"的记载。就不难明白：只有台湾本岛某地，才能与上述记载吻合。

所谓"密迩"、"烟火相望"，不过是一种形容，极言两地相近之意。这从我国史籍记载中可以找到许多旁证，如《隋书·流求国传》、《宋史·流求国传》、《明史》鸡笼传、地理志，以及元代汪大渊的《岛夷志略》，明代陈侃的《使琉球录》和清代顾祖禹的《读史方舆纪要》，都有类似说法。特别是汪大渊曾到过台湾与澎湖，他说：台湾大崎山"极高峻，自澎湖望之甚近"。清蒋镛也说："天晴霁晓，顾台湾诸山，显现如在咫尺。"③ 另一方面，以台湾至福建省福州市的水程，与台湾至菲律宾吕宋的水程相比较，两个距离约为一与四之比，④ 更不消说远在菲律宾中部的维萨群岛了。孰远孰近，是很清楚的。

"维萨亚说"者，曾以《诸蕃志》称毗舍邪在流求之旁，来反证它不在台湾，这是不对的。

所谓毗舍邪在流求之旁，正如戴尔维指出的，把高山族先民

① "永宁卫，府东南六十里。宋乾道八年（1172年）置水澳寨，元为永宁寨。洪武二十年（1387年），改建今卫。"《读史方舆纪要》卷九十九泉州府，北京，中华书局排印本，1955年，第415页。

② 乾隆《泉州府志》，卷十二公署条，1927年补刊本。

③ （清）蒋镛：《澎湖续编》，卷上地理纪山川，中央民族学院图书馆藏抄本。

④ （清）乾隆重修《凤山县志》卷一舆地志称：台湾至福建水程十四更，至吕宋水程六十四更（乾隆二十九年刊本）。

分别称为"流求人"与"毗舍邪人"，是从社会经济、文化发展程度不同来划分的，即其发展较高的称之为"流求人"，发展较低的称为"毗舍邪人"。名从主人，常常有之。《诸蕃志》把他们各自所在的地区称之为"流求"与"毗舍邪"，致使台湾一岛同时有两个名称，这有什么可奇怪的呢？

宋元时期我国东部沿海及邻国（示意图）

退一步说，即使古代人误认毗舍邪与流求为相邻的两个岛，这是由于台湾的地理条件，加上人们观察上的错误造成的。这种情况在 16 世纪时还出现过：

"因为台湾的中部有大安、大甲两溪流，汪洋一片，从中国海岸遥望台湾的西岸，恰似两个互不相连的岛屿，屹立海中，所以古人误会成两山。16 世纪荷兰人邵典（W. Schoulen）所绘的地图，也误绘成南北两岛。"①

这横亦谈及此事。他说："台湾虽为一岛，曩时航海者多误为二。明万历初，荷兰人少挺（引者按：疑即邵典）舟过台湾，尝绘一图，亦分为二（此图余已模印于《台湾通史》）。盖自海上观之，中央诸山为云封蔽，而大甲以南，浊水以北，犹为泽国。"②

其实，我国关于台湾的许多官方或私人著作，早已明确指出：毗舍邪指台湾，或指台湾的某一部分。

明代何乔远《闽书》说：

"又有小琉球（按：明代称台湾为小琉球）与闽海稍近……闻东隅有人……不相往来，盖毗舍那（林惠祥注：那，想系邪之讹）国云。"③

---

① 柯台山：《台湾概览》，上海，正中书局，1947 年，第 1～2 页。
② 连横：《雅堂文集》卷一序跋类，台湾文献丛刊第 208 种，第 54 页。按：陈汉光《台湾移民史略》说："当时因为地理常识较差，时常把大甲溪（或大肚溪）及西螺溪的分离，将台湾作为 3 个岛屿或 4 个岛屿记载。"陈氏之说，系指 1582 年（万历十一年）Jan Fuygen Linshoten《亚细亚图》，及 1704 年（康熙四十三年）George psalmanzaar《台湾地图》，见《台湾文化论集》（一），台北，1954 年，第 54 页。
③ 转引自林惠祥著、蒋炳钊编：《天风海涛室遗稿》，厦门，鹭江出版社，2001 年，第 184 页。

清代赵翼《平定台湾述略》：

"《文献通考》云：泉州之东有岛曰澎湖，澎湖旁有毗舍耶国，盖即是〔台湾〕也。"

魏源《圣武记》云：

"台湾亘闽海……《宋史》谓澎湖东有毗舍那（按：形误，应为邪）国，即其地也。"[1]

台湾省《凤山县志》收录了清朝举人卓肇昌的《台湾形胜赋》，开头就说：

"郡号台湾，古传毗舍。"[2]

卓氏系台湾省籍人，他用"古传"二字点明了毗舍邪即是台湾的古名，更值得我们重视。

朱偰在《关于台湾历史的几件重要资料》中说：

"宋朝文献中，仍称台湾作'流求国'，并且明白指出台湾在泉州之东，和澎湖相望；又提到旁有毗舍邪国，语言不通，是指台湾的一部分。"[3]

关于毗舍邪在台湾，梁嘉彬也有详细考证。[4]

第三节　南宋驻军澎湖

毗舍邪来福建泉州沿海骚扰，引起了泉州当局以至南宋朝廷

---

① （清）魏源：《圣武纪》卷八《康熙勘定台湾记》，古微堂刊本。
② 《凤山县志》卷十二，艺文志下，乾隆二十九年（1764 年）刊本。
③ 《光明日报》，1954 年 11 月 25 日第 3 版。
④ 见梁著《宋代"毗舍耶国"确在台湾非在菲律宾》。

的高度重视，开始重视海防，并"遣将分屯"澎湖。

　　一、驻军澎湖。南宋楼钥《攻媿集·汪大猷行状》（以下简作《行状》），全文见第一节。现再引有关驻军澎湖的一段文字如下：

　　"初则每遇南风，遣戍为备，更迭劳扰。公即其地造屋二百间，遣将分屯，军民皆以为便。"

　　《宋史》约略《行状》之文，以为《汪大猷传》。关于遣将分屯澎湖之事，记作：

　　"毗舍邪掠海滨居民，岁遣戍防之，劳费不赀。大猷作屋二百区，遣将留屯。"①

　　《行状》的记载是可靠的。其一，作者楼钥与汪大猷同仕于孝宗、光宗两朝。② 光宗即位（1189 年），楼钥被"擢起居郎兼中书舍人"。汪氏死时，楼氏任吏部尚书。③ 这对他了解和掌握汪的情况提供了方便。更重要的是楼钥是汪的外甥，深谙舅事。他在《行状》中说："窃自维念：爱我抚我，莫于吾舅；而知舅之详者，亦莫如钥。"

　　其二，《行状》写作于 1200 年。这时距 1171 年不足 30 年，不仅有案可查，楼钥等人也记忆犹新，不至于记错。关于《行状》写作的年份，今考如下：《行状》记载汪大猷死于南宋庆元六年（1200 年）七月。周必大《汪大猷神道碑》作于 1201 年。按照我国古代习惯，《行状》在先，《墓志铭》在后，所谓持

① 《宋史》卷四百。北京，中华书局点校本。
② 《台湾丛谈》："周必大、楼钥与汪大猷是同时人物，孝宗朝时均有声于官场。"（第 51 页）。
③ 《宋史·楼钥传》卷三百九十五。

《行状》以求铭。南宋叶适《宜人郑氏墓志铭》云：天富北监（今玉环县地）知监司李宽"以其母夫人状授予铭，不辞。"①元王秋涧也说："王道嗣子谦，持太史属王德渊所撰善状，百拜来请铭。"②明郎瑛说得最明白："《行状》则实记一人之事，为死者求志之辞也。"③既然《汪大猷神道碑》作于1201年，那么，汪氏《行状》一定写于他死时，即1200年。

总之，楼钥撰《行状》，难免有夸饰之词。但诸如汪氏"遣将分屯"平湖一类基本事实，是不能凭空捏造的。因为行状"所载事迹"，出自同时人之手，"自不可诬"。④这说明早在12世纪末，我国就有了关于南宋在澎湖驻军这一具有历史意义事件的记载。因此，《汪大猷行状》是我们研究有关问题的第一手宝贵资料。

《行状》的记载并非孤证。南宋宝庆元年（1225年），赵汝适撰写《诸蕃志》，也载有毗舍邪人来泉州沿海之事，只是对汪大猷的种种活动，仅书"官军擒捕"四字，并将此事系于"淳熙间"。哪个记载可靠呢？比较而言，《行状》系当时人记当时事，又系外甥传舅状，其可靠性较《诸蕃志》为优，自不待言。而《诸蕃志》所谓"淳熙间，国之酋豪常率数百辈猝至泉之水澳、围头等村"云云，与《行状》所谓"他日又登海岸杀略"，及《汪大猷神道碑》所说"劫掠近城赤屿洲（按：即水澳之赤

---

① 《叶适集》卷二十一，北京，中华书局，1961年。
② 《王秋涧先生大全集》，四部丛刊初编本。
③ 《七修类稿》卷二十九，上海，中华书局，1959年。
④ （南宋）王明清：《挥麈后录》卷一，引当时人徐敦立语。徐说："臣僚行状，于士大夫行事为详，而人多以其出于门生子弟之类，以为虚辞溢美，不足取信。虽然，其所泛称德行功业，不以为信可也；所载事迹，以同时之人考之，自不可诬，亦何可尽废。"上海，中华书局，1961年。

湖村)",所传为同一事件。《诸蕃志》文中的"常",与尝通,《宋史·流求国传》即作"尝",是曾经的意思,不当经常讲。故据《诸蕃志》所记,毗舍邪人来泉州沿海,也只有一次。毗舍邪人被汪大猷追杀,又于澎湖屯兵戍守,从那以后,再没有来过。这就是《神道碑》所说的"蛮不复来"。既然毗舍邪人来大陆沿海只有一次,以记载详明的"乾道七年",与笼统的"淳熙间"相比较,当然前者要可信得多。

二、澎湖隶属泉州晋江县。两宋时期,汉族人民移居台湾、澎湖的人数逐渐增多。这不仅表现在文献记载增多,而且考古发现也提供了有力的证据。文献记载除上引楼钥、周必大、赵汝适及《宋史》的记载外,宋哲宗元符三年(1100 年)《古今华夷区域总要图》绘有"流求"岛(图一)。① 北宋李复《与乔叔彦通判》说,泉州海岸乘舟,二日至高华屿。成千渔民把捕捞的鱼腌制晒成鱼干。又二日至鼋鼊屿。鼋鼊屿,形如玳瑁,又一日至流求国……流求国,隋史书之不详。今近相传,所说如此。去泉州不太远,必有海商往来。可找到它,访其国事与其风俗……彼所传者必多……将以补地志之缺也。② 李复的这封信说明,当时居住在高华屿的渔民有"千计"。高华屿或说今澎湖花屿,一说西屿。鼋鼊屿,即澎湖马公岛的奎壁山。

其次,这些关于流求的传闻,是因其与泉州近,有海商往来的缘故。这说明当时汉族人民不仅移居澎湖,也与流求(今台湾)有商贸等关系。再如南宋陆游的诗,真德秀的奏折都有关于流求

① 王存立:《台湾善变哉?!——从古地图看台湾七十二变》,台北,《中国时报》2002 年 9 月 10 日第 38 版。王氏特别指出,图中流求指的"就是今日的台湾"。
② 《潏水集》卷五。

（台湾）、毗舍邪和澎湖（或作"平湖"）的记载。① 值得注意的是，这与泉州陈学伊记载的"在宋时编户甚蕃"相吻合。②

推行"编户"的目的有两条：一为征收赋税。宋制规定，知州、县令的职责之一，就是"以时造户版及催理二税。"③ 二是为了招募兵员。宋朝军队分禁军，厢兵，乡兵。"乡兵者，选自户籍，或土户应募，在所团结训练，以为防守之兵也。"④ 各巡检寨的士卒，更是"籍民为巡逻弓手。海防则藉渔船教习水战，有水军指挥"，"寨兵隶于巡检司，归县节制。"⑤

既然澎湖有了屯戍之兵，需受县令节制；又为了管理"编户"齐民，以保证税收和补充兵员，这就要解决在行政上的隶属关系。泉州知州汪大猷作为泉州总理军事、民政的最高官员，亲自执掌了当时有关台湾地区的事务，他不仅于乾道七年"遣将分屯"澎湖，而且采取了与此相应的行政措施，即在那里推行"编户"制度，将其地划归泉州晋江县管辖，是理所当然的事。距此50多年后，赵汝适于宝庆元年（1225年）撰《诸蕃志》，乃有澎湖隶属于晋江县的记载。

关于澎湖与泉州晋江县的关系，史籍记载尚有澎湖为"泉州

---

① 张崇根：《南宋已在台湾地区建置说》，北京，《中央民族学院学报》1980年第4期。

② （明）沈有容辑：《闽海赠言》卷二，台湾银行经济研究室编印：台湾文献丛刊第56种，1959年。

按：徐本章：《台湾唐山是一家》称，南宋绍兴三十年（1160年）苏氏七世孙苏钦为《德化使星坊南市族谱》写的谱序中记载，苏氏一族分布仙游、晋江、同安、永春、台湾等地（《泉州文史》1979年第1期）。台湾名称明末才出现，录此备考。

③ 《宋史·职官志七》卷一百六十七。北京，中华书局点校本。下同。

④ 《宋史·兵志四》乡兵一，卷一百九十。

⑤ 罗汝泽等修：《霞蒲县志》卷十七武备志引《三山志》，1929年铅印本。

图一 《古今华夷区域总要图》

宋哲宗元符三年（1100年）绘制

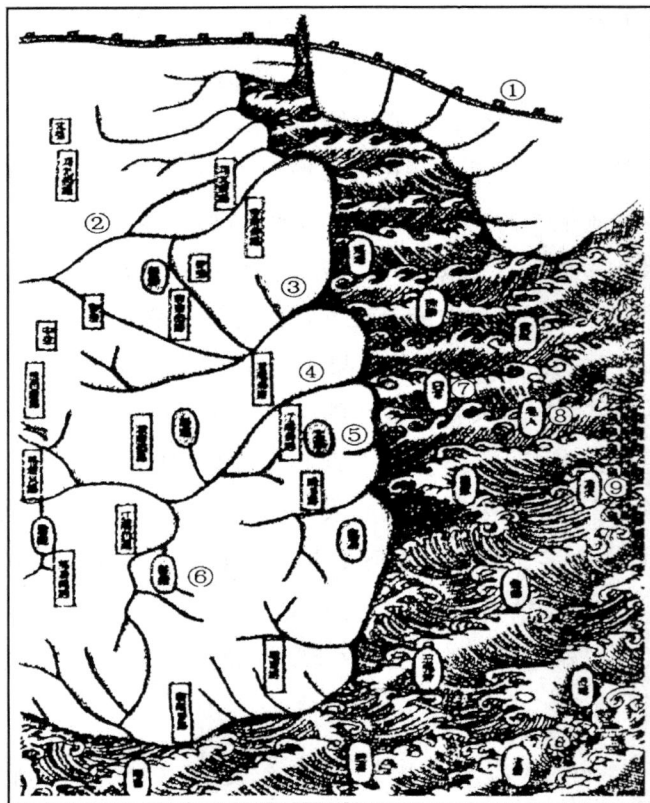

因辗转翻印，图中文字不清，本书引者摘要加注：①长城　②黄河

③淮河　④长江　⑤太湖　⑥彭蠡：今鄱阳湖　⑦日本　⑧毛人

⑨流求：今台湾

（据王存立发表原图改注）

1

2

3

4

5

6

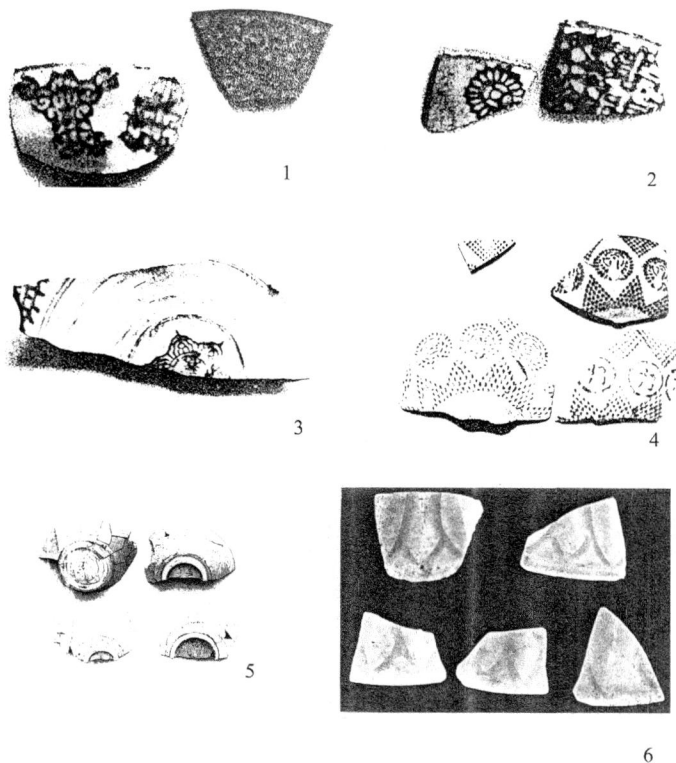

1 陶瓶口部内表　2 陶瓶身部破片

3~4 陶瓶底部破片（1~4，采自陈信雄，1979）

5 瓷碗　6 龙泉窑系青瓷片

（莳板头山 A 遗址出土；采自臧，1999A）

外府”之说。宋范子长《皇朝郡县志》云：

"澎湖屿在巨浸中，环岛三十六，人多侨寓其上……有争讼

者，取决于晋江县。城外贸易，岁数十艘，为泉外府。"①

宝庆三年（1277 年）成书的《舆地纪胜》，所记澎湖事
类此：

"自泉（州）晋江东出海间，舟行三日抵澎湖屿。在巨浸
中，环岛三十六"，"泉（州）之外府"。又引宣和二年（1120
年）知泉州事陆藻《修城记》：

"泉（州）距京师五十有四驿，连海外之国三十有六岛。"②

图三　宋代陶瓶

②泉州宋代海船中的陶瓶　　　　③宋代陶瓶（第一艺品公司藏）

①故宫展品宋贝储瓶

---

① 转引自（明）何乔远《闽书》卷七方域志，崇祯刊本。按：《闽书》原引
作《宋志》。据赵万里辑《元一统志》考证，《宋志》即范子长的《皇朝州郡志》。
范子长，字少才，孝宗淳熙年间进士。北京，中华书局，1966 年。

② （南宋）王象之：《舆地纪胜》，卷一百三十泉州府风俗形胜"环岛三十有
六"条，咸丰五年（1855 年）南海伍氏校刊本。

④俯视陶瓶口瓶（第一艺品公司藏）　　　⑥澎湖陶瓶口部俯视

⑤澎湖陶瓶口部侧影

（①～⑥采自陈信雄，1979）

　　查南宋历史，除了乾道七年围绕毗舍邪人到澎湖和泉州沿海，汪大猷所采取的种种行动而外，并没有第二件引人注目的事发生。因此，笔者认为：无论是在澎湖推行"编户"制度，还是将澎湖划归晋江县管辖，都可能是汪大猷实施的。或云：

　　"汪大猷因此曾派兵屯戍澎湖，显然与《诸蕃志》所云'隶晋江县'之记载相符。"①

　　这就是说：《诸蕃志》所记澎湖隶属于晋江县，正是汪大猷乾道七年（1171 年）经营台湾地区的历史纪录之一。这要比元代在澎湖设巡检司早 100 多年。

---

① 《台湾丛谈》，台北，幼狮文化事业公司，1977 年，第 51 页。

第十章　宋代的毗舍邪人

371

由于汪大猷在泉州的一系列措置获得了成功，从而得到了宋孝宗及南宋朝廷的肯定和赞许。孝宗曾两次赐诏汪大猷，称赞他"典吾重藩，□有政誉"；"顷在禁路，日闻嘉猷；肆典闽藩，岁上最绩"。① 所以，在首任期满后，"以治行优异，除敷文阁直学士，再任，赐衣带。"② 乾道九年留任知泉州事。③

三、考古学方面的证据。台湾考古学家黄士强、④ 陈信雄⑤和臧振华，⑥ 都在澎湖进行过考古调查和发掘。他们对于澎湖群岛出土的瓷器认定是一致的，即都是宋、元时代的产品，但对其用途看法不一。黄、陈二人持"贸易瓷"说，即认为澎湖是作为泉州向东南亚输出瓷器的中转站；臧认为是"生活用品"。笔者认为，这些瓷器与汪大猷遣将分屯澎湖有关。当然，也不排除有农民、渔民居住，因为他们已是宋王朝的编户齐民。

臧振华指出，属于早期历史时期的考古遗址有 39 处，出土

---

① （南宋）崔舍人：《玉堂类稿》卷八，粤雅堂丛书本。

② （南宋）楼钥：《汪大猷行状》，《攻媿集》，四部丛刊初编本。

③ 《宋史·汪大猷传》卷四百，北京，中华书局点校本。《泉州府志》卷二十六《文职官上》知州事条："汪大猷，（乾道）七年任，九年再任。祀，名宦，有传。"1927 年补刊本。

④ 1979 年 4 月中旬，一群热爱中国本土文化的青年朋友到澎湖从事田野考古踏查。黄士强时任台湾大学考古人类学系副教授应邀协助。为报道澎湖考古成果，台北《艺术家》杂志第 9 卷第 4 期（1979 年 9 月出版）特出"澎湖考古专辑"。黄士强发表《新发现的澎湖新石器时代遗址》，谢明良《遗留在澎湖的宋元时期泉州青瓷及龙泉窑青瓷》、方叔《为中国文化寻根》和陈信雄《来自魂萦梦牵的家乡——澎湖的宋代陶瓶》等。

⑤ 陈信雄：《宋元的台澎——从文献资料谈到考古发现》，《台湾风物》第 36 卷第 4 期，台北，1986 年。

⑥ 臧振华：《从考古证据看汉人的拓殖澎湖——兼评澎湖为宋元贸易转运站说》，《台湾风物》第 37 卷第 3 期，台北，1987 年；《澎湖群岛拓殖史的考古学研究》，《中央研究院第二届国际汉学会议论文集》，台北，1989 年 6 月。

遗物有中国大陆出产的陶瓷片，包括碗、盆、杯、盘、壶、瓶、罐等日用食器（图二、图三）、盛器和炊器，绝大多数属于宋、元时代浙江龙泉窑系和福建泉州窑系烧制的瓷器。还有砖、瓦，陶质网坠（图四）；少量铁器、石器、玻璃饰物和硬币等（臧，1987）。硬币就是铜钱，有宋神宗在位时的"熙宁元宝"（1068年铸）、哲宗在位时的"元祐通宝"（1086～1093年间铸）和徽宗在位时的"政和通宝"（1111年铸），以及伪齐刘豫时铸造的"阜昌通宝"（1130年铸）。一种底部略细、肩部稍宽、修腹、小颈、环口式陶瓶，是宋代民间流行的器物。它与福建泉州白沙宋墓及泉州湾挖出的宋船上出土的陶瓶，在"形制上并无二致"（图三）。此外还有贝壳、鱼骨、兽骨和禽骨等。

图四　陶网坠

（采自臧振华，1999A）

臧振华将上述39处遗址分为三个主要类型：其中大型的居住遗址有九处，分布在白沙、渔翁、中屯和澎湖本岛等四座岛屿上。这类遗址的房屋是用石头或鹅卵石铺的地面，成长方形，约长13米、宽4米。在此地面上还发现一些破碎的呈珊瑚色的砖和瓦。推测是用来建造这些房子的。这类遗物不多的原因可能是后来的人拿去盖房子了。砖主要用于砌门框和窗户框，澎湖现存的老房子依然如此。与这些碎砖在一起的还有瓷器、陶片和黏土做的网坠。① 这类房址一般都具有较

───────

　① Tsang Cheng－hwa：*Arckaeology of The P'eng－Hu ISlands*，"Institute of History and Philology Academia sinica"，Special Publications，Number95，1992。臧振华先生2004等元月寄赠大作，附此致谢。引文见第197页。廉希霞副教授汉译。

长期居住的特征，如较密集的遗物和生活废弃物，较厚而且较广的贝丘堆积等（臧振华，1987）。其二是较小的居住遗址共 10 处，分布在吉贝、白沙、渔翁、姑婆、八罩和澎湖本岛六座岛屿上。这类遗址缺少固定的居住建筑遗构，可能为短期的或临时性的居地。其三是孤立的遗物发现地点 20 处，分布在吉贝、白沙、渔翁、险礁、澎湖、牛母仔、八罩、将军澳、七美、花屿和东吉等岛屿，最早的可能只是一些临时性的渔寮。陶瓷器大都是大陆福建地区的产品，有极少数可能产自浙江龙泉系的各窑口。饮食、装盛、炊煮、建筑和渔捞等各种器物和用具，无疑都不是澎湖当地的产品，而是来自大陆，特别是从福建沿海输入的。臧振华推测，汉人拓殖澎湖群岛的最早年代，最迟当不晚过北宋（公元 11、12 世纪），极可能是在唐末（公元 9、10 世纪）或唐宋之间。其时，来自大陆东南沿海的渔民，把澎湖当作一个临时性的渔业基地或休憩地；到了南宋时，才开始有汉人在澎湖聚居（臧振华，1987）。方叔也认为，澎湖出土的大量瓷片，证实了澎湖在宋代确曾有大量“汉民族”移民，在此活动的史实（方叔，1979）。

总之，分布在白沙、渔翁、中屯和澎湖四岛上的九处大型居住遗址（臧振华，1987），以及出土的宋元陶瓷中有很高级的东西，不可能是渔村或农村使用的，而且同一种有上百件、几十件，也不是家庭所用（陈信雄，1986）。笔者赞成臧振华关于南宋时才有汉民族到澎湖群岛聚居的见解，但这时来澎湖的不仅有渔民和农民，还与汪大猷遣将分屯澎湖有关。如果它们不是贸易瓷，那么这种成批量的日用品就是军队的集体用品了。宋代记载清楚地告诉我们：为了防止毗舍邪人来沿海，泉州知州汪大猷在

"平湖"（澎湖）建造军营 200 间，遣将分屯其地，一改过去临时遣戍为备的陈规，实在是一件具有深远历史意义的事件。宋龙飞指出，"春秋遣戍，秋暮始归"的防守澎湖之举，毫无疑问地说明了澎湖在当时已经成为中国领土的一部分，否则就没有派兵防守之必要了。① 也就是说：孝宗乾道七年（1171 年），南宋政府已正式在澎湖设立了行使国家权力的政权机构。

四、与台湾本岛的交流与往来。宋代，澎湖与大陆的联系已如上述。那么，与台湾本岛是否有联系呢？回答是肯定的。其一，早在郑成功收复台湾不久，有人在目加溜湾开井，得瓦瓶。认识这种陶器的人说，这是唐宋以前古窑的产品。惜其物不传，亦不知此瓶瘗自何时。② 其二，在台湾本岛也出土有唐、宋、元代的瓷器和瓷片。1961 年，施翠峰教授在台南市南门外墓葬中挖到过唐代黑釉陶壶，在屏东县来义社发现唐代磁州窑陶壶，以及宋、元、明三代的"安平壶"（浙江产，见本书，第 285 页）。北港、和平岛也发现过。台南人叫做"宋硐"，就是宋代的陶瓷。仅元代陶片的数量就有几千个。③ 黄士强也认为，宋、元时代的瓷器到过台湾。④ 其三，台湾也有大批宋钱出土，清朱景英说：

"台地多用宋钱，如太平、元祐、天禧、至道等年号。钱质小薄，千钱贯之，长不盈尺，重不逾二斤。相传初辟时（按：

---

① 宋龙飞：《澎湖的开发史与移民的风俗与民情》，台北，《艺术家》第 9 卷第 4 期，台北，1979 年。

② （清）周钟瑄主修、陈梦林撰：康熙《诸罗县志》卷十二，台湾研究丛刊第 55 种，台北，1958 年。

③ 转引自陈信雄，1986。

④ 转引自陈信雄，1986。

指 1683 年清朝政府统一台湾），土中有掘出古钱千百瓮者，或云来自东粤海舶。余往北路，家僮于笨港口海泥中，得钱数百，肉好、深翠，古色可玩。乃知从前互市，未必不取道此间。"①

朱景英文中所提到的年号，分别为北宋太宗、真宗和哲宗的年号。太平通宝 976～983 年间铸，至道元宝 995 年铸，天禧通宝 1017 年铸，元祐通宝 1086～1093 年间铸。其四，台湾北部十三行遗址出土的铜钱有东汉五铢钱（公元 40 年铸），唐朝钱两种，宋代钱有太平通宝、淳化元宝（990 年铸）、至道元宝、咸平元宝（998 年铸）等。据考古学判断出土文物年代的一般方法及各地出土的窖藏等，钱币上的年号是判断其入土年限的较好依据。因这里所提到的铜钱，没有元、明、清的，故可判断其入土时间，当在两宋时。但到底是北宋还是南宋时入土的，还要根据具体情况来判断。就目前所见到的资料而言，虽然出土的铜钱中基本上都是北宋钱，只有澎湖出土的伪齐阜昌通宝铸于 1130 年，已是南宋之初。因此，推测台澎两地出土的铜钱应在 1130 年即南宋初之后入土。同时，这些铜钱也不是元朝流通过去的。因为元朝主要用交钞（纸币），② 到元武宗时，才使用铜钱"大元通宝"（1310 年铸）。但台湾地区考古发掘和考古调查还没有见到过元代铜钱。

综观两宋时海峡两岸所发生的重大事件及大批汉族群众移居台澎，只有汪大猷"遣将分屯"澎湖之事见于历史记载。按照

---

① （清）朱景英：《海东札记》卷四，乾隆刊本。

② 元世祖中统元年（1260 年），先后印制、发行"中统交钞"和"中统元宝钞"（苏天爵《元文类》卷四十钞法）。至元十七年（1280 年）六月，"江淮等处颁行钞法，废宋铜钱"（《元史·世祖本纪》）。

南宋军制，戍兵是带家眷同行的。嘉定年间，泉州知州真德秀报告，永宁寨戍军，除将官置廨及住房外，有戍兵150人，"今见存军房一百五十间，浅隘太甚，火道又狭。军人自言：家口稍多者，难以安存。春秋之交，多苦疾病。近日上户复为添造二十间，稍堪居止。其旧军房舍，量行展拓。每三间并作二间，庶几地步稍宽，可以存活老少。计今所存旧军房一百五十间，可并作一百间，通新造二十间为一百二十间，尚欠三十间。"① 说明戍兵1人（实为1户）1间房。汪大猷在澎湖造屋200间，② 约有戍兵200人，连同家眷，以每户平均4～5人计算，可推知前往屯戍的人口约在800至1000之间。③

质此，澎湖有屯戍的军队及家眷，有前来捕鱼的渔民和种植粟、麦、麻的农民。这些生活在澎湖的军队或百姓，时常有人来到台湾本岛，与当地世居民族进行贸易，同时了解当地的风土、民情，也是情理中事。因此，台澎两地的北宋钱，很可能就是南宋时殿前军屯戍澎湖，并因种种原因往来于台澎之间所遗留下来的。同时，他们也向朝廷报告台湾岛的情况和传闻。

正因为如此，南宋人对台湾自然是比较熟悉的。大诗人陆游在四川时，曾在《步出万里桥门至江上》诗中，回忆他任福州

① （南宋）真德秀：《申枢密院措置沿海事宜状》，载《西山真文忠公文集》卷八，雍正元年（1723年）刊本。

② 关于营房的单位名称，《宋史》本传作"区"，《泉州府志》作"所"。从人数看，似乎没有多大区别。此据《行状》作"间"。

③ 陈汉光：《台湾移民史略》云："凡此种种，无疑地证明着澎湖在南宋时代已列入泉州建置，而且有汉人至少在千人以上。始得擒捕四百余人。后来屯兵住房，竟建有二百间，可见那时澎湖军民人数当在不少"《台湾文化论集》（一），台北，1954年，第51页。

377

决曹时的见闻：

"常忆航巨海，银川卷涛头。一日新雨霁，微茫见流求。"
自注云："在福州泛海，东望见流求国。"①

由此可见，大陆、澎湖、台湾岛三者之间，在南宋时已建立
了密切的联系。

附："释"彭湖"

——兼评《辞海》有关条目

"彭湖"一名的古义有二：其一指今江西省北部的鄱阳湖；
其二指今台湾省的澎湖群岛。旧版《辞海》（1936 年）列有
"彭湖"条目，释为"即今鄱阳湖"，可谓只知其一不知其二。
新版《辞海》（1979 年）删去"彭湖"条目，仅在"鄱阳湖"
条下，将彭湖列为其古称之一，实际上不仅没有纠正旧版《辞
海》释文的片面性，反而把这条辞目删掉，可谓删不当删。

"彭湖"作为鄱阳湖的古称之一，是因鄱阳湖古称彭蠡湖省
称而来。最早见于李白《下浔阳城泛彭蠡寄黄判官》诗："浪动
灌婴井，浔阳江上风。开帆入天镜，直向彭湖东……"清王琦
注云："彭湖、即彭蠡湖也。"明代诗人陈文德咏鄱阳湖中《大
孤山》一诗，亦云："谁削青芙蓉，独插彭湖里。平分五老云，
远挹九江水。"

---

① （南宋）陆游：《剑南诗稿》，卷八。按：此诗作于 1176 年（孝宗淳熙三
年）。陆游任福州决曹在绍兴二十九年（1159 年），曾乘兴航海，题《航海》、《海中
醉题时雷雨初霁天水相接也》诗二首，载《剑南诗稿》卷一，汲古阁刊本。诗作年
代据于北山《陆游年谱》，北京，中华书局，1961 年。

李诗、陈诗中的彭湖，均指今鄱阳湖，其义甚明，故旧版《辞海》谓："彭湖：即今鄱阳湖，详鄱阳条。""鄱阳：湖名，亦曰彭湖，即《禹贡》之彭蠡，《汉书》之彭泽，隋以来改名鄱阳，位江西省北境……"这种解释是不完整的。因为自南宋以迄清初，彭湖也是今台湾省澎湖群岛的古称。

澎湖名称，有其产生、发展与演变的过程。南宋时，先称"平湖"，既而又称"彭湖"。南宋楼钥撰《汪大猷行状》云："（乾道七年）四月，起知泉州……郡实濒海，中有沙洲数万亩，号平湖。"[①] 汪大猷死于庆元六年（1200年），《行状》的撰写应在这一年。这是澎湖群岛以"平湖"之名最早见于我国史籍。嘉泰元年（1201年）周必大撰《汪大猷神道碑》，亦有类似记载：乾道七年"四月，起知泉州，海中大洲号'平湖'，邦人就植粟麦麻。"[②]

到了宝庆元年（1225年），赵汝适撰《诸蕃志》，始将"平湖"改称为"彭湖"："泉有海岛曰彭湖。"[③]

考古代"平"与"彭"，都是并母、庚韵字，双声叠韵，可以通假。故"平湖"与"彭湖"，字异而音义相同，都是指今澎湖群岛。清初地理学家顾祖禹说：澎湖屿"之正中曰娘宫屿……波平浪息，无溯奔激射之势，其状如湖，因曰彭湖"。[④] 这

---

① （南宋）楼钥：《攻媿集》卷八十八，四部丛刊初编本。

② （南宋）周必大：《平园续稿》卷二十七，见《周益公集》，浙江宁波天一阁藏清抄本。

③ （南宋）赵汝适：《诸蕃志》卷上《毗舍耶国》条，冯承钧校注本，北京，中华书局，1956年。

④ （清）顾祖禹：《读史方舆纪要》卷九十四，北京，中华书局，1955年排印本，第4096页。

就是说，由于妈宫港（今作马公①，即娘宫屿）水面平静，又像湖泊，故据此而命名为"彭湖"。按顾氏所述"彭湖"的原义，当称"平湖"才对。

平湖与彭湖，作为澎湖群岛的古称，不仅出现在南宋载籍上，而且延至明代文献中仍可见到。如，王象之《舆地纪胜》云："自泉（州）晋江东出海间，舟行三日抵彭湖屿，在巨浸中，环岛三十六"，为"泉之外府"。② 他如《宋史·流求国传》、元朝汪大渊《岛夷志略》、赵孟頫《送吴礼部奉旨诣彭湖》诗、《元史·瑠求国传》，以及明代陈第《东番记》、何乔远《闽书》等都写作"彭湖"。《明实录》永乐二年（1404 年）六月癸酉："百户李诚等招谕流移海岛军民陈义甫等来归，上嘉劳之。义甫等言：流民叶得义等尚在东洋平湖未归，复遣诚及义甫赍敕往招谕之。"③ 明茅元仪《武备志》卷二百二十三及卷二百四十，则将澎湖群岛分别标作"彭湖"与"平湖"。

可见，彭湖一词作为澎湖群岛的古称，自公元 1200 年楼钥《汪大猷行状》始，迄于明崇祯八年（1635 年）何楷《靖海疏》"台湾在彭湖岛外"，④ 共沿用了 400 多年。

到了明末清初，才在"彭"字旁加上水符，写作"澎"。"澎湖"二字，最早出现在明天启三年（1623 年）。《熹宗本纪》天启三年春正月"乙卯，红夷据澎湖"。⑤ 但在次年兵部题行

---

① 因明万历年间汉族人在澎湖建妈祖庙，故称"妈宫澳"，岛称"娘（妈）宫屿"。日据时期，妄改"妈宫"为马公。

② （南宋）王象之：《舆地纪胜》卷一百三十《风俗形胜》条，惧盈斋刻本。

③ 《明实录》永乐朝卷二十九，南京，原江苏国学图书馆藏传抄本，第38册。

④ 《明史·鸡笼山传》，北京，中华书局点校本。下同。

⑤ 《明史》卷二十二。

《彭湖平夷功次》、天启五年兵部《条陈彭湖善后事宜》等官方文件以及崇祯十年（1637年）刊行的《景璧集》，[①] 都仍写作"彭湖"。到了郑成功时，彭湖与澎湖仍并用。如杨英《从征实录》载：永历十五年（1661年）二月"令镇守澎湖游击洪暄前导引港。"三月"二十四日，各船俱到彭湖"；"二十七日……藩（按：指郑成功）令户都事同游击就彭湖三十六屿派取行粮。"只有到了康熙六年（1667年）施琅上《边患宜靖疏》云："盖澎湖为台湾四达之咽喉，外卫之藩屏。"[②] 此后，才一律将该群岛之名书写为"澎湖"。

总之，彭湖一词的古义有二：自唐代起，它就是鄱阳湖的古称之一；南宋以后，它又是澎湖群岛的古称。旧版《辞海》虽列有"彭湖"条目，但只解释了其含义的一半，失之于片面。而新版《辞海》不仅没有在原有的基础上，加以修订充实，准确地全面地解释"彭湖"这一历史地名的含义，反而一笔勾销了这个条目，更为不当。建议在今后的新版《辞海》中，补列"彭湖"条目。

---

① （明）李光缙撰，泉州市图书馆藏善本。
② 《靖海纪事》卷上，施世纶编，康熙刻本。

第十一章 元代的汉人与琉球人

由于南宋对台澎地区的经营，特别是汪大猷"遣将分屯"澎湖，将澎湖划归晋江县管辖，福建沿海百姓移居台湾、澎湖的人更多了。人们对台澎地区的了解加深，因而历史记载也不再笼统地称台澎地区为流求，而是分别以澎湖、琉球或瑠求等名称来记述。

第一节 澎湖的汉族人

一、元代移居澎湖的人大体都是闽南人。元汪大渊《岛夷志略》记澎湖的情形如下：

"岛分三十有六，巨细相间，坡垅相望，乃有七澳居其间，各得其名。自泉州顺风二昼夜可至。有草无木，土瘠不宜禾稻。泉人结茅为屋居之。气候常暖，风俗朴野，人多眉寿。男女穿长布衫，系以土布。

煮海为盐、酿秫为酒，采鱼虾螺蛤以佐食。爇牛粪以爨，鱼膏为油。地产胡麻、绿豆。山羊之孳生，数万为群。家以烙毛刻角为记，昼夜不收，各遂其生育。工商兴贩，以乐其利。

地隶泉州晋江县。至元间立巡检司，以周岁额办盐课中统钱钞一十锭二十五两，别无科差。"①

　　二、澎湖的自然环境、物产，泉州人的生活习俗。如以晒干牛粪为燃料；秫即粘高粱，可以做烧酒（白酒）。澎湖为沙地，多风，不适宜种稻。这些都见于清代澎湖方志的记载。有草无木，可能当时如此，实际上还可以生长榕树。

　　至于澎湖的岛屿数，大致宋、元间都称三十六岛。《台湾省通用地图集·澎湖县地图》记作："澎湖群岛大小64座岛屿，其中以澎湖岛、白沙岛、西屿三岛最大。"②

　　元朝政府加强了对澎湖的行政管理，设立巡检司，征收盐税。当时，每引（400斤）盐课中统钞9贯。100贯为一锭。澎湖盐课中统钞10锭25两，即1020贯。③据此推算，每斤盐课税0.225个铜钱。澎湖产盐4530多斤。

　　至于饲养山羊的方法，无法考证。

　　关于设立巡检司的年份，将在第三节讨论。

第二节　台湾岛上琉球人

　　元代的流求二字，有两种写法，《岛夷志略》写作"琉球"，《元史》写作"瑠求"。这也可以如前章用译音无定字来解释。

　　① 苏继顾校释本，北京，中华书局，1981年（以下简作"苏继顾，1981"），第13页。
　　② 大经纬全球文化事业有限公司编辑出版：《台湾省通用地图集》（增订版），台北，1999年，第223页。
　　③ 苏继顾，1981：16注⑨。

因为多数学者都认为字虽不同，指的都是台湾。

一、关于琉球人的记载。《元史·瑠求传》记其地理、方位是："瑠求，在南海之东。漳、泉、兴、福四州界内彭湖诸岛，与瑠求相对，亦素不通。天气清明时望之，隐约若烟若雾，其远不知几千里也。西南北岸皆水，至彭湖渐低，近瑠求则谓之落漈。漈者水趋下而不回也。凡西岸渔舟到彭湖已下，遇飓风发作，漂流落漈，回者百一。"

与大陆王朝的关系，《元史》记作："瑠求，在外夷最小而险者也。汉、唐以来，史所不载，近代诸蕃市舶不闻至其国。"① 以下记元朝廷招谕瑠求事，详后。

以上记载，与《岛夷志略》记作琉球不同。这是译音的缘故。自隋以来已有流求、幽求、留仇、琉球、瑠求等多种写法。详第九章。《续文献通考·四裔考》撰者王圻说，流求，亦曰瑠求。可见，字虽不同，说的是同一地方，按其方位及周边地理环境，当指台湾无疑。从文中也可看出，元代甚至明朝初年，福建沿海的人还没有到过台湾东部。因此，本传只写台湾西、南、北岸皆水。直到明朝晚期莆田人周婴撰《东番记》，才有"东乃沧溟万里，以天为岸"② 的记载，说明他们知道台湾岛的东部是浩瀚的大洋，其岸远在"天"边。

值得注意的是"西岸渔舟到彭湖"的记载，说明汪大渊已看到或了解到台湾本岛西部已有渔民居住，并在台湾海峡捕鱼。

至于说是"在外夷最小而险者"，其一可能是福建沿海人对

---

① 落漈，即台湾海峡之黑潮。见苏继庼，1981：19①。
② （明）周婴《远游篇》卷十二，明刻本。或参阅本书第 392 ~ 394 页。

南宋时毗舍邪人来沿海劫掠、食人之事记忆犹新；其二可能是沿海渔民在台湾西海岸听到过关于世居民族有猎头习俗的传闻吧。

又如说汉唐以来，史所不载，诸蕃市舶不闻至其国等，可能是修《元史》的张明玉等不知古流求与今瑠求为同一地方，以致像明嘉靖十一年（1532 年）册封使陈侃，到了与明廷发生朝贡关系的琉球（冲绳），见其民情风俗与古流求不同，而怀疑《隋书》、杜佑《通典》等记载有误，特在他的《使琉球录》一书中，撰有《群书质疑》篇。① 待到后来，明朝人终于搞清楚有两个琉球，于是把建立了朝贡关系的琉球群岛称作"大琉球"，而把台湾称作"小琉球"。

二、关于元代台湾的物产、社会状况等。汪大渊的《岛夷志略·琉球条》，以亲历其地者的语气说：

"地势盘穹，林木合抱。山曰翠麓，曰重曼，曰斧头，曰大崎。其峙山极高峻，自彭湖望之甚近。余登此山则观海潮之消长，夜半则望旸谷之日出，红光烛天，山顶为之俱明。

土润田沃，宜稼穑。气候渐暖，俗与彭湖差异。水无舟楫，以筏济之。

男子妇人拳发，以花布为衫。

煮海水为盐，酿蔗浆为酒。

知番主酋长之尊，有父子骨肉之义。他国之人倘有所犯，则生割其肉以啖之，取其头悬木竿。

地产沙金、黄豆、黍子、硫黄、黄蜡、鹿、豹、麂皮。贸易之货，用土珠、玛瑙、金珠、粗碗、处州瓷器之属。

---

① 丛书集成初编本。

　　海外诸国盖由此始。"①

　　据考证，翠麓，指诸罗山；重曼与沙马机头的沙马音近，就是台湾岛南端的猫鼻头角；斧头疑为台南安平附近的虎头山，即一鲲身屿北部的沙丘；大崎即打狗，又名大鼓山、港为大鼓港，即今高雄港。②

　　今按，汪大渊所记翠麓、重曼、斧头、大崎是山名。诸罗山是平埔族系的社名，读音如 Tiraocen。是否就是翠麓，难以定论。斧头，可能是今屏东县（清代属凤山县）恒春与车城间的虎头山。山以形得名，《台湾府志》："虎头山，员厚高卓，昂似虎头，故名。"又高雄县（清代属凤山县）境内的大冈山是内地船到台湾南部的目标，乾隆二十九年（1764 年）续修《台湾府志》称，"内地之船来台时，过澎湖之东，即见大冈山。"不知汪氏所记"大崎"，是否就是大冈山。总之，汪大渊所登之山、游历之地，大约是在今台湾岛高雄港环近之地。其所见所记载的男妇拳发，可能是生活在西南海岸的平埔族人，而不像福建来的闽南人。他们也有猎头和食人之俗。但硫黄、沙金产于台湾北部海岸。清康熙年间郁永和到台湾采办硫磺，著有《采硫日记》，可以为证。北部海岸金瓜石一带产金。③ 不知汪氏记载的这两种物产是否依据传闻？至于他所记其地用处州瓷器，沈曾植说，处州瓷，龙泉窑也。苏氏认为，处州瓷器似以其为龙泉、丽水等县

---

　　① 苏，1981：16～17。

　　② 苏，1981：17（一），19②、③、④、20⑤。

　　③ 1996 年 4 月 22 日《北京晚报》报道：《台北地区金矿蕴藏丰富》，称 19 世纪金瓜石、九份产黄金近百吨。

瓷的总称。① 这已被现代考古发现的宋元瓷器所证实。

黍子，也叫大黄米，具粘性的小米。粟和黍是台湾世居少数民族传统作物和主食。台南县南关里和南关里东两处遗址，已发现距今 4700～4200 年前的碳化粟和稻米。② 明周婴《东番记》也有记载："其粟粒长，而风吹闻香"。清代，"夫妇离异，男离妇者罚粟十石，妇离男者亦如之。"③ 可见当时粟的产量也不低。

三、汪大渊《岛夷志略》所记"毗舍耶人"。其族名虽与宋代载籍相同，文身习俗相似。但其地理位置即他们的居住地已不在台湾。汪氏将毗舍耶置于旧港（即渤淋邦 Palembang，1295 年起属爪哇）、龙牙菩提（马来半岛西岸吉打北近海之凌加卫岛 LangKawil）与班卒（今苏门答腊西北岸 Barus）之间。虽有学者主张其地为菲律宾之一岛，但地望不合，极有可能是南宋时代居住在台湾的毗舍耶人，在来泉州沿海后，乘竹筏在海上漂流到此。因此，不能再将元代汪大渊所记的毗舍耶人，看作台湾的居民了。

第三节　元设澎湖巡检司

继南宋在澎湖驻军戍守，将澎湖划归晋江县管辖后，元朝至元年间在澎湖设巡检司，征收盐课。仍然行使国家主权，进行管辖。征收盐课就是行使国家主权的标志。

---

① 苏继顾，1981：22③。
② 臧振华等：《先民履迹》，台南县政府，2006 年，第 70 页。
③ 《台海使槎录》卷五。

一、设立巡检司与招谕瑠求的关系。招谕瑠求一事见《元史·瑠求传》（卷二一〇）、《元史·世祖本纪》二十八年、二十九年条等。在当时，是朝野瞩目的一件大事。不然南宋王室后代赵孟頫就不会作诗相赠了。据《元史》记载，至元二十八年（1291年）九月，海船副万户杨祥请元世祖准许他率6000人的军队，前往瑠求招降，不听从就予以讨伐。朝廷批准了他的请求。接着福建书生吴志斗上书朝廷，表示自己熟知海道利弊，若要收伏瑠求，应从澎湖发船前往晓谕；否则，再兴兵前往也不晚。当年十月，元朝廷任命杨祥为宣抚使，给金符。吴志斗为礼部员外郎、阮监为兵部员外部，并给银符，往使瑠求。

图一 龙泉窑贴花龙凤盖罐

以上见《瑠求传》，但《元史·世祖本纪》（卷十六）与上述记载略有出入：至元二十八年九月，使海船副万户杨祥、合迷、张文虎并为都元帅，将兵征瑠求。置左右两万户府，由杨祥选拔、任命两万户府的官吏。接着，又采信福建吴志斗关于"祥不可信，宜先招谕之"的意见，改任杨祥为宣抚使，佩虎符，阮鉴兵部员外郎，吴志斗礼部员外郎，并银符，带上诏书前往瑠求。

依照元世祖本纪的记载，吴志斗的建言被采纳了。当时，赵孟頫写了一首《吴礼部奉旨诣彭湖》诗："为国建长策，此行非偶然。止戈方为武，入海不求仙。朱绶为郎日，金符出使年。早归承圣渥，图像上凌烟。"①

1977 年，方豪发表《赵孟頫一首有关台湾澎湖的诗》，认为元史"以瑠求称今台湾，而置其重点于彭湖"；吴礼部是替国家执行长远的计划，而不是一次偶然的旅行或访问；从唐太宗以来，要在"凌烟阁"上"图像"，都是建立过殊勋的功臣。② 由于杨祥、阮鉴、吴志斗的意见不一，没有达到目的。至元二十九年（1292 年）三月自汀路尾澳起航，当天巳时（上午 9～11 时），看到 50 里外海洋中正东一长而低的山，杨祥认为是瑠求国，结果不是。四月二日到彭湖，三人发生争执。四月三日吴志斗失纵，疑被杨祥所害。奉旨由福建官吏审查此事，后遇赦，不了了之。

值得注意的一点事，吴志斗建议就澎湖发船往谕，说明澎湖

① 《松雪斋全集》卷四。
② 《大陆杂志》第 55 卷第 1 期，台北，1977 年 7 月。

已在泉州地方政府掌控之中，或当时在澎湖的福建人比较多，也可以说是元朝已在澎湖设巡检司的证据之一。否则，吴志斗不会那么有把握。

图二　龙泉窑贴花龙凤盖罐花纹展开图

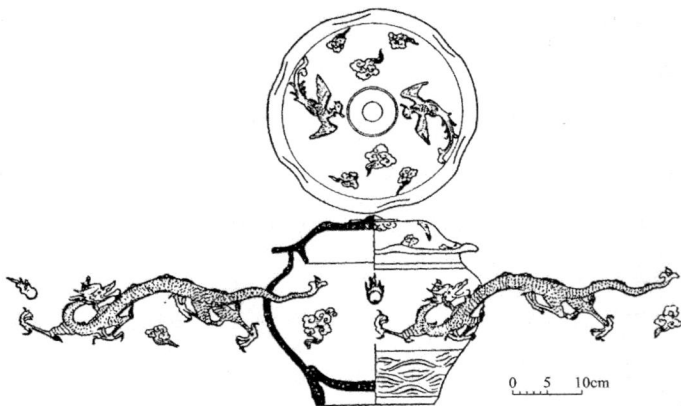

（图一、二均采自《文物》1980 年第 9 期）

其次，从十三行文化晚期遗址出土的元代飞凤纹壶①（本书276 页），似可作为元军到过台湾本岛的物证。因为飞凤纹不是一般民间用品的装饰。例如，上海博物馆收藏的一件元代龙泉窑烧造的贴花龙凤盖罐（图一、图二）。许勇翔《龙泉窑贴花龙凤盖罐》一文指出："以龙凤花纹装饰瓷器，按照古代的典章制度，应是为宫廷烧制的器皿所专用……虽然元代统治者对这方面

———————

①　刘益昌：《台湾的考古遗址》，台北县文化中心，1992 年，第 60 页。刘益昌还指出，分布在台湾北部海岸地带的十三行文化番社后类型遗物，"常和宋、元两代的瓷器一起出土"（第 60 页）。飞凤纹壶只是其中的一件。

的控制不很严格，但是这件盖罐以海水云龙戏珠纹装饰器身，以云凤纹装饰器盖，可能亦非一般民间所用。"① 据此，笔者推测，台湾本岛出土的飞凤纹壶（第 276 页图五），很可能是宫廷用品。其用途，或是元世祖赏赐给杨祥等人所用，或是他们在与当地民族头面人物打交道时作为信物或礼品使用的。

根据台湾岛内的考古发现，北海岸地区自南宋到元代，与大陆东南沿海有着密切的往来。这从十三行文化的若干遗址中出土了较多的宋、元陶瓷残片，② 可以得到证实。

二、关于元朝在澎湖设立巡检司的年份。汪大渊《岛夷志略》记作"至元间立巡检司"。因为元世祖、元顺帝都使用"至元"为年号，为区别起见，分别称作"前至元"与"后至元"。又顾祖禹《读史方舆纪要》引《元志》作"至元末，置巡检司于此"。有"到了元朝末年"或到了"至元末年"两种不同解释。

这两种解释都是不能成立的。《元志》即《元一统志》，先后写成于元世祖至元二十八年和成宗元贞、大德年间，③ 均属元朝早期。试问，《元一统志》（当时称《大元大一统志》）的作者敢在书中写"到了元朝末年"或"至元末年"一类话而不怕杀头吗？这应该说是顾祖禹的失误。顾祖禹是明末清初人，《元

① 北京，《文物》1980 年第 9 期。

② 刘益昌：《淡水河口的史前文化与族群》，台北，十三行博物馆编印，2002 年，第 122～131 页。

③ 赵万里：《元一统志·前言》，北京，中华书局，1966 年；张国淦《大元大一统志考》，《中国古方志考》，上海，中华书局，1962 年，第 120 页；（元）许有壬：《圭塘小稿》卷五，三怡堂丛书本；（元）王士点、商企翁编著：《秘书监志》，广仓学窘丛书甲类一集，1916 年。

一统志》已散佚不存，汪大渊是元朝人，又是受泉州友人邀请，写其游历见闻。汪氏所记更可信，故设澎湖巡检司的时间应以"至元年间"为是。现在的问题是，这个"至元"年号是元世祖的"前至元"，还是元顺帝的"后至元"？

这个年号不是后至元（1335～1340 年）。因为汪大渊说澎湖属泉州晋江县。考，大德元年（1297 年）到明洪武元年（1368 年）间，泉州改为泉兴府。① 汪著《岛夷志略》原附在《清源郡志》后，② 难道还会把晋江县的上级行政机关搞错吗。关于这一点，荣孟源、孔立也有论证，③ 并将此事与元世祖招谕瑠求相联系，确定设巡检司的时间，在元世祖"至元二十九年到三十一年（公元 1292～1294 年）。"④ 是为"前至元末"说。

笔者认为，元设澎湖巡检司的年份约在元世祖至元（前至元）十六年到十八年（1279～1281 年）之间。此事的最早记载是《岛夷志略》：

"地隶泉州晋江县。至元间立巡检司，以周岁额办盐课中统钱钞一十锭二十五两，别无科差。"

元制规定，征税之事，本由税务官员专办。但"十锭以下，从各路差人管办。"⑤ 澎湖盐课仅十锭二十五两，故不设税务官，而由巡检兼办。这就是设巡检司与征收盐课二者之间，密切相关

------

① 乾隆《泉州府志》卷三建置沿革。

② 《岛夷志略》知服斋丛书本卷首刊有张翥、吴鉴序；苏继庼校释本卷首；笔者《〈岛夷志略〉书名及其它》有详细考证，见施联朱、张崇根《关于台湾和高山族若干历史问题的探讨》，北京，《中央民族学院学报》1981 年第 2 期。

③ 荣孟源：《澎湖设巡检司的时间》，北京，《历史研究》1955 年第 1 期。

④ 孔立：《元置澎湖巡检司考》，上海，《中华文史论丛》1980 年第 2 辑。

⑤ 《元史·百官志》卷八十三，北京，中华书局点校本。

的缘由。现论述如下：

（一）泉州晋江县征收盐课机构之设立。至元十四年（1277年）、福建"置市舶司，领煎盐征课之事"。[①] 不久，由莆田至同安一带，普遍设立了征收盐课的机构。《盐鹾考》说："元至元十六年（1279年），于涵头市没管勾司董鹾事。"[②] 管辖澎湖等岛屿的晋江县，设有巡检（员数未详），盐场司二员，司令一员，司丞二员，管勾一员。[③] 同时，福建各地普遍设立巡检司。

巡检司之制，创于北宋。元起代宋，其制相沿不废。光绪《漳州府志》引"前者论曰"："漳兵制昉于唐。""元制……巡逻弓手，各隶巡检，因宋制而增损之。"[④] 此说颇得其义。

巡检，秩九品，"职巡逻，专捕获。"[⑤] 这里所说的"专捕获"，当包括"巡捕私盐"[⑥] 在内。宋朝在福建沿海所设的巡检寨，元朝照设不废，或移地而置，仅易其名为巡检司而已。仅泉州路德化一县，至元十五年（1278年）就设有巡检司四处。[⑦] 可见，元朝在各地设立巡检司的时间，不会晚到元朝末年，甚至也不会晚到元世祖至元末年。至元十七年（1280年）五月，"福建行省移泉州"，[⑧] 就为在澎湖设立巡检司创造了条件。

（二）只用中统钞交纳盐课的年份。中统交钞发行于元世祖

---

① 《元史·百官志》卷九十一。
② 《读史方舆纪要》卷九十六。
③ 乾隆《晋江县志》卷六官守。
④ 光绪《漳州府志》卷二十三兵纪志二，光绪三年（1877年）刻本。
⑤ 《元史·兵制》卷一百零一。
⑥ 《元史·刑法志》卷一百零四。
⑦ 《福建省地方志普查综目》，福建省天象资料组编印，1977年，第236页。
⑧ 《元史·世祖本纪》卷十一。

中统元年（1260 年）七月。同年十月，又印造中统元宝钞。①
这种纸币在江南各地流通使用，是在至元十七年（1280 年）六
月"江淮等处颁行钞法，废宋铜钱"以后。② 发行纸币，是澎湖
盐课用中统钞交纳的物质基础。到了至元二十四年（1287 年），
因发行至元钞，"中统钞时代"即宣告结束，代之以"至元钞时
代。"当然，主观愿望能否彻底实现，另当别论。至少从政策
上，力图停止中统钞流通。像澎湖盐课，每年只交一十锭二十五
两，区区之数，若在至元二十四年后，只等于至元钞二锭五两，
那还有什么意义呢？因此，笔者认为：澎湖盐课只用中统钞交
纳，又可证明此事应发生在至元二十六年（1289 年）以前，而
不会发生在至元二十九年到三十一年之间。

（三）澎湖盐课税率。《元史·食货志五》记载的福建盐课
税率如下：

"福建盐课始自至元十三年（1276 年），见在盐六千五十五
引，每引钞九贯。二十年（1283 年），煎卖盐五万四千二百引，
每引钞十四贯。二十五年（1288 年），增为一锭。"③ 或说，至
元二十六年（1289 年）为五十贯，④ 与二十五年同。

按：澎湖每年所纳盐课为中统钞一十锭二十五两。中统元宝
钞"每一贯同交钞一两"。⑤。据吴晗《元代之钞法》考证："交
钞之两与元宝钞之贯互用"，"贯、两实值应相等"，因此，"两、

---

① （元）苏天爵：《元文类》卷四十杂著·钞法，国学文库本。
② 《元史·世祖本纪》卷十一。
③ 《元史》卷九十七。
④ 《元史·食货志二》盐法条，卷九十四。
⑤ 《元史·世祖本纪》卷十一。

贯钱文互用"。① 故一两就是一贯。由此可知：澎湖盐课 10 锭 25 两，等于 525 贯。

《岛夷志略》说：澎湖"煮海为盐"。但无年产量可稽。故只能根据其他数字作一推算。连横《台湾通史》载：元世祖时，"澎湖居民日多，已有一千六百余人"。② 又说：台湾本岛"每人日用〔盐〕三钱。年须六斤十二两"，而"澎〔湖〕人以海为田，需盐较重"。③ 据此，以每日多耗半钱计算，则每人每年需用盐 8 斤。那么，1600 人全年用盐为 12800 斤。又每引为 400 斤，故合 32 引。④

据全年纳课 525 贯及用盐 32 引，可以求得每引课税为 16 贯。当然，这个数字并不准确。因为人口与每人每年食用盐数不是当时的统计数字。但无论如何，当时澎湖盐课额达不到至元二十六年规定的每引 50 贯。故认为：《岛夷志略》记载的澎湖盐课，当是至元二十年（1283 年）前所纳。

如果以为是至元二十六年以后交纳，则是以下情形。至元钞"每一贯文当中统钞五贯文"，⑤ 中统钞 525 贯折合至元钞为 105 贯。至元二十六年每引盐纳课 50 贯。那么，澎湖每年只产盐 2 引，即 800 多斤。这显然与当时的实际情况不符。

（四）澎湖巡检到任年份。现已查到，晋江人陈信惠曾出任

---

① 吴晗：《读史札记》，北京，三联书店，1979 年，第 300 页。
② 《台湾通史》卷一开辟纪，北京，商务印书馆，1983 年，第 7 页。
③ 《台湾通史》卷十八榷卖志，第 350、349 页。
④ 上海《科普文摘》1980 年第 1 期《盐是秘密凶手吗?》说："现代科学家指出，一个健康的人每天所需的盐一般为 10 至 15 克。"（见《文汇报》1980 年 10 月 6 日《文荟》副刊）若以 15 克计算，澎湖全年耗盐 43.8 引，每引盐课约 12 贯。
⑤ 《元史·食货志》钞法条，卷九十三。

澎湖巡检，其到职年份约为至元十九年（1282 年）。

"陈信惠，字孚中，晋江人。初试有司不利，因学古文。后以才能应帅府辟，从平漳寇有功，授山魁，① 澎湖，卢溪②三寨巡检，移南安主簿，升南丰州判官。省檄，摄同安令。改惠安，多惠政，调顺昌。寻以老疾致仕。号退翁，有《中斋》等集。"③

今考：有元一代漳民起事，以至元十七年（1280 年）陈吊眼为最。《元史》世祖本纪，唆都传、完者都传、高兴传并载其事。《漳州府志》叙之尤详。元朝揭傒斯《双节庙记》云：至元"十七年八月望，剧贼陈吊眼夜率众为乱"。④ 陈吊眼起事后，参与镇压的有唆都、完者都、高兴三人。他们分别为"行征南元帅府事"、"征蛮都元帅"、"征蛮右副都元帅"，都有资格开帅府、辟选人才。但因完者都系由扬州高邮前去，唆都未竟其事即去当占城行省右丞了。只有高兴原在泉州，又是自始至终参与者，因此，陈信惠投奔高兴的可能性较大。陈吊眼起事失败于至元十八年（1281 年）冬或十九年初。完者都于十九年三月班师回高邮，受到元世祖的奖赏。故推断陈信惠"从平漳寇"在至元十七年，因功授澎湖巡检职当在至元十九年（1282 年）。这里有一条旁证。

当时，南安县、同安县属福建行省泉州路。南丰州是至元十

---

① 山魁：今地当何处，未考见。

② 卢溪：《明史·地理志四》漳州府平和县，有芦溪巡司，后迁枋头板。改名漳汀巡检司（卷四十五，中华书局点校本）。按陈信惠因从平漳冠有功得官，此芦溪巡司在漳州境，疑即元代所设之卢溪巡检司。

③ 乾隆《泉州府志》卷五十四文苑志。

④ 光绪《漳州府志》卷四十三艺文志。

九年由南丰县升为州的，直隶江西行省。① 陈信惠由南丰州判官改任同安县令，是奉"省檄"而行的。这说明这一调动应在福建、江西两行省合而为一时。今查：至元二十八年（1291年）二月。"改福建行省为宣慰司，隶江西省"。② 至元二十九年（1292年）二月，亦黑迷失、史弼、高兴三人同任"福建行中书省平章政事"。③ 由此可以判断，陈信惠由南丰州判官改任同安县令，必定在至元二十八年二月到二十九年二月期间。由此上推：南丰州判官任前，有南安主簿一任，再有卢溪巡检一任。虽然我们还没有史料证明陈信惠任澎湖巡检的具体年份，但他担任此职，不会在至元二十九年以后，即元世祖"至元末"，则是可以断定的。

综合以上考证：至元十六年到二十年之间（1279～1283年），元朝军队在福建沿海活动频繁，有经营澎湖等岛屿之必要；④ 在晋江等地设有征收盐课的机构；澎湖所纳盐课税率与这一时期所定税率接近；至元十七年江南等处推行中统钞；巡检陈信惠到任时间约在至元十九年。此外，考虑到设巡检司与征收盐课之间，可能先设司后征税，或设司当年即征税等因素，故认

① 民国《南丰县志》卷一疆域志上沿革，1924年摘华印刷公司铅印本；《元史·地理志五》，卷六十二。

② 吴廷燮：《元行省丞相平章政事年表》，上海，开明书局廿五史补编本。

③ 《元史·世祖本纪》卷十七。

④ 至元十三年（1276年）十二月初，任命熟悉海上事务的蒲寿庚为福建行省左丞；至元十六年（1279年）高兴平处、温、台州及福建"海洋群盗"；十七年（1280年）诏括宋"张世杰溃军"。陈汉光《台湾移民史略》说："南宋亡后，元军为着消灭那些流亡海外的宋室遗臣并扩张疆土，先后用兵缅甸、安南、爪哇、日本、琉球（可能是台湾）等海外各地；又在至元十八年置巡检司于澎湖。"《台湾文化论集》（一），台北，1954年，第53页。

为，元朝在澎湖设巡检司的年代，当在元世祖至元十六年到十八年（1279～1281）之间。

确定在这段时间内设立巡检司，与《岛夷志略》"至元间"的记载，亦相吻合。

第十二章　明代的东番人
与汉族移民

　　明代，大陆民众对台湾、澎湖的了解进一步加深，有关其社会状况、经济情况的记载可称繁多。不仅有官方文献、《明史》记载，官吏、文人的记述也很丰富。总体来说，澎湖居民基本上是汉族；在台湾本岛不仅有汉族，还有"东番夷人"和鸡笼、淡水夷人。康熙七年（1668年），施琅上《尽陈所见疏》称，故明时，澎湖百姓五六千人，原住台湾者有二三万人，俱耕渔为生。① 其次，除兰屿雅美人是500年前才迁来的外，其他各族早在数千年前就来到这里。本岛西部、北部的"淡水之夷"，② 就是后来被称为凯达格兰和噶玛兰的平埔族人。

第一节　东番人的社会生活

　　明末陈第、周婴各有《东番记》，前者是记叙文，后者是赋。周婴《东番记》全文如下：

---

　　① 《靖海纪事》卷上，光绪乙亥重刻本。
　　② （明）周婴：《东番记》。

大壑之中，有彭湖之岛焉。若夫气敛天末，雾霁海东，每见攒峰连云，遥林如黛，盖古裸国也，是为东番。顺风扬帆，穷日至岸。其地为：起蟒〔港〕（巷）、打狗屿、小淡水、大〔帮〕（封）坑、鹿耳门、沙巴里、双溪口、伽老湾、家哩林、台员港。

往往比竹为居，别有国俗。编茅成瓦，偏类豳风。列屋参差，聚庐相望。皆野女群行之壤，裸人安土之乡也。

其人畏舟楫，故不交关诸夷。其方无文字，故不通赟中国。被夏后之过化，故无淫佚之习。得混沌之遗意，故无君长之治。类聚为社，社如中邦之县。群分为族，族同内地之宗。社有寡侣众民，族无弱宗巨室。

喜斗而易动，疾战而轻解。起则两社相攻，休则亲戚不仇。斩敌首者悬之门，多髑髅者谓之武。无他兵器，独恃镖枪。柄竹飘疾，镞铁犀利。出则拥镖自随，如倭以刀为佩耳。倭矜长刀之技，彼擅铦镖之法。故倭虽谋之不能害也。

方幼无事，习走为业。走则足趯趯而先马，趺踥踥以拍臀。履巉不异平原，蹋棘以为弱草。

男子鬓黑，卷木叶以束其阴。妇人白皙，悬草花以蔽其下。

女执操作之业，尝代丈夫之劳。

据木免身之余，流水沃背而已。

男饰在于剪发，女冶由乎断齿。

将嫁者自夸其丽，欲室者自择其娃。晨入妇家，委传玑以为聘。夜叩女户，弹口琴而请入。口琴者，乐器也。考则不鸣，质类金铁。啮之以鼓，声若丝桐。女赏其工，因纳共寝。未明辄去，既夕复来。迨女产儿，乃子其婿矣。女子谓之胤嗣，生则倍欢。寡妇号为"鬼残"，嫁终不售。

食用走兽之肉，不尝飞鸟之味。畜鸡射雉，惟取尾以饰旌。执豕捕鹿，则置薮而登俎。宴会席地，男女间坐。中置叠樽，酌以竹筒。其肴刳鹿不腊，生鱼不燔。视其腥血流杂，诧为鲜肉甘美。

酒酣亦傲傲屡舞，呜呜为歌，自谓至乐也。

华客至者，男子行酒，妇人擘脯。客为强食则喜，微有难色辄笑之。

客馈大布之衣，色以绯绿。埏埴之器，绘以花卉。传观之以为奇，藏去之以为重。衣必优笑而始服，器遇宴乐而乃设焉。

不知纪年，不晓改岁。以月满为晦，以花开为春。繁霜铺不为之寒，金石流不为之暑。

死则击鼓而哭之，炙其尸于烈火。不棺而庋之，叠其腊于居屋。敝庐既倾，乃瘗屋基之下。宫功重执，仍覆坎尸之上。

无祭祀禋赛之礼，无鬼神巫祝之祟。其所拘忌，独在耕稼。于时男女杂坐，默然无声。亚旅相遭，委而不问。新谷既升，滞穗悉拔。然后侏离犹故，喧笑复常。

其禾畬种，而水耨事寡。其粟粒长，而风吹闻香。其竹修巨，而任为梁楹。其木拳曲，而不中绳墨。胡麻、薏苡，足以引年。番薯、蹲鸱，足以除馑。

山峻高以碍鸟，谷深翳而藏兽。熊狱可皮而寝，虎豹可尾而狎。麋鹿决骤，千百成群。林涧寒肃，持镖共掎。镖无虚发，中多叠双。追及走险之原，穷其择音之处。日暮乃罢，朝至复往。使之填委崖谷，积若丘陵。于是从华人而求货，共入山而举挈。番人珍其肠草，华人贵其筋鞭。华笑彼之食恶，彼亦哂华之不知味也。

其国北边之界，接于淡水之夷。南向望洋，远瞩吕宋。东乃沧溟万里，以天为岸。流彼东逝，滔滔不归。潮汐之候，穷于此矣。

泉漳间民，渔其海者什七，薪其岭者什三。言语渐同，嗜欲渐一。唯以雕伪之物，欺诱其情。异海翁之狎鸥，等狙公之赋〔芧〕（芋）。疆场喜事之徒，爰有郡县彼土之议矣。①

从以上记载可知，东番的社会组织是社。这里的社可能相当于部落，下有氏族和家族，还没有凌驾于社会之上的统治阶级。

生业，以山田烧垦，种植粟、胡麻、薏苡、番薯、芋头；也从事狩猎活动，主要是捕鹿。以鹿鞭等与汉族人交换所需物品。

婚姻，婚前恋爱自由。主要行从妻居的招赘婚，处于以女儿承继家业的母系社会。

有猎头、断发（男子）、凿齿（女）、行室内葬和原始宗教信仰。

喜饮酒、歌舞、弹口琴、练习奔跑；

衣饰简单，居室以竹架构覆以茅草。

没有文字，不知历法。

总之，东番人还处于原始社会的母系制阶段。

第二节　东番人的族属

为了判断东番人的族属，首先要了解他们的分布范围。他们

---

① （明）周婴：《远游篇》卷十二，北京图书馆（现国家图书馆）善本部藏明末刊本。

的分布范围就在周婴《东番记》开头所记的 10 个地名之内。这为我们研究东番人的族属及其在台湾本岛所处的地理位置，提供了线索。

一、《东番记》10 个地名与今地名的对应。现简述如下：①

蟒港、家哩林、双溪口三地相去不远。蟒港，又写作魍港，即蚊港、塭港。蚊港，原在牛稠（朝之误？——引者注）溪（今朴子溪）口的蚊港（东石塭港），为明代的魍港。②

今嘉义县东石乡朴子溪（旧称牛朝溪）入海处南岸有个塭仔村，可能就是当年塭港之名所遗。

双溪口，白水溪发源于玉案山西，灌于大排竹庄、吴祐庄、下加冬庄。（哆啰？）嚙溪发源于大武龙山。十八重溪合哆啰嚙社北九重溪之流，过双溪口西南为急水溪。出小龙船窝下急水渡、刺桐脚，西出内连桁，汇于蚊港入海。③

康熙五十一年（1712 年）重修《台湾府志》卷首《台湾府总图》牛朝溪、急水溪汇合处为"双溪口"。④

据此可知，双溪口应在台南县北部的急水溪入海口。

家哩林，即佳里兴，今称佳里，西拉雅族萧垄社所在地。

伽老湾，即目加溜湾。与萧垄、麻豆、新港为郑成功时代的

① （明）周婴：《远游篇》卷十二，北京图书馆（现国家图书馆）善本部藏明末刊本。这 10 个地名的考证，可参见拙作《明代台湾东番人族属刍议》，北京，《中央民族学院学报》1986 年第 2 期。

② ［日本］安倍明义：《台湾地名研究》，武陵出版社，台北，1987 年，第 210 页。

③ （清）郝玉麟总裁：乾隆二年《福建通志·台湾府》，上海古籍出版社影印文渊阁四库全书本。

④ （清）周文元重修。扬州古旧书店，1959 年油印本。

四大社之一。

台员港，又称台江，因"台窝湾"社之译音而得名，清代称一鲲身，今台南市安平镇。

鹿耳门，由台湾海峡进入台江的一条水道（详本书第 334 页），即隙仔港。①

打狗屿，今高雄。

小淡水，社名，在下淡水溪（今高屏溪）。

大帮坑，推测是大目降社的对音。

沙巴里，当时"生番"十八社中有牡丹社，萨巴里社等。不知沙巴里与萨巴里是否同为一社？

综合以上考订，周婴《东番记》记载的蟒港等 10 个地名，除双溪口、台江西岸鹿耳门水道外，八个都是台湾世居少数民族的社名，分布在今台南县的急水溪以南，直到东南部屏东县治及下淡水溪沿岸。就当前的行政区划来说，都在今台南县、台南市、高雄县、高雄市及屏东县的西部沿海地区。

二、东番的地理范围。误以东番指整个台湾岛，明末清初已经如此，其中影响较大的是张燮《东西洋考》、顾祖禹《读史方舆纪要》及《明史》等著作。虽然各家行文略异，但以东番为整个台湾岛的名称则是一致的。

这种说法，一直沿误至今。如周维衍《关于台湾历史地理中的几个问题》一文说："东番泛指台湾全岛"。② 郭廷以《台湾史事概说》一书也说："明人所谓'东番'，则是一个汉名，

---

① 陈正祥：《三百年来台湾地理之变迁》，《台湾文献》第 12 卷第 1 期，台北，1961 年 3 月。

② 北京，《历史研究》，1978 年第 10 期。

是指全岛而言。"（第 11 页）直到陈碧笙发表《也谈台湾历史地理中的几个问题》一文，才提出纠正。他在该文的注三中说："陈第《东番记》列举了台湾中南部诸地之名……而独不及鸡笼、淡水。这些都足以证明，鸡笼、淡水当时并不包括在东番的范围之内。"① 他在这里表示了以"台湾中南部"为东番地理范围的看法。笔者在《〈周婴东番记〉考证》一文中曾说过：周婴《东番记》之出，"又为陈说提供一条重要论据"。不过，周婴所指的"东番"，似比陈第所指"东番"的地域，要大一些。他说"大壑之中，有彭湖之岛焉。若夫气敛天末，雾霁海东，每见攒峰连云，遥林如黛，盖古裸国了，是为东番。""其国北边之界，接于淡水之夷，南向望洋，远瞩吕宋。东乃沧溟万里，以天为岸。"②

　　依周婴描述的"东番"四至，它的范围应该是：东临太平洋，南隔巴士海峡与远方的吕宋岛相望，西隔台湾海峡与澎湖相对。也就是说，东、南、西三方都到了台湾本岛的边缘。而北边与"淡水夷"接界。换言之，除台湾北部外，台湾本岛都是"东番夷人"的范围。但周婴所说的北界不甚明了。因为他以当时居民的居住地划界，又没有河流、山脉为标志。虽然如此，周婴所说的东番地域要比张燮所说东番只有"十五社"③ 要大得多。这或许是因为陈第的着眼点在"剿倭"，仅列了沿海可以泊舟及"夷目大弥勒"所提到的社名，而将其余的从略了。陈第

　　① 广州，《学术月刊》，1979 年 6 月号。
　　② （明）周婴：《远游篇》卷十二《东番记》。
　　③ 《东西洋考》卷五东番考："深山大泽，聚落星散，凡十五社"。谢方点校本，北京，中华书局，1981 年，第 105 页。

也说，东番之境"断续凡千余里"，似乎与周婴之说没有多大的差异。应该指出的是：周婴的《东番记》是赋，不是记叙文，为了押韵、对仗等，不免有所夸张。因为台湾中央山脉以东部分，汉族与当地世居少数民族的往来是清朝统一台湾以后的事。周婴之时未必有人与东海岸的当地居民来往。明末的人未必知道那儿的情况。因此，"东番"应是台湾的一部分。陈汉光说："陈第《东番记》所记都是九分以上可靠的资料，其问题却是出在他所记不是全台湾的情形，而是记台湾的一部分；可能只是来过台南及台南附近而已。"①　此说也适用于周婴《东番记》。

总之，笔者认为：明代的东番范围，不是指台湾全岛，当指它的一部分，即"台湾西南平原海岸一带地区"。清代所谓"后山"即中央山脉以东部分不在东番范围之内。至于"东番夷人"与"淡水夷"的分界，或许在大肚溪流域。到了郑成功时，大肚溪以南的彰化，称之为半线。《台海使槎录》卷二说："伪郑在台，民人往来，至半线而止。"郑成功收复台湾距陈第随沈有容剿倭，相去仅 60 年。我们依据明末人对"东番夷人"情况的了解，将其北界拟订于大肚溪流域，其差误当不致很大。

三、东番夷人的族属。吴法《台湾历史札记》："要说明的是，陈第同荷兰人所接触的，是散布于台湾西南平原海岸一带地区的平埔族，即前人所称的'平埔番'。"②

---

① 陈汉光：《〈琉求传〉与〈东番记〉》，载《台湾风物》第 5 卷第 11、12 期合刊，台北，1995 年 12 月。

② 见该书第 232 页，香港七十年代杂志社，1976 年。

吴法虽然表示了"东番夷人"属于平埔族的看法，但他未能作进一步的论证，而且"东番夷人"与"平埔番"即"平埔族"之间，并不能画等号。因为前引周婴《东番记》很明确地把"淡水之夷"划在"东番"之外，张燮的《东西洋考》也说鸡笼（今基隆）、淡水之"夷"与东番有所不同。① 笔者认为："东番夷人"应该是平埔族的一部分。

首先，从地理分布的范围看，我们在前面讨论周婴所记载的蟒港等10个地名时指出：它们属于今台南县、台南市、高雄市高雄县与屏东县的西部沿海地区。周婴所指出的东番地理范围的北界，笔者拟订在大肚溪流域以南的沿海地区。在这一地域范围内，直到清代中叶，仍然是平埔族人的居住范围。这里也正是《高山族简史》所列平埔人分布地区的一部分。

其次，从蟒港、台员等八个社居民的民族成分看，他们也是平埔族的一部分。如台员社，属于平埔族的西拉雅人，见张耀锜《平埔族社名对照表》。他说："西拉雅族原住台南附近平野，四社熟番（引者按：指 Taivoan——大员等社）即在其东方丘陵地带。西拉雅族之南疆，至下淡水溪间之沿海平原地带，有 Makatao（引者按：马卡道）支族住焉。"② 加老湾即目加溜湾社，与小淡水社（即周婴所记小淡水）、阿猴社（即周婴所记打狗屿），均见于《平埔族社名对照表》第一表西拉雅族部分，也就是说，他们是平埔族的西拉雅人。重修《凤山县志》卷三番社志，也将下淡水、蟒港，列在"平埔熟番"之内。

---

① 见该书卷五、谢方点校本，第107页。
② 见该书附录二，第 VI（6）页，载《文献专刊》第2卷第1~2期别册，台北，1953年。

蟒港即蚊港，说见前。据杨英《先王实录》，当与萧垄、麻豆、新港、目加溜湾四社居民相同，至于具体属哪个社，无由考见。家哩兴即佳里兴，是萧垄社的所在地。他们同样属于平埔族的西拉雅人。

至于沙巴里社，因其今地无从比定，故其族属难以决断。但从其分布的地区大致与其他六社相近来看，当时属于平埔族是没有问题的。

第三，我们从文化特征来比较，也可以得出"东番夷人"即平埔族的结论。据周婴的描写，他们的主要文化特点有：猎头、不食鸡、喜食肠草（陈第称"百草膏"），室内葬；冷水洗婴儿，女子缺齿，少年男子住"公廨"、断发、穿耳（住公廨、穿耳，系陈第所记）；生产方面能种植粒长而香的粟和陆稻等。

这些文化特质，我们可以从郁永河的《采硫日记》、黄叔璥的《台海使槎录·番俗六考》与清乾嘉以前的台湾府志、县志所记载的"番俗"得到印证。嘉庆以后，与居住在台湾中央山脉一带以及台东各地的高山族联系加强了，人们对高山族各部分有所了解。因此，这以后的著作所记载的"番情"，不免是高山族与平埔族情况的杂凑，不易于分辨。而嘉庆以前的著作，基本上是关于"熟番"即平埔族的记载，那时偶然提到的"生番"即今天高山族的情形多冠以"据传"云云，不致与主要材料相混淆。例如，郁永河于康熙三十六年（1697年）到台湾北部采硫，归后写成一部《采硫日记》，内中所记台湾"土著"民族情况，按日程记载，有社名可考，而这些社都在由台南到台北淡水的陆路上，一看便知所记的全是台湾西部平原居住的平埔族的情况。再如黄叔璥《台海使槎录》中的《番俗六考》，刊行于乾隆元年（1736年），他将"土著之民"所在的各社，分为"北路诸罗番"一至十，"南路凤山番"一至三，共十三篇，每篇若干社，"分类详注"其居处、饮食、衣饰、婚嫁、丧葬、器用和歌谣，并摘引其它文献作为"附载"，殿于各篇之末。这样条分缕析，孰为平埔族，孰为高山族，也极易明白。曾在台湾从事民族学研究30余年的卫惠林教授说："台湾府志、县志的番俗志与早期文献上东番的载记所述本来是以平埔番情为主，盖当时的平埔番社还都是本来面面（按：疑为面貌或面目之误）尚未汉化也。"又说："清黄叔璥所著《番俗六考》乃方志以外早期国人研究台湾土著民族的权威著作。"①

或许有人会问：上列平埔族的那些文化特点，比如缺齿、穿耳、未婚男子往"公廨"等，在高山族不是也有吗？平埔族也有"猎头"之俗吗？我们的回答是：尽管有些文化特点平埔族与高山族都有，但《东番记》所记载的稻作文化，清初统一台湾时高山族并没有。陈第《东番记》说：

"治畬种禾，山花开则耕，禾熟，拔其穗，粒米比中华稍长，且甘香。"

证以《番俗六考》"南路凤山番一"上淡水、下淡水、阿猴、搭楼、茄藤、放索、武洛与力力八社"饮食"条，说：

"种粳稻、黍、糯、白豆、绿豆、番薯。又有香米，倍长大，味醇气馥。为饭，逾二三日香美不馑。每岁种植，只供一年自食，不交易。价虽数倍，不售也。"②

----

① 卫惠林：《埔里巴宰七社志》"绪说"，《中央研究院民族学研究所专刊》之二十七，台北，1981年，第3页、第26页。
② （清）黄叔璥：《台海使槎录》卷七，丛书集成初编本。

我们在前面已考订过：下淡水就是周婴所记的小淡水社；阿猴就是周婴所记打狗屿，后来迁到今屏东市所在地而更名的。重修《凤山县志》卷三番社志，称此八社为"平埔熟番"。可见这稻作文化在明末至清初为平埔族所有。

至于猎头之俗，虽然后世无直接记载，但还可以从平埔族的语言中找到根据。据卫惠林调查：平埔族之中的巴宰（Pazeh）人，称"敌首架"为 saapakaŋ damuruxao，"埋弃敌首架处"为 xaxatsiŋuu buŋu zaxu。① 这两个词汇当是过去平埔族也有过猎头之俗的佐证。

通过以上讨论，笔者认为：当初的"东番"不是指整个台湾本岛而言，而是指台湾的西南部沿海平原。台湾北部的基隆、淡水及宜兰平原虽然也是平埔族的分布范围，但仍在东番之外。"东番夷人"是平埔族的一部分而不是高山族的一部分。

第三节　汉族人移居台湾

如果说宋元时期大陆沿海汉族人主要到澎湖进行捕鱼和从事农业耕作，也有少数人到台湾沿海捕鱼或从事贸易，与居住在台湾的居民进行交易，这并不能改变世居少数民族文化在台湾本岛占主体的地位。但是，到了明代，大陆汉族人前往台湾从事开发的人数日渐增多，既有零散的自发移民，也有有组织的移民甚至社会制度的移植，最终改变了台湾社会民族人口、经济和社会结

---

① 《埔里巴宰七社志》，第 169 页。

构，把自给自足的小农经济、以儒学为核心的封建社会形态带到台湾；包括福佬、客家等民系的汉族人成了推动台湾社会向前发展的主要力量。与此同时，西力东渐，荷兰、西班牙的短暂殖民统治，也在台湾社会留下了痕迹。从此，台湾历史进入了一个新时期，民族是多元的，文化是多元的，但总的是以汉族、汉文化为主体的新时期。

依照本书设定的叙述范围，本节只涉及明代天启四年（1624年）荷兰人侵占台南之前的有关史事。

一、变革的世界。 当1368年，农民起义领袖朱元璋在南京称帝，建立明朝时，欧洲国家正经历由封建制度向资本主义转变的时期。在三个多世纪里（自1368年的14世纪末叶至1624年的17世纪初叶），明王朝实施的海禁和朝贡贸易政策，严重伤害了东南沿海，特别是地狭人稠，"以海为田，以贩番为命"①的漳州、泉州一带百姓的利益，造成了海禁与走私的矛盾与斗争；另一方面，16世纪开始的西势东渐，欧洲国家为扩大商贸和资本原始积累，要求与中国通商互市与明朝闭关锁国相冲突。同时，日本也处在这一矛盾之中。正是在这样的多重矛盾冲击下，往日平静的台湾岛，就成了福建沿海渔民、农民和商贩谋生活动的新天地，他们也逐渐成为开发台湾的主力军；当时，台湾也成了海盗、倭寇的藏身之所和明军围剿他们的战场；还成了日本以及荷兰、西班牙等欧洲殖民者垂涎，都想占据作为对中国贸易的立足点和从事世界贸易的中继站。

---

① 台湾银行经济研究室编印：《明实录闽海关系史料》，台湾文献丛刊第296种，台北，1971年，第87页。

台湾史前史与早期史

（一）明朝的海禁政策和朝贡贸易。1368 年，一支农民起义军的领袖朱元璋当了中国皇帝，建立了明朝。贫苦农民出身的朱元璋深知农民、农业对巩固朱氏王朝的重要性，一改宋元时期重视海外贸易的政策，重农抑商，闭关锁国，实行海禁，以维护封建专制统治的基础——以小农经济为主体的自然经济体系。明初，朱元璋三令五申："禁濒海民不得私出海"，"敢有私下诸番互市者，必置之重法"。①

另一方面为了防止倭寇骚扰沿海。洪武二年（1369 年），倭寇山东淮安。明年，再入转掠闽浙。② 洪武五年（1372 年），下令浙江、福建造海舟防倭。六年（1373 年）以於显为总兵官，出海巡徼。十七年（1384 年）召信国公汤和，谕曰："日本小夷，屡扰东海。卿虽老，强为朕行，视地要害，筑城赠戌，以固守备。"汤和沿海巡行，筑登（州）、莱（州）观海等城五十九。民四丁取其一，为戌兵以守之。③ 汤和之行，顾祖禹说在洪武五年（1372 年），汤信国略海上，〔彭湖〕岛民叛服难信，议徙于近廓。二十一年（1388 年），尽徙屿民，废巡检司而墟其地。④

关于巡视闽海的年份是洪武五年还是十七年，巡视者是汤和还是江夏侯周德兴？⑤ 迁澎湖屿居民到漳州、泉州一带居住、废

① 《明实录》太祖朝卷七十、卷二二一，南京，原江苏国学图书馆藏传抄本。

② （明）张燮：《东西洋考》，谢方点校本，第 111 页。

③ （明）钱薇：《与当道处倭议》，《明经世文编》卷二一四。

④ （清）顾祖禹：《读史方舆纪要》卷九十九福建五·泉州府·彭湖屿条，北京，中华书局影印本，1955 年。

⑤ （清）周钟瑄主修、陈梦林纂：康熙《诸罗县志》卷七《兵防志·总论》："泉属有澎湖，江夏侯周德兴皆迁其民而墟之。"（明）张燮《东西洋考》将此事系于胡惟庸事件之后。称朱元璋令信国公汤和、江夏侯周德兴分行海上。信国筑登、莱至浙沿海五十九城。二十年（1387 年），周筑福建海上十六城（卷六外纪考·日本）。

巡检司而墟其地的原因，是如顾祖禹所说，还是像（明）陈懋仁《泉南杂志》说的，"后屡以倭患墟其地。或云抗于县官，故墟之……今彭湖已设游兵汛守焉。"① 又如，明朝的海禁政策，随着时局的变迁有所改变，如隆庆（1567～1572 年）初年，准许到东西二洋贸易（但不准到日本）、后来又加以禁止等问题，都值得讨论。但本书的着眼点是，这一政策对台湾历史发展的影响而不涉及其它。

要之，洪武二十一年（1388 年）之后，明朝政府暂停对澎湖的管辖后，这为那些迫于生计或其他原因而逃离福建沿海的百姓，又可以把澎湖作为谋生之地和向台湾迁移的中途站了。据《明实录》永乐二年（1404 年）六月癸酉日记载："百户李诚等招谕流移海岛军民陈义甫等来归，上嘉劳之。义甫等言，流民叶得义等尚在东洋平湖未归，复遣诚及义甫赍敕往招谕之。"②（清）林谦光《澎湖纪略》说："明季，因地居海中，人民散处，催科所不能及，乃议弃之。后内地苦徭役，往往逃于其中，而同安、漳州之民为最多"。③ 此外，还有海盗进住其间。引文中的"平湖"就是澎湖。④ 这说明，与朱元璋的愿望相反，澎湖反而成了沿海老百姓逃避明朝廷苛捐杂税的乐土。

朝贡贸易是朱元璋建立明王朝后应对以往世界贸易需求的一种手段，是实施海禁政策的另一个方面。曹永和指出，朝贡贸易是，"凡海外诸国欲与中国通商，必须先得到中国的册封，建立

---

① 学海类编本。
② 《明实录》永乐朝卷二十九，原江苏国学图书馆传抄本。
③ 小方壶斋舆地丛钞第九帙，上海著易堂本。
④ 参见本书第十章附录《释"彭湖"》。

第十二章　明代的东番人与汉族移民

413 ⊙

宗主藩属的关系，然后由明廷颁给凭信勘合，规定贡朝，人数、船数和停泊的港口，然后才准通贡互市。"① 这样，在洪武初，朝贡的国家有日本、占城、爪哇、越南、高丽、暹罗和三佛齐等国。洪武末年，只准琉球（今冲绳）、真腊、暹罗三国朝贡。永乐年间，明成祖派郑和七下西洋，由皇家垄断海外贸易。他在建文四年（1402年）七月即位之初，下禁令称："沿海军民人等，近年以来往往私自下番，交通外国，今后不许，所司一遵洪武事例禁治。"② 如前引述，永乐二年（1404年）有招谕海上流民，并重申禁民间海船、禁百姓下海。郑和下西洋推动的贸易，不过是为皇室采购宝玩，香料和珍禽异兽等奢侈品，并不像西方国家那样，开辟新航路是为了寻找新市场，或抢占殖民地，通过商品来获得高额利润，进行资本原始积累，扩大资本主义再生产；作为朝贡贸易购回的商品（除朱元璋在位时外③），不过是皇室成员和权贵的玩物。此外，郑和下西洋在台湾留下了"植姜投药"和"赤崁汲水"的传说。④ 台湾史学家发表了数篇论文进行考证，但没有说定是否确有其事。

万历时（1573～1619年），通番"文引"（相当于现代的营

① 曹永和：《中国海洋史论集》，台北，联经出版事业公司，2000年，第69页。

② 转引自曹永和《中国海洋史论集》，第75页。

③ 朱元璋在位时，于洪武二十七年（1394年）诏令禁止使用番香番货；他对琉球（冲绳）格外优待，其他国家二三年一贡，琉球先是每两年一贡，十五年（1382年）至二十二年（1389年），每年一贡至二贡、三贡，日本则十年一贡。其原因是明朝尚未统一全国，西北、西南的"茶马互市"无法进行，所需军马，一是琉球进贡，二是以陶器、铁釜或铜钱到琉球购买。仅洪武十六年（1393年）就购得马983匹。——见曹永和《中国海洋史论集》，第70、213～220页。

④ 传说见（清）王瑛曾：重修《凤山县志》卷十一丛谈、郁永河《采硫日记》卷上引《明会典》；《明史》卷三二三《鸡笼传》有郑和到东番的记载。

业执照）达 88 张。但倭寇、红夷（荷兰）骚扰严重时，仍实行海禁。隆庆（1581～1572 年）初年，开放海禁，发给"文引"，准许贩东西洋（今东南亚），但不准许去日本。

总之，朝贡贸易的垄断性阻塞了正当的民间商人的国际贸易，以致酿成种种事端，倭寇、海盗以澎湖、台湾为巢穴，进行武装走私和抢掠大陆沿海及商船；荷兰、西班牙人占据台湾，进行殖民统治的同时，也干着抢劫的勾当，为害至深。这些除了他们自身为了资本原始积累，不择手段地进行"商贸"活动外，明朝推行的朝贡贸易应是其原因之一。

（二）西势东渐。在明朝改变宋元时向欧洲商人开放市场、发展海外贸易政策，实行海禁、闭关锁国时，欧洲国家却在为开辟新市场，掠夺殖民地，进行资本原始积累向海外扩展。他们把商业战争打到了中国的大门口。葡萄牙人最先到达东方，1510年占领印度果阿、1557 年又占据中国澳门，作为他们经商的根据地。接着，西班牙人于 1571 年第二次到达菲律宾群岛时，建设马尼拉为基地。由此，葡、西两国在东方进行贸易，从前来马尼拉和爪哇等地的中国商人那里购买丝绸、茶叶、瓷器、蔗糖，从香料群岛获取香料，运回欧洲赚取高额利润。此时，荷兰人本来在里斯本从事贸易，后被葡、西两国排挤，因而转向东方。1602 年，荷兰成立东印度公司。这是一家以爪哇为据点，拥有装备着枪、炮的舰队和对殖民地实行行政统治权的商人殖民贸易团体。被称为"海上马车夫"[1] 的荷兰人与西班牙人，都想在中

① 周一良、吴于廑主编：《世界通史》中古部分（本册主编朱寰），第二十六章《西欧资本主义的产生/新航路的殖民掠夺的开始》；第三十一章《十六世纪和十七世纪前期的西班牙/尼德兰资产阶级革命》。北京，人民出版社，1972 第二版。

国边境获得一块立足地，以便对中国进行直接贸易。澎湖、台湾就成为其目标之一。

二、大陆汉族人移住台湾。康熙七年（1668年），施琅上《尽陈所见疏》，谈到明代台澎汉族人口数："查自故明时，原住澎湖百姓五六千人，原住台湾者二三万人，俱系耕渔为业。"① 《恭陈台湾弃留疏》说，崇祯元年（1628年）之前，"中国之民潜至，生聚于其间者，已不下万人。"或"二三万人"。② 这个数字比较接近荷兰侵占台湾前汉族在台人口数。无论是"不下万人"或"二三万人"，③ 他们"耕渔为业"，成为开发台湾的新兴力量。施琅说的汉族人口约包含下列人等：

其一，农民、渔民与商人。黄承玄《条议海防事宜疏》说，至于采捕于彭湖、北港之间者，岁无虑数十百艘。④ 文中的北港指台湾南部今台南一带（有时也指台湾本岛）。除此外，明代公私文献中，还有汉民移居台湾、澎湖具体年代的记载，如前引《明实录》永乐二年（1404年）招彭湖流民事。何乔远《闽书》记："明嘉靖（1522～1566年）末，东番遭倭焚掠，乃避居山，始通中国。漳泉人译其语，与贸易，今则日盛。"东番主要指台湾本岛以今台南市为中心的中南部，北部地区则与鸡笼、淡水夷人相邻。《明史》卷三二三《鸡笼山传》记此事发生在台湾北

---

① （清）施琅撰、施世纶编：《靖海纪事》卷上，光绪乙亥（1875年）重刻本。

② （清）施琅撰、施世纶编：《靖海纪事》卷上。

③ 施琅所说"故明"时台湾人口二三万中，不包括郑成功父子自大陆带去的人口。荷兰殖民者为掠夺台湾农业资源，曾招揽福建沿海百姓到台湾种植水稻和甘蔗。推测荷占台湾前，汉族人口可能在万人之以上。

④ 《明经世文编》卷四七九。

部："嘉靖末……鸡笼遭倭焚掠，国遂残破。初悉居海滨，既遭倭乱，稍稍避居山后。忽中国渔舟从魍港飘至，遂往来通贩以为常。"年代相同，地点不一样，也可能倭寇侵害台湾本岛北部地区，接着南下也有可能。如果从汉族移居台湾角度，说明漳泉人到东番已有一段时间，否则不可能达到"译其语"的熟悉程度。汉族人到台湾与"鸡笼人"贸易，已被前述十三行文化考古发现所证实。根据《明史·鸡笼山传》的记载"可知，在明嘉靖、隆庆、万历之际，沿海居民，结队入台湾本岛者，数目似已不少。而类似明史所记飘泊渔舟，我们似有理由可想像其入台更早。"[1]

万历壬寅（三十年）冬十二月初七日（1603年1月18日），陈第随沈有容到东番剿倭，撰有《东番记》记其事。陈第说："万历壬寅冬，倭复据其岛，夷及商、渔交病。"[2] 夷，指台湾世居少数民族，商、渔指从大陆沿海来的汉族百姓。与陈第同时的周婴在他写的《东番记》赋中说："漳泉间民，渔其海者什七，薪其岭者什三。言语渐同，嗜欲渐一。"[3] 周婴不仅具体指明这些来到台湾的汉族百姓是福建漳州、泉州人，并说这些汉族人与当地的居民语言逐渐相通，生活习惯也逐渐相同了。周婴的记载进一步证明，曹永和关于"似有理由可想像其入台更早"的假说是正确的。

大陆东南沿海的汉族人到澎湖、台湾捕鱼、耕猎，也见于西

---

[1] 曹永和：《明代台湾渔业志略》，《台湾经济史初集》，台湾银行经济研究室编印。

[2] （明）沈有客辑：《闽海赠言》卷二，台湾文献丛刊本。

[3] （明）周婴：《远游编》卷十二。

417 ⊙

方人的记载。如最先来到东方的葡萄牙人，在往日本经商的途中，因见很多中国渔民在澎湖附近海域捕鱼，把澎湖称作 Pescadores（意即渔夫）岛，可见定居此地的渔民之多。① 1622 年，荷兰舰队司令雷约兹（C. Reijerse）到台湾南部探测台湾港口。7 月 21 日在澎湖，他在日记中写道："7 月 21 日，星期四，早晨，有曾在福摩萨（Formosa）捕鱼两年的一个中国人来我船上，自称熟悉福摩萨岛的情形。他说，在大员（Teijoan）湾中有很好的停泊处。"② 荷兰船长邦特库说，1622 年 7 月 11 日，他的船"开进了福摩萨岛一端的港口，叫做台湾（Tayowan），那里有中国人在做些买卖"。③ 1623 年 6 月 20 日，荷兰东印度公司总督库恩（J. P. Coen）在海船上记载，澎湖湾有 10 艘中国战船，岛上约有 150 名中国渔民。④ 1624 年，荷兰占据台湾之初，第一任台湾长官宋克（Martinus Sonck，也译作马丁纳斯）报告说："从中国，每年约有 100 艘戎克船进大员湾，从事渔业，并购买鹿脯，运至中国。"⑤ 1625 年（明天启五年）4 月 9 日，《巴达维亚城日志》记载："大概每一蕃社中，有一二名至五六名汉人进去，

---

① 曹永和：《台湾早期历史研究》，第 47 页。葡萄牙人去日本航经台湾西海岸，为台湾的美丽而感，称为 *Ilha Formosa*（意为美丽岛）。曹著，台北，联经出版事业公司，1979 年，第 48 页。

② 转引自陈正祥：《三百年来台湾地理之变迁》，《台湾文献》第 12 卷第 1 期，台北，1961 年。

③ ［荷］威·伊·邦特库（W. Y. Bontekoe）著、姚楠译：《东印度航海记》，北京，中华书局，1982 年，第 26 页。

④ 程绍刚译注：《荷兰人在福尔摩莎》，台北，联经出版事业公司，2000 年，第 15 页。

⑤ 曹永和：《明代台湾渔业志略》。

用米盐或衣料以从事于蕃产品的交易"。① 荷兰人还发现，大员附近的新港、萧垄等社，均有若干名汉人居住，其中有些娶了平埔族妇女为妻，也有些平埔族人能说汉语。曹永和指出："由这些事实可看出：在欧洲人占据台湾以前，汉人早已熟悉台湾的情形，并以货与土著交易，建立了密切的关系。"② 1626 年，西班牙人绘了一张《台湾岛荷兰人港口图》（彩图），其注记有"中国渔夫和海贼村落"，当时人口：荷兰 220 人、中国汉族 5000 人，日本人 160 人。③

　　大陆沿海汉族移居台湾，不仅见于以上中、外文献记载，还有考古发现为证。林衡道说，台南市的开发很早，明万历（1573～1619 年）年间，就有了福建泉州移民的遗迹。1952 年，在台南城南门外发现明崇祯十五年（1642 年）曾振旸墓。曾氏原籍澄邑（福建海澄）。林说："到明嘉靖（1522～1566 年）、万历期间，到澎湖的人数日多。"同时，有一些沿海居民很可能迫于生计，而跟随一些海盗到台湾开垦。这些人便成为早期开发台湾的无名英雄，曾振旸可能就是其中之一。同时更可证明，台湾在荷据时期以前即有汉人移民来台南开垦。④

　　大陆沿海的汉族人不仅到台湾南部捕鱼、耕猎，还到台湾北部鸡笼（今基隆）、淡水。除前引《明史·鸡笼山传》的记载外，1962 年，盛清沂在台湾北部海岸进行考古调查，报告记有

---

　　① 曹永和：《台湾早期历史研究》，第 39 页。按，大员即今台南市安平镇，新港、萧垄是平埔族社名。大员湾后来称台江，清道光年间淤塞成陆了。
　　② 曹永和：《台湾早期历史研究》，第 56 页。
　　③ 曹永和：《台湾早期历史研究》，第 344 页。
　　④ 林衡道：《台湾古迹全集》第三册，台北，户外生活杂志社，1980 年，第 79、14～15 页。

台湾史前史与早期史

台北县万里乡万里村的历史传说，天启六年（1626 年）西班牙殖民者侵占基隆海岸时，今万里村背后，已有汉人聚落。据1626 年西班牙人统计，大鸡笼社（社寮岛，今称和平岛）有1500 户。其中有两小童受基督教洗礼。这两小童是汉族人与当地居民结婚生的混血儿。① 中外文献两相印证，说明台湾北部地区也有汉族人居住。他们"进入蕃社从事硫黄、鹿皮的交易，亦见于西班牙人的记载中"。② 美国学者费罗礼（R. Ferrell）说："当荷兰人于明末入侵台湾时，大约已有二万五千中国人在台湾定居；在这些中国人里，不乏有和土著人民有交易往来者"。③

其二，武装走私集团。在明清两代的官私文献和地方志中，有一种被称为"海寇"的集团，实际是在明海禁政策下，那些迫于生计或其他原因，铤而走险，成为海上武装走私者。他们"实为拥有武力与经济力量的贸易业者"。④ 故称之为"武装走私集团"。虽然对他们有不同评价，但他们要求从事海外贸易活动，到台湾屯驻垦殖，则是值得肯定的。

1624 年前，到澎湖、台湾的武装走私集团，主要有林道乾、林凤、李旦、颜思齐和郑芝龙。《明史》卷三二三《鸡笼山传》：

"嘉靖（1522 ~ 1566 年）末，倭寇扰闽，大将戚继光败之。倭遁居于此，其党林道乾从之。已，道乾惧为倭所并，又惧官军

① 王诗琅著、张良泽编：《艋舺岁时记》，台北，海峡学术出版社，2003 年，第 106 页。

② 曹永和：《台湾早期历史研究》，第 39 页。

③ ［美］费罗礼：《台湾土著族的文化，语言分类探究》，台北，《中央研究院民族学研究所专利之十七》，1969 年，第 434 页。

④ ［日］中村孝志著、赖永祥译：《近代台湾史要》，台北，《台湾文献》第 6 卷第 2 期，1955 年。

追击，扬帆直抵淳泥。"《明史》说林道乾是跟倭寇到台湾的。其实，当时他这一类人是被看作海盗的。如："林道乾者，海澄人也。嘉靖末，常公行南海上，专以剽略为务"，或"专务剽略商贾"。①

林凤，潮州饶平人。万历（1573～1619年）初，楼船将军俞大猷常率兵巡视海上。万历二年（1574年）六月，林凤率众先到彭湖，再到魍港。林凤以其水浅，尽弃乌船，以轻艇往来自便。后又回潮州。②

天启二年（1622年）前，还有"海寇林辛老等啸聚万计，屯据东番之地"。③

林凤被总兵胡守仁追击，万历二年（1574年）由澎湖到魍港后，再到菲律宾进攻马尼拉，失败后逃到南中国海。第二次到东番魍港，留下船只作为基地。在台湾西部淡水洋又一次被胡守仁打败而逃亡西番，结果不知。魍港与台湾西南部海岸"蚊港"、与荷兰人所记 Wancan 名称相同。

至于颜思齐与李旦，是同一人还是两个人，说法不一。颜思齐，字振泉，福建海澄人。因杀人逃亡到日本当裁缝。当时日本德川幕府当政，颜思齐在郑芝龙等26人支持下准备起事，因走漏消息逃亡到台湾。以北港（今台南市一带）为据点，"镇抚土番"，分配所部人众耕猎。漳泉民闻风至者数千人。居台年余，入诸罗山打猎，大醉病归，没几天死了，葬于诸罗东南三界环

---

① （明）瞿九思：《万历武功录》，北京，中华书局影印本，1962年。
② （明）瞿九思：《万历武功录》。
③ 《明实录闽海关系史料》天启二年条。

第十二章　明代的东番人与汉族移民

421

山，其墓今尚存。①

但是，有的学者认为历史上没有颜思齐其人，只有李旦。天启五年（1625年）病死于日本。由郑芝龙取代他的领导地位。②陈正祥说，大约在明天启元年（1621年），中国著名海盗李旦自日本率伙入据台湾，海盗郑芝龙附之，曾在北港筑寨，"镇抚番人"。他们以北港为据点，剽劫海上。所部多闽粤浪人，号称数千，声势颇大。李旦死后，郑芝龙继为首领，致力于开垦。漳、泉贫民渡台来依者，达3000多人。这是中国农民大批移住台湾之始。③

由此可知，无论是颜思齐还是李旦，因为他们的到来，才有成批的福建沿海汉族人移居台湾，从事开发台湾的伟大事业。

三、明朝廷的举措。《台湾丛谈》收有《台湾的命名与汉人移殖》一文，作者说："荷兰入侵台湾以前，台湾本岛曾为盗贼出没之所。当时闽粤居民迁移来此，从事捕鱼打猎，但是还没有置官设守，正式编入我国版图，只作为自然的领土而已。"④ 这是很有见地的。地质学史研究成果表明，台湾岛是大陆岛，是我国东海大陆架的一部分，符合国际法庭1969年2月关于"大陆

① 林健人：《东宁草》，福建师范学院历史系藏抄本。笔者1980年到福建进行社会调查时所作摘录卡片；连横：《台湾通史》卷二十九《颜思齐、郑芝龙列传》。

② ［日］中村孝志著、赖永祥译：《近代台湾史要》。他在这篇论文中肯定日本学者岩生成一考证结论。岩生成一在与颜思齐同时代的史书上没有查到有关颜思齐的记载，因此认为只有李旦，没有颜思齐。也有学者说林凤逃到台湾魍港是万历元年（1573年）。

③ 陈正祥：《三百年来台湾地理之变迁》，《台湾文献》第12卷第1期，台北，1961年。

④ 台湾史迹研究会编：《台湾丛谈》，台北，幼狮文化事业公司，1977年，第153页。

架的主权界限之划定，应符合沿海国家陆地领土自然延伸的原则"，因此，认为台湾是中国"自然的领土"，是符合国际公认的大陆架的延伸部分为一国的自然领土的原则。其次，历史记载，考古发现证明，早在距今 6500 年前，台湾世居少数民族泰雅族、邹族的先民就把台湾岛作为他们生息繁衍的家园；[1] 从唐宋时期、特别是明中叶以来，大陆沿海汉族人民不断前往澎湖、台湾，披荆斩棘，进行开发。这都是构成一国领土的条件之一。[2]

事实上，在当时人的意识中，台湾就是中国领土。其一，颜思齐、郑芝龙到台湾后，福建亲友投奔而至的人日益增多，不仅有他们众盟友的 10 寨，来此的漳泉人逐渐聚落成村，几近千家。崇祯三年（1630 年）福建大旱，郑芝龙建议福建巡抚熊文灿把饥民移居台湾，每人发给银子三两，三人给牛一头。"这样总算解决了饥民问题，也造成了我国政府第一次有计划的大规模对台湾移民……这批移民却无形之间使我国政府开始正式认定台湾是中国的领土了。"[3]

其二，中国人民不承认荷兰人的占领为合法。据曹永和译荷兰东印度公司《巴达维亚城日记》1625 年 4 月 9 日条，荷兰人说，"中国人对于我们来福尔摩沙（Formosa），并不喜悦。他们在煽动土人"，"反抗公司"。[4] 荷兰殖民者的所谓"煽动"，正

---

[1] 刘益昌：《史前文化》，"交通部观光局东部海岸国家风景区管理处"编印，台东，1993 年，第 7 页。

[2] 张崇根：《怎样说明台湾自古就是我国领土》，《台湾历史与高山族文化》，西宁，青海人民出版社，1992 年，第 1～18 页。

[3] 《台湾丛谈》，第 162 页。

[4] 曹永和：《台湾早期历史研究》，第 168、171 页。

是当时汉族人与"土人"联络，共同反抗荷兰殖民统治的正义之举。当时，麻豆社是反抗荷兰殖民统治最强烈的，后惨遭荷兰军队镇压。① 17 世纪 50 年代，又爆发了郭怀一领导的驱逐荷兰人的起义。他对起义者说："各位受红毛（当时人称荷兰人为红毛番）虐待，不久将被迫害而死。如其等死，不如一战。胜了，台湾归中国人所有。失败了，也是一死。大家看怎么办吧。"② 郭怀一起义失败后，中国人驱逐荷兰殖民者的决心未灭，"华人含恨，遂汹汹欲动"。③ 不久，迎来了收复台湾的郑成功。1661 年 4 月 26 日，郑成功写给荷兰"总督"的信中说："台湾者，中国之土地也。久为贵国所据，今余既来索，则地当归我。珍瑶不急之物，悉听而归。"④ 后来，郑成功写了一首《复台（即东都）》诗："开辟荆榛逐荷夷，十年始克复先基。田横尚有三千客，茹苦间关不忍离。"第二句，郑成功自注："太师会兵积粮于此，出仕后为红毛荷兰夷酋弟揆一窃据。"⑤ 说的是郑成功父亲郑芝龙开发台湾，以台湾为基地的事，已见前述。这些虽然是 1624 年以后发生的事，却是 1624 年前发生之事的延续，正好印证当时中国人是把台湾看作是自然领土的。否则，郭怀一、郑成功的话就成为无源之水了。

　　其三，明朝廷及福建地方官员的举措。他们对于澎湖、台湾的地位，澎湖自不必说，虽然有移民墟地撤巡检司之举，但随着

---

① 杨彦杰，1992：74~75。
② 连横：《台湾通史》卷一《开辟纪》，北京，商务印务馆，1983 年第二版，第 15~16 页。
③ 连横：《台湾通史》卷一《开辟纪》，第 16 页。
④ 连横：《台湾通史》卷一《开辟纪》，第 17 页。
⑤ 《延平二王遗集》，玄览堂丛书（续集）本。

时局变化，又恢复设巡检司，甚至提到行政、军事层面的举措。对台湾本岛，虽没有设官置吏，但其作为中国自然领土是有中外历史记载为证的：

第一，在贸易管理上，视同大陆东南沿海地方，执行同一政策。隆庆元年（1567年），明穆宗批准福建巡抚涂泽民请开海禁疏，准闽人凭船引兴贩东西洋，但不准去日本。此时船引为50张。万历十七年（1589年），福建巡抚周寀建议增加船引，减轻饷税（即船引税）。兵部回复，东、西二洋各限船44只。[①]鸡笼、淡水与北港邻近，无奇货，距福建水程最近，与广东、福宁州、浙江、北港船引，一例原限数，岁有四五只或七八只不等。对此办法，曹永和评论说："当时明当局虽未在台湾设官建置，但对台湾的鸡笼、淡水、北港等地区与大陆沿海一带港口作同等的看待。"[②] 同时，自万历三年（1575年）开征的船引税，也低于东西洋。清顾炎武《天下郡国利病书》卷九十三《福建》三："东西洋每引纳税银三两，鸡笼，淡水及广东引税银一两。其后增加，东西洋税银六两，鸡笼、淡水二两。"

第二，派军队驱逐盘踞在大员的倭寇，保护当地"夷人"与汉族渔民、商人的利益。万历三十年（1602年），一股倭寇据台南沿海大员湾（后称台江，今台南市安平一带）三个多月，为非作歹，"渔民不得安生乐业"，"倭据外澳，东番诸夷不敢射雉捕鹿，则番夷亦病"。[③] 或说，"倭复据其岛，夷及商、

[①] 《明实录海关系史料》，第85页。
[②] 曹永和：《明郑时期以前之台湾》，黄富山、曹永和主编《台湾史论丛》第一辑，台北，众文图书公司，1980年，第49页。
[③] （明）陈第：《舟师客问》，（明）沈有容辑《闽海赠言》卷二。

渔交病。"① 当年十二月初七日（1603 年 1 月 18 日），福建浯屿（今福建省龙海市港尾乡）将军沈有容奉密令到东番剿倭，大获全胜。"倭破，收泊大员。夷目大弥勒辈率数十人叩谒，献鹿馈酒，喜为除害也。"② 可见，福建地方官吏、军队，是以保护台湾本地居民和前来捕鱼、经商的大陆汉人的利益，才出兵剿灭窃居于此的倭寇，并受到当地"番夷"的欢迎。

此后，万历三十七年（1609 年）、四十四年（1616 年），日本德川幕府分别派有马晴信、村山等安率兵船到台湾，均以失败告终，不再赘述。

第三，沈有容率军队跨海剿灭台湾岛的倭寇，收到了一时之效，难免倭寇会卷土重来，为害当地和台海安全，想必有种种善后议论。其中之一是议论如何在台湾设置郡县："疆场喜事之徒，爰有郡县彼土之议矣。"③ 作此记载的周婴，比沈有容稍晚。天启五年（1625 年），周婴到厦门，从游击将军车寿叔"料兵于海"，必然使他听到许多关于台湾事情的传闻，以及当地文武官员关于台湾的种种议论。④ 因此，才会用这一句来作为他的《东番记》赋的结尾。明徐光启《海防迂说》，关于与日本断绝互市时说："我欲绝互市，先守鸡笼、淡水如何？曰：果欲绝者，此为胜着。"⑤ 这都可以作为台湾是中国自然领土的绝好注释。

第四，驱逐荷兰殖民者。荷兰人为与中国通商，以获取巨额

---

① （明）陈第：《东番记》，《闽海赠言》卷二。
② （明）陈第：《东番记》。
③ （明）周婴：《东番记》，《远游篇》卷十二。
④ 张崇根：《周婴〈东番记〉考证》。
⑤ 《明经世文编》卷四九一。

利润，输回本国，增加原始资本积累。他们以巨舰大炮和装备以火药枪的士兵组成的舰队，到中国沿海来寻求"互市"（通商）。万历三十二年（1604 年）6 月，韦麻郎（Wybrandt Van Waerwyck）率武装舰队由咬溜吧（今雅加达）出发，于 8 月 7 日闯入澎湖。福建地方随即报告朝廷。兵部向皇帝报告：荷兰人闯入内洋，应设法将他们赶回去。皇帝指示要"严行拒回"，并依法查处勾引荷兰人前来的福建商人潘秀等。① 浯屿把总沈有容认为如准许荷兰人据澎湖与我通商，澎湖就将成为第二个澳门。② 当派他与荷兰人交涉时，他禁止沿海百姓到澎湖与荷兰人做生意，然后前往彭湖，向韦麻郎提出严正交涉。韦麻郎因达不到与中国通商的目的，遂于 12 月 15 日率领舰队离开澎湖。③ 民国八年（1919 年）重修澎湖妈祖庙时，发现一块"沈有容谕退红毛番韦麻郎等"碑记载此事（图一）。④

　　荷兰殖民者没有达到目的并不甘心。此后，为与葡萄牙、西班牙争夺东方香料、丝绸、瓷器和蔗糖市场，与英国组建英荷联合舰队，天启二年（1622 年）由雷尔生（C. Reijerse）率领，先后进攻澳门、马尼拉不利而转移到澎湖。当时福建巡抚商周祚在答复荷兰人的通商要求时表示，只要荷兰人撤离澎湖，可以代荷兰人向皇帝请求通商事。荷兰人一面掳掠渔船、渔民，强迫他们

① 《明实录闽海关系史料》万历三十二年十一月丁亥条，第 96 页。

② （明）沈裕德：《怀音记》，沈有容辑《闽海赠言》卷二。

③ （明）陈学伊：《谕西夷记》，《闽海赠言》卷二；（明）李光缙：《却西番记》，《景壁集》卷九。

④ 郭廷以：《台湾史事概说》，台北，正中书局，1959 年，第 19 页。据 2003 年 1 月 3 日台湾《联合报》报道，此碑将被借到台北故宫博物院展览，展出时间为当年 1 月 24 日至 4 月 30 日。

图一 "沈有容谕退红毛番韦麻郎等"碑（局部）

（图一～三 1980 年夏季厦门郑成功纪念馆张宗洽先生赠）

在妈宫澳风柜尾修筑城堡，以作为据点；同时，到福建沿海等地烧杀抢掠，企图通过武力逼迫明朝与荷兰通商，① 被明朝军队击退（图二、三）。不久，南居益接任福建巡抚，积极筹饷备战，要以武力收复澎湖。天启四年（1624 年）正月，派守备王梦熊率明军向盘踞在澎湖的"红夷"开战。后又陆续增派军队到澎

---

① 南居益在天启三年（1623 年）八月的一份奏疏中，转述被派往巴达维亚去见荷兰东印度总督的千总陈士瑛说，这位荷兰人称"若不允市，必动干戈"。（《明实录闽海关系史料》，第 133 页）；《彭湖平夷功次》残稿："狡夷犯顺，占据彭湖，名为求市，大肆焚劫。"（《明清史料》乙编第七本，第 625 页）。

图二　厦门鸿山寺山顶石刻

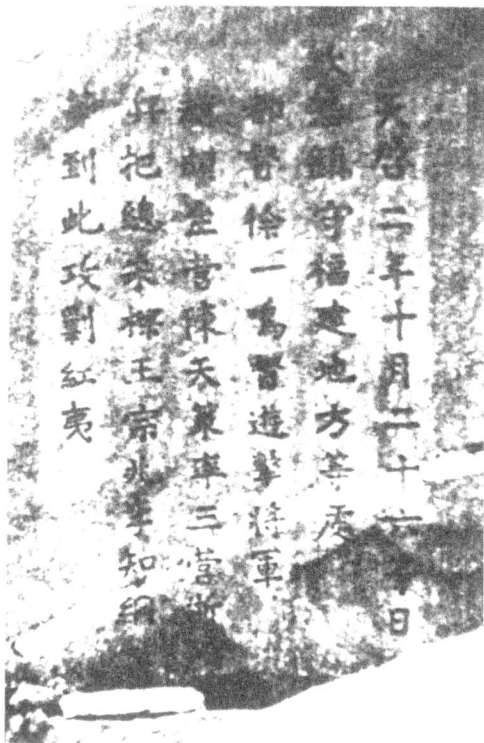

天启二年（1622 年）

湖前线，南居益亲临海上督师。在优势明军的包围下，荷兰人竖起白旗。七月十三日（公历 8 月 26 日），拆毁所筑城，搬运粮米上船，"夷船十三只，俱向东番遁去。"①

对于被逐出澎湖、盘踞台湾，荷兰东印度公司官员及西方学者有"默许说"、"协议说"和中国皇帝"赐予说"。张维华

———————

① 《明实录闽海关系史料》，第 136 页。

图三　厦门虎溪岩石刻

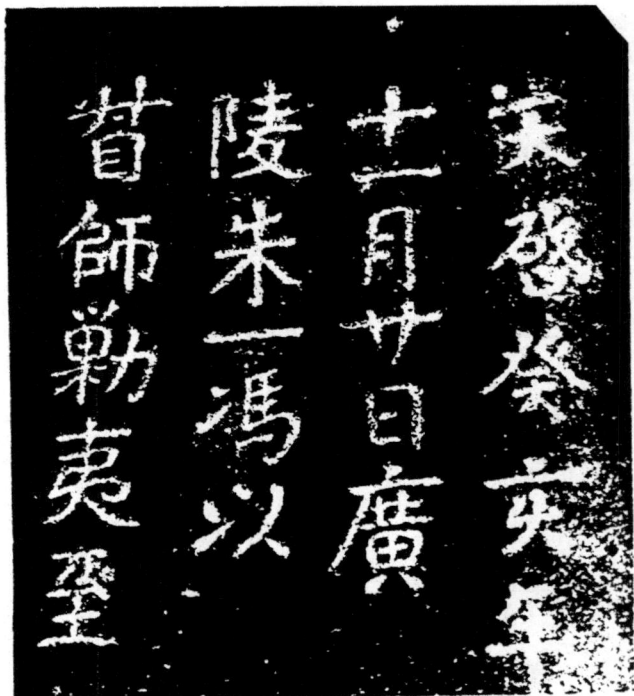

天启三年（癸亥）

《明史欧洲四国传注释》（上海古籍出版社，1982 年）、曹永和《台湾早期历史研究续集》、杨彦杰《荷据时代台湾史》都有中肯的分析，并指出，西方学者的说法，纯属子虚乌有。事实是，早在 1620 年（明泰昌元年）设在荷兰本土的东印度总公司就指令设在巴达维亚（明朝人称咬溜吧、今雅加达）的东印度公司夺取小琉球（台湾）。1621 年 7 月 30 日雷尔生率两艘船调查台湾岛港湾口形势。1624 年 1 月 3 日，东印度公司总督又提出

"备几艘快船占领大员湾"。① 可见，占领台湾是荷兰殖民者蓄谋已久的事，还要协议、赐予吗？

自 1624 年起，荷兰占据台湾安平一带达 38 年（1642 年驱逐西班牙人之后又占据台湾北部），直到 1662 年被郑成功武力驱逐，"台湾在实际上和名义上始皆归属于中国"。②

第五，钓鱼岛列岛是中国领土。钓鱼岛等岛屿，又称钓鱼岛列岛或钓鱼屿列屿（日本方面别有用心地称"尖阁列岛"，将钓鱼岛称作鱼钓岛），由钓鱼岛、黄尾屿、赤尾屿、南小岛、北小岛及附近的三个小礁（大南小岛、大北小岛和飞濑礁）等八个大大小小的岛屿岩礁组成，③ 是台湾的附属岛屿。

明代史籍记载钓鱼岛等岛屿属中国领土。明洪武五年（1372 年）正月，明太祖派杨载诏谕琉球国。从此琉球国中山王察度奉表称臣，与明朝建立了藩属朝贡关系。洪武十三年（1380 年）、十六年（1383 年）琉球的山南王、山北王也分别与明朝建立了藩属朝贡关系。15 世纪，中山王统一琉球，这种关系一直继续到 1879 年（清光绪五年）日本吞并琉球前夕。因为这一关系，两国使者定期往返，特别是新王继位，明朝必定派使者前往宣布皇帝册封诏书，方为合法继承（清代同样如此）。明嘉靖十三年（1532 年），明朝第 11 次册封使陈侃出使琉球。十三年（1534 年）成行，回来后写成《使琉球录》，书中有《使事纪略》：

五月初八日出海口，"九日隐见一小山，乃小琉球也（指台

---

① 程绍刚译注：《荷兰人在福尔摩莎》，第 33 页。
② 曹永和：《台湾早期史研究》，第 44 页。
③ 张平：《钓鱼岛风云》序言，北京，国际文化出版公司，2000 年，第 1 页。

台湾史前史与早期史

湾——引者注，下同）。十日，南风甚迅，舟行如飞。然顺流而下，亦不甚动。过平嘉山（现称彭佳屿），过钓鱼屿，过黄毛屿（现称黄尾屿），过赤屿（现称赤尾屿），目不暇接。一昼夜兼三日之路。夷舟（指琉球国船）帆小，不能相及矣，在后。十一日夕，见右（按：古字之误）米山，乃属琉球者。夷人（指琉球人）歌舞于舟，喜达于家。"①

　　古米山，也写作姑米山，即今冲绳的久米岛。从陈侃的记载中可以看出，古米山是琉球国的界山。又在《群书质疑》篇记琉球山川，"南有太平山，西有古米山、马齿山，北有硫黄山等"，更明确古米山是琉球国的西界。琉球人看到它自然十分亲切和兴奋。它是到家——琉球国的象征。因此，高兴得在船上歌舞起来，实属人之常情。这也说明，当时琉球人心目中，久米岛就是他们国家的国界所在；同时证明，钓鱼岛等岛屿不属于琉球国而属于中国。米庆余有一篇专论，最后的结论是："陈侃的《使琉球录》不仅明确地记载了中琉两国的疆界，证明了钓鱼岛群岛是中国领土，而且得到了后世中、日、琉球三国学者、官员乃至中琉两国政府的确认。"② 此后，郑舜功的《日本一鉴》（1558 年）、16 世纪末成书的《顺风相风》、③ 郑若曾著《郑开

---

① 　（明）陈侃：《使琉球录》，丛书集成初编本。括号中的注是笔者所加。
② 　米庆余：《钓鱼岛及其附属岛屿归属考》，《历史研究》，北京，2002 年第 3 期。
③ 　《顺风相送》成书时间不会比陈侃的《使琉球录》早（其祖本当别论）。因书中记有 1571 年 5 月西班牙人在今马尼拉西南佳逸（Cavit，今译作甲米地）泊船、建筑城的情况。因此，"《顺风相送》的成书时间，可以推定在十六世纪末，其上限不超过 1571 年。"见张崇根：《关于〈两种海道针经〉的著作年代》，中外关系史学会编《中外关系论丛》第 1 辑，北京，世界知识出版，1985 年。

阳杂著》和1562年《筹海图编》等明代史籍，都记载有钓鱼岛等岛屿，"被作为中国领土列入中国的防区"。[1] 日本学者井上清指出："钓鱼群岛由中国人起了个汉语名字，并将此事记录在中国官方史料中流传了下来。""在国际法上……如果它有一个正式的名称，则大多属于对其命名的国家的领土。"有力地驳斥了钓鱼岛等岛屿是"无主地"的谬论。[2]

同样，日本、琉球学者的著作，关于中琉国界及钓鱼岛等岛屿的归属一如陈侃的记载。如琉球学者程顺则，是中山国王子、王孙的老师，官至正议大夫。康熙四十七年（1708年）自费刊印《指南广义》一书，[3] 注明"古米山（琉球西南方界上镇山）"，即"古米山为琉球地界"。[4] 1785年（清乾隆五十年），日本人林子平绘制的《三国通鉴图说》，不仅注明宫古岛、八重山的支配权属于琉球，而且将钓鱼岛等岛屿与中国本土都用淡红色彩绘，以区别于日本本土的紫色和琉球王国的茶色。其"领土意识十分明确，一目了然，无任何牵强附会之可能"。[5] 当代日本学者井上清撰文著书，阐述钓鱼岛等岛屿是中国领土这一史

① 钟严：《论钓鱼岛主权归属》，北京，《人民日报（海外版）》1996年10月18日第6版。
② ［日］井上清著，贾俊琪等译：《钓鱼岛：历史与主权》，北京，中国社会科学出版社，1997年，第142页。
③ 曹永和：《中国海洋史论集》，第305页。
④ 《钓鱼岛等岛屿自古就是中国的领土》，原载1971年3月香港《七十年代》月刊，转引自《参考消息》1971年4月25日。
⑤ 郑海麟：《钓鱼台列屿之历史与法理研究》，香港，明报出版社，1998年第二版，第45、247页。按前引关于《筹海图编》系郑开阳著，郑海麟在该书第67～69页有详细考论，颇精审。

实和真理。①

　　无论日本人怎么声称自己首先"发现"这些岛屿，并称之为"尖阁群岛"，于史于理于法都是站不住脚的；无论李登辉之流如何以卖国贼的嘴脸，帮腔说"钓鱼岛是日本领土"，也抹煞不了铁证如山的事实。中国政府的严重立场，两岸同胞和海外华人侨胞的一波又一波的保钓行动，一定能捍卫好中国领土，最终会使之回到祖国怀抱。

---

　　① 1972年，井上清分别在日本《日中文化交流》2月号和《历史学研究》第381期发表论文，指出"钓鱼列岛（'尖阁列岛'）等岛屿是中国领土"；以及前引《钓鱼岛：历史与主权》一书，被誉为"来自日本的正义之声"（见该书封面）。

参考书目

按古籍，当代学者著作、论文和报道分四大类，每类分若个部分（如古籍中的正史、补编、实录和个人著作）。各类中再以作者姓氏笔划为序（古籍按时代、外国学者以汉译名笔划、多位作者以第一作者为准）。共列著作 243 种，论文 252 篇，报道 42 篇。论文与报道已作脚注，这里仅列论文作者姓名与集体作者（共 208 人、单位）和刊载这些论文、报道的期刊（共 64 种）、报纸（共 16 种）名称，以示敬意。

一、古籍类 83 种

《史记》、《汉书》、《三国志》、《北史》、《隋书》、《新唐书》、《宋史》、《元史》、《明史》（以上中华书局点校本）。

柯绍忞：《新元史》；吴廷燮：《元行省丞相平章政事年表》（以上开明书店廿五史补编本）。

《明实录》，江苏国学图书馆藏传抄本。

《明实录闽海关系史料》，台湾文献丛刊本。

《明清史料》乙编、戊编，前中央研究院历史语言研究所。

（元）孛兰肹等撰：《元一统志》，赵万里辑本，中华书局，1966 年。

（清）余文仪：续修《台湾府志》，光绪十四年（1888 年）刻本。

（清）周钟瑄主修、陈梦林纂：康熙《诸罗县志》，台湾文献丛本。

（清）王瑛曾：重修《凤山县志》，乾隆二十九年（1764年）刻本。

（清）李廷壁、周玺：《彰化县志》，道光十四年（1834年）刻本。

（清）林豪等修纂：《澎湖厅志》，光绪八年（1882年）抄本。

乾隆《泉州府志》，1927年补刻本。

光绪《漳州府志》，光绪三年（1877年）刻本。

（吴）沈莹：《临海水土志》。张崇根辑校本，农业出版社，1981年；张崇根辑注本，中央民族大学出版社，1998年。

（唐）刘恂：《岭表录异》，丛书集成初编本。

（唐）杜佑：《通典》，十通本。

（唐）张鷟：《朝野佥载》，丛书集成初编本。

（宋）王象之：《舆地纪胜》，惧盈斋刻本。

（宋）王明清：《挥麈后录》，中华书局，1961年。

（宋）叶适：《叶适集》，中华书局，1961年。

（宋）乐史：《太平寰宇记》，红杏山房覆宋本。

（宋）朱熹：《楚辞集注》，上海古籍出版社，1979年。

（宋）李昉：《太平御览》，中华书局影印书，1960年

（宋）李复之：《潏水集》，四库全书本。

（宋）周必大：《文忠集》，天一阁藏清抄本。

（宋）郑樵：《通志》，十通本。

（宋）赵汝适：《诸蕃志》，冯承钧校注本，中华书局，

1956 年。

（宋）赵孟頫：《松雪斋全集》，清德堂刻本。

（宋）陆游：《剑南诗稿》，汲古阁刻本。

（宋）真德秀：《西山先生真文忠公文集》，雍正元年（1923年）刻本。

（宋）崔舍人：《玉堂类稿》，粤雅堂丛书本。

（宋）楼钥：《攻媿集》，四部丛刊初编本。

（元）王士点、商企翁编著：《秘书监志》，广仓学窘丛书甲类一集。

（元）许有壬：《圭塘小稿》，三怡堂丛书本。

（元）汪大渊：《岛夷志略》，知服斋丛书本；苏继顾校释本，中华书局，1981年；［日］藤田丰八校注本，文殿阁书庄排印。

（元）苏天爵：《元文类》，国学文库本。

（元）周致中：《异域志》，夷门广牍本。

（元）马端临：《文献通考》，十通本。

（明）沈有容辑：《闽海赠言》，台湾文献丛刊本。

（明）沈德符著、钱枋辑：（万历）《野获编》，道光七年（1827年）扶荔山房刻本。

（明）李光缙：《景璧集》，崇祯十年（1637年）刻本。

（明）何乔远：《闽书》，崇祯刻本。

（明）陈侃：《使琉球录》，丛书集成初编本。

（明）陈子龙等选辑：《明经世文编》，中华书局，1962年。

（明）陈仁锡：《皇明世法录》崇祯八年（1635年）刻本。

（明）陈懋仁：《泉南杂志》，学海类编本。

（明）郑若曾：《郑开阳杂著》，康熙刻本。

（明）林健人：《东宁草》，福建师范学院历史系藏抄本。

（明）张燮：《东西洋考》，谢方点校本，中华书局，1981 年。

（明）周婴：《远游篇》，崇祯刻本。

（明）曹履泰撰、曹枝灼等辑：《靖海纪略》，国学文库本。

（明）董应举：《崇相集》，1928 年林焕章石印本。

（明）瞿九思：《万历武功录》，中华书局影印本，1962 年。

（明）《延平二王遗集》，玄览堂丛书（续集）本。

（明）《两种海道针经》，向达校注本，中华书局，1962 年；1982 年 12 月印刷本。

（清）王锡祺：《小方壶斋舆地丛钞》第九帙，上海著易堂光绪铅印本。

（清）朱仕玠：《小琉球漫志》，台湾文献丛刊本。

（清）朱景瑛：《海东札记》，乾隆刻本。

（清）刘锦藻：《清朝续文献通考》，十通本。

（清）李鼎元：《使琉球记》，丛书集成初编本。

（清）杜臻：《澎湖台湾纪略》，台湾文献丛刊本。

（清）陈元龙撰：《格致镜原》，雍正十三年（1735 年）刻本。

（清）郁永河：《采硫日记》，粤雅堂丛书本。

（清）周煌：《琉球国志略》，丛书集成初编本。

（清）施世纶编：《靖海纪事》，康熙刻本。

（清）胡建伟：《澎湖纪略》，台湾银行出版，1961 年。

（清）段玉裁：《说文解字》，扫叶山房刻本。

（清）顾炎武：《天下郡国利病书》，敷文阁聚珍版。

（清）顾祖禹：《读史方舆纪要》，中华书局，1955 年。

（清）钱大昕：《十驾斋养新录》，上海书店，1983 年。

（清）黄叔璥：《台海使槎录》，丛书集成初编本。

（清）蒋镛：《澎湖续编》，中央民族大学图书馆藏抄本。

（清）魏源：《圣武记》，古微堂刻本。

二、现代学者著作 162 种

（一）内地学者与单位：

于北山：《陆游年谱》，中华书局，1961 年。

王迅：《东夷文化与淮夷文化研究》，北京大学出版社，1994 年。

王幼平：《更新世环境与中国南方旧石器文化发展》，北京大学出版社，1997 年。

王慕民、管敏义编：《河姆渡文化新论——海峡两岸河姆渡文化学术研讨会论文集》，海洋出版社，2002 年。

尤玉柱主编：《漳州史前文化》，福建人民出版社，1991 年。

尹达：《新石器时代》，生活·读书·新知三联书店，1979 年。

田昌五：《古代社会断代新论》，人民出版社，1982 年。

田昌五、石兴邦主编：《中国原始文化论集——纪念尹达 80 华诞论文集》，文物出版社，1989 年。

叶林生：《古帝传说与华夏文明》，黑龙江教育出版社，1999 年。

庄为玑、王连茂编：《闽台关系族谱资料选编》，福建人民出版社，1984 年。

吕思勉：（1）《先秦史》，上海古籍出版社，1982 年。

（2）《中国民族史》，中国大百科出版社，1987 年。

孙光圻：《中国航海史纲》，大连海运学院出版社，1991 年。

孙祚民主编：《山东通史》（上卷），山东人民出版社，1992 年。

宋新潮：《殷商文化区域研究》，陕西人民出版社，1991 年。

汪毅夫、杨彦杰、谢重先：《金门史稿》，鹭江出版社，1999 年。

李德山：《东北古民族与东夷渊源关系考论》，东北师范大学出版社，1996 年。

杨彦杰：《荷据时代台湾史》，江西人民出版社，1992 年。

杨国桢：《海峡交通史论丛》，海风出版社，2002 年。

吴壮达：（1）《琉球与中国》，正中书局，1948 年。

（2）《台湾的开发》，科学出版社，1958 年。

（3）《台湾省农业地理》，科学出版社，1979 年。

吴晗：《读史札记》，三联书店，1979 年。

吴廷璆、李永先等著：《徐福东渡钩沉》，徐福文化集成之二，山东友谊出版社，1996 年。

吴绵吉、吴春明主编：《东南考古研究》第一辑，厦门大学出版社，1996 年。

吴春明、邓聪主编：《东南考古研究》第二辑，厦门大学出版社，1999 年。

吴春明：《中国东南土著民族历史与文化的考古学观察》，厦门大学出版社，1999 年。

苏秉琦主编：《考古学文化论集》（一）、（四），文物出版社，1987 年、1997 年。

陈孔立：《台湾历史与两岸关系》，台海出版社，1999 年。

陈孔立主编：《台湾历史纲要》，九洲图书出版社，1996 年。

陈国强、叶文程、吴绵吉主编：《闽台考古》，厦门大学出版社，1993 年。

陈碧笙：《台湾地方史》，中国社会科学出版社，1982 年。

陈梧桐主编：《民大史学》（1），中央民族大学出版社，1996 年。

郑海麟：《钓鱼台列屿之历史与法理研究》，香港，明报出版社，1998 年第二版。

尚劝余：《世界十大探险录》，三秦出版社，2000 年。

范文澜：《中国通史简编》（修订本）第一编，人民出版社，1964 年。

林华东：（1）《河姆渡文化初探》，浙江人民出版社，1992 年。

（2）《良渚文化研究》，浙江教育出版社，1998 年。

林惠祥著、蒋炳钊编：《天风海涛室遗稿》，鹭江出版社，2001 年。

欧潭生：《闽豫考古集》，海潮摄影艺术出版社，2002 年。

周一良、吴于廑主编：《世界通史》（中古部分），人民出版社，1972 年。

周荫棠：《台湾郡县建置志》，正中书局，1945 年。

张平：《钓鱼岛风云》，国际文化出版公司，2000 年。

张广智主编：《世界文化史·古代卷》，浙江人民出版社，1999 年。

张之恒：《中国新石器时代文化》，南京大学出版社，

1992 年。

张国淦：《中国古方志考》，中华书局，1962 年。

张维华：（1）《时代海外贸易简论》，上海人民出版社，
1956 年。

（2）《明史欧洲四国传注释》，上海古籍出版社，
1982 年。

柯台山：《台湾概览》，正中书局，1947 年。

栾丰实：《东夷考古》，山东大学出版社，1996 年。

夏鼐：《中国文明的起源》，文物出版社，1985 年。

徐晓望：《妈祖的子民》，学林出版社，1999 年。

徐旭生：《中国古史的传说时代》（增订本），科学出版社，
1960 年。

曹家欣编著：《第四纪地质》，商务印书馆，1983 年。

黄福才：《台湾商业史》，江西人民出版社，1990 年。

彭信威：《中国货币史》，上海人民出版社，1965 年。

彭林等：《中华文明史》，河北教育出版社，1989 年。

傅斯年：《民族与古代中国史》，河北教育出版社，2002 年。

傅朗云、杨旸：《东北民族史略》，吉林人民出版社，
1983 年。

魏桥主编：《国际百越文化研究》，中国社会科学出版社，
1994 年。

山东省文物管理处、济南市博物馆编：《大汶口——新石器
时代墓葬发掘报告》，文物出版社，1974 年。

中外关系史学会编：《中外关系史论丛》第 1 辑，世界知识
出版社，1985 年。

中国古代铜鼓研究会编：（1）《第二次古代铜鼓学术讨论会资料集》，1987年。

（2）《铜鼓和青铜文化的新探索》，广西民族出版社，1993年。

中国人民银行编写组：《中国历代货币》，新华出版社，1982年。

中国社会科学院考古研究所编著：《新中国的考古发现和研究》，文物出版社，1984年。

中国社会科学院考古研究所编：《考古学参考资料》（1），1978；（2），1979，文物出版社。

《中国大百科全书》（考古卷），中国大百科全书出版社，1992年。

河南省考古学会、仰韶县文物保护管委会编：《论仰韶文化》，《中原文物》，1986年特刊。

贵州省历史文献研究会编：《贵州古人类与史前文化》，贵州民族出版社，1998年。

厦门大学人类学系编：《人类学论丛》第一辑，厦门大学出版社，1987年。

福建省天象资料组编印：《福建省地方志普查综目》，1977年。

福建省炎黄文化研究会编：《闽台文化研究》，福建人民出版社，1997年。

福建省闽台交流协会等：《海峡两岸台湾移民史学术讨论会论文集》，1999年。

福建省博物馆编：《福建历史文化与博物馆学研究》，福建

教育出版社，1993年。

（二）台湾学者与单位：

卫惠林：《埔里巴宰七社志》，《中央研究院民族学研究所专刊》之二十七，1981年。

王诗琅著、张良泽编：《艋舺岁时记》，海峡学术出版社，2003年。

石璋如、刘益昌：《大马璘》，《中央研究院历史语言研究所专刊》之八十九，1987年。

石磊：《筏湾》，《中央研究院民族学研究所专刊》之廿一，1971年。

史明：《台湾人四百年史》，蓬岛文化公司，1980，自由时代周刊社翻印本。

阮昌锐：《大港口阿美族》，《中央研究院民族学研究所专刊》之十九，1969年。

刘克竑：《台湾史前人》，"文建会"，1997年台北。

刘其伟：《台湾土著文化艺术》，雄狮图书公司，1999年。

刘益昌：（1）《台湾的考古遗址》，台北县文化中心，1992年。

（2）《史前文化》，"交通部观光局东部海岸国家风景区管理处"编印，台东，1993年。

（3）刘益昌等主持：《芝山岩文化史迹公园史前文化、人文历史、视觉景观等资料调查及资源之培育》，1996年。

（4）《田野调查暨田野发掘实施报告》，财团法人兰阳文教基金会，宜兰，1996年。

汤子炳：《台湾史纲》，海峡学术出版社，2002年。

宋文薰、连照美：《卑南考古（1986—1987）》，南天书局，1987年9月再版。

宋文薰、李亦园、许倬云、张光直主编：《考古与历史文化——庆祝高去寻先生八十大寿论文集》（上、下），正中书局，1991年。

宋文薰、尹建中、黄士强、连照美、臧振华、陈仲玉、刘益昌：《台湾地区重要考古遗址初步评估第一阶段研究报告》，《中国民族学会专案研究丛刊》（一），1992年台北。

吴法：《台湾历史札记》，香港七十年代杂志社，1976年。

连横：（1）《雅堂文集》，台湾文献丛刊本。

（2）《台湾语典》，台湾文献丛刊本。

（3）《雅言》，台湾文献丛刊本。

（4）《台湾通史》，商务印书馆，1983年。

李亦园：《台湾土著民族的社会与文化》，联经出版事业公司，1982年。

陈国钧：（1）《台湾土著生育习俗研究》，幼狮书店，1963年。

（2）《台湾东部的山地民族》，台北，1957年。

陈奇禄：《台湾土著文化研究》，联经出版事业，1992年。

陈仲玉：《曲冰》，《中央研究院历史语言研究所田野工作报告》之二，1994年。

何传坤：《台湾史前文化三论》，稻乡出版社，1996年。

李光周：（1）《鹅銮鼻公园考古调查报告》，台湾大学人类学系，1983年。

（2）《垦丁史前住民与文化》（尹建中编），稻乡出版社，1996 年。

陈冠学：《老台湾》，东大图书有限公司，1981 年。

林子侯编著：《台湾涉外关系史》，三民书局，1968 年。

林祥熊主编：《台湾文化论集》第一辑，1954 年。

林衡道：《台湾古迹全集》（1 ~ 4 册），户外生活杂志社，台北，1980 年。

张光直：（1）《台湾省浊水溪与大肚溪流域考古调查报告》，（主编）《中央研究院历史语言研究所专刊》之七十，1977 年。

（2）《中国青铜时代》，联经出版事业公司，1983 年。

（3）《考古人类学随笔》，联经出版事业公司，1995 年。

（4）《中国考古学论文集》，联经出版事业公司，1995 年。

（5） kwang-chih Chang：*Fengpitou*，*TaPenkeng*，*and the Prehistory of TaiWan*，Yale university Publications in Anthropology Number 73，1969.

张炎宪主编：（1）《中国海洋史发展论文集》（三），台北，1988 年。

（2）《历史文化与台湾》1 ~ 4 册，台湾风物杂志社，1992 年。

张耀锜：《平埔族社名对照表》，《文献专刊》第 2 卷别册，1953 年。

周宪文：《台湾经济史》，开明书店，1980年。

周婉窈：《台湾历史图说》，联经出版事业公司，1998年。

钟义明：《台湾地理图记》，武陵出版社，1988年。

郭廷以：《台湾史事概说》，正中书局，1954年。

凌纯声：《中国边疆民族与环太平洋文化》（上、下），联经出版事业公司，1979年。

梁嘉彬：《琉球及东南诸海岛与中国》，东海大学出版，1965年。

高贤治编：《台湾三百年史》，众文图书公司，1997年。

黄士强：《台北芝山岩遗址发掘报告》，台北市文献委员会，1984年。

黄大受：《台湾史纲》，三民书局股份有限公司，1982年。

黄玉斋主编：《台湾年鉴》，海峡学术出版社，2001年。

黄富山、曹永和主编：《台湾史论丛》第一辑，众文图书公司印行，1980。

曹永和：（1）《台湾早期历史研究》，联经出版事业公司，1979年。

（2）《台湾早期历史研究续集》，联经出版事业公司，2000年。

（3）《中国海洋史论集》，联经出版事业公司，2000年。

戚嘉林：《1600—1945台湾史》（上、下册），台北县，1985年。

程绍刚译注：《荷兰人在福尔摩莎》，联经出版事业公司，2000年。

简炯仁：《台湾开发与族群》，前卫出版社，1995 年。

廖丑：《西螺七嵌开拓史》，前卫出版社，1998 年。

潘英海、詹素娟主编：《平埔研究论文集》，"中央研究院台湾史研究所筹备处"，1995 年。

臧振华：（1）《台湾考古》增订一版，台北，1999 年。

（2）Tsang Cheng-hwa：*Archaeology of the P'eng – Hu Islands.* "*Institute of History and Philology Academia Sinica*"，"Special Publications"，Number 95. 1992.

大经纬编辑部：《台湾省通用地图集》，大经纬全球文化事业有限公司，1999 年。

台湾省文献委员会编：（1）《台湾省通志》第一册，幼狮文化事业公司，1978 年。

（2）《台湾史》，众文图书公司印行，1990 年。

台湾史迹研究会编：《台湾丛谈》，幼狮文化事业公司，1977 年。

《中央研究院第二届国际汉学会议论文集》，1989 年。

抢救十三行文化遗址行动联盟出版：《重构台湾历史图像——十三行遗址调查报告》，1991 年。

经典杂志编辑、出版：《发现南岛》，2001 年。

（三）外国学者：

山崎繁树、野上矫介：《1600—1930 台湾史》，武陵出版社，1988 年。

井上清：（1）《日本历史》（天津市历史研究所译），天津人民出版社，1974 年。

（2）《钓鱼岛：历史与主权》（贾俊琪等译），中国社会科学出版社，1997 年。

末松保和编：《李朝实录》，日本东京学习院东洋文化研究所，1956 年。

东嘉生著、周宪文译：《台湾经济史概说》，海峡学术出版社，2000 年。

和田清：《东亚史论薮》（日本版），生活社，1943 年。

国分直一、金关丈夫著，谭继山译、陈昱审订：《台湾考古志》（汉文版），武陵出版有限公司，1990 年；日本法政大学出版局，1979 年日文版。

真人元开撰、汪向荣校注：《唐大和尚东征传》，中华书局，1979 年。

鹿野忠雄著、宋文薰译：《台湾考古学民族学概观》，台湾省文献委员会，1955 年。

濑川孝吉：《台湾先住民之农业与牲畜》，台湾研究丛刊本。

藤田丰八著、何健民译：《中国南海古代交通丛考》，商务印书馆，1936 年。

包乐史（L. Blusse）著，庄国土、程绍刚译：《中荷交往史》，路口店出版社，1989 年。

毕其林（W. A. Pickering）著，吴明远译：《老台湾》，台湾研究丛刊本。

邦特库（W. Y. Bontekoe）著，姚楠译：《东印度航海纪》，中华书局，1982 年。

希勒格（G. Schlegel）著，冯承钧译：《中国史乘未详诸国考证》，商务印书馆，1928 年。

胡阿特（Camille Imbault‐Huart）著，黎然文译：《台湾岛之历史与地志》，台湾研究丛刊本。

夏德（F. Hirth）、柔克义（W. W. Rockill）：《诸蕃志译注》。（Chau Ju‐Kua：*His Work on the Chinese and Arab Trade in Twelfth and Thirteenth Centuries*，*entitled Cha‐Fan‐Chi*. 1911.）

莫里斯·布罗尔著，郑克鲁、金志平译：《荷兰史》，商务印书馆，1974 年。

道比（E. HG. Dabby）著，赵松乔等译：《东南亚》，三联书店，1958 年。

黎斯（Riess）著，周学普译：《台湾岛史》，台湾研究丛刊本。

三、论文作者 219 名，期刊 65 种，报纸 16 种

（一）内地学者与单位：

卜　工	于建华	文　宏	王大均	王子岗	王守稼
王仲殊	王和平	王树民	王桂珍	王震中	王锡平
王煦柽	尤玉柱	尤仁德	邓孔昭	孔昭震	石　硕
叶小燕	叶林生	叶哲明	丘立诚	白　昭	冯永谦
米庆余	庄景辉	安志敏	安金槐	刘惠孙	刘志一
刘诗中	刘伯勤	刘景芝	齐　俊	许勇翔	乔晓勤
曲春贵	向　隅	朱　江	孙福海	牟永抗	应　骥
宋镇豪	严文明	苏秉琦	李壮伟	李仰松	李江浙
李作智	李伯谦	李学勤	李昆声	李恭笃	李家添
李辉炳	杨　虎	杨子范	杨元芳	杨式挺	杜耀西
吴汝祚	吴绵吉	吴耀利	怀效锋	佟柱臣	何纪生
邱春玉	陈　龙	陈士萍	陈立群	陈孔立	陈兆复

陈宗祥　　陈泗东　　陈抗生　　陈存洗　　陈国强　　陈显求
陈哲英　　陈碧笙　　陆思贤　　邵　云　　林　向　　林公务
林华东　　林聿亮　　林忠干　　林惠祥　　周本雄　　周世荣
周维衍　　张一民　　张之恒　　张立志　　张忠培　　张明华
张森水　　张增祺　　荣孟源　　胡晓泉　　胡谦益　　赵朝洪
郝毓南　　钟　严　　俞伟超　　侯献瑞　　饶惠元　　柴骥程
竞　放　　郭志超　　高广仁　　高至喜　　贾兰坡　　莫润先
徐恒彬　　徐淑彬　　徐朝龙　　袁　靖　　袁韶莹　　盖山林
黄宣佩　　萧　兵　　曹泽田　　曹定云　　童恩正　　曾　琪
谢崇安　　韩　起　　韩嘉谷　　韩康信　　彭适凡　　葛治功
董学增　　蒋国维　　蒋廷瑜　　蒋赞初　　蔡文枢　　蔡凤书
焦天龙　　傅衣凌　　瑜　琼　　谭英杰　　蔺建辛　　魏正一

山东大学历史系考古专业　　山东文物考古研究所　　山东省博物馆　　（山东）临沂文物组　　（山东）济青公路文物考古队　　中国社会科学院考古研究所山东工作队、广西工作队、内蒙古工作队　　（内蒙古）巴林右旗博物馆　　东北考古发掘团　　北京大学考古实习队　　辽宁省博物馆　　（辽宁）旅顺博物馆　　江西省博物馆　　江苏省文物工作队　　（江苏）南京博物院　　西安半坡博物馆　　（湖南）怀化地区文物工作队　　河北省文管处　　（浙江）泰顺县文化博物馆　　黄骅细石器调查小组　　福建省博物馆

（二）台湾地区学者：

卫惠林　　方　豪　　石璋如　　卢嘉兴　　刘斌雄　　刘益昌
乔　健　　宋文薰　　李光周　　杨君实　　连照美　　陈汉光
陈正祥　　陈仲玉　　陈信雄　　何廷瑞　　林朝棨　　周宪文

张光直　　洪田浚　　凌纯声　　凌曼立　　梁嘉彬　　徐玉虎

黄士强　　盛清沂　　臧振华

（三）外国学者：

井上清　　　　　中村孝志　　　　Я. В. 切斯洛夫

切斯特·戈尔曼　　加藤晋平　　　　阮克石

П. Я. 贡特巴赫尔　林巳奈夫　　　　坪井清足

金关丈夫　　　　国分直一　　　　罗莱

宫本一夫　　　　R. 费罗礼　　　　菅谷文则

奥夫施内特

四、期刊、集刊、报纸

（一）内地出版：

《广西民族学院学报》、《广西民族研究参考资料》（第四辑）、《文物》、《文物集刊》（1）（2）（3）、《历史研究》、《中央民族学院学报》、《中华文史论丛》、《中国历史文物》、《中国史研究》、《中国藏学》、《中原文物》、《中南民族学院学报》、《（前）中央研究院社会科学研究所集刊》、《东南文化》、《史学月刊》、《史前研究》、《北方文物》（《黑龙江文物丛刊》）、《北方民族》、《外国史知识》、《台湾研究集刊》、《民族研究》、《民族研究动态》、《江海论坛》、《考古》、《考古学报》、《考古与文物》、《考古学参考资料》、《西南民族学院学报》、《安徽大学学报》、《地理知识》、《社会科学辑刊》、《学术月刊》、《国外社会科学》、《贵州民族学院学报》、《贵州社会科学》、《美术史论》、《思想战线》、《南方民族考古》、《海洋科学辑刊》（第18辑）、《厦门大学学报》、《厦门大学学报》（史学专号，1981年增刊）、《泉州文史》、《福建民族》、《福建文博》、《福建文博》（1990

年增刊)、《人民日报》、《人民日报（海外版)》、《文摘报》、《文汇报》、《中国文物报》、《北京日报》、《光明日报》、《报刊文摘》、《晨报》。

（二）香港出版：

《大公报》、《文汇报》。

（三）台湾出版：

《大陆杂志》、《山海文化双月刊》、《文史哲学报》（台湾大学)、《文献专刊》、《历史》、《历史文物》、《中央研究院历史语言研究所集刊》、《中央研究院民族学研究所集刊》、《中国民族学通讯》、《中国东亚学术研究计划委员会年报》、《艺术家》、《汉声》、《台湾文献》、《台湾风物》、《田野考古》、《考古人类学刊》（台湾大学)、《学术季刊》、《南瀛文献》、《故宫博物院学术季刊》、《中央日报》、《中国时报》、《公论报》、《台湾日报》、《联合报》。

2015 年新增参考书目（共 61 种）

一、大陆出版

（一）著作

广东省文物考古研究所编：《广东省文物考古研究所建所十周年文集》，岭南美术出版社，2001 年。

珠海市博物馆等编：《珠海考古发现与研究》，广东人民出版社，1991 年。

徐恒彬：《华南考古论集》，科学出版社，2001 年。

广西壮族自治区博物馆编：《广西考古文集》第一、二、三辑，文物出版社，2004、2006、2007 年。

广西博物馆编：《广西博物馆文集》第一、二、三辑，广西

人民出版社，2004、2005、2006 年。

广西壮族自治区博物馆编：《百色旧石器》，文物出版社，2003 年。

栾丰实：《海岱地区考古研究》，山东大学出版社，1997 年。

山东大学考古学系编：《刘敦愿先生纪念文集》，山东大学出版社，1998 年。

山东大学东方考古研究中心编：《东方考古》第 2、3 集，科学出版社，2005、2006 年。

烟台市文管会、烟台市博物馆编：《胶东考古研究文集》，齐鲁书社，2004 年。

烟台市博物馆：《烟台考古》，齐鲁书社，2006 年。

北京大学考古学系编：《胶东考古》，文物出版社，2000 年。

山东省文物考古研究所编：《大汶口续集》，科学出版社，1997 年。

苏兆庆编著：《古莒遗珍》，人民美术出版社，2003 年。

苏兆庆编著：《莒县文物志》，齐鲁书社，1993 年。

苏兆庆：《考古发现与莒史新证》，山东省日照市新闻出版局，2000 年。

张光明：《齐文化的考古发现与研究》，齐鲁书社，2004 年。

许顺湛：《五帝时代研究》，中州古籍出版社，2005 年。

严文明：《史前考古论集》，科学出版社，1998 年。

吴绵吉：《中国东南民族考古文选》，香港中文大学中国考古艺术研究中心，2007 年。

车越乔主编：《越文化实勘研究论文集》，中华书局，2005 年。

中国百越民族史研究会等编：《百越研究》第一辑，广西科学技术出版社，2007 年。

林华东主编：《瓯文化论集》，浙江人民出版社，2009 年。

绍兴县文物保护管理所：《绍兴县文物志》，浙江古籍出版社，2002 年。

绍兴县文化发展中心编：《越地遗珍》（上、下），西泠印社出版社，2007 年。

黄懿陆：《〈山海经〉考古——夏朝起源与先越文化研究》，民族出版社，2007 年。

罗康隆：《文化适应与文化制衡——基于人类文化生态的思考》，民族出版社，2007 年。

（二）译著

［奥］弗朗茨·黑格尔著、石钟健等译、中国古代铜鼓研究会编：《东南亚古代金属鼓》，上海古籍出版社，2004 年。

（三）报刊

《东方博物》

二、台湾出版

（一）著作

宋文薰、连照美：（1）《卑南考古发掘 1980～1982》，台湾大学出版中心，2004 年。

（2）《卑南考古发掘 1986～1989》，台湾大学出版中心，2006 年。

连照美：（1）《台湾新石器时代垦丁寮遗址墓葬研究报告》，台湾大学出版中心，2007 年。

（2）《台湾新石器时代卑南研究论文集》，历史博

物馆，2003 年。

何传坤：《台湾岛史前文化》，远足文化事业有限公司，台北，不明出版年月。

黄士强、刘益昌：《全省重要史迹勘察与整修建议——考古遗址与旧社部分》，台湾大学考古人类学系，1980 年。

黄士强、臧振华等：《台闽地区考古遗址普查研究计划第一期研究报告》，中国民族学会，1993 年。

臧振华、叶美珍主编：《馆藏卑南遗址玉器图录》，台湾史前文化博物馆，2005 年。

臧振华、李匡悌、朱正宜：《先民履迹：南科考古发现专辑》，台南县政府，2006 年。

夏丽芳主编：《卢锡波先生收藏考古标本图录》，台湾史前文化博物馆，2004。

刘益昌：（1）《台湾原住民史·史前篇》，台湾文献馆，2002。
（2）《存在与未知：台中地区的考古遗址与史前文化》，台中县文化中心，1999 年。

李坤修：（1）《台东县史·史前篇》，台东县，2001 年。
（2）《台东县旧香兰遗址抢救发掘计划期末报告》，台湾史前文化博物馆，2005 年。

吕理政、宋文薰审订：《远古台湾的故事：认识台湾的史前文化》，南天书局，1997 年。

黄怡：《重现台湾史·台湾的史前时代》，故乡出版公司等，2004 年。

刘其伟：《兰屿部落文化艺术》，艺术家出版社，台北，2002 年三版。

李壬癸：《台湾南岛语言的内部与对外关系》，台湾史前文化博物馆，1992 年。

徐雨村：《台湾南岛民族的社会与文化》，台湾史前文化博物馆，2006 年。

张至善等：《染织族群与文化》，台湾史前文化博物馆，台东，2005 年。

林修澈：《平埔族的分布与人口》，2001 年。

詹素娟、潘英海主编：《平埔族群与台湾历史文化》，"中央研究院"台史所筹备处，2001 年。

刘益昌、潘英海主编：《平埔族群的区域研究论文集》，台湾省文献委员会，南投，1998 年。

高叶荣：《万山岩雕（复印本)》，高先生寄赠，2010 年 1 月 12 日收到。

（二）报刊

《台东文献》《彰化文献》 政治大学《边政研究所年报》、《民族学报》《台湾史前文化博物馆筹备处通讯》（第 6 期起加刊名《文化驿站》）《中央研究院民族学研究所集刊》

（三）译著

［日本］伊能嘉矩著、"国史馆台湾文献馆"编译：《台湾文化志》，台湾书局，2011 年。

后　　记

　　本课题在搜集资料，并征求有关专家、学者对写作提纲的意见时，福建省昙石山博物馆馆长欧潭生研究员、厦门大学台湾研究院副院长邓孔昭研究员，分别联系福州或厦门大学的学者、专家进行座谈，各位提出了很多宝贵意见；陈孔立教授、杨彦杰研究员因公务繁忙，不能参加座谈，仍拨冗以书面文字赐教。福建省台办、漳州市台办、中国社会科学院民族学与人类学研究所、考古研究所和中华全国台湾同胞联谊会的图书馆或阅览室、资料室提供了方便；惠赠大作或提供相关资料的各界朋友有（以姓氏笔划为序，下同）：王振镛，王震中，邓孔昭，石奕龙，闫学诗，祁庆富，任一飞，朱在宪，谷文双，李绍明，李德山，吴春明，杨彦杰，林华东，欧潭生，周跃红，张义兵，张维华，孟宪范，陈立群，俞为洁，郭志超，徐晓望，喻权中，蒋炳钊和霍巍。

　　这个课题涉及到台湾的考古资料，尤其是 20 世纪的发掘报告以及最新研究成果，主要依靠台湾学术界的朋友给予帮助。他们是：郑梓，林满红，林修澈，张中復、詹素娟伉俪，赵庆芬，郭先盛，萧衡倩，潘朝阳，臧振华、邓淑苹伉俪，以及"中国大陆研究会"的先生。笔者要特别感谢台湾政治大学民族学系主任张中復先生和詹素娟博士。二位对于我提请帮助查找的资料，总是想方设法提供。有的购于书店，有的取之家藏，有的从图书馆借来复印并装订成册，前后5次用航空邮件寄来，破费颇多，其情其谊，感人至深。在此，一并表示衷心感谢！

后来，因为研究台湾世居少数民族来源，获得一些新资料，就提出修订再版，未能如愿。但是，在我不知情的情况下，2008年第2次印刷，出版社编辑擅自将第一章"表二 考古学上台湾地区文化层序表"中，2005年第1次印刷时漏校的"·山文化"（第9页），改为"圆山文化"，这就错了。"·山文化"应该是"龟山文化"。二者可谓风马牛不相及，"圆山文化"在台北盆地，年代早；"龟山文化"在西海岸极南端，年代晚。前者比后者要早1000年。这个错误不能由我来承担。

2006年，因为研究台湾世居少数民族来源，得到中央民族大学台湾少数民族研究所的资助，先后到福建、江苏、山东和云南四省进行田野调查。在福建省，参观了福建省博物馆馆藏展览、昙石山博物馆的发掘现场和陈列品、访问了厦门大学台湾研究院、人类学系，参观了闽台缘博物馆、海交史博物馆。在江苏省，参观了南京博物院、南通博物苑、连云港博物馆的馆藏展览；考察了连云港将军崖岩画、灌云县大伊山大汶口文化石板棺墓地。在山东省，访问了山东大学东方考古研究中心、参观了山东省博物馆馆藏展览、临沂市水稻研究所、日照市博物馆、莒县博物馆。在云南省，参观访问了云南省佤族研究会、到思茅（今普洱）市西盟佤族自治县进行了田野调查。

在四省进行田野调查期间，得到了福建省博物馆副馆长林公务研究员，昙石山博物馆馆长欧潭生研究员，厦门大学台湾研究院刘国深、陈孔立、邓孔昭，人类学系蒋炳钊、郭志超、蓝达居

等教授，历史系吴诗池、吴春明教授；山东大学蔡凤书、栾丰实教授；南京博物院《东南文化》编辑部主任毛颖研究员、谷建祥研究员，以及云南、福建、江苏、山东四省民族事务委员会（民族宗教事务厅），有关市、县民族宗教事务局，南通博物苑吴声和先生、连云港博物馆馆长周锦屏先生和莒县博物馆原馆长苏兆庆先生的帮助。

在台湾少数民族研究所原所长刘宝明、副所长张海洋教授的鼎力支持下，2007年9月16日～10月9日，应台湾政治大学民族学系邀请，到台湾进行为期三周的学术研访活动。期间，访问了"中央研究院"民族学研究所、历史语言研究所、台湾史研究所以及慈济大学，参观了台湾史前文化博物馆馆藏展览及卑南文化遗址发掘现场，参观了台南南部科学工业园区考古发掘现场出土的大坌坑文化遗物，访问了阿里山邹族部落。在这些学术活动中，访问了林修澈、黄树民、石磊、臧振华、刘益昌、詹素绢、鸿义章等教授，并同他们就相关学术问题进行了交流，得到了政治大学民族学系张中复教授、何德隆秘书，台湾史前文化博物馆馆长浦忠成教授、南部科学工业园区考古队李光悌研究员、阿里山绿野小学校长浦忠勇的热情接待和帮助。

这两次学术调研，获得了许多宝贵的第一手资料。

要特别感谢古农史专家、浙江大学游修龄教授。他虽然是年届九旬的耄耋长者，在家接待我的造访仍然兴致勃勃，给予我许多指导和帮助，并赠送大作供我学习参考，以后还通过电子邮件给予指导。这多亏游教授的高足浙江省社会科学院历史研究所俞为洁研究员的引荐。俞研究员也赠送了大作和有关资料。该院文物考古研究所郑建明研究员、《东方博物》主编王屹峰先生，也在资料方面给予了帮助。这都为我完成本书打下了坚实的资料基础。

在考古资料收集方面，中国科学院古脊椎动物与古人类研究所尤玉柱研究员、广西壮族自治区博物馆蒋廷瑜研究员、广西壮族自治区文物考古研究所所长谢日万研究员、广东省文物考古研究所刘成基研究员、江西省文物考古研究所许智范研究员等，都提供了很大的帮助。

最后，要特别感谢北京大学历史系考古专业的吕遵锷、李仰松、李伯谦和高明4位老师。1979年，我旁听了他们讲授的旧石器时代、新石器时代、商周考古，以及古文字学四门课程，打下了一些考古学研究的基础。

这次修订再版，固然令人高兴，但还是诚惶诚恐，顾虑依然存在未能改正的错漏之处。诚如古人所言，校勘如秋风扫落叶，扫了又有。故不敢妄言再没有错漏了。期待专家、读者不吝赐教！

张崇根

2015年11月15日晨

于北京海淀翠微园寓所

后
记

461 ⊙

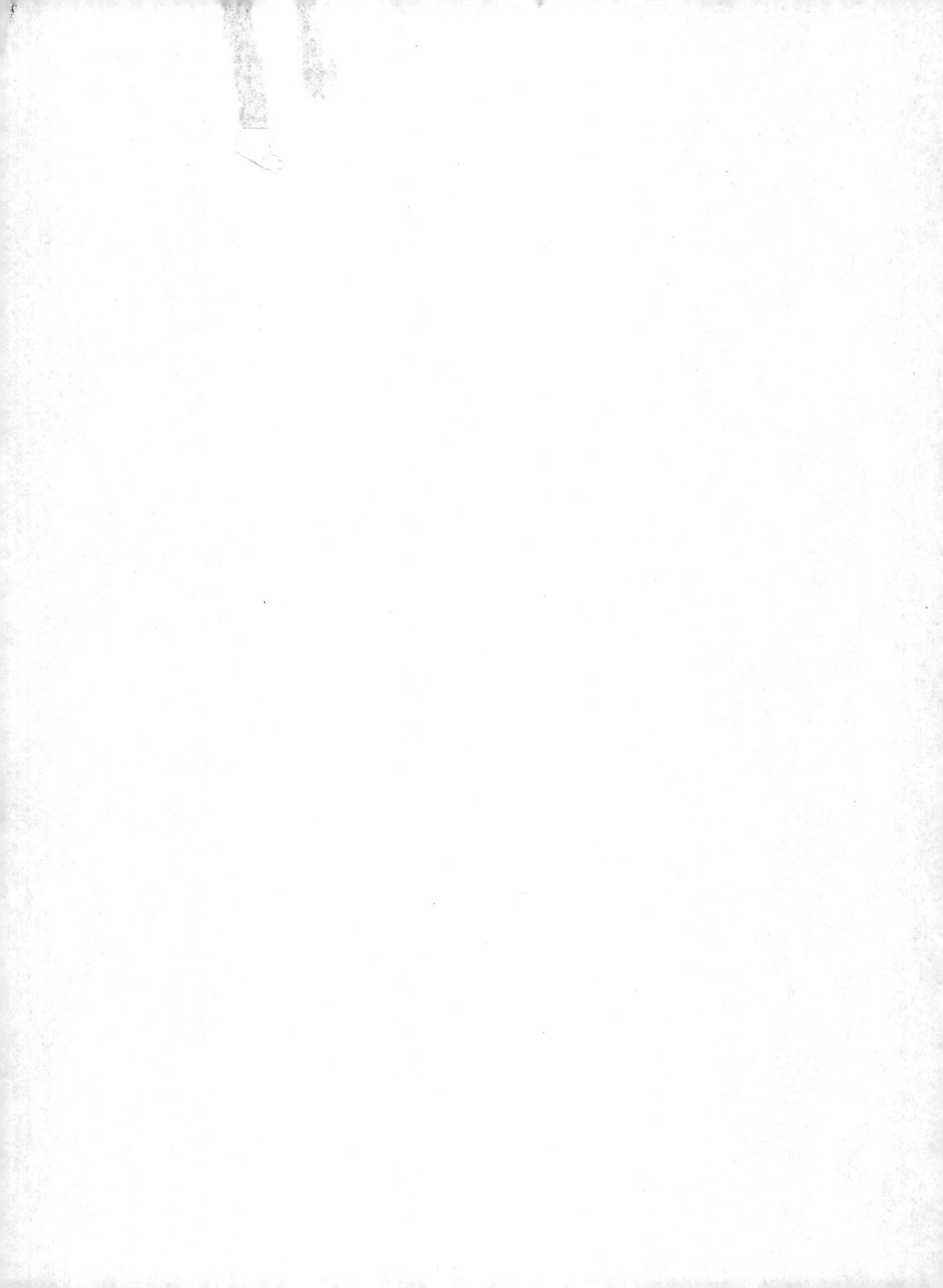